Les Glorieux de Versailles

Du même auteur

Le Boîtier rouge, Denoël.
Le Mille-pattes, Denoël.
Rendez-vous chez Scylla, Flammarion.
Les Voleurs d'ouragan, Flammarion.
Petits Arrangements avec les femmes de ma vie, La Martinière.
Un homme de liberté, Flammarion.
Le Secret de Champollion, Flammarion. J'ai Lu, n° 7922.
L'Insoumise du Roi-Soleil, Flammarion. J'ai Lu, n° 8289.
La Prophétie de Golgotha, Flammarion. J'ai Lu, n° 9032.
1630, La Vengeance de Richelieu, Flammarion. J'ai Lu, n° 9199.
1658, L'Éclipse du Roi-Soleil, Flammarion. J'ai Lu, n° 9493.
Un jour, je serai roi (*Le Palais de toutes les promesses* – tome 1), Flammarion. J'ai Lu, n° 10058.
Le Roi noir de Versailles (*Le Palais de toutes les promesses* – tome 2), Flammarion. J'ai lu, n° 10540, Prix du Roman Cœur de France 2013.

Jean-Michel Riou

Le Palais de toutes les promesses

Tome 3

Les Glorieux de Versailles

(1679-1682)

Flammarion

ISBN : 978-2-0812-9085-3

À vous trois,

Qui baigne ses mains dans le sang les lavera dans les larmes.

(Proverbe)

Les principaux personnages des *Glorieux de Versailles*

À la Cour

Louis XIV, roi de France

Marie-Thérèse d'Espagne, infante d'Espagne, épouse de Louis XIV, reine de France

Athénaïs de Montespan, dite *la Sultane de Versailles*, favorite de Louis XIV

Madame de Maintenon, dite Madame de *Maintenant*, future favorite de Louis XIV

Alexandre Bontemps, premier valet de chambre de Louis XIV

Jean-Baptiste Colbert, surnommé *Le Nord*, surintendant des Bâtiments du roi

Le conseiller Thierry de Millard, influent membre du parlement de Paris

Le duc de Bouillon, le maréchal de Bellefonds, le duc de Créquy, le comte de Soissons…

Les courtisans

Au service du roi et de la Couronne

Gabriel Nicolas de La Reynie, premier lieutenant de police du roi

François Desgrez, exempt de police et bras droit de La Reynie

Les *mouches* (espions) de La Reynie

Les magiciens de Versailles

Louis Le Vau (décédé), ancien premier architecte du roi

François d'Orbay, ancien architecte du roi

Jules Hardouin-Mansart, premier architecte du roi et ses dessinateurs Lassurance, Chuppin, Cailleteau…

Charles Le Brun, premier peintre du roi

André Le Nôtre, jardinier de Versailles

Le musicien Lully, le dramaturge Molière (simple apparition)

Jean-Baptiste de La Quintinie, inventeur du Potager du roi (évoqué)

Les maîtres bâtisseurs du roi :

Le maçon Pierre Rouet (père de Bérénice) et son épouse Simone,

Les maçons Mazière, Bergeron ; les menuisiers Bergerat, Denis ; le charpentier Bricard

Le couvreur Dimanche Charuel, le marbrier Hubert Misson

Le serrurier Denis du Chesne, son épouse Madeleine

Pierre Thévenot, maître des œuvres des Bâtiments du roi

Le doreur Salvadi

Le contremaître Bachelard

Le clan des Pontgallet

Le maître maçon du roi, bâtisseur du roi, feu Nicolas Pontgallet

Sa veuve, Marguerite Pontgallet

Leur fils, Jean (décédé)

Leur fille, Anne Pontgallet

Léon, le mari d'Anne (décédé)

Amandine, fille d'Anne Pontgallet

Le Faillon, compagnon travaillant pour l'entreprise Pontgallet et son épouse Mélisande

Leur fils, Jean, dit Petit-Jean

Le menuisier Georges Gantier, compagnon d'Anne Pontgallet

Solange, une voisine des Pontgallet

À Versailles

Les filles des bâtisseurs : Clotilde, Marie, Jeanne, Thérèse, Bérénice…

Jeanne, la fille du marbrier Misson et Antoine, le fils du serrurier Denis du Chesne

Fernand, l'apprenti malheureux dont la main glisse…

Antoine Maillard, fontainier des bassins de Latone et d'Apollon, et luthier par passion

Vautron, le vieux paveur, conteur de Versailles – et quelqu'un d'autre encore…

Les sœurs de Vincent-de-Paul : Begge d'Andenne, Eulalie de Mérida et Marie

L'aubergiste Hector Fontverne, patron du *Dauphin* (quartier du Parc-aux-Cerfs)

Violaine, servante au *Dauphin* et maîtresse de Pierre Lobiot

Monsieur Leduc, de la Maison du Roi, tyrannique employeur d'Amandine

Le valet Étienne

La *Dame grise*, faiseuse d'anges

Le médecin Éloy Martin

La Bataille, un goujat mort sur le chantier

À Paris

Le peintre Pierre Lobiot, ami de Jean Le Faillon

Betsabea, danseuse, comédienne et amie de Pierre Lobiot

Evaristo Gherardi, comédien de la troupe de la *Commedia dell'arte*

Claudius-Marcellus Apkarian, faussaire et trafiquant

Le sieur Joachim Barroubas, aubergiste (*Les Trois Lièvres verts*) et mécène du peintre Pierre Lobiot

Jean-Michel Riou

Amis ou ennemis ?

Toussaint Delaforge, dit le *Roi noir*

Ravort, dit *Traîne la patte*, ancien complice du *Roi noir* (décédé)

Don de La Fragua, riche Espagnol, propriétaire du domaine de Saint-Val et des mines d'argent de Zacatecas

François de Saint-Val, associé et ami de Don de La Fragua

Conwoion, le guerrier breton, ancien marin du roi

Fernando Aixéres, bâtisseur espagnol

Youssouf al-Mansûr ben Ibrâhim, médecin arabe

Gorgone, le cocher

Feu le père Calmés, dit *Passe-Muraille*, préfet de discipline de Montcler, l'ancien collège de Toussaint Delaforge, et conscience morale de celui-ci

Première partie

Il est sans comparaison plus facile de faire ce qu'on est, que d'imiter ce qu'on n'est pas.

Louis XIV *(Mémoires)*

Chapitre 1

C'EST UN beau 1er mai que celui de l'an 1679. Un jour annonçant déjà les promesses de l'été. Il fait doux. Presque trop, estiment les pères grincheux qui pestent en découvrant ce matin la tenue légère de leurs filles. Quelle saison, quelle époque… Elles portent des jupes colorées virevoltant quand elles tournent la taille, des chemisiers déliés au col, bâillant au premier soupir, des souliers du dimanche ornés de bouts de tissus bouclés puisqu'elles ont jeté leurs sabots aux orties.

Et voilà que ces jouvencelles s'impatientent, gémissent, accusant la chaleur. Mais la vraie raison de cette agitation, c'est le bal.

Clotilde, Marie, Jeanne, Thérèse – et d'autres – ont beau porter le prénom d'une sainte, rien n'y fait. La petite voix susurre à leurs oreilles et ne les lâche pas : les apprentis de leurs pères les attendent sur la place d'Armes pour danser, et peut-être s'encanailler… Plus question de timides œillades, de sourires penauds adressés de loin lorsqu'elles s'en vont au puits tirer l'eau tandis qu'eux, ces gaillards aux allures d'étalon, se lavent torse nu, font saillir les muscles, se pavanent, mains posées sur les hanches. Ce soir, elles prendront le baiser de celui qui se décidera à ceindre leur chevelure d'une couronne de fleurs.

*

Hélas, ce programme n'est encore qu'un rêve car, entre elles et leurs chevaliers, entre le début du jour et la nuit si prometteuse, il y a leurs pères – entêtés et obtus. Une muraille d'autorité autrement solide que le château immense, édifié par eux pour durer mille ans et plus.

Qu'il semble difficile de faire plier un bâtisseur de Versailles !

Charpentier, ferronnier, peintre, maçon, fontainier, ces forcenés du travail sont fiers du chemin parcouru, de s'être arrachés à la glaise du commun. Désormais, leur nom est synonyme d'un clan qui leur survivra. La réputation s'est jointe à la réussite. Ils ont de l'ambition pour leur progéniture, imaginent des alliances avec une famille prospère, fabriquent le futur selon de savants calculs laissant peu de place aux sentiments. La beauté ? Elle passe. La couleur des yeux ? Ils préfèrent celle de l'or. La dot, voilà ce qui compte. Eux aussi ont choisi – certainement pas comme leurs filles. La vie, répètent-ils, s'échafaude. Patiemment. Solidement. Et ce qu'ils ont fait de la leur atteste que cette méthode a du bon.

Rien n'est moins poétique… Surtout en ce 1er mai, si espéré par les unes et si redouté par les autres ; ce jour de tous les espoirs ; ce jour de tous les dangers [1].

*

La tradition veut qu'on fête à cette date l'embauche des nouveaux apprentis. Avant de trimer jusqu'à la Saint-

---

1. Au Moyen Âge, on choisit le 1er mai comme symbole du renouveau du printemps. Dès le XVIe siècle, on offre aux femmes un brin de muguet, synonyme de porte-bonheur. Mais c'est aussi un geste d'amour… Qui mérite d'être fêté. Ainsi naît le Bal du Muguet. Les jeunes filles portent une robe blanche à l'image du brin de muguet que leur offrent leurs amoureux. Et les parents sont priés d'être discrets. C'est vers la fin du XVIIIe siècle que le 1er mai devient aussi la fête du Travail.

Martin[1], la jeunesse s'accorde un dernier moment de plaisir. Le muguet porte-bonheur a bon dos ! Cette fleur délicate est un poison. On l'offre à tire-larigot en échange d'un baiser. Si bien que les pères craignent la suite. Des mâles sans morale en réclameront davantage. Viendront les caresses, les soupirs et, dans la nuit noire, car la lune décroît, qui ne cédera pas aux jeunes hommes à peine arrivés, dont on ne connaît rien ? Ni le nom ni l'origine.

Les maîtres bâtisseurs font mine d'oublier qu'eux-mêmes se montrèrent ainsi. Un long parcours les a rendus coriaces. Ils sont sévères, aussi raides que leurs muscles endurcis. Leurs mains épaisses ne sont plus familières du plaisir. Danser ? Ils savent marcher vite, courir après le temps perdu sur le chantier de Versailles qui s'étale sur des lieues, dos courbés, prêts à porter, comme au temps jadis, une lourde charge, un œil surveillant la grue en bois qui peine à soulever une poutre de mille livres, l'autre jugeant à coup sûr la coupe du tailleur de pierre. Levés avant l'aube, ils ne songent pas à la gaudriole. Grâce à quoi, chez eux, on ne souffre pas de la faim, on dort dans un lit. Un jour, oui, dans celui de leurs filles se glissera un bon mari. Choisi par eux ! Voilà simplement ce à quoi auront droit ces donzelles qui minaudent, tapent du pied, supplient pour qu'on leur accorde un soir de liberté. Alors, ce sera non :

— Pas de 1er mai !

Dans chaque maison, à l'heure du déjeuner, se joue la même scène.

*

Sur la route des Chantiers marquant l'entrée dans Versailles vit Bérénice, une jolie rousse de seize ans. Entre

1. 11 octobre. Cette fête marque la fin de la campagne des travaux.

novembre et avril, sa grâce a éclos telle la fougère d'hiver. Adieu l'enfant, sa poitrine se soulève, sa bouche si sensuelle grimace, ses yeux couleur de bronze supplient l'intraitable.

— Ai-je besoin de le répéter ?

Son père, le maçon Rouet, vient de lui refuser la permission de se rendre au Bal du Muguet.

Rouet a une théorie et on ne la lui retirera pas : le château fait tourner les têtes. Mordiou ! Faut voir l'envolée de moineaux lorsque passe au galop le cortège des courtisans conviés au divertissement royal. Allez demander à la cadette de frotter le linge quand Versailles s'illumine. Louis XIV y reçoit. Derrière les grilles, le peuple tend l'oreille. Est-ce le dernier menuet de Lully ? Jouera-t-on du Molière ? Mille feux embrasent le ciel d'encre… Qu'on se taise et lève les yeux ! Ces éclats sont pour Athénaïs de Montespan, *la Sultane de Versailles* et maîtresse adulée de Louis Dieudonné.

— Tu n'es pas marquise que je sache !

La porte claque. Bérénice fuit, pleure à l'étage. Simone, l'épouse du maçon Rouet, se lève pour débarrasser la table. Au passage, elle fusille son mari du regard.

— Non, c'est non, bougonne-t-il d'une voix moins assurée.

Simone est trop rusée pour réagir sur-le-champ. Elle touille le reste de ragoût, dos tourné à son mari, si bien que c'est lui qui s'en vient vers elle.

— Qu'est-ce que tu as ? essaye-t-il doucement.

Il cherche à la prendre par la taille, hérite d'une rebuffade.

Simone se retourne brusquement et fait face. La colère brille dans ses yeux. Pierre Rouet est toujours amoureux de cette femme élancée, aussi grande que lui. Il tente à nouveau de s'approcher. Elle s'écarte, mais ne peut s'empêcher de le faire tendrement.

— Si mon père ne m'avait pas autorisée à aller au Bal du Muguet, tu ne serais pas là à te frotter…

— J'étais sérieux, se justifie le maçon.

— Je me rappelle surtout de tes mains baladeuses.

Elle soupire :

— Et je ne les ai pas repoussées. Mais t'en souviens-tu ?

L'époux n'a pas oublié. Elle était la plus belle, la plus sensuelle. Pour lui, rien n'a changé.

— Simone, bredouille-t-il, ne raconte pas de bêtises.

— Tu le regrettes, oui ou non ?

— Bien sûr que non !

— Alors, pourquoi tu m'offres plus de muguet ?

Le mari ouvre la bouche, la referme à défaut de trouver une réponse. Il n'est pas préparé à ce genre d'attaque. Négocier avec ses apprentis, traiter avec les fournisseurs, ferrailler pour être payé comptant... Soit. Mais sa femme, c'est autre chose. Elle sait s'y prendre pour faire de lui un coupable.

— *Vous* n'avez pas de cœur, maçon Rouet. C'est vrai pour moi comme pour *votre* fille.

Simone est sortie. Elle étend du linge. C'est le 1er mai, le soleil se montre. En coin, elle surveille le pauvre Rouet. S'il sort pour la rejoindre, c'est gagné. Leur fille Bérénice ira au bal.

Chapitre 2

CE SONT déjà de sacrés hommes, secs comme un coup de trique, nerveux, bien bâtis. Chaque année, alors qu'une nouvelle campagne débute, Versailles a besoin de sang neuf. Trois cents gaillards se sont présentés, une poignée seulement a été retenue en attendant le prochain arrivage. Surtout, ce sont des novices peu dégrossis, juste arrivés de la campagne.

— Toi, oui. Les autres, non. L'autre rang avance… Plus vite !

Nombre parlent le patois de leur pays. C'est à peine s'ils comprennent que quelques-uns viennent d'être engagés. Serrés en rang d'oignons, les cheveux en pagaille, la mine timide, ils traînent dans Versailles avant l'heure du repas, n'osant regarder de face ces filles curieuses, si différentes des paysannes de chez eux, et qui se montrent dans les rues.

Trois jours d'affilée, ils ont soulevé sans reprendre leur souffle, sans compter puisqu'ils ne savent pas, d'énormes quartiers de pierres carrées aux arêtes tranchantes arrivant de la carrière de Compiègne. Ils ont trimé, creusé, porté, craché dans leurs paumes déjà crevassées. À la première jérémiade, dehors. À celui qui renâclait, un coup de pied au cul. La moitié n'a pas vu vendredi. Seuls les meilleurs, les coriaces tiendront jusqu'à la Saint-Martin. Le verdict est tombé, samedi. Un pas en avant pour les appelés. Les autres, retour au bercail, ventres creux, poches vides. Les faibles iront se perdre dans une cour des Miracles à Paris avant de finir aux galères ou au pilori ; les autres retrouveront le chemin de leur ferme, la vie du journalier, laboureur payé trois sols le jour, nourri d'un quart de pain de seigle et d'eau. Et ceux qui ont réchappé à la sévère sélection du maçon Bergeron, de cet autre, Mazière, du charpentier Bricard, des menuisiers Bergerat et Denis, y ont gagné un jour de repos.

C'était dimanche. La veille de ce 1er mai 1679.

*

Pendant qu'ils récupéraient vaille que vaille, leurs nouveaux maîtres se réunissaient après la messe, place d'Armes, pour se partager les bras. Belle querelle de maquignons ! Chacun se plaignant d'hériter des mauvais, des moins solides – pire encore que l'année passée.

— À croire que la jeunesse n'a plus l'énergie qu'on avait de not' temps, soupirait le couvreur Charuel. Pas un pour rattraper l'autre. Des couillons, bras ballants, fatigués pour un rien. Moi, quand je suis…

— Tais-toi, raillait le marbrier Misson, aux poignets déformés par les rhumatismes. Tu radotes. L'année dernière, tu te plaignais déjà…

— Non, c'est pire encore, s'entêtait-il. Des sauvages qui vont manger mon pain blanc ! J'aime pas leurs dégaines…

— Moi, je me souviens de la tienne quand tu es arrivé à Versailles, avait aussitôt repris Hubert Misson. Tu n'avais pas l'air plus dégourdi. Des poux et des trous dans le pantalon ! Faisait pas le malin, le couvreur Dimanche Charuel…

— Ça suffit, Hubert…

— D'accord, mais tu me laisses le trio de Bretons.

— Prends-les ! J'ai pas confiance. Surtout le plus grand. Il s'appellerait Conwoion, quelque chose comme ça. Pas chrétien ! Et puis, je comprends rien à ce qu'ils baragouinent.

— Ils arrivent de Plouguenast. Tu voudrais qu'ils parlent limousin ?

— Plouguenast ? Faut voir. À croire qu'ils font exprès de parler dans leur langue pour nous cacher des choses. Non, sans façon. Mais toi, tu me laisses les Limousins.

Misson avait tendu la main :

— Tope là.

Le marbrier était certain de conclure une bonne affaire.

*

Les jeunes engagés, ceux qu'on se partageait comme le bétail gras à la foire de Saint-Lô, n'avaient donc eu que peu de temps pour souffler et se trouver un lit, plutôt une paillasse, dans l'un des hôtels dits de Limoges – car nombre d'ouvriers venaient de ce coin de France. Déjà, les dettes s'accumulaient. Dix sols pour la semaine, assortis d'un intérêt pour l'avance, puisque pas un ne disposait de quoi que ce soit. De loin, Versailles avait une autre allure. Partout, on en causait comme du *palais de toutes les promesses,* qu'il y coulait l'or, l'argent et le vin, que les filles étaient peu farouches ; or, voilà le règlement qu'imposait la mégère grosse comme une loutre tenant *L'Auberge de l'Ours*, rue Ménard, où avaient atterri les trois Bretons recrutés par Misson : pas de vinasse, pas de catins. On soupe à six heures. On se couche à huit, se lève à cinq. Pas de torche, de chandelle, pas le moindre lumignon dans les combles. Qu'un de ces bougres n'aille pas mettre le feu à la paillasse !

— Le dimanche, c'est repos, avait-elle conclu. Sauf si le roi veut qu'on pousse le chantier. Dans ce cas, vous serez dispensés de messe.

Et cette nouvelle ne réjouissait pas même des Bretons élevés dans la crainte de Dieu.

*

Épuisé, les os brisés par le rythme infernal que leur avaient imposé les maîtres bâtisseurs lors du recrutement, le bataillon de Plouguenast avait fait le dos rond en entrant le dimanche, veille du 1er mai, dans *L'Auberge de l'Ours*.

L'endroit était bondé d'habitués qui, pour certains, n'avaient pas quitté Versailles depuis des années. Massés autour des tables, ils expliquèrent à leur façon que les inconnus devraient se plier aux us des lieux. Qu'ici, les anciens faisaient la loi, que les manœuvres n'étaient pas bienvenus. Alors que ces goujats payés quarante livres par an – une misère – cherchaient où s'asseoir, les Limousins, les piqueurs, les appareilleurs écartèrent les bras pour occuper les places libres. Têtes penchées en avant, ils n'ouvraient la bouche que pour laper la soupe.

Un des Bretons, plus grand que ses deux compagnons, serra les poings. En effet, il se faisait appeler Conwoion – guerrier, en celte –, et ce n'était pas seulement à cause de son caractère ombrageux.

— Venez par ici.

Vautron, un compagnon paveur qui n'avait pas cherché à devenir maître, un solitaire installé à Versailles depuis des temps immémoriaux, s'était dévoué pour accueillir les étrangers. Il occupait une table à part et ne se mêlait pas aux autres. On le laissait en paix. De tous, c'était le plus ancien, voilà pourquoi il possédait la mémoire des lieux [1].

1. Voir *Un jour, je serai roi* et *Le Roi noir de Versailles*, tomes 1 et 2 du *Palais de toutes les promesses*, du même auteur, Flammarion, 2011 et 2012.

— Avancez, je vous dis.

Il y eut bien quelques mouvements du menton, comme si les autres lui reprochaient d'être bienveillant, mais la salle en resta là.

— Assieds-toi, dit Vautron à Conwoion. Là, à côté de moi. Les autres, en face.

Il tapa affectueusement sur l'épaule du guerrier breton.

— T'as les épaules larges et, ricana-t-il en tripotant les muscles de ses bras, tu me sembles solide. Alors, je vais te donner un conseil : garde tes forces. Tu en auras besoin. Les imbéciles te respecteront quand ils te verront au travail.

Il coupa le pain en trois parts égales et les donna aux goujats :

— Faut les comprendre aussi, soupira-t-il. Ils se demandent qui vous êtes. Flemmards, forts en gueule ou fout-la-merde ? Moi, c'est pas pareil. J'en ai tant vu qu'au premier coup d'œil, je sais qui est franc et surtout qui tiendra le coup.

Cet homme-ci affirmait avoir connu le pire. « Oui, le pire », insistait-il. Dans tous ses mots revenaient le malheur et la souffrance.

— Avant, on savait au moins accueillir l'étranger.

Il mordilla un morceau de pain dur qu'il s'était gardé pour lui – ou plutôt, il l'attendrit en le laissant mollir dans sa bouche sans dents. Puis, il reprit :

— Quand je suis arrivé, y avait que des étrangers. Alors, forcément, tous s'entendaient.

Il déglutit lentement :

— Je dis pas non plus qu'il n'y avait pas des durs à cuire…

— Qui appelles-tu ainsi ? l'interrompit Conwoion, soudain plus attentif.

Le regard du paveur s'éclaira :

— Les lascars attirés par les lumières de Versailles et prêts à tout pour s'enrichir…

Le Breton se tourna vers la salle :

— Je n'en vois aucun ici. On ne doit pas parler des mêmes gens.

— Ne te moque pas, reprit gentiment Vautron.

— Une nuit d'été, un ou deux auront peut-être eu un coup de sang, continua Conwoion, un sourire narquois au coin des lèvres. Ce n'est pas ça une *tête dure*.

— Tu fais le malin, mon jeune ami… C'est de ton âge…

— Je voudrais bien te croire, vieil homme, mais…

— Je radote, hein ? J'en rajoute pour faire l'important ?

— Donne-moi un exemple pour éclairer ma lanterne. Ainsi, je saurai si nous parlons de la même engeance.

Vautron hésitait. Il but un peu d'eau pour se décider.

— Par chance, murmura-t-il, tu n'as pas connu le *Roi noir* et son double, le boiteux Ravort, une sacrée crapule qui commandait la clique des *Sans Aveux*…

Alors que son regard s'échappait dans ce monde connu de lui seul, Conwoion le fixa intensément comme si les souvenirs du vieillard l'intéressaient, d'un coup, bougrement.

— Un soir, faudra que je te raconte. Alors, tu comprendras que je disais la vérité.

— Pourquoi pas tout de suite ? demanda sobrement le Breton.

Vautron passa la main dans sa tignasse épaisse sans que l'on puisse dire s'il devait sa couleur de cendre à l'âge ou la saleté, voire à un peu des deux.

— Pas maintenant, lâcha-t-il. Je suis fatigué. Ici, tu trimes, tu manges ta pauvre part, tu te couches, et tu recommences…

Il saisit d'une main hésitante la cruche d'eau qui sentait la boue et fixa tour à tour les trois apprentis :

— Je n'ai que ça à vous offrir. Buvons à votre arrivée. Et que la Providence veille sur vous parce que vous en aurez sacrément besoin.

Les Bretons ne comprenaient pas pourquoi le paveur se montrait si prudent. Ils n'avaient peur de rien. Les histoires à dormir debout, ils s'en moquaient. On les ressassait dans les fermes de Plouguenast d'où ils prétendaient venir. Leurs vieux en connaissaient à tire-larigot, et la veillée sinistre d'octobre à mai, autour d'une cheminée bourrée de tourbe humide, ils en avaient plus qu'assez. Voilà pourquoi ils avaient marché des lieues, fuyant la pluie, le vent, la misère de l'Arvor. Du moins, c'était la version qu'ils rabâchaient. Car si Conwoion accusait Vautron d'en rajouter avec son histoire de *Roi noir*, lui n'était pas en reste.

*

Il n'arrivait pas de Plouguenast. De même, il n'avait fait la connaissance des deux Bretons que sur la route des Chantiers, le 27 avril, un jour avant d'entrer à Versailles. Les garçons étaient perdus, paniqués par le tohu-bohu des charretiers hurlant et faisant claquer le fouet pour que les attelages remplis à ras bord de poutres de chêne plus lourdes que l'âme de mille pécheurs parviennent place d'Armes où, dans un désordre formidable, il fallait jouer des coudes pour apercevoir le château du roi – la promesse d'un avenir radieux. Conwoion avait bien aidé les gars de Plouguenast, écartant fermement les novices agglutinés devant le bureau d'embauche et, s'il parlait breton, ce n'était pas vraiment l'accent de Loudéac ou de Saint-Brieuc que pratiquaient ses compères. Il arrivait de plus à l'ouest, leur avait-il dit, de Gouesnou, non loin de Brest, sans livrer d'autres détails, et c'était déjà un autre monde pour les naïfs de Plouguenast qui le crurent sur parole. Eh quoi, les trois étaient du même peuple, affirmait Conwoion. Il fallait s'unir. Plus ils le seraient, moins on leur chercherait de noises. Pour preuve que ce n'était pas des belles promesses, Conwoion avait montré le sacré beau poignard qu'il cachait sous sa veste. « Faites-moi confiance. On vient du même pays, hein ? C'est compris. On est cousins. Du même sang, c'est mieux. Personne ne s'en prendra à notre meute. »

Les deux avaient ri, bien contents de former une alliance qui leur réchauffait le cœur et donnait du courage. Alors, on avait serré des mains, le meilleur des contrats pour ceux qui ne savaient pas écrire leur nom. Ils ne cherchaient pas la bagarre, un rien de moins que la misère… Et Conwoion avait assuré qu'il désirait la même chose. Pas d'ennuis ? Solennel, il avait promis. D'ailleurs, s'il cachait quelque chose, c'était son problème. Alors, ce soir, à la table de Vautron, fraîchement engagés, portés par cette victoire, « ceux de Plouguenast » ou prétendus tels qui arrivaient à Versailles pour travailler, roulaient des épaules et voulaient qu'on leur parle du futur. Qu'après toutes ces semaines à marcher le ventre vide, on leur annonce de beaux jours. Conwoion et ses *durs à cuire* ne les intéressaient pas. Que Vautron ne veuille pas expliquer qui était le *Roi noir* n'avait guère d'importance. Seule comptait la fête du lendemain.

En les entendant, Vautron cligna de l'œil :

— Vous cherchez des filles ?

Ils secouèrent la tête ce qui, pour les moins taciturnes, signifiait oui, au pays de Plouguenast.

— Voilà qui ne va pas arranger vos affaires, grimaça Vautron.

Il se tourna vers la salle qui se désintéressait d'eux.

— Ils ont tous des vues sur elles, murmura-t-il. Pensez donc… L'hiver à les reluquer en coin. Le bal, c'est l'occasion ou jamais. Alors, un conseil : méfiance.

Il cracha sur le sol ; la terre grasse et graisseuse collait aux sabots :

— Un autre conseil pour bien me faire comprendre : oubliez.

Vautron aimait enfoncer le clou. Puis, il soupira, repoussa son assiette :

— C'est aussi pour ça qu'on vous a regardés de travers lorsque vous êtes entrés. Les filles, c'est chasse gardée. Pas touche, les nouveaux ! Demain, la nuit sera sombre et les pioches à portée de main. Si vous en approchez, un coup sur le carafon et *ad patres.* Laissez tomber. Reposez-vous. Mardi, ce sera dur…

— Ça veut dire quoi ? grinça le plus petit qui faisait face à Conwoion. On n'a pas la peste. On a mérité de s'amuser.

Il roulait les *r* et s'embrouillait la langue en s'essayant au français.

— Pas touche, je te dis, martela le paveur. Sinon, couic…

Il glissa le pouce sur la gorge et le déplaça lentement de la gauche vers la droite. Et puisqu'il pensait avoir tout dit, il se leva péniblement. Alors, Conwoion le saisit par la manche et le força à se rasseoir.

— Reste encore, vieil homme.

Sa voix était calme, mais Vautron savait que les êtres dangereux ne montraient leur force que lorsqu'il était trop tard pour en mesurer les effets.

— Tu n'as nul besoin de me contraindre, rétorqua-t-il en usant de la même douceur. Demande et, si je peux t'aider, je le ferai.

Conwoion était brun, les yeux bleus, un sacré beau mélange de granit et d'azur. Un Breton, en somme. Malgré les épreuves imposées par les maîtres bâtisseurs, ses mains n'avaient pas souffert du coupant des pierres, pas plus que de la chaux vive qui rongeait la couenne. Son visage, marbré pour toujours par les embruns salés des tempêtes de l'ouest, de celles qui entraient au plus profond des terres et brûlaient en un jour les récoltes d'un an, était large et carré. Ses pommettes saillantes ajoutaient au portrait du pirate des îles des mers chaudes dont le sang se mélangeait à celui du mulâtre à force d'être son frère d'armes ; et qu'il était céleste dans ses vêtements de misérable. Vautron se dit qu'il méritait mieux que le travail de galérien qui l'attendait. À moins qu'il en soit un, échappé de Marseille. Il regarda ses poignets : aucune trace de fers. Le vieux paveur soupira. En quelques mois, peut-être moins, le chantier engloutirait Conwoion – d'Argoat ou d'Armor, de la terre ou de la mer, peu importait. Alors s'effacerait le rêve astral du marin au long cours auquel avaient cru avant lui des milliers d'autres insoumis.

— Puisque tu prétends tout connaître, parle-moi d'une fille… Je l'ai vue au puits. Elle est blonde, grande. Elle a les yeux tantôt bleus, tantôt gris.

Vautron plissa les siens.

— Et, bien sûr, elle est belle, n'est-ce pas ?

Conwoion ne répondit pas.

— J'en vois plusieurs qui damneraient tous les saints, grommela le paveur. Au moins, dis-moi son nom ?

— Juste un prénom : Amandine. Les autres l'appelaient ainsi.

Le vieux paveur se figea.

— Amandine Pontgallet… Ne t'intéresse pas à elle. Fuis-la !

Juste ce qu'il fallait répondre pour exciter le guerrier.

Chapitre 3

LA BEAUTÉ rend-elle plus heureux ? Amandine n'en est pas sûre. Sans faire des chichis, sans jouer la coquette, en regardant les choses en face, elle se trouve belle, et Dieu, qu'elle a raison ! Pourtant rien ne lui va, rien ne lui plaît : sa vie, sa famille et surtout les gourdes de Versailles, ces filles niaises qu'un rien met en émoi. Un ballet le 1er mai ! Mais avec qui danser ? À qui sourire, à qui plaire ? À un de ces apprentis benêts aux mains raboteuses dont les regards grivois racontent qu'ils cherchent le coup de reins ? Brutal, rapide, sans amour, sans égard ? Au premier venu, Clotilde, Marie, Jeanne, Thérèse, même Bérénice, la rousse, se retrouveront grosses. Alors, qu'elles dansent, se frottent au ventre des goujats, qu'elles prennent du plaisir car bientôt leurs hanches s'élargiront, leurs seins deviendront lourds, elles marcheront, rue Ménard, un chiard aux joues rouges dans les bras, un second, la morve au nez, accroché à leurs jupes défraîchies, et elles courront après l'argent, économisant chaque morceau de bois, coupant le pain, le vin pour gagner un jour sur la disette. Tant de malheurs contre un petit brin de muguet ? Non merci. Amandine Pontgallet rêve d'une vie plus grande.

*

Hier soir, le paveur Vautron s'était fait philosophe. Qu'elle fût différente (il s'agissait d'elle), et même supérieure aux autres, n'était pas faux. Et il ne parlait pas seulement de sa beauté.

— Elle a la grâce d'une nymphe.

Il hocha la tête. La comparaison lui plaisait. Mais se faisait-il bien comprendre ?

— Sais-tu au moins de quoi je parle ? demanda-t-il à Conwoion.

Le Breton aurait pu répondre que les légendes du pays d'où il venait ne manquaient pas de mythes et de demi-dieux, mais il se tut, laissant aller le conteur qui se penchait et roulait les yeux. Le vieux oubliait la fatigue quand il se glissait dans son meilleur rôle : raconter l'histoire de Versailles.

— Elle pourrait séduire le diable, martela Vautron.

Il but, ménageant son effet.

— Mais la grâce est parfois un cadeau empoisonné. Ainsi, la nature l'a faite trop jolie pour la vie qui l'attend. Le mieux pour elle serait d'épouser un bon maçon qui lui ferait des gosses solides. Sa grand-mère possède une belle affaire, héritée de son mari, et il y a une palanquée d'héritiers qui donneraient une sacrée grosse dot pour coucher dans son lit. Les bâtisseurs fonctionnent comme une grande famille. Ils s'allient pour se renforcer, grimper vers le sommet. À chaque génération, ils vont plus haut, ils sont plus forts. Mais Amandine, c'est autre chose. Elle n'acceptera jamais de partager leur vie. Elle a d'autres visées…

Vautron secoua la tête :

— Elle ne pense qu'au château et au beau monde qui y loge.

— Ton histoire ne fonctionne pas, vieil homme, cingla Conwoion. Tu dis qu'elle est fille de maçon et j'ai vu qui étaient ces hommes. Coriaces, raides comme la corde du pendu. Aucun ne céderait aux pleurnicheries de sa fille.

— Tu juges vite et plutôt bien, mais tu ne sais pas tout. Amandine n'a plus de père. Voilà pourquoi elle n'en fait qu'à sa tête.

Vautron crut que le jeune Breton y voyait une bonne nouvelle. Il n'aurait pas à convaincre un des rustres qui l'employait et ne promettait que l'esclavage. Séduire la fille était son affaire et, connaissant son adresse, il ne doutait pas de sa réussite.

— Tu te crois sauvé, hein ? ricana Vautron. Alors, écoute-moi. À ses yeux, tu n'es qu'une ombre pouilleuse. Elle ne te verra pas. Tu n'existes pas.

Conwoion se redressa pour punir l'outrage.

— Je ne cherche pas à te blesser, mon ami, murmura le paveur. Je veux t'aider. Amandine est une nymphe, mais son monde n'est pas celui des eaux claires. Sa vie est marquée à jamais par ce qu'on appelle l'*étang puant*.

Il s'essuya la langue sur la manche crasseuse de sa veste, peut-être parce que ces derniers mots étaient empoisonnés.

— As-tu entendu parler de ce lieu maudit ? Non, bien sûr, continua-t-il sans attendre la réponse. Eh bien, il est là, à deux cents pas de nous.

— Tu espères m'effrayer ? ricana Conwoion.

Les Celtes aimaient les histoires et les leurs étaient plus terrifiantes encore.

— Je te mets vite en garde, petit. Et je le ferai encore le premier jour où tu iras au travail. Je te dirai où poser le pied, comment soulever la pierre pour ne pas te briser le dos. Je te montrerai qui est brutal, canaille, voleur. Je ferai tout cela pour ton bien. Alors, écoute-moi. Ne t'approche pas d'elle.

Mais plus il parlait, plus le Breton semblait attiré. Pourtant, Vautron expliquait que la mort rôdait autour de la fille et de l'*étang puant*. Eh quoi ! le paveur ignorait que le sang, Conwoion l'avait fait couler plus d'une fois. Le paveur aurait été surpris d'apprendre que, l'an passé, le jeune apprenti naviguait sur le *Soleil-Royal*, un vaisseau de guerre portant cent canons. La rage, le feu, la poudre, il connaissait. À la guerre de Hollande[1], il hurlait : *« Hasta la vista*[2] *! »* avant de trancher des gorges espagnoles. Conwoion avait tué quinze hommes sans que sa main tremble.

— Dis-moi seulement si la fille ira au bal ? sourit-il mystérieusement.

Vautron se leva. Il était fatigué. Il prenait le chemin de sa chambre.

— *Hasta la vista,* murmura-t-il sans se retourner comme s'il devinait les pensées du guerrier.

---

1. La guerre de Hollande (1672 à 1678) oppose la France, l'Angleterre, la Suède, la Bavière, Liège, Münster à la Quadruple-Alliance (l'Espagne, le Brandebourg, le Saint Empire, les Provinces-Unies).

2. Au revoir.

Chapitre 4

QUI PEUT le mieux décrire Amandine ? Jean, le fils du maçon Le Faillon. Sur les vingt années que compte sa vie, il en a passé plus de quinze avec la fille aux yeux tantôt bleus, tantôt gris. Pas besoin de parler pour se comprendre. Une mimique, un regard lancé au ciel… et ils éclatent de rire. Pourquoi ? Qu'ont-ils vu, entendu, que les autres, tous les autres, n'ont pas même perçu ? À quoi pensent-ils ? De qui se moquent-ils ? Personne ne le sait ; eux seuls entrent dans leur monde. Bonheur ou chagrin, ils devinent avant même de prononcer un mot. Si Amandine relève sur le côté droit la mèche insoumise de sa chevelure blonde, quelque chose l'ennuie. Si elle se gratte le nez, c'est qu'elle y réfléchit. Si elle baisse les yeux, Jean sait qu'elle va lui demander de la débarrasser du petit caillou dans son sabot qui la rend boudeuse – et il ne le lui refusera pas.

*

Petits, ils s'exerçaient à lire sur les lèvres pour que, jamais, aucun ne perce leurs secrets. Jean s'accrochait à la bouche sensuelle de son double qui sculptait dans l'air un *ai* et un *je*, et un *m* aussi. Ils avaient dix ans.

— Tu viens de dire : je t'aime…

Jean murmurait ce *je t'aime* de peur qu'il s'envole.

— T'as gagné ! À ton tour, dis-moi quelque chose en silence.

Amandine ne semblait pas émue par sa déclaration. Il s'agissait en effet d'un jeu. Lui y croyait vraiment et c'était pour cela qu'il éprouvait tant de gêne à exprimer ses sentiments. Timidement, il assemblait dans le vide des voyelles et des consonnes plus ordinaires. L'hiver, elles filaient dans un coton de buée.

— Pagaille ! J'ai trouvé. Trop facile…

C'était le nom du chien qui ne les quittait jamais.

— Continue…

Les petits nuages se formaient à la queue leu leu.

— Que dis-tu ?

Il recommençait. Patiemment.

— Se retrouver ce soir ? Oui, mais où ?

Jean secouait la tête de bonheur et il articulait, articulait à s'en décrocher la mâchoire.

— Devant le château ?

— C'est ça ! Après l'Angélus, criait-il.

— Tu as parlé. Et c'est triché…

Il avait tant de choses à raconter, tant de phrases se bousculaient dans sa tête.

— Allez, tu recommences…

Jean se pliait au caprice et, si elle ne trouvait pas, Amandine posait ses mains fines et longues, aux attaches délicates, sur les hanches du garçon.

— Je vais entrer dans ton corps et je connaîtrai tes secrets, promettait l'ensorceleuse.

*

Amandine et Jean atteignirent leurs seize ans. Le charme frivole de leurs enfantillages perdurait. Par peur de tout perdre, ils ne changeaient rien, refusaient de voir que leurs caresses devenaient sensuelles. Amandine approchait d'un Jean pétrifié par un indicible plaisir physique. Il fermait les paupières, suppliant Dieu de lui offrir un miracle : elle lirait dans son cœur qu'il l'aimerait toujours. Pour qu'elle comprenne parfaitement, il fallait que ses idées soient claires. Il se concentrait jusqu'à en mourir. Au fond de lui, il hurlait qu'ils ne se quitteraient jamais, et un prodige se produisait : les mains diaphanes d'Amandine remontaient vers ses épaules. Un souffle doux et chaud balayait ses cheveux, caressait son front, et il s'y soumettait, priant, priant pour qu'il ne s'arrête pas.

— Je sais à quoi tu penses…

Sa bouche se posait sur la joue de Jean, dans le creux, juste au-dessous de l'oreille. Il rougissait. Devinait-elle aussi qu'il l'imaginait nue ? Il en était si heureux et si honteux à la fois qu'il dessillait les yeux.

— Jean, tu trembles… As-tu peur de moi ? se moquait-elle.

Il cherchait à la saisir, mais elle filait comme l'eau coulant entre les doigts. Le charme était rompu.

— Il est tard ! Je vais au château. Le roi m'attend…

C'était faux. Cela faisait partie du jeu, du rêve dans lequel elle se glissait. Un jour, soutenait-elle, elle entrerait par la grande porte, au bras d'un seigneur. Et rien ne pouvait plus détruire Jean.

Chapitre 5

AMANDINE ET JEAN ont maintenant vingt ans en cette année 1679. L'un et l'autre ne vivent nulles amourettes. Pour Jean, l'explication est limpide : ce ne peut être qu'elle, mais, de peur d'essuyer un refus, il n'a jamais tenté le geste de trop – au moins, ainsi, elle n'a jamais dit non. Tant qu'il ne commet pas de faux pas, il la garde près de lui. C'est mieux qu'un adieu sans retour. Il se rassure en voyant que les jours passent, qu'Amandine ne regarde aucun homme de son milieu. Pourtant, ils sont nombreux à tournicoter comme des mouches, à tenter leur chance. Le bal du 1er mai sera une sacrée occasion. Au puits, on la serre déjà de près, même les nouveaux apprentis, en particulier un Breton qui ne la lâche pas des yeux, plastronne au milieu des siens, joue de son charme en silence, avant de s'approcher lentement. Jusqu'au moment où…

— Jean, on s'en va !

… Ce Breton-ci ou un autre, qu'importe. La belle ne supporte pas le manège de ces gens. Que l'un d'eux croie à sa chance la met en colère. Jamais elle ne mangera de ce pain-là ! Alors, elle prend son cicérone par la main – à qui rien ne pourrait faire plus plaisir – et ils marchent à vive allure, bras dessus, bras dessous, jusqu'au coin de la rue. Elle se sert de lui. C'est son bouclier, son protecteur, mais pas son chevalier et, quand ils sont seuls, elle reprend ses distances.

Jean ressent comme un grand froid en perdant le contact avec la peau de sa bien-aimée.

— Pas un pour rattraper l'autre ! grommelle-t-elle en lissant sa jolie robe. Ces maçons sont tous bêtes !

Aucun mot pour lui, ni remerciement ni regard, pas un geste. Et Jean est aussi maçon. Il travaille depuis peu avec son père, Le Faillon, pour l'entreprise de la grand-mère d'Amandine, Marguerite Pontgallet. Mais il ne fera pas ce métier-là indéfiniment ! Il a d'autres projets, il veut devenir peintre – artiste peintre ! –, et n'y songe-t-il pas d'abord pour plaire à Amandine ?

— À demain, comme d'habitude, chuchote-t-elle tristement, sans se retourner.

Au moins, Jean n'a pas de rival et se console ainsi. Il compte sur le temps pour gagner la bataille. Amandine se décidera un jour, elle sait ce qu'il éprouve. Peut-être doit-il y croire puisqu'il est tout pour elle – un frère, un ami, ce père qui lui manque tant. Un amant ? Il refuse de répondre, de peur de rompre la magie de leur enfance, cette vie d'autrefois où ils devinaient les pensées ingénues de l'autre.

Il vaut mieux en effet qu'il ne perce pas pour de bon le cœur d'Amandine car il lutte contre une ombre, une silhouette sans nom, changeante, prise au hasard lorsque la troupe des courtisans surgit à Versailles, à l'invitation du roi. L'homme de sa vie est parmi eux. Amandine le croit : un jour, elle croisera le regard du personnage encore inconnu qui la fera entrer dans ce château royal que ceux de sa condition ne font que construire.

*

— Non, c'est non !

Voilà que la seule jeune fille de Versailles n'ayant pas à convaincre son père – puisqu'il a disparu – a décidé de ne pas aller au bal. Qu'aurait-elle à gagner ? prétend-elle.

— Pour me glisser un brin de fleur fanée dans les cheveux, je n'ai pas besoin de me faire écrabouiller les pieds par toute une bande de rustres. Du muguet, il y en a partout ! Il suffit de se baisser.

Debout, bras croisés, droite comme un I, Amandine fait face à sa grand-mère, Marguerite, et à sa mère, Anne : deux survivantes du puissant clan Pontgallet, bâtisseurs de Versailles. Et ce n'est pas assez pour résister à la tornade qui les toise. Marguerite se passe les mains sur le bas du dos, se pose lourdement sur une chaise au coussin usé. Tout est pareil dans cette pièce. Il y fait triste. Rien d'accroché aux murs sans âme et, trônant au centre, une table noircie au brou de noix, patinée à la crasse sur laquelle Marguerite pose aussitôt les coudes. L'âge, les épreuves ont fini par rattraper cette femme, veuve de Nicolas, maître maçon du roi. Dieu sait qu'elle s'est battue pour les siens, pour l'entreprise, contre l'adversité, luttant afin de survivre à la mort de ses proches : son mari, mais aussi son fils, et Léon, le mari d'Anne. Encore que, pour ce dernier, l'inconnu s'ajoute au malheur. Léon a disparu, il y a dix ans, à la suite d'une terrible altercation entre elle et lui. Le sujet de la dispute ? Amandine. Et Marguerite se sent coupable de ce qui a suivi.

Emportée par la colère, elle avait sottement appris à Léon les liens qui unissaient cette enfant à leur pire ennemi d'alors, le *Roi noir* de Versailles, celui que le paveur Vautron décrivait comme le maître des tripots et des bouges de la ville royale. Un infâme corrupteur, un criminel sans regret qui avait décidé de détruire le clan Pontgallet. Léon était de taille à résister et aurait pu tout supporter, sauf ce qu'il découvrit au sujet de ce monstre sans foi ni loi. Jadis, le pire ennemi de Marguerite avait séduit Anne pour la rejeter immédiatement.

Il en était né une fille, Amandine, dont tous, y compris son géniteur, ignoraient les origines, jusqu'au jour maudit où Marguerite s'était libérée.

Le bon gendre d'humeur toujours égale était sorti de ses gonds en entendant la confession. Alors, il avait bondi chez le *Roi noir* pour lui régler son compte. Mais n'avait-il pas été tué en retour ? Quoi qu'il se soit passé, son corps n'avait jamais été retrouvé.

Fuyant la vérité, du moins n'osant l'affronter de face, Marguerite s'était peu à peu persuadée qu'elle n'était pas entièrement responsable de ce malheur. Elle s'en sortait plus ou moins, parfois rongée que de moitié par la culpabilité. Léon avait été sot de se jeter dans la gueule du loup. On n'affrontait pas le *Roi noir*, un ancien lutteur dont cent victimes arrachées des enfers auraient pu raconter la cruauté.

*

Les années passant, en remuant ses sales souvenirs, en les recomposant à sa sauce, selon ce qui l'arrangeait et la soulageait, Léon est devenu responsable. Pour la veuve Pontgallet, provoquer Delaforge fut une faute. Parfois, il lui arrive même de s'excuser de lui avoir avoué la vérité – peut-être de se pardonner. Depuis vingt ans, elle tient d'une main de fer son entreprise. Elle a surmonté les épreuves, triomphé du *Roi noir*, sauvé l'héritage de son mari que Delaforge voulait détruire. Elle a réussi, contre l'avis de tous, contre les mauvais coups du sort, faisant fi des médisances, des narquoiseries des bâtisseurs qui ne croyaient pas en cette femme. Elle sillonne les rues de Versailles, va sur *son* chantier, tête haute, raide et sèche afin qu'on la sache encore vivante, prête à mordre si un seul tente de lui faire barrage. Ainsi elle supporte moins mal ses erreurs. Et ce qui ne tue pas endurcit.

*

Les tortures intérieures de Marguerite, autrefois douce et tendre, l'ont rendue aigrie, renfermée, acariâtre. Mais si l'on déblatère dans son dos, en prenant soin qu'elle n'entende pas par peur de ses colères soudaines et légendaires, c'est pour ne pas savoir que les fantômes du passé troublent sa terrible solitude ; que la nuit, elle supplie Léon de revenir, maudit le *Roi noir*, implore feu son mari de la secourir, et que rien ni personne ne lui répond. Pas un mort, pas un vivant ne lui dit si elle est ange ou démon. Alors, elle s'énerve, divague, pleure, rit comme une possédée, s'extirpe de son lit, saisit la chandelle, se place nue devant le miroir, raille son corps osseux autrefois si rond et plein, ce ventre fripé, ces seins plats et desséchés, accusant Dieu de l'avoir damnée et, réalisant son offense, s'agenouille pour Lui demander pardon. Qu'a-t-elle fait pour être si malheureuse ? Quelle est la cause de sa détresse ? Elle doit savoir, sinon, elle deviendra *vraiment* folle. Elle cherche, oui, et, parfois, la nuit livre sa réponse : la faute incombe à Amandine. Tout part, tourne autour d'elle. Peu à peu, le visage parfait de sa petite-fille dormant dans la chambre voisine s'impose. Elle l'aime, gémit la veuve en se griffant les mains, mais les vivants et les morts en sont témoins, l'enfant a le diable dans la peau.

*

C'est une question de sang. Cela lui vient de son père, songe-t-elle encore aujourd'hui en regardant celle qui se croit supérieure. Insoumise, ne cédant jamais ! Pourquoi ne va-t-elle pas au bal pour que les choses rentrent dans l'ordre ? Un bon mari maçon, Jean Le Faillon, par exemple, et l'avenir de l'entreprise serait assuré.

Les ombres de ses nuits détestables et hantées reviennent l'assaillir, murmurant qu'Amandine a *le diable dans la peau*. D'un coup, Marguerite la déteste et, puisque sa cervelle déraille, hoquette, elle s'en veut dans le moment qui suit. Sa petite-fille n'y est pour rien. C'est à cause de son père. Pas Léon. Le vrai, Toussaint Delaforge, le fameux *Roi noir*. Soudain, le délire revient comme le jour où elle avoua à son gendre que Toussaint avait séduit Anne avant qu'il ne la connaisse, que *le sang du diable* coulait dans les veines de leur Amandine chérie. Dieu du ciel, elle avait cru agir au mieux. Léon avait épousé Anne alors qu'elle était grosse. Par amour, il avait endossé les joies et les peines, ne réclamant aucune explication puisque, assurait-il, le passé était enterré. Mais le *Roi noir* tournait toujours au-dessus de la famille, tel le vautour, menaçant de l'anéantir. Marguerite n'ignorait rien du pouvoir de nuisance de Delaforge pour l'avoir accueilli alors qu'il n'était que simple apprenti. Trompant son mari, leurré à son tour par la fausse candeur de l'animal, il s'était immiscé dans leur foyer, corrompant, volant, tournant la tête de la fragile Anne. Delaforge, bâtard né dans une cave, avait beau être manchot, legs d'une autre vie où ce lutteur gagnait la sienne en versant le sang, il ne manquait ni de force ni d'adresse. Ni de perversité. Le fils de Marguerite en avait payé le prix. Découvrant pour son plus grand malheur les forfaits de l'intrus, il avait été froidement exécuté dans la maison même qui hébergeait le poison et la mort. Toussaint Delaforge avait maquillé son crime en accident, échappant ainsi au bûcher. Mais Nicolas n'était pas parvenu à survivre à la disparition de son fils.

Bien plus tard, Marguerite comprit l'horrible vérité. Une chemise trempée de sang, celui de son fils, avait trahi le meurtrier[1]. Anne élevait l'enfant d'un Delaforge qui ignorait ses liens de parenté. C'était pour ça que la matrone des Pontgallet s'était tue. Accuser le *Roi noir* revenait à salir sa fille, et surtout Amandine, bâtarde du pire des bâtards, marquée au fer à jamais. Se taire, oublier sans avoir fait le deuil du passé ? Amandine, déjà, avait empêché Marguerite de venger la mort des siens…

*

Hélas, ces êtres irréconciliables s'étaient retrouvés à Versailles. L'une voulait bâtir, l'autre trafiquait et, puisqu'elle ou lui était de trop, l'affrontement avait repris. Ravort, associé libidineux, tordu et infirme de Delaforge, versé dans le jeu, le chantage, les filles de joie, convainquit le *Roi noir* que les Pontgallet menaçaient leurs affaires. Marguerite avait découvert qui était le meurtrier de son fils : elle se vengerait. Mais si Toussaint avait su pour Amandine, aurait-il écouté Ravort ? L'enfant était encore au centre de tout, comme ce jour où Léon cherchait à savoir ce qui empêchait Marguerite de répondre aux attaques du boiteux Ravort et du *Roi noir*. Pressée de toutes parts, accusée d'être faible, elle décida de parler. Par orgueil, sans doute, pour se soulager du poids de ces secrets et parce qu'elle pensait que Léon la comprendrait. Mais la veuve avait provoqué un désastre. En apprenant qui était le père d'Amandine, le flegmatique Léon conclut qu'il fallait le tuer. Et donc, n'était jamais revenu de l'hôtel des *Sans Aveux*, quartier général du *Roi noir*.

Sa petite-fille… Responsable du malheur ? Marguerite s'en était peu à peu convaincue après que le *Roi noir*, apprenant enfin ses liens avec Amandine, l'eut sauvée de la mort en tuant Ravort qui s'apprêtait à éliminer l'enfant. Blessé lors

1. Récit du drame dans *Un jour, je serai roi*, *op. cit.*

du combat, Delaforge s'était enfoncé dans l'*étang puant* où gisait Léon – puisqu'il avait été vraiment tué. Et le vieux paveur Vautron, qui semblait tout connaître sur Versailles, n'avait pas eu tort de dire au Breton Conwoion qu'Amandine était une nymphe, même si l'eau dont elle venait n'avait rien de clair.

Ce 1er mai, Léon et Toussaint reposent donc sûrement dans cet *étang puant* et leurs fantômes en jaillissent parfois pour persécuter Marguerite. Surtout Delaforge qui fit tant de mal et se racheta en protégeant Amandine. Pour cela, doit-elle le pardonner ? Voilà ce qui la ronge, l'oblige à se taire, alors que, depuis l'enfance, Amandine parle de son bienfaiteur, le *Roi noir*, un chevalier sans peur et mystérieux, qui surgit près de l'*étang puant* pour la protéger. Mille fois, elle a demandé à sa mère, à sa grand-mère si elles connaissaient ce héros. Pourquoi s'était-il sacrifié ? Mille fois, les femmes Pontgallet se sont mordu les lèvres. Si bien que le mythe a grandi, surtout dans la tête d'une enfant rêveuse qui y voit un signe du ciel. Elle rencontrera un jour un prince au même visage.

*

Amandine, innocente et surtout idiote ! Cause de tout ! Jouant la donzelle ! Méprisant ceux de son milieu, refusant de se joindre à eux pour le bal ! Cette fois, elle saura qui elle est – et qu'elle ne vaut pas mieux qu'une autre !

Marguerite se lève, décidée à vider sa bile une bonne fois pour toutes. Elle n'a plus mal au dos : *Tu as le diable dans la peau*, se répète-t-elle en secret, *tu as hérité des défauts de ton père. Ton sort est celui d'une bâtarde !* La démence ne dure que le temps d'un éclair. Il fait jour, elle n'est pas seule, face à son miroir. Elle doit se ressaisir… Depuis peu, elle ne contrôle plus ses accès de colère… A-t-elle parlé ? Elle interroge ses ombres familières. A-t-elle commis l'irréparable ? Rien, personne ne répond. Alors, elle contemple la scène et comprend que cette fois encore le pire ne s'est pas produit. La bile est restée dans son ventre. Mais ce qu'elle voit est misérable : Anne, la mère d'Amandine est prostrée, dépassée par sa fille qui, elle, fixe sa grand-mère tremblant encore de la tête aux pieds.

— Qu'as-tu ? lui demande-t-elle d'une voix adoucie.

C'est la beauté, l'innocence, un ange qui se précipite pour aider une vieille femme à s'asseoir. Comment imaginer lui faire du mal ?

— Je suis fatiguée, Amandine, gémit la veuve Pontgallet.

— Tu travailles trop. Tu dois te reposer.

— Non, ce n'est pas à cause de cela. C'est de ta faute…

Amandine écarquille les yeux. A-t-elle été méchante ?

Marguerite secoue la tête pour tenter de chasser les esprits revenant à la charge. Mais la silhouette de Toussaint Delaforge ne la lâche plus.

— Pardonne-moi, si je te fais souffrir, murmure Amandine, en caressant la main de sa grand-mère. Dis-moi ce qui t'a blessée et comment réparer.

Non, l'enfant n'est pas le double du *Roi noir.* Marguerite s'accroche à cette idée. Le calme revient, un brin de raison aussi.

— Promets-moi de te rendre au bal, chuchote-t-elle. Fais-le pour moi… Je t'ai tant donné…

Amandine gonfle les joues à la façon des gosses, usant de son charme sans le vouloir. Fichtre, elle n'aime pas ce chantage. Son front se plisse, elle relève sur le côté droit la mèche insoumise de sa chevelure blonde – c'est donc qu'elle réfléchit. Faire plaisir ou résister ? Et dans ce moment où elle s'abandonne sans chercher à plaire, sa beauté s'épanouit. La veuve Pontgallet revoit le visage du *Roi noir,* si fort, si troublant, au point de séduire sa fille, Anne, puis de la jeter comme une catin. La colère revient. Elle doit serrer les poings, fermer les yeux pour se contrôler. Les tremblements redoublent. Amandine, la pure, imagine qu'elle est la cause des soucis de sa grand-mère. Pourrait-elle la faire mourir de chagrin ? La jeune fille croit bien aux contes de fées.

*

— J'ai un autre rendez-vous, murmure-t-elle, se décidant à dire la vérité.

— Avec qui ?

Anne réagit enfin. Entre elle et sa fille, les rapports sont tendus. Amandine reproche à sa mère de se laisser aller, d'être négligée, de gâcher les belles années qu'il lui reste. Depuis la disparition de Léon (Amandine avait huit ans), Anne part à vau-l'eau. Maintenant, voilà qu'elle fréquente un autre homme qui voudrait se faire appeler beau-papa. Et elle boit avec lui. Après, ils se chamaillent, se jettent des noms d'oiseaux et se réconcilient à la nuit en s'enfermant dans la chambre d'Anne. Amandine se bouche les oreilles pour ne pas entendre leurs gémissements. L'homme part à l'aube, l'œil bas, l'haleine fétide, le cheveu en désordre, réclamant un baiser à sa *nouvelle fille.*

— Ça ne te regarde pas avec qui je vais ! Tu as assez à faire avec l'autre…

C'est sans appel. Elle déteste que sa mère traîne avec une canaille.

— À moi, le dirais-tu ? tente la plus âgée en se forçant au calme.

Même si depuis peu elle s'emporte sans vraie raison, Marguerite a toujours été bonne avec sa petite-fille. Protectrice, nourricière et, autrefois, complice, tandis qu'Anne s'abandonnait au malheur, gémissant sur son sort et accusant celle qu'elle appelle *la régente des Pontgallet* d'être responsable du

« départ de Léon » puisqu'elles n'en disent pas plus de peur de commettre l'irréparable devant Amandine qui, elle, ne croit plus depuis longtemps aux histoires à dormir debout de sa mère.

Léon se serait rendu dans le repaire du *Roi noir* et n'en serait pas revenu. Tué par celui qui, peu après, a protégé « son enfant » ? Ça ne tient pas debout... Amandine imagine plutôt que Léon est parti. Peut-être ne supportait-il plus Anne ? Combien elle le comprendrait. Mais s'il était bon, comme le répète Marguerite, pourquoi a-t-il abandonné sa fille, filant sans jamais plus se manifester ? Soudain, Amandine hait celui qu'elle croit être son père. Puis le pleure. Rien n'est vrai !

Il la chérissait plus que tout, jure encore Marguerite. Donc, on ment, et elle saura ce qu'on cache. Si elle en parle avec Jean, lui demande ce qu'il pense, il baisse les yeux. Partage-t-il le secret des Pontgallet ? A-t-il peur de lui faire du mal ? Amandine a fini par combler à sa façon le silence de ceux qui l'entourent. Léon est sûrement mort, quelque part, loin de Versailles, après avoir fui Anne. Mais le *Roi noir* ne l'a pas tué. Voilà la vérité. Au moins, sa version la soulage d'un autre chagrin : imaginer qu'elle ne fut pas aimée par Léon, celui qui, pour elle, sera toujours son père.

Ensuite, il n'est pas difficile de deviner pourquoi le sujet est interdit dans cette maison. Disparu ou mort, c'est pareil. La coupable s'appelle Anne. Gémit-elle sur son mari ? « C'est ta faute ! » hurle-t-elle. Elle ne sait qu'accuser Marguerite sans dire pourquoi. « Si je suis avec un autre, c'est de ta faute ! » Mais il s'agit d'une duperie. Sa mère est faible, injuste, aigrie, et elle ment. À la voir, à l'entendre, la seule idée qui vienne est de s'enfuir. Et surtout, de ne jamais la croire. Alors, comme toujours à la fin, Amandine se tourne vers sa grand-mère, la seule en qui elle ait confiance :

— À toi, oui, je veux bien dire qui je vais voir.

— Veux-tu que nous sortions ?

La jeune fille hausse les épaules et jette un regard en coin vers sa mère :

— Je me moque de ce qu'elle pense…

C'est son père, songe à nouveau la veuve. Endurcie, intraitable avec les faibles. Mais la bourrasque est passée. À présent, Marguerite se contrôle. C'est aussi la seule façon d'apprendre ce que mijote sa petite-fille.

— Je me rends au château.

— Pour y rencontrer qui ?

Amandine se redresse fièrement :

— Un valet de la Maison du Roi.

— Seigneur ! s'exclame Marguerite, et quel est le programme ?

— Nous allons visiter.

— Le château ? Mais tout le monde le connaît. Est-ce pour découvrir un lieu secret ?

Silence.

— Amandine, s'il te plaît…

— L'Appartement des Bains, avoue-t-elle à voix basse.

— Sais-tu qui l'a construit ?

— Oui, oui. Tu me l'as répété cent fois. C'est toi !

— Pas entièrement… Mais j'ai choisi les marbres, je les ai fait tailler, j'ai aussi…

— Grand-mère… Je t'en prie…

— Et tu as besoin d'un valet pour aller où il me suffit de me présenter pour qu'on ouvre les portes ?

— La visite n'est qu'un prétexte, bafouille la jeune fille. En fait, ce valet…

— Son nom ?

— Étienne. Je ne connais que son prénom.

— Va pour Étienne… Continue.

— Il a promis de me trouver un emploi auprès des couturières du roi.

Toujours cette obsession… Approcher de la lumière et s'y brûler.

— Tu y crois vraiment ?

Amandine baisse les yeux.

— Devines-tu… la faveur qu'il exigera avant ?

— Tu ne peux pas me l'interdire ! rugit la rebelle.

— Non, mais ne voulais-tu pas me faire plaisir ? câline Marguerite.

— Si je vais au château, après je ferai tout ce que tu voudras.

— Alors, reviens vite et emmène-moi au bal.

— Toi, grand-mère ? éclate de rire Amandine.

— Oui, nous irons ensemble et tu verras que personne n'approchera si tu ne le désires pas. Mais fais-moi plaisir… Pour une fois, j'ai envie de m'amuser.

Rien n'est moins vrai. Mais Marguerite a son idée. Et un projet.

Chapitre 6

JEAN ATTEND. C'est ainsi depuis quinze ans. Petit, il restait des heures devant la maison d'Amandine, surveillant la fenêtre de sa chambre, espérant le signal qui répondrait au sien. Jean glissait entre ses paumes jointes un brin d'herbe verte et poussait le chant de la chouette en pinçant plus ou moins les lèvres. Il imitait aussi parfaitement l'alouette, l'aigle royal, le bruant à gorge blanche, le chardonneret élégant, le chocard à bec jaune. Mais il disposait de tant de temps. À force de s'y essayer, à force de patience, il avait acquis une adresse que lui enviaient les autres gosses de Versailles. Et c'était la seule qualité qu'on lui accordait. Pour le reste, on le disait petit, trop pour son âge et, s'il ne manquait pas de courage, sa taille était sujet de raillerie.

— Pas toi, Petit-Jean… C'est pour les grands !

Partir à l'assaut des buttes voisines, marcher dans les herbes hautes pour lever les poules d'eau des marécages, fixer le cerf mâle et l'affronter sur son territoire à la saison du brame. Et vadrouiller des heures dans la forêt du roi, braconner pour l'aventure. Braver l'autorité…

— T'es pas assez costaud, Petit-Jean ! Faut courir et tes jambes sont courtes. On va te perdre dans les roseaux. Retourne chez ta mère manger de la soupe. Il paraît que c'est comme ça qu'on devient grand.

Petit-Jean enrageait. Mais d'un autre côté, il y gagnait des heures en compagnie d'Amandine que ces jeux de paysans n'amusaient pas. Et puis, il y avait eu l'accident. Il avait sauté d'une fenêtre du château pour échapper à des gars de Salvadi, le doreur de Louis XIV, venus travailler dans les appartements de Sa Majesté. Qu'y faisait-il ? Amandine voulait déjà se glisser chez le roi et Petit-Jean, chevalier courageux, l'avait aidée à entrer. Pourquoi s'était-il jeté d'une hauteur le condamnant à la mort ? Pour sauver sa belle, évidemment, puisqu'ils s'étaient fait coincer par un apprenti de Salvadi. En plus, Amandine avait chapardé une pièce dans une vitrine appartenant au roi. Pris la main dans le sac, ils risquaient gros. Petit-Jean n'avait pas hésité, ne voyant que ce moyen pour détourner l'attention. Et tandis qu'elle s'enfuyait, lui gisait inconscient au fond des fossés du château [1].

*

Ce jour-là, un ange veillait sur Petit-Jean, même s'il était habillé de noir. Toussaint Delaforge, pris d'une inexplicable bonté et faisant fi de tout ce qui l'opposait au clan des Pontgallet, l'avait sauvé en le portant aux bonnes sœurs de Vincent-de-Paul qui avaient soigné l'enfant. À dix ans, les os de Petit-Jean s'étaient remis en place. Trois mois plus tard, il jetait ses béquilles ; six encore, il gambadait comme un cabri et, par un étrange effet, son immobilisation forcée avait, pour ainsi dire, réveillé sa nature. Petit ne lui allait plus. Il rattrapait les autres, bientôt les dépassa, suscitant la fierté de Le Faillon, soulagé de ne plus être le père d'un rejeton malingre.

*

1. Voir *Le Roi noir de Versailles*, *op. cit.*

— T'es bâti pour faire maçon…

Ce 1er mai 1679, vers midi, Jean s'assoit à la table du repas. Combien de fois a-t-il entendu son père répéter ses mots – bâti pour faire maçon ! – avec l'assurance de l'homme satisfait de son sort ? Car il ne peut y avoir de plus belle vie que la sienne.

— Servir Louis XIV et Marguerite Pontgallet…

D'un côté, un roi qui ne cesse d'édifier – il est question d'adjoindre au château deux grandes ailes au nord et au sud, s'ajoutant à celles déjà construites – et, de l'autre, une femme combative qui, ne lâchant rien, a trouvé sa place dans les arcanes du chantier et parle d'une voix solide aux hommes. Depuis l'achèvement de l'enveloppe sous laquelle sommeille désormais l'ancien relais de chasse de Louis XIII, la veuve est de toutes les campagnes. Elle a su s'imposer auprès de l'architecte d'Orbay qui a pris la suite de Le Vau, obtenant le droit de livrer et de tailler le marbre du fameux Appartement des Bains, une folie conçue pour le plaisir des sens, en l'honneur d'Athénaïs de Montespan. Il y eut aussi, et tout cela parallèlement, sans pause ni relâche, le commencement de la décoration des Appartements du Roi situés au premier étage tandis que la construction du majestueux Escalier des Ambassadeurs [1] s'engageait également.

Mais plus le roi reçoit, plus le château grandit, et plus on manque de communs, de cuisines, d'écuries, de chambres pour les courtisans et leurs valets. Ce n'est pas assez que de pousser les murs, d'en élever continûment d'autres. La ville gonfle, déborde, tous veulent leur hôtel, à défaut, une vaste maison ne nuisant surtout pas à la beauté du modèle royal

1. Conçu par Le Vau, mais construit par d'Orbay et décoré par Le Brun, ce degré fut appelé Escalier des Ambassadeurs car il était emprunté par les visiteurs de Louis XIV venant présenter leurs lettres de créance. Il fut (hélas !) détruit sous Louis XV.

qui trône sur sa butte entourée de jardins où ont jailli les bassins de Latone, d'Apollon, de Neptune, le bosquet des Dômes et ces allées innombrables menant toutes à ce Grand Canal qui rivalise avec l'infini.

Autant de commandes pour les maçons qui viennent d'apprendre que Jules Hardouin-Mansart, l'architecte ayant réussi le prodige de plaire à la favorite Athénaïs de Montespan [1], et par conséquent au roi, engagera bientôt l'édification d'une galerie phénoménale venant couvrir la terrasse où tentent de survivre les derniers vestiges du château vieux de Louis XIII. Marguerite Pontgallet suit l'affaire de près et, si elle ne s'entend que médiocrement avec Jules Hardouin-Mansart, flagorneur et arriviste prêt à tout pour séduire, raconte-t-elle, le solide Le Faillon ne doute pas un instant que l'entreprise tirera son épingle du jeu grâce à ce nouveau programme. Du travail ? Il y en a pour des siècles ! Assez pour qu'il aille honorablement au bout du chemin, puis tende le flambeau à son rejeton.

Qu'adviendra-t-il alors ? Marguerite aime Jean et le voit un peu comme le fils qu'elle a perdu, et l'affection que lui porte sa petite-fille la réjouit. Alors, Le Faillon additionne et calcule.

*

Un jour, Jean deviendra compagnon, puis maître, comme il se doit pour ceux qui ont du talent. Il n'en manque pas, estime son père. Un jour, il égalera les anciens en les imitant à la perfection. Fort d'un chef-d'œuvre qu'il exécutera en taillant une colonne ou un bas-relief dans une pierre noble,

1. La maîtresse du roi choisit Jules Hardouin-Mansart pour l'agrandissement de son château de Clagny, précédemment confié à l'architecte Antoine Le Pautre.

y mettant tout son art, il entrera dans le saint des saints d'une corporation estimée, prestigieuse, puissante. Cet obstacle franchi, il prendra les rênes du joyau dirigé par la femme à qui les Le Faillon doivent tout puisqu'elle n'a pas d'héritier mâle. Jean deviendra alors l'insigne descendant d'un père qui fut, il y a longtemps, un simple laboureur, journalier crevant de faim et de misère.

— Même en rêve, je n'y croyais pas.

Le Faillon est installé à *sa* table, dans *sa* maison. *Sa* femme sert le repas aux hommes, le père et le fils, puisqu'elle n'a pas eu d'autre enfant.

— Mordiou ! Imagine qu'on ait eu une fille…

Le Faillon soupire de plaisir, le repas est succulent, l'épouse accorte, agréable à regarder, la pièce est joliment meublée, la cire claire fait luire l'armoire et le fauteuil où il aime se poser, le soir, trônant dans son royaume. Heureux, Le Faillon l'est. Et, pour le 1er mai, le maître des lieux réserve une surprise à Mélisande : une robe neuve de coton rouge, achetée à Paris la semaine passée, chez un marchand du Pont-Neuf puisqu'à présent, il se rend seul chez les fournisseurs, négocie les prix, vérifie la camelote, soupèse le poids des pierres et, à dix livres près, sait si on vole Marguerite.

*

Quel chemin parcouru depuis que l'ancien laboureur s'est présenté voilà vingt ans chez Nicolas Pontgallet dans l'espoir de trouver un travail. Il avait, lui aussi, traversé la France avec femme, enfant et (maigres) bagages, attiré comme tant d'autres par Versailles. Sur le chemin, on lui parlait de ce roi extraordinaire – Dieudonné ! – protégé par la Vierge Marie. Un guerrier invincible, un croqueur de femmes, un lion affamé à qui rien ne résistait, pas même les terres stériles de Versailles où se bâtissait, par le génie de milliers d'hommes, le *palais de toutes les promesses.*

Fuyant le dénuement, porté par l'espoir, Le Faillon avait franchi les frontières des régions de France, croisé toutes sortes de gens accueillants ou pas, bruns ou blonds, à la peau blanche ou tannée, et connu des dizaines de peuplades aux jargons impénétrables qui, si elles souriaient peu au passage de l'étranger, remerciaient Dieu d'un signe de croix en entendant le nom de Louis XIV. Versailles ? Ce mot était pareillement magique et, plus Le Faillon approchait de Paris, plus il devenait réel. Ce n'était plus un conte, mais bien une promesse : l'entreprise Pontgallet dont lui avait parlé avec certitude un visiteur de passage, existait, rue de la Mortellerie, non loin de la Seine, et elle lui procurerait assurément du travail. Plein d'allant, il avait donc frappé à la porte du bonheur, porté par sa bonne étoile. Apprenant dès son arrivée que le bâtisseur et son fils étaient morts.

S'ajoutait un autre malheur : Anne était grosse et aucun mari ne se montrait. Plongé sans le vouloir dans l'intimité tragique du clan, Le Faillon en découvrait les secrets, y compris le nom du père d'Amandine. Et devant tant d'adversité, lui aussi se crut perdu. Il n'avait pas un sol, possédait une seule chemise rapiécée dix fois. Son fardeau s'alourdissait de la présence de sa femme, de leur fils, un bambin affaibli par le long voyage. Mais alors qu'il n'avait aucun recours, n'espérait rien de cette ville hostile, la veuve Pontgallet les fit entrer, les pria de s'asseoir à sa table, partagea le pain, les logea dans la chambre du fils disparu.

— Je vous trouverai du travail. Je ne vous laisserai pas tomber.

Elle s'engageait à fournir un emploi au laboureur sans expérience dès la première commande, répétant, après que sa promesse s'accomplit, qu'ils allaient maintenant relever les manches, unir leurs talents, qu'ainsi, ils tordraient le cou au destin. Et un miracle se produisit. Au prix d'immenses efforts, cahin-caha, l'entreprise redémarra, d'abord en exécutant le labeur que d'autres refusaient, puis s'imposant à l'égal des pairs du mari décédé en gagnant la confiance et l'estime de la surintendance des Bâtiments du roi. Année après année, Marguerite réussissait donc à préserver le legs dont elle avait malheureusement hérité. Comment ne pas lui jurer fidélité ? D'autant que le clan s'était renforcé avec l'arrivée de Léon, un gendre compétent qui, de plus, avait sauvé Anne et Amandine du déshonneur.

Fichtre, les belles années ! Jusqu'au jour où Léon…

*

Sa disparition annonçait le chaos. Delaforge et son associé Ravort, dit *Traîne la patte* à cause de la déformation de ses guibolles, profitèrent de ce moment de faiblesse pour détruire l'entreprise. Ils mirent le feu à l'entrepôt. Il n'en resta rien. À nouveau, tout semblait perdu. Pour unique consolation, Delaforge fut emporté dans la tempête qu'il avait créée. Mais quelle étrange affaire, dont la fin diabolique expliquait pourquoi la veuve Pontgallet était hantée par les ombres du passé. Ce *Roi noir* qui avait commis tant d'horreurs s'était donc chargé d'exécuter son associé boiteux décidé à tuer Amandine, mais payant de sa personne, blessé à mort et englouti sans retour dans l'*étang puant* puisque le combat s'y déroulait. Disparu comme Léon ? Vraiment, quelle étrange affaire, réunissant pour l'éternité les deux protecteurs de la jeune fille, désormais orpheline de père, à l'image de Toussaint, le bâtard. Mais si ce dernier avait payé ses dettes, il avait aussi gagné la stature du héros aux yeux d'Amandine qui ignorait les liens de sang l'unissant à son sauveur.

Puis l'*étang puant*, ingérant ses proies, s'était chargé de les offrir à Dieu – ou au démon, selon le poids de leurs âmes.

Mais qu'en était-il des vivants ? Marguerite, escortée des silhouettes macabres qui la rendaient folle, avait repris son chemin, ne cédant jamais au désespoir. Peut-être par orgueil, afin que Delaforge, même recouvert de vase, ne soit pas vainqueur.

Le Faillon non plus n'avait pas lâché prise, enterrant le passé, faisant promettre à son épouse, Mélisande, de ne jamais évoquer ce qui rapprochait irrécusablement Delaforge de Pontgallet. Amandine, surtout elle, ne devait pas l'apprendre.

*

Désormais, ils n'étaient plus qu'eux deux, Marguerite et lui, l'ancien journalier qui avait craché dans ses mains, repris la masse, la pelle, le seau en peau de cuir chargé de terre. Le Tout-Puissant était témoin qu'il possédait la ténacité et le courage. Marguerite n'en manquait pas. Forçant le respect, elle s'était tournée vers les siens, les maîtres maçons du roi, amis de feu Nicolas, des êtres solidaires, tirant leur force de cette vertu exemplaire. Et jour après jour, aidés par les bâtisseurs, ils avaient remonté la pente comme on extirpait la boue de ces maudits canaux voulus par le roi pour que l'eau nourrisse ses bassins et ses fontaines ; comme on élevait les murs, peu à peu, pierre après pierre, d'un château qui semblait n'avoir ni début ni fin.

L'entreprise Pontgallet n'était pas morte ! Les fantômes hantant les nuits de Marguerite en avaient inlassablement de nouvelles preuves. Depuis dix ans, ses apprentis montaient à l'assaut de la place d'Armes pour édifier le rêve du grand roi et, bientôt, ils attaqueraient sans doute, à l'égal des autres bâtisseurs, la nouvelle folie royale, la galerie des Glaces.

Le Faillon a vu les esquisses dessinées par le peintre Le Brun. C'est un chef-d'œuvre et ceux qui y seront mêlés gagneront l'estime et la gloire. Oui, Jean, son fils, gravera lui aussi un matin son nom sur l'une des pierres du château. Et la pluie, le gel, le soleil ne parviendront ni à effacer le nom de Le Faillon ni à briser ces blocs caressés et polis, choisis, taillés avec art et amour, uniques parmi les milliers d'autres qui font peu à peu Versailles.

*

— Pourquoi ne m'accompagnerais-tu pas à Paris ? Mardi, j'y vais. Il faut acheter du bois.

Le Faillon cligne de l'œil et se penche vers son fils :

— Si tu veux diriger une entreprise, il est temps que tu apprennes le négoce.

Jean est assis à la table de son père. Il reste silencieux. Cela lui arrive de plus en plus souvent, comme s'il s'éloignait des siens ou peut-être parce qu'il refuse de partager les sujets tournant dans sa tête de jeune homme.

Le Faillon s'agace, n'aime pas cet air buté. Mélisande tempère. C'est l'âge où le caractère se forge et, pour que celui de leur fils soit fort, il faut le laisser prendre son envol. Alors, Le Faillon serre les dents. Cette fois encore, il s'interdit de croire qu'il s'agit d'insolence. Jean n'est pas du genre à se dresser contre lui. C'est un bon gars, gentil et soumis. Trop ! soupire son père en pensant à Amandine…

— On en profiterait pour regarder chez Péchuard. J'ai appris qu'il avait reçu du beau granit de Rosporden[1].

Le Faillon revient encore sur le sujet qui le passionne. Depuis peu, il est titulaire de trois brevets de dons de places

1. Située dans le Finistère, non de loin de Quimper et de Concarneau, la ville de Rosporden est connue, entre autres, pour son église et son clocher en granit, ses carrières, donc, et pour avoir accueilli, en 1927, le premier congrès du Parti autonomiste breton auxquels participèrent des autonomistes corses et alsaciens.

à bâtir sur Versailles, offerts sur ordre d'un roi désireux que le plus grand nombre s'installe dans sa ville. Non seulement le terrain situé près de la route de Paris n'a presque rien coûté (trois sols la toise), mais le maçon de Pontgallet peut y édifier de beaux et nobles hôtels comme en recherchent les membres de la Maison du Roi, valets du premier rang. S'ajoute que les propriétaires bénéficieront d'un régime spécial puisque leurs biens ne pourront être saisis. Ces places à bâtir s'arrachent et il faut graisser la patte d'un petit commis de la surintendance pour que son dossier passe au-dessus de la pile…

Le Faillon y voit une nouvelle preuve de sa réussite. Un ancien laboureur, propriétaire à Versailles ! Son idée est celle-ci : il construira trois maisons et en gardera une pour lui. Elle ne lui coûtera rien puisque le profit tiré de la vente des deux premières couvrira le prix de ses travaux. Il a les clients. Il lui suffira de céder ses brevets une fois l'opération finie.

Le maçon en a parlé à Marguerite qui n'y a vu que du bien. Il faut que Le Faillon profite, qu'il trouve son compte dans la réussite de la veuve. En le laissant agir, elle s'évite d'inutiles discussions sur le salaire et la place de son bras droit qui mériterait de diriger à part entière l'entreprise. Chacun y gagne. Ainsi, elle demeure la patronne sans que rien ni personne ne vienne la menacer.

— Voyez-vous, Marguerite, quand nous serons partis, Mélisande et moi…

— Ne parlez pas ainsi.

La veuve déteste qu'on évoque la mort. Mais Le Faillon poursuit :

— Que vous le vouliez ou non – d'accord, le plus tard possible –, Jean héritera d'une belle bâtisse, bien placée, à côté du chantier. Une grande demeure de maître bâtisseur…

Il marque une pause avant d'ajouter :

— Il ne manquera plus que l'épouse.

Marguerite opine et même sourit. Ces deux-là savent quels seront les arrangements à venir.

— Et voyez comme vous serez soulagée d'apprendre que la maison Pontgallet *nous* survivra, conclut Le Faillon, certain de bien se faire entendre.

*

— Allons, décide-toi, Jean ! s'emporte son père. Viendras-tu avec moi à Paris pour voir le granit de Rosporden ?

— Si tu veux, papa.

Mauvaise réponse… Trop molle. Hésitante. Ce garçon n'est pas décidé. Mais Le Faillon ignore combien Jean a d'autres idées en tête.

Bien sûr, il y a Amandine. Jean l'attend donc. Que décidera-t-elle à propos du bal ? L'accompagnera-t-elle ? Rien n'est moins certain puisqu'elle a ce maudit rendez-vous avec un petit valet du château. Mais ce tête-à-tête ne durera pas. Les grilles du château sont fermées la nuit. Elle s'en retournera. Qui sait si elle ne viendra pas frapper à la porte de Jean, mine chagrinée, attendant qu'il fasse le premier pas et qu'il glisse son bras sous le sien pour la conduire au Bal du Muguet ?

— C'est pas à moi de décider pour toi, continue son père, ignorant ce qui tarabuste l'héritier. Ça te dit ou pas de voir ce qu'on va construire ?

— Évidemment…

Mais le ton n'y est pas.

— Tu sais, s'emporte Le Faillon, colérique par nature et qui ne peut se taire plus longtemps, je fais ça pour toi ! Avec ta mère, on a assez pour vivre heureux jusqu'à notre dernier jour. Je me crève la santé pour que mon fils n'ait pas à endurer ma chienne d'existence !

— Papa, pardonne-moi si…

— Qu'est-ce que tu feras plus tard ? Apprenti pour toujours ? Crève-la-faim ? Moi, je connais, je peux t'en parler…

C'est parti. Jean a droit au sempiternel sermon sur le travail, qu'on ne peut rien contre, que la chance n'existe pas… Pour que son père s'arrête, il faudrait lui avouer la vérité. Jean ne veut pas être maçon. Il a un rêve qu'il combine avec Amandine : devenir artiste peintre. Il se voit tel Le Brun plutôt que dans les habits de Le Vau ou de Hardouin-Mansart. La révélation est venue au fil de l'avancement des travaux de l'admirable chef-d'œuvre du premier peintre du roi : l'Escalier des Ambassadeurs. Fichtre, l'apprenti a gravi sans effort des centaines de fois les marches du monument, ne rechignant pas quand il fallait reprendre la taille d'un morceau de marbre pour un écart de rien, pour la perfection d'un simple joint sur lequel personne ne se penchera jamais, et dont le sort sera d'être martyrisé chaque jour par les talons des courtisans. Mais Charles Le Brun, directeur de l'Académie royale de peinture et sculpture, et maître de la Manufacture royale des Gobelins, y attache une grande importance ; autant qu'aux peintures décorant les murs de l'Escalier des Ambassadeurs sanctifiant les victoires du soldat Louis XIV à Valenciennes, à Cambrai, à Saint-Omer ; autant qu'à la niche où coule une fontaine ; autant qu'aux trompe-l'œil des galeries surplombant l'édifice où se montrent les peuplades du monde, de la Perse à l'Afrique en passant par la Grèce, réunies pour honorer le plus grand roi de tous les temps.

Et combien de fois Jean est-il revenu seul sur le chantier pour tenter de percer les secrets du génial Le Brun ?

*

Sa rencontre avec l'art, il ne reviendra pas dessus. Désormais, sa vie repose sur deux piliers, Amandine et la peinture, domaine dans lequel il s'exerce en secret, chapardant ici ou là un pinceau, un peu de peinture, deux ou trois planches de bois, pour brosser sans relâche, jusqu'à atteindre la perfection, le portrait de sa bien-aimée.

— Jean ! Tu m'écoutes ?

— Oui, papa. Je viendrai à Paris…

— Et pour le bal de ce soir ? Iras-tu avec Amandine ?

Jean ne répond pas. Il attend, il l'espère comme toujours.

Chapitre 7

AMANDINE AIME le moment délicieux où elle va vers le château. Ce chemin guère long, elle l'emprunte souvent des yeux car, de sa chambre d'en haut, pardessus les toits, elle aperçoit la façade du vieux relais de chasse de Louis XIII. Du moins, ce qu'il en reste, à l'est de la place d'Armes.

Au printemps, lorsque les jours traînassent, elle pose les coudes sur le bois humide de sa petite fenêtre ronde et, la tête dans les mains, reste des heures jusqu'à ce que la pénombre engloutisse le tableau. Alors, le rêve prend la suite.

Paupières closes, elle se glisse en pensée jusqu'à l'entrée et les grilles s'ouvrent pour elle. En avançant toujours, la voici dans la cour royale, recouverte de marbre alternant le noir et le blanc, et dont l'assemblage géométrique étourdit la tête[1].

Chez Amandine, cette magie fonctionne. Égarée quelque part, sans notion du temps et de l'espace, elle poursuit son voyage imaginaire alors qu'il lui semble qu'en bas, dans le triste monde des vivants, on l'appelle : sa grand-mère demande de l'aide pour préparer le repas. Mais Amandine ne peut pas.

Une silhouette est apparue au balcon surplombant la place. Au milieu, campé au-dessus des huit colonnes de marbre rouge,

1. Ces carreaux ont été « empruntés » au château de Vaux-le-Vicomte après la déchéance de Fouquet, son créateur.

il sourit. Et sa main lui fait un signe. Qu'elle monte… Les statues embellissant la façade, fixées dans des niches ovales, bougent et parlent. Elles aussi lui annoncent que quelqu'un l'attend au château. Amandine se décide, bercée par la musique d'une fontaine de marbre blanc située au centre et dont les figures de bronze doré s'inclinent pour la saluer. Tout est possible, ici. Lully y a bien créé un opéra[1].

— Amandine !

Marguerite. Encore elle…

Pour rien au monde la jeune fille ne lui répondrait car la nuit s'efface par la grâce des flambeaux éclairant chacune des fenêtres. Au premier étage, où se trouve son hôte, l'éclat est moins vif, plus doux, un peu à la façon des lucioles qui enluminent la forêt à la saison des amours. Elles sont des milliers, assez pour que l'inconnu se montre plus nettement. Et dans le songe qu'elle se fabrique, ce sera forcément l'un des deux hommes qu'elle porte dans son cœur : Léon ou le Roi noir, *ses chers disparus.*

*

Le visage du *Roi noir* est moins net. Amandine ne l'a vu que deux fois. La première fut lors d'une nuit où elle s'était échappée de chez elle, dans les marais de Versailles. Il avait jailli, enroulé dans un manteau sombre, et il y avait de quoi avoir peur. Pourtant, pas un instant il ne chercha à lui faire du mal. Ils parlèrent beaucoup, du ciel et des étoiles, de la manière d'apprendre à compter sur les doigts, du bras d'ébène, mort, dont l'homme ne paraissait pas souffrir. Puis il fallut se séparer et c'est lui encore qui la porta, endormie, jusqu'à sa maison, l'abandonnant au seuil de la porte et repartant en silence, tel un loup.

1. *Alceste*, le 4 octobre 1674. Description par Félibien à la fin de l'ouvrage.

Quelle pagaille, au retour ! Sa tribu était effrayée et ne la croyait pas quand elle affirmait que l'homme avait été bon, qu'il l'avait nourrie, couverte de son manteau afin qu'elle ne prenne froid. Mais plus elle racontait en bien, plus Léon voulait rosser le bienfaiteur. Et Marguerite le lui interdisait.

Amandine était d'accord. Mais Léon s'entêtait : pour quelle raison la veuve Pontgallet protégeait-elle leur pire ennemi ? *Ennemi* ! Obligée de monter dans sa chambre, n'entendant plus ce qu'ils se disaient, la jeune enfant cherchait pourquoi Léon semblait vraiment fâché. Soudain, il était sorti, discutant encore à voix basse avec Le Faillon qui se trouvait dehors, et ils étaient allés dans la grange. Chercher une arme ? Léon était parti seul vers le quartier du *Roi noir*. Et on ne l'avait jamais revu.

S'il revenait un jour, Amandine n'aurait aucun mal à le convaincre qu'il se trompait. C'est le *Roi noir* qui l'a arrachée aux griffes du boiteux Ravort. Lui, il était là pour la protéger ! Pas comme Léon, enrage-t-elle. Et, si elle y pense, les larmes viennent.

Un ennemi ? Dans son rêve, le Roi noir *lui sourit. Bientôt, leurs mains se toucheront. Elle le revoit avançant sans hésiter sur Ravort qui est armé d'une arbalète. Le fer perce l'invincible qui, refusant de mourir, se jette sur le boiteux et le foudroie à son tour.*

Amandine ignore que Toussaint Delaforge est venu à son secours après avoir appris qu'il s'agissait de sa fille ; aveu auquel s'est soumise la veuve Pontgallet pour défendre une innocente : à cause du mal qu'il avait fait, lui seul pouvait désormais la protéger.

Ravort a rendu l'âme et s'enfonce déjà dans les abysses du diable. Le Roi noir, *pas encore. Il trouve assez de force pour se tourner vers Amandine et la regarde intensément. Il lui sourit, oui. Sa main se tend alors vers elle, mais la scène devient floue. Le héros s'enfonce dans les halos de l'*étang puant. *Il disparaît.*

Et, à présent, sur le balcon de la cour de Marbre, sa silhouette s'efface aussi…

— Amandine !

Comme chaque fois, Marguerite entre dans sa chambre et rompt le charme.

— Il y a une table à dresser…

Mais ce soir, 1er mai 1679, personne ne viendra troubler les rêves d'Amandine. Elle en fait le serment.

*

— Tu es en retard !

Le ton n'a rien de chevaleresque. Étienne, le petit valet avec qui elle a rendez-vous, l'attend devant les grilles du château, mais, à l'inverse de ce qu'elle imaginait, elles sont closes.

— C'est interdit de passer par là. Il faut faire le tour…

La nuit tombe, nul flambeau n'éclaire la façade. Amandine espérait entrer par l'Escalier des Ambassadeurs dont Jean connaît tous les secrets. : « Ici, assure-t-il, passe la procession des chevaliers du Saint-Esprit… »

Lorsque Jean l'entraîne au pied du château, Amandine écoute le conteur.

— Crois-moi, Amandine, dit-il encore. Les plus grands chevaliers se présentent chaque année à pas lents dans le vestibule. En premier, les princes du sang : Monsieur, frère du roi, le Grand Condé…

— Qui d'autre ? murmure-t-elle.

— Derrière, marche le cardinal de Noailles vêtu de pourpre, et tous portent le collier de l'Ordre orné de son étoile à neuf branches.

— Comment sais-tu tout cela ?

— Ils gravissent le premier degré, continue Jean, certain de son histoire, et, dix marches plus haut, face à une vasque en marbre rouge et blanc…

— Celle avec les dauphins et la fontaine ! l'interrompt Amandine. Je la connais… Marguerite me l'a décrite des dizaines de fois…

Pour étonner la jeune fille, il en faudra davantage, calcule son ami.

— Ils s'arrêtent maintenant pour contempler la gloire du roi décrite dans les tableaux décorant l'Escalier qui se sépare tels les bras d'un fleuve. Et, en levant la tête, ils voient le demi-dieu qui les attend : Louis XIV. Éclairé par une immense verrière accueillant son frère jumeau.

— Un jumeau… Comment s'appelle-t-il ?

— Le Soleil, voyons, élevé au zénith, tandis que, dans le vestibule, les grilles se referment. Cent gardes veillent. Des guerriers de Perse et des Indes, invente Jean, portant un sabre recourbé à la taille.

Jean va trop loin. Amandine a un doute.

— Tu les as déjà vus ?

— Je les ai peints dans ma tête, balbutie-t-il. Mais un jour, je réaliserai la fresque des chevaliers de l'ordre du Saint-Esprit, et on exposera ce chef-d'œuvre chez le roi, dans le salon de Mars… Ou de Mercure…

Amandine éclate de rire :

— Tu es encore plus fou que moi…

*

Si Jean l'amuse, ce n'est pas le cas du valet Étienne.

— Ne traîne pas !

Qu'arrive-t-il à ce rustre qui tourne la tête de tous côtés comme s'il craignait d'être vu, et la houspille pour qu'elle accélère le pas ?

— On va passer sur le côté.

Ils se sont éloignés de la place d'Armes où les premières notes du bal s'entendent. Ils marchent dans le noir, butent sur des pavés mal joints. Où sont les flambeaux, les lucioles ? Amandine désirait entrer par la cour de Marbre et caresser la rampe de l'Escalier des Ambassadeurs dont parle si bien Jean. Elle n'a nul besoin de suivre la procession des chevaliers de l'ordre du Saint-Esprit. Elle voulait simplement effleurer le marbre rouge où la favorite du roi a posé la main.

— Où va-t-on ?

— Dans les communs, bougonne à mi-voix le valet.

Ce n'est vraiment pas ainsi qu'elle imaginait son voyage.

— Vous me montrerez l'Appartement des Bains ?

— Après…

— Après quoi ?

Étienne attrape son poignet et la force à entrer par une porte qui donne sur un couloir sombre où flotte l'odeur putride du sang de cochon et du moisi. Ils sont dans les cuisines. Un rat file le long du mur.

— Et les salons de Sa Majesté ? insiste-t-elle en se détachant.

Étienne s'arrête, la regarde, éclate de rire.

— Et pourquoi pas visiter la Chambre du Roi, pendant que tu y es !

Si le valet savait… Amandine y est déjà entrée, il y a fort longtemps, avec Jean, emportant en souvenir une pièce chapardée dans une vitrine ciselée d'argent. Son butin est devenu talisman, le commencement du trésor qu'un jour elle possédera.

— Il y a mieux à faire… Entre là.

Le valet pousse une porte. La pièce pauvrement éclairée sert de communs et de réfectoire aux gens des cuisines. Sur une méchante table en bois, deux couverts sont dressés, un morceau de volaille et un pichet de vin se tiennent compagnie.

— Que… que faites-vous ?

— Tu veux devenir couturière chez le roi ?

— Oui, bredouille Amandine.

— Alors, il faut discuter. Quoi de mieux que de le faire en mangeant !

Dans le coin le plus sombre, la jeune fille vient de voir la paillasse.

— Je… je n'ai pas faim… On m'attend pour le bal.

— Tes cavaliers patienteront. Une jolie fille comme toi ne doit pas en manquer.

Le valet s'approche, la saisit aux hanches. Son habit sent la sueur, le graillon ; son haleine pue le vin. Il a bu pour se donner du courage.

— Laisse-moi !

Le valet répond en la frappant au visage.

Chapitre 8

— TU N'ES pas encore prêt ?

Le Faillon arrive de l'entrepôt et trouve son fils devant leur maison. Le vieux chien Pagaille qui se chauffait les os, collé aux pieds de Jean, n'a pas entendu venir le maçon. Ce n'est qu'en le voyant qu'il relève la tête et remue faiblement la queue. Sourd, perclus de rhumatismes, Pagaille paie cher les balades d'antan lorsqu'il accompagnait les deux gamins dans les marécages entourant Versailles. Mais ça ne vaut pas l'allure de son jeune maître, épaules basses, mine grise, plongé dans la contemplation de ses bottes crottées.

— Le bal, Jean ! Les jeunes de ton âge y sont déjà.

L'Angélus du soir a retenti depuis longtemps.

— J'irai pas.

Bon Dieu ! Le Faillon n'a pas besoin d'explications : Amandine est encore responsable.

— Y a des claques qui se perdent, bougonne-t-il en entrant chez lui.

Il tire violemment la porte, la rouvre aussitôt :

— T'es certain ? dit-il moins durement parce que le fond est bon. Tu veux pas faire danser ta mère ? Tu sais, moi, c'est pas mon fort.

Rien. Pas un mouvement. Pas même chez Pagaille qui coince son museau entre ses pattes et laisse passer l'orage.

— En arrivant place d'Armes, j'ai vu Bérénice, une rousse, la fille au maçon Rouet. Eh bien, c'est un joli morceau… Moi, à ta place…

Que Bérénice ait finalement obtenu gain de cause ne change rien à l'affaire. Jean ne bougera pas.

— Va au diable !

Cette fois, Le Faillon est fâché pour de bon. Mais est-ce vraiment après son fils ? Tout est la faute d'Amandine qui mène Jean par le bout du nez ! C'est ainsi depuis le premier jour, le premier regard. Comment dit Mélisande, son épouse ? Son rejeton est en pâmoison ! – ce qui n'est pas tout à fait juste puisqu'il ne s'est jamais évanoui devant elle, et puis le mot *pâmoison* a un air de femmelette qui ne plaît pas au rude maçon. Son héritier, il le voudrait dur au mal, solide, ne craignant pas de s'user les os, et grande gueule sur le chantier, houspillant les apprentis ; en somme, marchant dans les pas de son père. Pour s'attacher Amandine, il faudrait la rendre jalouse, et il ne connaît qu'une méthode : tourner autour des filles, conter fleurette aux donzelles qui font les yeux doux à celui qui prendra un jour la tête de l'entreprise des Pontgallet.

Le Faillon rumine, tête plongée dans un seau empli d'eau claire. Il est torse nu, sec comme un olivier, pas un poil de graisse. Il se prépare pour le bal.

*

Mon bel homme, songe l'épouse qui l'observe à l'entrée de la pièce servant de cuisine, de coin repas et où, depuis vingt ans, son petit monde très uni connaît une vie pleine de tendresse et d'affection. Mélisande se sent bien ici, elle aime que la première marche de l'escalier craque, sait où nichent les hirondelles, les seules à lui annoncer à coup sûr que le printemps arrive. Chaque fois qu'elle rentre chez elle, c'est le même plaisir, la même émotion, l'huis qui grince, le petit carreau cassé au seuil de la porte que ses hommes promettent de changer, le courant d'air soulevant les cendres et réveillant la braise. Un regard sur la marmite où fond un beau civet de lapin, un autre sur le tas de linge qu'elle battra demain pour le blanchir. Elle place dans un pot le bouquet de fleurs sauvages qu'elle a cueillies sur la route de Paris et le présente sur la table où Jean et son père soupent chaque jour que Dieu fait. Au mois de mai, elle entend leurs pas lorsque les derniers rais du soleil caressent le dossier de la chaise où s'installe son mari. Et celui-là, elle l'aime.

Ce soir, en rentrant du potager où elle a cueilli les belles fraises que l'on sert au château, elle a trouvé, posée sur le lit, la robe rouge achetée à Paris. Une folie ! Parce que, ce soir, c'est le bal…

Mélisande n'a pas résisté. Elle l'a essayée. Un peu serrée à la taille… Son mari la voit toujours comme à vingt ans. Ce soir, elle est montée dans la chambre, l'a de nouveau enfilée. Elle n'a pas entendu la dispute avec Jean. À pas de loups, elle est redescendue. À moitié cachée par la porte, elle détaille le corps de cet homme que les ans n'ont pas avili. L'idée qu'ils rentreront tôt du bal la fait frissonner. Alors, elle s'avance, le prend à la taille et lui glisse un baiser dans le cou.

— J'ai trouvé ton cadeau, chuchote-t-elle.

Le Faillon se retourne, mais ne prête pas attention à Mélisande. Il attrape la chemise propre posée sur une chaise et l'enfile, mâchoires serrées.

— Qu'as-tu, mon ami ?

— C'est Jean, lâche-t-il.

— Que s'est-il passé ? s'inquiète aussitôt sa mère.

— Cet idiot ne vient pas avec nous.

Mélisande, elle aussi, a compris.

— Je vais lui parler, décide-t-elle en allant vers la porte.

Qui s'ouvre au même moment : Jean tient Amandine par la main.

Chapitre 9

LE PEUPLE de Versailles a vu grand. Depuis le *Grand Divertissement*[1], il réalise tant de miracles pour le plaisir du roi ! Ce soir, ni or ni illumination, mais un chapiteau de toile tenu par douze poteaux de trente pieds au moins a été dressé place d'Armes. Mille personnes s'y pressent. En pénétrant par les côtés de ce grand carré, on découvre des estrades solidement fixées par le charpentier Jean Bricard. De ce point de vue, les commères et les matrones des jeunes filles vêtues de robes blanches immaculées surveillent la scène. Les pipelettes bavardent sans gêne, espionnant chaque geste, chaque soupir. Demain, elles en feront des gorges chaudes. Les autres ont l'œil à tout, prêtes à bondir si une damoiselle tentait de filer dehors où règne l'inconnu.

Maîtres et compagnons siègent en bas, près d'un orchestre qui s'en donne à cœur joie. Quatre vièles, une trompe, trois luths, un cornet, même un antique sacqueboute[2] marquent la cadence du branle qui se danse en rond, main dans la

1. Fête exceptionnelle donnée à Versailles en juillet 1668 pour célébrer la paix d'Aix-la-Chapelle et en l'honneur d'Athénaïs de Montespan, consacrée favorite du roi. Pour plus de description, voir *Le Roi noir de Versailles*, *op. cit.*

2. Par ordre d'apparition : ancêtres du violon, de la trompette, de la guitare, du hautbois et du trombone.

main. La place qu'occupent les uns et les autres n'a rien d'anodin, et ce n'est pas un hasard si Jeanne, la fille du marbrier Misson, joue des coudes pour se glisser à côté du fils du serrurier Denis du Chesne.

Peut-on compter sur les pères pour surveiller ce méli-mélo de bras et de jambes lorsque viendra la courante, une danse où on gigote en couple, allant à pas sautillés, serrés à la taille, épaule contre épaule ? Rien n'est sûr car ces messieurs tiennent un siège devant le banquet installé sur des tréteaux et d'énormes planches pliant sous le poids des tonneaux de vin de Touraine. Et leur vigilance faiblit à mesure que les cuves se vident… Pourtant, qu'ils se méfient. Bientôt, ce sera l'heure de la sarabande dont le nom cache bien son jeu : cette danse s'exécute sur un rythme lent, yeux dans les yeux, et nombre d'apprentis choisiront ce moment pour offrir leur brin de muguet à l'élue de leur cœur.

Ceux-là, les goujats, se divisent en deux clans. Les anciens tentent leur chance ; les nouveaux restent prudemment à l'entrée du chapiteau. Il y a eu des mots aujourd'hui : pas touche ! On en est même venu aux mains et la carcasse des novices, mise à l'épreuve lors de la sélection féroce des trois derniers jours sur les chantiers, a souffert. L'un d'eux a eu la mâchoire cassée. Sa saison est finie. Il ne se présentera pas demain chez le menuisier Bergerat. Les autres se plient à la règle. Chacun son tour. L'an prochain, ils approcheront peut-être. Cette fois, ils salivent, mais de loin, à l'exception de trois Bretons dont le plus audacieux se fait appeler Conwoion.

Il s'est posé devant le banquet et réclame un pichet contre trois sols sortis d'on ne sait où. Pourquoi se gênerait-il ? À condition de se présenter à son poste à l'aube, il a le droit de s'amuser. Être là est donc avant tout une question de courage – car il faut affronter le regard des maîtres et ignorer les menaces se lisant dans les yeux des apprentis. Mais, lui, se pavane sans faiblesse. Et ce diable d'homme s'y prend plutôt bien.

Il en est un cependant que le moment amuse. Misson, le marbrier dont la fille coquine au bras de l'héritier du serrurier, ne regrette pas d'avoir embauché le Breton. Il promet, il lui plaît de plus en plus et, si une chose le dérange, c'est qu'un animal de sa trempe ait accosté à Versailles pour n'être qu'apprenti. À voir sa carrure, les muscles des avant-bras, sa taille de six pieds et cette gueule de pirate, il n'est pas fait pour une vie d'esclavage. Misson n'est pas seul à se poser des questions. Les jeunes se méfient. Pas un n'approche. Est-ce pour savoir que le rebelle porte sous la chemise une lame effilée ?

Conwoion se moque des questions. Il boit à petites gorgées le vin de Touraine, veillant à ne pas s'enivrer, indifférent à la musique, à la danse. Corps tendu, prêt à bondir, il ne lâche pas du regard la fille qui vient d'entrer sous le chapiteau en compagnie de Jean Le Faillon.

*

Amandine n'a rien dit ou presque. Elle est entrée chez Jean, s'est jetée dans ses bras. Les larmes sont venues, hachées, bouche close.

— Qu'est-ce qu'il y a ?

Elle tremblait, se serrait davantage.

— Amandine…

Ses yeux étaient gris.

— Je… Je ne veux pas en parler… Pas ici…

Elle s'est détachée. Alors, Jean a vu les traces rouges sur son cou et ses poignets écorchés jusqu'au sang.

*

— La sarabande !

Le vin produit son effet. Sous le chapiteau, il fait si chaud.

— La sarabande ! hurle les danseurs.

Antoine Maillard, fontainier des bassins de Latone et d'Apollon, et luthier par passion, se tourne vers les autres musiciens. Sont-ils prêts ? Eh ! Ils n'attendaient que le signal.

Le muguet patientait sous la veste. Un peu fané, un peu confit, on le tend à sa belle qui rougit, feint la surprise. Mais un couple ne se prête pas au jeu. Il reste à l'écart, à l'entrée du chapiteau, insensible aux cris, à la bonne humeur, au tempo de l'orchestre qui lance la sarabande. Seul Conwoion les observe : le garçon fait des grands gestes, saisit la fille par les bras, l'oblige à le regarder. À l'écouter ! Qui reconnaîtrait Jean, si doux et si gentil ? C'est bien la première fois qu'il se comporte ainsi avec Amandine. Est-ce parce qu'elle cherche à fuir ? Conwoion le saura. Il s'approche lentement en contournant le centre où se démènent les tourtereaux. À dix pas, il s'arrête.

— Lâche-moi, tu me fais mal ! entend-il parce qu'elle hurle.

— Jure-moi d'abord de me dire toute la vérité, rétorque Jean.

— Tu n'es pas mon père ! Je n'ai pas à t'obéir.

— Oublies-tu tout ce que j'ai fait pour toi ?

— Il faut peut-être que je te paye ? ricane Amandine. Tu es comme les autres. Intéressé, égoïste. Ça suffit ! Tu me fais mal. Arrête !

Un instant, sa prise se libère, mais Jean l'emprisonne à nouveau. Et Conwoion a vu les poignets à vif.

— Elle te dit de la laisser en paix.

Il est sur eux, et personne ne se doute de ce qu'il se passe. Trop de bruit, de musique, de hurlements.

— Elle t'a donné un ordre. Exécute-toi.

Il n'y a plus d'accent, de *r* qui roulent sous la langue, mais une voix formidablement froide. Et une poigne de fer prenant en tenaille la main de Jean. Si fortement, si irrévocablement que la douleur oblige le fils Le Faillon à desserrer son piège. Aussitôt, Amandine s'échappe, file vers la sortie. Jean veut se lancer à sa poursuite, mais Conwoion l'attrape par la chemise.

— C'est toi ?

De quoi parle-t-il ?

— Les marques sur le cou et les mains…

— De quoi te mêles-tu ?

— Si tu lui fais encore du mal, je te tue.

En un éclair, le Breton saisit un couteau glissé à même sa peau. Dans le même mouvement, il se colle à l'adversaire et, d'un geste que personne ne voit tant ils sont soudés l'un à l'autre, il le frappe au-dessus de la ceinture. C'est si violent que Jean en a le souffle coupé. Il ouvre la bouche, se voit déjà mort, passe sa main sur son ventre. Le sang ne coule pas. Pourquoi une douleur terrible cisaille-t-elle ses jambes ? Conwoion le retient par le bras afin qu'il ne s'effondre pas tandis que l'on danse à tout-va à dix pas.

— Je n'ai fait qu'enfoncer le manche de mon couteau dans ton foie, glisse-t-il à l'oreille de Jean. Tu as très mal, je le sais, et il te faudra du temps avant que tu puisses marcher. Si tu bouges maintenant, ton sang se mêlera à tes viscères, tu mourras dans la souffrance. Mais, si tu restes calme, demain, tu ne sentiras presque plus rien. Je vais t'asseoir sur le banc qui est derrière toi. Tu ne bouges pas. Sinon, ce coup-ci, je tourne la lame dans l'autre sens.

On pourrait croire à deux amis se chuchotant des confidences sur les filles qui les entourent. Et si Jean titube, c'est sûrement à cause du vin. Son père et sa mère dansent la sarabande, au milieu des autres, ignorant ce qu'il s'est passé. Conwoion prend soin de sourire et de taper sur l'épaule de son compagnon avant de l'abandonner. Il s'empare d'un flambeau, sort. Et s'enfonce dans le noir sur les traces d'Amandine tel un chasseur de nuit.

*

Le Faillon avait décidé de ne pas s'immiscer dans des affaires de son fils. Amandine était venue chez eux, c'était le point capital, et leurs chamailleries, il ne s'en préoccupait pas.

— Laisse-les, avait-il dit à son épouse alors qu'Amandine entraînait Jean dehors.

Cela avait été si vite que Le Faillon n'avait pas vu les traces sur le cou de la jeune fille. Il se faisait tard, le bal avait débuté. En sortant, Mélisande, serrée dans sa belle robe rouge, avait trouvé les deux enfants en grande discussion.

— Vous nous rejoignez ?

Jean aurait promis n'importe quoi pour qu'on les laisse en paix. Et Le Faillon prenait trop de plaisir à se promener au bras de sa belle pour se préoccuper du reste.

Une fois seuls, ce ne fut plus pareil. Jean voulait savoir et Amandine refusait de se livrer.

— Si tu es venue me retrouver, c'est que tu me fais confiance.

Mais c'était plus compliqué que cela. Fuyant le château, et surtout le valet Étienne, elle s'était précipitée chez elle. La veuve Pontgallet n'était pas en bas. Elle l'a crue au bal, s'évitant la corvée de l'accompagner. Sa mère non plus ne se montrait pas. Elle fricotait avec le *beau-père*, à coup sûr. Au moins, sa *belle-fille* n'aurait nul besoin d'expliquer les traces du combat. Alors, elle remplit la bassine d'eau, se mit nue, se frotta le corps avec acharnement, espérant faire disparaître la sueur, les miasmes empestés et mêlés du valet. Puis elle décida de monter dans sa chambre pour s'y enfermer, dévastée par ce qu'il lui était arrivé.

— Tu es rentrée…

Marguerite trônait en haut de l'escalier. La maigre chandelle qu'elle tenait en main éclairait vaguement la scène.

— Tu t'es déshabillée… Et ta promesse de m'emmener danser ?

Amandine retenait ses larmes, mais pour combien de temps ?

— Rassure-toi, ajouta Marguerite d'une voix douce. Je suis presque couchée. Mon dos me fait souffrir. Tu n'auras pas besoin de te coltiner une vieille femme… Mais une parole est une parole…

Amandine restait au milieu de l'escalier pour cacher ses blessures.

— Tu iras avec Jean Le Faillon, lui ordonna-t-elle. Je suis certaine qu'il t'attend…

Voilà le plan concocté par la veuve, et pas question de lâcher prise. Elle tendait la chandelle, cherchait à éclairer le visage de sa petite-fille. Dans un instant, il deviendrait impossible de fuir ses questions.

Amandine posa les mains sur son cou et recula.

— Qu'as-tu ? Pourquoi ne réponds-tu pas ? Que s'est-il passé avec le valet ? A-t-il promis de te présenter aux couturières du roi ?

Le ton changeait. La voix se durcissait. Ce maudit caractère prenait le dessus.

— Rien, grand-mère, rien du tout. Il n'était pas là. Maintenant, laisse-moi, si tu veux que j'accompagne Jean au bal.

— Dépêche-toi ! Enfile ta belle robe. Et méfie-toi. Demain, je saurai si tu m'as bien fait plaisir…

*

Amandine n'avait pas été plus loquace avec Jean. Elle refusait de s'expliquer. Mais les coups se voyaient. Jean insistait, la colère montait.

— C'est fini. On n'en parle plus. Sinon, je rentre chez moi.

Jean avait cédé, comme d'habitude, mais provisoirement, pensant que le temps adoucirait ce sale caractère qui décidait de tout. Au bal, crut-il, elle se confierait davantage. Mais ici non plus, rien ne changeait.

— Tu me fais mal !

Jean avait saisi ses poignets. La sarabande le réclamait. Depuis qu'ils étaient entrés sous le chapiteau c'étaient les premiers mots d'Amandine.

— Non ! *On* t'a fait mal… Dis-moi qui ?

Autant vouloir faire boire un âne qui n'aurait pas soif… Et, face à tant d'injustice, Jean le soumis s'était révolté. Juste au moment où le Breton Conwoion les espionnait.

*

Amandine marche vite, la maison n'est plus très loin. Tant mieux, car désormais elle a peur. Elle revoit l'œil salace du valet, ses lèvres collées à sa peau, ses mains moites s'égarant sous sa jupe. Elle frisonne, bute sur un caillou, se rattrape au mur crasseux d'une masure, heurtant l'arête coupante du granit. Sa paume brûle, une matière visqueuse coule entre ses doigts. Du sang, encore. Après un chemin qu'elle croisera sur sa droite, elle sera arrivée. Elle compte ses pas pour se rassurer. Combien, encore ? Il faut affronter une longue enfilade de bâtisses tordues, et autant de recoins sombres, d'ombres inquiétantes. Peut-être renoncera-t-elle et courra-t-elle retrouver Jean, le bruit, les chants, la lumière ? Elle s'arrête, regarde dans son dos, sur les côtés. Reprend sa marche. Et aperçoit une silhouette surgissant de l'encoignure d'une grange abandonnée.

— Je ne vous veux aucun mal.

Un homme. Un instant, elle croit qu'il s'agit du valet Étienne.

— Je m'appelle Conwoion. Je vous ai vue sortir comme si vous étiez affolée, et…

Il ne la tutoie pas comme un rustre. S'il voulait l'agresser, brandirait-il un flambeau devant son visage ?

— Profitez-en, sourit-il, je l'ai… emprunté.

Elle reconnaît l'apprenti arrivé il y a peu à Versailles. À chaque fois qu'elle l'a croisé, il ne la quittait pas des yeux.

— Je vais vous ramener, Amandine, dit-il en tendant le fanal dans la bonne direction.

Il connaît son prénom. Il sait où elle habite.

— Je marcherai devant pour éclairer le chemin. Je ne vous toucherai pas. C'est d'accord ?

Elle est moins forte que lui, il n'y a nul endroit où se cacher. Si elle cherche à s'échapper, la torche lui donnera l'avantage. Il la rattrapera.

— Avancez, murmure-t-elle.

— À une condition, répond-il en penchant le flambeau vers les mains d'Amandine. Dites-moi qui vous a fait *ça* ?

— Qu'est-ce que ça peut vous faire ! s'emporte la jeune fille en tirant sur les manches de sa robe pour cacher ses poignets.

— Est-ce celui avec qui vous discutiez à l'instant au bal ? continue-t-il en employant la même douceur.

— Jean ? Non ! C'est… mon ami.

— Vous mentez pour le protéger ? Parce que vous en avez peur ?

— Pou… pourquoi me posez-vous toutes ces questions ?

— Nous nous connaissons un peu, dit-il en s'efforçant de sourire. Je vous ai vue souvent depuis trois jours… Et puis, glisse-t-il à mi-voix après avoir hésité, d'où je viens, j'ai quitté une jeune femme à laquelle je tenais beaucoup. Elle vous ressemble… En vous voyant malmenée, j'ai pensé à elle. J'espère que quelqu'un viendrait à son secours si elle était en danger.

Conwoion tend le flambeau à Amandine :

— Prenez-le, vous serez plus rassurée.

Il se tourne, pénètre dans la nuit.

— Vous venez ? lance-t-il sans se retourner.

Amandine fait un pas. Et s'arrête :

— Que feriez-vous à celui qui m'a... Vous... Vous me vengeriez ?

— Racontez-moi d'abord, répond Conwoion sans élever la voix.

Par habitude, il caresse le manche du couteau caché sous sa chemise :

— Nous parlerons ensuite du châtiment.

Chapitre 10

SUR LE CHEMIN qui la ramène chez elle, Amandine se livre peu à peu. Conwoion ne s'exprime presque pas. Le silence reste la meilleure arme du confesseur. Il sait aussi qu'il lui faudra être patient, ne pas la brusquer, l'apprivoiser, en somme. Mais chaque mot qu'elle prononce est un pas de plus vers la vérité.

— J'ai… J'ai accepté un rendez-vous au château avec un valet.

Elle s'arrête, sonde son vis-à-vis. Un *rendez-vous* ? Que la formule est maladroite. Il faut qu'elle corrige.

— Mon… désir… Mon souhait, si vous préférez, serait de devenir couturière… En fait, je voudrais entrer au service de Sa Majesté.

Couturière ou autre chose, ça ne compte pas. Soubrette, en somme, afin de se glisser dans la Maison du Roi.

— Et ce valet – il s'appelle Étienne – m'a dit qu'il pouvait m'aider.

Elle s'arrête, secoue la tête, reprend à voix basse.

— J'ai été assez bête pour le croire…

C'est le rêve d'une jeune fille naïve attirée par la lumière et prête à s'y brûler les ailes, croit comprendre Conwoion. La proie idéale d'un prédateur qui l'a attirée dans un piège contre la promesse d'une recommandation à un barbier du roi qui lui-même… Le beau miroir aux alouettes ! Elle s'y est précipitée et, si elle refuse d'avouer crûment les sévices subis, il devine le pire.

— Je le hais !

Se venger est son refrain, supplié mains jointes, d'une voix enfantine en levant les yeux au ciel. Conwoion s'interdit de réclamer d'autres détails, même si, pour décider de la sentence, il faudrait savoir. Mais il doit être si difficile de décrire ce qu'elle a enduré. Salie, violentée, il en est maintenant certain.

À présent, ils approchent du foyer Pontgallet et l'apprenti n'a rien tenté, rien demandé. À croire qu'il ne l'écoute pas, et c'est le meilleur des encouragements. Le plus dur a été de commencer. Désormais, elle se libère et, ce qu'elle s'était promis – oublier, ne jamais en parler – ne résiste pas à l'indicible soulagement qu'elle éprouve en se délivrant de sa souffrance, protégée par la nuit, marchant auprès d'une ombre, d'un inconnu qui ne la juge pas. Oui, c'est mieux ainsi. Bien mieux que de s'être confiée à Jean.

*

— Si le valet vous a nui, je vous vengerai, a-t-il simplement répété lorsqu'elle a livré son nom.

Elle ne le connaît pas, mais, étrangement, l'en devine capable. C'est une question d'allure, d'assurance, de calme. D'autres joueraient les sales curieux, chercheraient à savoir, se méfieraient même – qui a aguiché qui ? Lui, il croira ce qu'elle lui dira. Alors, elle se fait plus précise, maudit le valet Étienne, voudrait qu'il disparaisse. En parlant ainsi, réalise-t-elle ce que cela pourrait déclencher ? À moins que *disparaître* s'entende comme un tour de magie, afin que personne ne sache ce qu'elle a vécu.

— Comment deviendrai-je couturière si on me traite de traînée ?

Le mot laisse entendre le pire. Elle n'envisage pas qu'on arrête le criminel et le juge. Oui, *disparaître*. Supprimer ce moment…

Est-ce ainsi qu'il faudrait déchiffrer ses pensées ?

— Et vous, chuchote-t-elle en voyant sa maison, promettez-vous de ne rien dire ?

Elle se mord les lèvres, forçant sans le vouloir le trait de la petite fille apeurée, usant pareillement de son charme pour obtenir gain de cause.

— Plutôt me couper la langue, déclare Conwoion en levant la main.

Qui ne serait pas envoûté par la grâce de cette jeune fille ? Qui ne voudrait lui rendre son air ingénu ? La meilleure guérison est d'effacer ce souvenir affreux, décide le Breton, et il connaît la solution. Même si elle n'a rien avoué vraiment, ce valet immonde qu'elle croisera forcément demain dans Versailles doit *s'éclipser*.

Le flambeau faiblit. Avant que les yeux d'Amandine ne sombrent dans le noir, il y cherche une dernière fois la vérité. Rien ne filtre. Au loin, le bal s'entend dès que le vent vire de bord. Les noceurs y vont de bon cœur. Amandine n'y prête pas attention. Elle s'accroche au regard de Conwoion. Peut-elle lui faire confiance ? Oui, décide-t-elle. Elle ne sait comment, mais il punira Étienne.

*

Arrivée devant la maison de sa grand-mère, elle semble apaisée, comme soulagée d'un poids. Elle n'a pas oublié le valet, mais, à défaut, s'accroche à cet espoir : son honneur sera lavé. Il a promis. Ainsi, ils sont liés désormais par un pacte. Prisonniers, songe-t-il un instant avant de regretter l'idée. Cette fille n'est pas calculatrice. Et c'est lui qui a voulu savoir.

— Vous me sauverez…

Quoi qu'il fasse, estompera-t-il la salissure qui la marquera à jamais au fer ?

— Vous vous êtes engagé, insiste-t-elle.

Elle y croit, c'est son seul espoir, et Conwoion répète qu'il y aura bien un châtiment. Alors, comme les oisillons volant d'une branche à l'autre sans direction, elle change de sujet puisque le cas du valet sera soldé. Elle veut se raconter un peu, sans ennuyer, et nulle raison d'imaginer qu'elle souhaite se mettre en avant. C'est pour qu'on comprenne son erreur. Ainsi, dit-elle, on excuserait sa bêtise ou plutôt, son innocence. S'être jetée tête baissée dans un piège. Quelle idiote ! Mais elle manque de conseil, se sent si seule. Sans prévenir, parce qu'elle y pense sur le moment, elle évoque son père disparu – ce tuteur qui lui manque –, puis cite le *Roi noir* qui, *lui aussi*, l'a sauvée, ajoutant que son histoire est trop longue à raconter, qu'il est tard, qu'elle est fatiguée, qu'à présent, elle désire rentrer. Les phrases s'enchaînent, se bousculent. Mais il faut bien connaître celle que l'on a promis de défendre. Et Conwoion y voit simplement la preuve du désarroi dans lequel elle se noie.

Pendant tout ce temps, il ne bronche pas, même lorsqu'il entend le nom de Delaforge dont lui a parlé le paveur Vautron à *L'Auberge de l'Ours*. Il écoute, se sert de chaque indice pour mieux cerner le personnage.

— Voilà toute ma vie…

Jean n'y apparaît pas.

Pas plus que le valet Étienne qui a déjà *disparu*…

— Vous comprenez pourquoi j'ai envie d'en changer ?

Le flambeau s'éteint avant que Conwoion ne réponde.

Amandine se lève, va chercher la clef sous un caillou et ouvre la porte.

— Au revoir, chuchote-t-elle.

La porte se ferme.

— Vous me vengerez…

Conwoion jure pour la troisième fois en serrant les poings.

Chapitre 11

LE MARDI 2 mai 1679, les têtes sont de travers, ça grogne, peste et renâcle plus que de coutume. Les accords endiablés du luthier Maillard et le vin de Loire continuent de produire leurs effets. Certains ont pourtant l'air plus réjouis que d'autres. Le fils du serrurier Denis du Chesne en fait partie.

Après la sarabande, Jeanne Misson a suivi Antoine du Chesne qui timidement lui proposait de sortir afin d'être seuls et, bien que mesurant le danger, elle n'a pas hésité un instant. Ils ont déguerpi à la sauvette, profitant du moment où les couples se reformaient à la fin d'un morceau. Elle n'était pas dupe. Antoine avait une idée derrière la tête et elle y trottait depuis si longtemps qu'il n'a pas attendu d'être dans le noir pour l'enlacer follement, cherchant sa bouche, y déposant un baiser, s'aventurant à lui en offrir un second ; et Jeanne aimait ces mains puissantes s'emparant de sa taille. Maintenant, il la serrait assez pour qu'elle sente battre contre son ventre le sexe durci d'un homme, ce mystère dont les femmes mariées parlaient sans vergogne au lavoir, le vendredi soir.

Elles y tenaient une sorte d'assemblée où les audacieuses prenaient la parole pour se moquer de l'appendice viril des mâles, objet de leur fierté, et dont elles devraient supporter les assauts le samedi soir, puisque c'était repos. Et remettre ça le dimanche, en faire tant d'histoires ! ricanaient-elles, mais sans se plaindre vraiment. Jeanne ne trouvait pas que la *chose vivante* qui se frottait à elle fût ridicule. La curiosité se mêlait au désir. L'envie de savoir si les lavandières fabulaient lorsqu'elles prétendaient coucher avec le frère jumeau du gourdin servant à battre le linge alanguissait ses chairs, brisait ses défenses.

Elle gémit. Ils entendirent des voix. On approchait.

— Allons plus loin, chuchota-t-elle, s'étonnant de son audace.

Antoine s'était laissé guider, n'en revenant pas lui-même, mais hésitant sur la suite puisqu'il n'osait pas tirer plus d'avantages de l'innocence de Jeanne. Pourtant, il brûlait d'envie de soulever la robe, d'accéder au mystère qui se cachait sous les plis, de toucher sa peau. Il posa une main et ne le regretta pas. Dessous, elle était nue. Il appréciait la tiédeur, la douceur, la clémence de Jeanne. La course alanguie de son corps allant et venant comme la vague l'invitait à se montrer intrépide. Tout cela était bien meilleur que les regards enflammés qu'ils s'envoyaient jusqu'à présent à distance. Mais Antoine, par amour sans doute, et bien que le désir fût si fort que s'y mêlait la douleur, s'interdit d'aller plus loin. À l'oreille de sa bien-aimée, il expliqua vouloir la respecter et jura de lui rester fidèle et, vers minuit, annonça qu'il était temps de rejoindre le chapiteau.

Un peu déçue, mi-figue mi-raisin, balançant entre regret et soulagement, Jeanne lissa sa robe et le suivit, main dans sa main. L'aimait-il ? Mieux, la désirait-il ? La trouvait-il à son goût ? Toutes sortes de questions paradoxales qui font le génie des femmes et la bêtise des hommes, car Antoine avait résisté par crainte de passer pour un rustre et de briser le charme. Mais avant leur dernier baiser, elle fut rassurée quand il murmura ces quelques mots :

— Je... Je voudrais parler à ton père.

À nouveau, le cœur de Jeanne s'emballa.

— Samedi, je passerai chez lui.

Elle attendait qu'il dise ce qu'elle espérait le plus au monde.

— Je vais lui demander ta main...

Elle soupira et cela pouvait signifier qu'elle n'était pas d'accord.

— Pardonne-moi, bafouilla-t-il. Toi, le souhaites-tu ?

Jeanne se pendit à son cou. Elle imaginait déjà la noce. Au plus vite, parce qu'il n'était plus question d'en rester aux prémices et qu'elle craignait d'être grosse sous sa robe blanche de mariée lorsqu'elle répondrait oui au curé. Elle devançait le futur, se voyait chez eux, guettant par la fenêtre le retour de l'homme de sa vie. Ils auraient un grand lit, y roucouleraient le dimanche, et même tous les jours, elle ne manquerait de rien. C'était si bon, si conforme aux rêves que les jeunes filles des bâtisseurs se racontaient, qu'elle remercia Dieu de lui offrir une si belle histoire.

— Je veux être ta femme, murmura-t-elle. Maintenant...

Ils repartirent dans la nuit, s'y enfoncèrent pour de bon... Jeanne offrit au fils du serrurier Denis du Chesne ce qu'elle avait de plus précieux, et que ce fut délicieux, prometteur, l'amour à la va-vite, couchés dans l'herbe humide.

*

Le lendemain matin, ils ne regrettent rien, ont hâte de se retrouver. Samedi est dans quatre jours. Que c'est long ! Sans attendre, ils parleront de leur bonheur à leurs parents et se verront ce soir. Et si le fils du serrurier est plus fatigué que d'autres moins heureux que lui, il se rend de bon cœur sur le chantier. Il a un métier, conquis la femme qu'il aime ; demain, il bâtira un foyer où grouilleront des enfants. Plus tard, parce que le bonheur donne des ailes, il dirigera l'entreprise de son père, le serrurier Denis du Chesne.

— Antoine !

Il s'étire, revient au réel.

— Ton père t'attend.

— Où ?

— Foutre de merde ! Réveille-toi, Antoine ! hurle Le Faillon. Là-haut, dans la galerie.

*

La galerie des Glaces est sans conteste le plus bel exploit de Versailles depuis que Louis XIV s'est lancé dans l'aventure. Parole de maçon, et Le Faillon sait de quoi il parle. Depuis plus de dix ans, il a été de tous les combats, des fêtes qui exigeaient de construire des théâtres en plein air, du premier creusement du Grand Canal, de l'édification de l'enveloppe derrière laquelle sommeille le château vieux de Louis XIII, de l'installation des fontaines de Latone, d'Apollon, de la construction des pavillons des ministres et, bien sûr, de la création de l'Appartement des Bains, premier succès de Marguerite Pontgallet [1].

À présent, voilà que le roi a décidé de couvrir la terrasse réunissant les Appartements de la Reine à ceux de son mari. Ce qu'il restait du château de Louis XIII disparaît derrière la nouvelle façade. Les fenêtres deviennent les portes du miracle conçu par Hardouin-Mansart, nouvelle coqueluche de Versailles.

L'artiste est adroit, fin politique. Il a séduit l'épouse du marquis de Montespan. Puis le roi. À trente ans et quelques, le voilà adulé, couvert de commandes et déjà fortuné [2]. Ce

1. *Le Roi noir de Versailles, op. cit.*

2. Selon Frédéric Tiberghien (*Versailles, le chantier de Louis XIV*, chez Tempus), Jules Hardouin-Mansart gagne 6500 livres en 1677. À comparer au gain de son prédécesseur, l'architecte d'Orbay, qui se contentait de 1000 ou 2000 livres par an, et c'est sans compter les revenus tirés des clients privés.

n'est pas tant Versailles qui l'enrichit, mais les commandes privées de Paris. On veut Hardouin-Mansart, celui qui bâtit à Versailles les ailes des ministres, les Écuries, l'Escalier de la Reine, l'aile du sud, bientôt celle du Nord. Et surtout la future galerie des Glaces. Ce qu'on aime de l'architecte ? L'adresse, le génie pour le dessin qui, chez lui, tourne au chef-d'œuvre.

C'est d'ailleurs ainsi qu'il a gagné l'estime de ses illustres clients.

Pour la grande galerie, l'architecte n'a pas ménagé ses efforts. *Primo*, une esquisse naissant sous la mine de plomb. Puis l'emploi de l'encre de Chine jusqu'à obtenir un premier rendu sur calque qui fut lavé autant de fois que nécessaire afin que le trait perde sa grossièreté. Sur le papier, la galerie était désormais ancrée dans le château, plus vraie que nature, et peut-être plus séduisante qu'elle ne le serait jamais. À cette vision générale, à la fois tableau et perspective, Jules Hardouin-Mansart et son équipe, formée de Cochery, Chuppin, Cailleteau, Lassurance (l'œuvre est souvent collective), ont ajouté avec précision le paysage, les jardins, les bosquets, les plans d'eau. Le résultat est enchanteur.

Ces plans ont pour principal dessein d'exciter l'intérêt, de provoquer l'envie. Les extérieurs sont si enchanteurs, les volumes si parfaitement réussis que l'on ne désire plus qu'entrer. Dedans, se cache forcément quelque chose de royal. Usant à merveille du même art de l'illusion, les magiciens de son bureau des dessins et des plans ont réalisé les planches de l'intérieur. D'abord, un plan d'ensemble, plus spectaculaire encore que celui de l'extérieur, où le ciel en entier semble pouvoir être capturé. L'effet repose sur la taille de la future galerie. Recouverte d'un toit, le volume est démultiplié. La terrasse était grande, la galerie devient immense. En a-t-on fini avec les surprises ? Pas encore, puisque l'on passe de l'infiniment grand à l'infiniment petit.

Dans ces fameux plans, tout de l'édifice est raconté, tout ce qui comptera comme détails et inventions, de la découpe des pierres jusqu'aux moulures, est croqué avec soin.

Jules Hardouin-Mansart s'en est donné à cœur joie. Il est fameusement connu pour savoir torsader, entortiller, arrondir la ligne droite afin d'exhausser ce style *barroco* qui plaît [1]. Plus d'à-peu-près, l'encre de Chine revient en force. La circonvolution est à l'honneur. Et cet incroyable travail de précision se colore de vert pour les plans d'eau des jardins, d'indigo ou de vermillon pour les toits, et ainsi de suite… Ce n'est qu'un « crayonné », prétend Hardouin-Mansart, l'expert en courtisanerie qui use de fausse modestie pour séduire le roi sans blesser Le Brun. L'audace viendra du premier peintre du roi, assure-t-il en faisant mine de s'effacer élégamment.

Le Brun est en effet chargé de décorer l'ensemble. Et l'affaire n'est pas simple. Hardouin-Mansart lui a fait un cadeau empoisonné. Au mieux, il y abandonnera sa santé. Au pis, le roi sera insatisfait. Est-il possible que les seize arcades faisant face aux fenêtres accueillent trois cent cinquante-sept miroirs d'une taille jamais atteinte ? Que donneront au final ces fameux pilastres de marbre de Rance ornés de chapiteaux de bronze doré ? La voûte qui dépeindra les victoires de Louis XIV jusqu'à la paix de Nimègue réussira-t-elle à exalter la gloire d'un roi solaire ? Tout est risque, chausse-trappe pour Charles Le Brun, car la frontière entre le pompeux et l'exploit est ténue. Il y a tant à faire, tant de prouesses et d'incertitudes, de travail titanesque ! Colbert s'est juré que l'art français excellerait à Versailles. Il a envoyé ses émissaires jusqu'à Venise pour espionner, soudoyer afin

1. Baroque vient du portugais *barroco* : une perle qui n'est pas parfaitement ronde ou régulière, ce qui d'ailleurs en fait son charme (*perola barroca* : perle baroque).

de rapporter le talent des verriers de Murano. Mais fabriquer sans coup férir trois cent cinquante-sept miroirs ! Du manœuvre au maître bâtisseur, tous sont au pied du mur. Y arriveront-ils ?

*

Le Faillon a scruté cent fois les plans de Jules Hardouin-Mansart. Il n'en revient pas… La galerie mesurera plus de trente-sept toises[1]. Et le roi veut que tout soit achevé en trois ans. Il compte sur ses doigts : 79 (sachant que l'année est déjà très avancée), 80, 81… Impossible[2] !

— Antoine ! hurle-t-il dans l'espoir d'accélérer le mouvement.

Le Faillon pense que chaque seconde compte. Avec le 1er mai, un jour a été perdu. Une goutte d'eau… Mais le maçon est ainsi.

— Pour rejoindre ton père, passe par l'échafaud. Tu iras plus vite.

C'est aussi par ce chemin que Jean, le fils de Le Faillon, s'est rendu à l'étage. Il est sur la terrasse et plutôt mal en point. Le coup du Breton n'est pas encore passé. Chaque pas réveille la douleur qui lui tord le ventre. Mais ce n'est rien à côté de ce qu'il subit depuis l'aube. En bas, Conwoion tire sur la corde du palan par lequel montent des pierres de trois pieds de large.

Dès le premier jour, le marbrier Misson ne l'a pas gâté. Mais il serre les dents, s'est mis torse nu et a enroulé sa chemise autour de sa main droite. Ainsi, le chanvre raide ne brûle pas sa peau quand le bout file. Craignant que le trio s'accorde pour se tourner les pouces, Misson a envoyé les

1. Soixante-treize mètres. Une toise = 1,95 m.
2. Le Faillon n'a pas tort. La galerie sera achevée en 1684…

deux autres Bretons dans les jardins où ils tirent des charrettes qu'un cheval de trait ne parviendrait pas à bouger. Des costauds ! Mais Conwoion, celui-là, Misson a voulu l'avoir à l'œil. Quelque chose lui dit qu'il n'est pas fait pour jouer les tâcherons. En le surveillant de près, le marbrier a d'ailleurs découvert qu'il y avait de l'orage dans l'air. Ça se passe entre Jean et la recrue. Pas besoin d'être sorcier pour deviner qu'ils se fuient. Jean toise la terrasse ; s'il descend parce que son père l'appelle, il évite soigneusement le Breton qui tire à hue et à dia sur la corde du palan. Pour l'heure, aucun grabuge. Mais Misson ne se trompe pas, le climat est sombre. Les deux jeunes hommes se sont déjà croisés trois fois. Contraints et forcés : l'entreprise Pontgallet est missionnée pour une partie du gros œuvre.

Une victoire obtenue en force, contre les opposants que compte depuis peu Marguerite à la surintendance des Bâtiments. La veuve raille trop. Elle n'aime pas Hardouin-Mansart qu'elle juge calculateur, cynique – et ce caractère emporté ne se gêne pas pour accabler l'architecte du roi de noms d'oiseau. Menteur, hypocrite, sans parole ! Attaque-t-on impunément un protégé d'Athénaïs ? La mésentente risque de lui coûter cher. Le temps où ses amis maçons, Bergeron et Mazière, faisaient la loi est passé. D'autres têtes se montrent. Pontgallet passe de mode. Qui se souvient de sa force, de son courage, de ce qu'elle a enduré ? Une vieille folle ! La réputation se défait plus vite qu'elle ne se construit. Et pour exister encore, elle doit rogner sur les marges, vendre les services de son entreprise à vil coût. Le Faillon se bat, demande plus à ses équipes, négocie comme un beau diable les fournitures. Combien de temps pourront-ils tenir ?

— Jean ? As-tu bientôt fini ?

Plus vite ! Toujours plus vite…

Le Faillon peste et râle. Il a négocié une heure de palan au marbrier Misson. Cela lui évite d'en monter un second. Dix livres économisées et il ne lui en coûtera que le prêt d'un homme. À la pause de midi, et elle vient, l'un des siens remplacera le Breton qui besogne depuis l'aube.

Misson n'a d'ailleurs pas oublié. Il s'approche de Le Faillon :

— Tu te souviens de notre accord ?

— Pour sûr, grogne le maçon.

— Mon gars est épuisé. Ça devient dangereux de le faire travailler. Tu as quelqu'un pour le remplacer ? Moi, je dois voir Denis du Chesne.

Le Faillon pense à son fils, mais il sait qu'il n'est pas bien. Au réveil, il a demandé pourquoi Amandine était partie si vite du bal. Jean a enfilé sa veste, est sorti sans un mot. Sa mère l'a vu s'éloigner par la fenêtre. Il boitait.

— Angèle, la femme du couvreur Charuel, dit que Jean et Amandine se sont disputés.

— Commérages… a soupiré Le Faillon. C'est sûrement pas elle qui l'a frappé…

— Elle accuse Conwoion, le nouveau qui travaille pour Misson.

— Elle a des yeux partout ta commère. Ça lui donne le tournis…

Le Faillon a répondu ainsi pour ne pas inquiéter son épouse. Mais, depuis ce matin, il ne lâche pas Conwoion. Et il ne sent pas le personnage.

— Je vais te donner Fernand, répond-il au marbrier Misson.

Ce n'est pas le plus fort, ni le plus adroit, mais le maçon n'a que lui. Les autres, il en a besoin pour rattraper le temps perdu la veille, d'autant que c'est la pause.

Pendant que Fernand besognera, ils casseront la croûte.

*

Les hommes de Misson et de Le Faillon se regroupent tandis que les derniers descendent. Conwoion cède le palan à Fernand, mais reste près de l'échafaudage. Qu'attend-il ?

Sur la terrasse, il n'y a qu'Antoine, perdu dans ses pensées, toujours à son bonheur. Son père, le serrurier, est en bas. Ils iront tous deux discuter avec Misson du rendez-vous de samedi. Mais voilà que Jean se montre également en haut, prêt à emprunter l'échelle bringuebalante où on ne va qu'à un. Antoine, intimidé à l'idée d'affronter Misson pour parler de Jeanne, laisse Jean s'engager en premier. Antoine fermera la marche. Et Conwoion les surveille.

Fernand est au travail. Il tire sur le palan. Misson a d'autres chats à fouetter. Sa fille Jeanne lui a annoncé à l'aube qu'elle aimait Antoine. Il n'a rien contre, et le serrurier désire lui parler à la pause... Sera-t-il question de la dot ? Les autres coupent le pain et mangent le gras. Ainsi, personne ne voit que Conwoion saisit Jean par le bras au moment où il pose un sabot à terre.

— Je viens faire la paix, déclare le Breton en tentant un sourire.

Jean cherche à s'échapper, mais l'autre le tient fermement.

— Attends ! Ce n'est pas dans mes habitudes, mais je m'excuse. Je me suis trompé sur toi. Demande-moi ce que tu veux. Je te dois une vie.

C'est l'exact moment que choisit Antoine pour se présenter sur les derniers barreaux de l'échelle. Jean le gêne. Il veut passer.

— Allez vous conter fleurette ailleurs, lance-t-il joyeusement.

Mais Jean ne lâche pas Conwoion des yeux qui, lui, alerté par un cri, a vu la main de Fernand lâchant prise, la corde du palan dévissant, la pierre de marbre reprenant sa liberté et fonçant sur le sol. D'un coup d'épaule, il pousse Jean et se jette à son tour sur le côté pour échapper à la mort.

Antoine a moins de chance. Il rejoint la terre quand le bloc se brise sur lui.

Chapitre 12

TRENTE LIVRES, c'est le prix que le serrurier du Chesne touchera pour la mort de son fils. Moins que s'il perdait un cheval (quarante livres), mais mieux que d'habitude. Si l'apprenti Conwoion était mort, un commis de la surintendance aurait versé vingt livres aux siens, encore que, dans son cas, la bourse passerait à la trappe puisqu'il n'a donné aucun nom à l'embauche – pour faire suivre, au cas où.

Antoine est raide, occis sur le coup, le crâne enfoncé, et ce n'est pas beau à voir. Son père se jette sur lui, le secoue comme un prunier et gueule : « Antoine ! Antoine ! » mais le gamin est ailleurs, parmi les anges, regardant le petit monde attroupé autour de son corps. Jean, d'abord, qui n'en revient pas d'être en vie. Conwoion qui a sauvé la sienne et se tient à l'écart. Jeanne, très, très loin, racontant sa nuit à Solange, sa meilleure amie, et annonçant qu'elle sera bientôt mariée. Et puis, Le Faillon qui s'en prend à Fernand et lui casse la gueule. Vraiment.

— Sale con ! hurle-t-il. Sale con…

Ses mains de maçon sont plus dures que l'enclume. Fernand s'est agenouillé et a mis les mains sur sa tête pour se protéger.

— Pardon, pleurniche-t-il. J'ai pas fait exprès…

— Fous le camp, merdeux ! Je ne veux plus te voir.

Fernand a dû se pisser dessus parce que son pantalon est trempé. Mais il ne bouge pas. Il est sonné, perdu. Il a tué un homme. Il connaît le code du chantier. Ses os ne valent pas plus que ceux du mort.

Le Faillon est obligé de lui botter le cul.

— Dégage avant que du Chesne ne te tue.

Fernand vivra peut-être, s'il écoute le maçon qui se désintéresse de lui et va vers le serrurier penché sur son fils, le corps secoué de sanglots.

— Mon petit, mon petit…

— Denis, je suis… Du Chesne, faut te relever…

À quoi bon ? L'autre ne l'entend pas.

— De l'eau… de l'eau, répète-t-il. Je vais nettoyer ton visage…

Il caresse les cheveux de son fils, ses mains sont couvertes de sang.

— Ta mère ne doit pas te voir comme ça…

Le Faillon renonce. Bras ballants, il revit le drame. Tout a été si vite. Il regardait les gars en train d'installer le repas sur une planche de bois. Il s'est tourné pour appeler Jean qui traînait avec Conwoion en bas de l'échelle. Par habitude, il a tourné d'un quart pour surveiller les manœuvres de Fernand. Bon Dieu ! Ce foutu crétin cherchait à rattraper la corde du palan devenue folle. Le bloc de marbre gagnait de la vitesse. Il croit avoir hurlé. Son cri s'est noyé dans le fracas. Est-ce lui ou le craquement de l'échaudage déchiqueté par ce boulet de canon qui a alerté le Breton ? Il l'a vu pousser son fils hors de la trajectoire – et ne le faisant pas pour Antoine, pourtant près de lui. Pas eu le temps. Le hasard, la chance… Ou a-t-il choisi celui qu'il sauverait ? Le Faillon se repasse la scène et en modifie la fin. Cette fois, Jean trinque. Bon Dieu, répète-t-il, en balançant la tête pour en chasser les idées sombres. Son fils n'a rien. Non, rien. À moins que… Le souvenir lointain de son gosse sautant par une des fenêtres du château revient. Il gisait presque mort…

— Ça va ?

Il s'est approché de Jean qui tremble comme une feuille et ne peut détacher son regard du corps sans vie de l'héritier du marbrier.

— Il m'a dit ce matin qu'il était amoureux de Jeanne, bredouille-t-il. Il voulait se marier. Il… Regarde sa tête…

— Trouve-moi une bassine et un linge propre. Vite !

Sans attendre la réponse, il se tourne vers Conwoion qui n'a pas prononcé un mot et observe le mort avec indifférence.

— Merci, souffle Le Faillon. Sans toi, mon Jean y passait aussi.

Le Breton acquiesce en silence en enfilant sa chemise. Aujourd'hui, il ne tirera plus sur le palan.

— Il te reste encore du courage ?

Comment Le Faillon devinerait-il que ce gars qui ne se pousse pas du coude est habitué à la mort et croit à la fatalité ? Ce n'était pas son jour, voilà tout.

— Que voulez-vous que je fasse ?

Le Faillon se tourne vers Misson qui est comme paralysé.

— Il voulait épouser ma fille, balbutie le marbrier. Jeanne, Tudieu, ma pauvre Jeanne…

— Il faut prévenir la mère d'Antoine, murmure Le Faillon entre ses dents. Nous, faut qu'on reste près de Denis. On sera pas trop de deux pour l'aider à nettoyer son gosse avant que l'épouse arrive…

— Je dois être auprès de Jeanne avant qu'elle ne l'apprenne comme ça, s'entête Misson. Ne m'en veux pas…

Peut-être aussi qu'affronter le regard de l'épouse de Denis du Chesne l'effraie plus que tout.

— Jean ira l'annoncer aux du Chesne.

— D'accord, lâche Misson parce que cette solution l'arrange.

— Mais je serais plus rassuré si ton nouveau gars l'accompagnait.

— C'est d'accord, ânonne Misson. Vaut mieux qu'ils y aillent à deux.

Le Faillon se retourne vers Conwoion.

— Et toi ?

Le Breton répond oui de la tête.

— C'est à côté de l'entrepôt où tu as été embauché. Jean connaît. Tu t'arranges pour trouver la mère et…

— Je lui raconte quoi ? La vérité ?

On lui parlerait de charrier une livre de gravats qu'il ne montrerait pas plus d'émotion.

— Interviens si Jean s'emmêle les pinceaux. Dis qu'il n'a pas souffert. Tu peux faire ça ?

— Après, je la ramène ici ?

Le Faillon ne sait pas. Denis veut quoi ? Impossible de lui poser la question. Il pleure, roulé sur lui-même, la tête dans la terre.

— Bon Dieu ! L'eau, ça vient ?

Jean clopine. Il a trouvé un linge et porte un broc en fer, rouillé à la base, par où s'échappent quelques gouttes.

— Donne-moi ça. Maintenant, écoute-moi…

Jean obéit sans broncher. Il est trop sonné pour réagir.

— Allez-y. Et faites pour le mieux… Bon Dieu, jure-t-il comme s'il n'avait que ça à la bouche, foutue journée…

Il secoue la tête, se souvient d'une chose importante :

— Passez aussi chez le curé.

*

Les premiers pas se font en silence. Mais la rumeur court. Arrivés place d'Armes, un gars du serrurier du Chesne se jette sur eux.

— C'est vrai que le fils à Denis est mort ?

— Oui, répond sèchement Conwoion.

— Y paraît aussi que t'as sauvé Jean ?

— Laisse-nous.

— Vous allez voir la mère à Antoine ?

— Laisse-nous, répète durement le Breton.

Ils marchent encore en silence, sans se presser. C'est toujours ça de pris sur ce qu'ils vont devoir affronter. Jean rumine. Que racontait le Breton juste avant de le sauver : *Je me suis trompé sur toi. Demande-moi ce que tu veux. Je te dois une vie…* Il faudrait qu'il le remercie. Au moins ça…

— Comment on va s'y prendre ? trouve-t-il seulement à dire.

— Peut-être que quelqu'un sera passé avant. On verra bien quand la porte s'ouvrira. Et si tu ne trouves pas tes mots, laisse-moi faire…

Le ton est presque amical. Rien à voir avec le sauvage qui l'a menacé au bal.

— Au fait, merci, grommelle Jean, le nez plongé sur ses pieds.

Plus court semble impossible.

— Je t'avais promis une vie, sourit son sauveur, et tu n'as pas tardé à la réclamer. Tant mieux, je regrettais de t'avoir frappé injustement.

— Qu'est-ce qui t'a fait changer d'avis ?

— Plus tard… Faut d'abord qu'on aille trouver la mère d'Antoine.

— Non, non, explique-toi tout de suite !

Jean arrête de marcher. Conwoion l'imite en soupirant.

— Je me suis trompé. Je me suis même excusé. Ça va comme ça ?

— C'est Amandine, hein ? Après m'avoir filé un sale coup, tu t'es jeté à ses trousses. Tu t'es même vanté de m'avoir frappé. Et elle t'a dit que tu étais ridicule parce que jamais je ne lèverais la main sur elle ! Alors, voilà. C'est pas moi.

Bravo ! Bien avancé… Si tu m'avais laissé en paix, je saurais qui lui a fait ses marques…

— Ne cherche plus, lâche-t-il. Elle m'a tout raconté.

Jean écarquille les yeux.

— Quand ? En sortant du bal ?

— Oui. Je l'ai raccompagnée chez elle.

— Ah bon, bredouille Jean. Et elle s'est livrée à toi, un type qu'elle ne connaît pas ?

Il secoue la tête, incrédule.

— C'est faux. Elle déteste les goujats de ton espèce !

Conwoion serre les mâchoires :

— Je t'ai offert une vie, ne joue pas avec. Pense à Antoine. La chance, ça va, ça vient. Si je te dis qu'elle s'est confiée, c'est vrai.

Il se tourne vers le château :

— Voilà où elle rêve de vivre, et sûrement pas avec un petit maçon. Maintenant, fous-moi la paix et pense à la mère du mort. Après, je te raconterai peut-être ce qu'elle m'a appris…

*

En arrivant devant chez les du Chesne, Jean croit que leur mission est inutile. Vingt personnes, curieux ou familiers, sont attroupées et aucune ne se prive de livrer ses commentaires. Elles n'ont rien vu, mais rien ne les gêne. Il paraît qu'Antoine n'est pas mort sur le coup. Il a eu le temps de maudire le criminel. On raconte aussi qu'ils se sont battus et que leur discorde tournait autour de Jeanne, la fille de Misson. D'ailleurs, il y a du louche. C'est un gars de Misson qui a occis le fils Antoine. Non, assure un autre. Il est de chez Le Faillon. Alors, pourquoi c'est le palan de Misson qui a écrabouillé Antoine ?

Jean et Conwoion doivent forcer la digue pour entrer. Madeleine, l'épouse du serrurier, est assise sur une chaise, mains serrées sur les genoux, dodelinant comme un canard à qui on a tranché le cou. Deux femmes sont à ses côtés, mêlant leurs larmes au gémissement à peine audible s'échappant des lèvres presque closes de la malheureuse. À bout de souffle, elle avale un peu d'air sans que cesse sa plainte – celle d'une douleur qu'elle refuse de faire entrer dans son corps de peur qu'elle ne devienne vraie.

La scène dure, Jean ne sait comment s'y prendre, mais Conwoion se décide et avance en frottant ses semelles sur le sol carrelé. À un pas d'elle, il s'arrête. Madeleine lève enfin les yeux et regarde cet étranger. Que veut-il ?

— C'est moi, Jean. Jean Le Faillon, murmure celui-ci en approchant à son tour.

Elle passe la main sur ses paupières pour en chasser les larmes.

— Et à côté de toi ? Non, ce n'est pas Antoine. Dis-moi, Jean. Mon fils va bientôt rentrer, hein ?

— Non, Madame. Antoine est…

— Il est là-haut, intervient Conwoion.

— Là-haut ?

— Au château, sur le chantier, bredouille Jean.

— Mais il y a eu un accident ?

— Plus que ça, s'enfonce le fils Le Faillon de plus en plus mal à l'aise.

— La vérité, c'est qu'il n'a pas souffert, assène Conwoion. J'étais là. Je peux en parler. Les autres, ne les écoutez pas.

Elle ne l'a pas compris. Ou pas voulu.

— Il est mort ? demande-t-elle en regardant *vraiment* en face, et pour la première fois, ce messager dont elle ignore tout.

— Croyez-vous en Dieu, Madame ? lui demande-t-il d'une voix calme.

— Oui, expire-t-elle en fermant les yeux

— Et en la vie éternelle ?

— Oui, dit-elle à nouveau en croisant les mains.

— Alors comme moi, vous croyez qu'on ne meurt jamais vraiment. Il faut être forte. Son père veille sur lui. Mais Antoine vous attend aussi.

Et par un fait étrange dont on parlera longtemps, elle se lève.

— Où vas-tu, Madeleine ? demande une pleureuse qui veut l'aider à marcher.

— Voir mon fils, répond-elle en la repoussant.

*

Jean et Conwoion sont repartis. Madeleine ne voulait pas d'eux et, d'ailleurs, il y avait le curé à prévenir. Alors, ils marchent, l'un, boitant un peu, l'autre, le regard droit, et toujours impavide. De loin, on peut croire à deux amis. De près, c'est moins évident. Jean ne sait plus quoi penser de ce type qui le blesse, lui sauve la vie, a su dire les bons mots à Madeleine du Chesne et, s'il faut le croire, à la sauvageonne Amandine.

— Tu es arrivé il y a trois jours et tu connaîtrais déjà tout sur elle ?

C'est plus fort que lui. Jean a rompu le silence, et peut-être bien que Conwoion n'attendait que ça.

— Je sais que c'est à cause de ce château qu'elle s'est fourrée dans de sales draps.

— Qu'est-ce qu'elle t'a dit encore ?

Conwoion prend son temps avant de répondre.

— Et tu me feras quoi si je ne te réponds pas ?

— Hier, tu m'as eu par surprise, menace Jean. Méfie-toi…

— Tout doux, l'ami, raille le Breton. Ne m'oblige pas à me défendre.

Il jauge son vis-à-vis et semble se désoler.

— Se battre est un métier. Tu as sans doute d'autres dons. Qu'est-ce qui te fait vivre ? Raconte-moi un peu…

Jean se tait.

— Laisse-moi deviner. Tu travailles avec ton père, mais tu le fais par obligation. Je t'ai observé ce matin. Toiser, ce n'est pas ta passion.

— J'avais de bonnes raisons de ne pas être en forme, crache-t-il.

— Il n'aime pas le travail du bâtisseur, continue Conwoion comme s'il se parlait à lui-même. Des mains fines, un goût modéré pour le combat, pas vraiment maigre, mais pas vraiment musclé…

Conwoion s'arrête :

— Aurais-tu du goût pour l'art ? La danse ? La musique ?

— Rien qui ne puisse plaire au guerrier, raille Jean.

— La peinture ?

Le fils Le Faillon n'a pu retenir une grimace.

— Tiens donc ! Il aime les couleurs…

Conwoion s'approche et l'enserre presque douloureusement :

— Mais les aimes-tu autant qu'Amandine ?

— Ça suffit ! s'échappe Jean.

— D'accord. Je vais tout te dire, lance Conwoion soudain sérieux. Je l'ai raccompagnée sagement chez elle.

— Et… Elle t'a raconté sa vie ?

— Je n'ai pas eu à te forcer pour découvrir tes secrets. Hier, il y avait la nuit, elle se sentait malheureuse et je la protégeais. Je n'ai fait qu'écouter…

Il soupire. La suite est plus difficile.

— C'est un valet qui a voulu abuser d'elle.

Jean s'approche comme un fou :

— Qui ? Elle te l'a dit ?

— Sans intérêt… Il ne s'est rien passé de grave, ment-il.

— Qu'en sais-tu ?

— Tu as bien vu pour la mère d'Antoine. Je sais m'y prendre avec les femmes. Elle s'est défendue et a pu se sauver.

— Prétentieux, vantard ! Elle ne t'a rien raconté !

— Alors, écoute-moi, petit barbouilleur. J'ai aussi appris ceci : oublie-la. Elle ne t'aime pas.

Chapitre 13

JEAN NE supporte plus la présence de Conwoion. Il crève d'envie de se précipiter chez Amandine.

— Je n'ai pas besoin de toi pour aller chez le curé.

Savoir, savoir la vérité. *Elle ne l'aime pas.* Il saura, se promet-il, dès qu'il sera débarrassé de cet oiseau de mauvais augure.

— Comme tu veux, a rétorqué sobrement le Breton qui n'avait pas ouvert la bouche depuis sa détestable sortie.

Aujourd'hui, il ne tirera sûrement plus sur le palan. Ça l'arrange. Il a d'autres projets. Alors, l'un part vers le nord, l'autre au sud, sans un mot, un regard, preuve d'une impossible réconciliation.

*

Jean est passé chez le prêtre qui courait déjà, la soutane accrochée aux mains, vers les lieux du drame. Depuis, il rumine. Que veut Conwoion ? Quelles sont ses intentions ? Foutu menteur ! Un simple d'esprit devinerait la manigance. Il a des vues sur la fille. À coup sûr, il invente.

À moins que…

D'un coup de pied rageur, le fils Le Faillon se venge sur le caillou qui se trouve sur son chemin. La pierre roule jusqu'au ru longeant la route, ratant de peu un rassemblement de poules d'eau cachées dans les roseaux. La volaille s'échappe en y laissant des plumes. Prise de peur, la plus jeune se détache du gros de la troupe et fonce sottement vers le danger. La proie est piégée. Il suffit de bondir pour s'emparer de l'égarée qui tend le cou, tire sur les pattes pour s'échapper. La chasse dans les marais de Versailles n'a plus de secret pour Jean. Mais il se moque de la bestiole. De quel droit un inconnu ose-t-il entrer dans sa vie, s'y mêler sans pudeur ? Pour la première fois, un rival fait barrage entre Amandine et lui. Elle s'est confiée à quelqu'un qui, en entrant dans son intimité, a mis fin au fragile privilège qu'il croyait être le seul à posséder. Cet autre a violé leur monde. Jean le voit comme une trahison, mais ne fait que découvrir le poison de la jalousie.

Elle ne t'aime pas. Eh bien, il va vérifier sur-le-champ, se répétant qu'il s'agit forcément d'une imposture. Il s'accroche encore au faux petit bonheur qu'il est en train de perdre, mais plus il approche de la maison Pontgallet, plus le doute grandit. À quoi bon nier qu'Amandine le mène par le bout du nez, obtenant tout de lui, mais s'esquivant s'il tente de parler d'avenir ? Le château ! Lui seul intéresse la fille capricieuse qui ronge son cœur. Ce château, ennemi sans visage contre lequel il ne peut lutter, il finit par le détester. On ne se bat pas contre des murs, encore moins contre les ombres qui s'y montrent à la belle saison, ces courtisans de Paris dansant et riant aux éclats sous le feu des mille flambeaux qui brûlent chez le roi.

Voilà où elle rêve de vivre, et sûrement pas avec un petit maçon.

Les mots cinglants de Conwoion tambourinent dans sa tête. Cette crapule ne sait rien de sa passion. Sa vie, c'est peindre. Il ne sera jamais comme son père ! Mais, même ça, Amandine s'en moque. Elle n'est attirée que par ce maudit palais. Et Conwoion lui-même ne pourra rien contre un tel adversaire. Depuis l'enfance, Amandine imagine qu'elle échappera à sa condition, une utopie à laquelle Jean regrette aujourd'hui de ne s'être jamais opposé, par peur de la perdre davantage.

*

Cela remonte au jour où il a enfreint les ordres, désobéi à son père, cédant au caprice de son amie, jurant, par bravade, qu'ils pénétreraient dans la chambre du roi. Ils furent donc pris et Amandine ne s'en sortit que grâce à l'héroïsme de Jean qui sauta par une fenêtre dans les fossés, ratant de peu la mort. Hélas, une telle frayeur n'avait pas mis fin aux illusions.

Quand y retourneraient-ils ?

C'était la musique qu'entendait Jean chaque jour, comme si le court instant où elle avait entraperçu une vie majestueuse en entrant clandestinement dans la pièce la plus intime du château continuait de l'étourdir.

Ce jour-là, elle n'avait pas seulement caressé la chemise de soie sur laquelle avait été brodé *L XIV*. Forçant une vitrine, elle s'était emparée d'une pièce de la collection royale.

Dieu les avait punis, répétait Jean en voyant dans sa chute le signe immanent du châtiment céleste. Amandine se moquait, s'agaçait, elle n'était pas d'accord. La pièce incarnait son destin et devint une sorte de talisman, un porte-bonheur. S'il fallait prendre le ciel à témoin, c'était la preuve du lien l'unissant *pour toujours* au monde auquel elle aspirait. Ce fragment d'or et d'argent symbolisait en effet le premier morceau de l'édifice qu'elle bâtirait peu à peu, et la conduirait enfin au sommet. Et combien sa rêverie semblait plus séduisante que l'ambition médiocre d'un maçon.

Incrédule, mais si amoureux qu'il n'osait l'interrompre, le valeureux Jean l'écoutait raconter qu'une dame, marquise ou comtesse, la prendrait comme servante. Le temps ferait son œuvre, glissait-elle d'un air mystérieux. Elle cachait la suite parce que le portrait du jeune marquis aux yeux perçants qui venait de surgir et faisait battre son cœur prenait tantôt les traits de Léon, tantôt ceux de Delaforge.

Chaque fois que les deux enfants se retrouvaient, la scène se répétait. Amandine le suppliait d'aller marcher. Alors, ils s'éloignaient de la ville qui grignotait peu à peu les marais. Même l'*étang puant* perdait de sa magie. Si sombre au temps jadis, si impénétrable, si ensorcelé, le siège de la diablerie où le *Roi noir* s'était évanoui disparaissait aussi peu à peu. La pièce d'eau des Suisses, un chantier colossal qui se prolongeait depuis des années, avalait chaque jour davantage les marécages se trouvant au sud du château. Le creusement d'un bassin de six cent quatre-vingt-deux mètres de long sur trois cent trente-quatre de large nécessitait le déplacement d'une quantité colossale de boues pestiférées enflammant l'air et provoquant la mort de ceux qui y travaillaient. Ce bassin méritait de porter le nom de ceux qui avaient le plus souffert, ces fameux gardes suisses, attachés à la protection du roi. Ils creusaient et sortaient sans faiblir un limon nauséabond. Et qu'en faire ? Le roi voulait son potager, Monsieur de La Quintinie y travaillait. L'*étang puant*, remblayé par cette tourbe et comblé par la suite de bonnes terres arrivant de Satory, était condamné à disparaître, emportant dans ses entrailles les cadavres de ceux qui s'y étaient perdus. Les lieux étaient mauvais, ourlés de sombres légendes, peu s'en approchaient. Pourtant, Amandine et Jean s'y rendaient encore. Ils savaient que rien ne viendrait les déranger. Et Jean aurait affronté de plus dangereux maléfices pour approcher sa belle.

Amandine prétendait s'y sentir en sécurité et ne lâchait pas jusqu'à ce qu'il plie. Ils y allaient donc, souvent à la tombée du jour, respectant le même cérémonial. D'abord, ils s'asseyaient sur la souche d'un arbre mort aux branches tordues. Le *Roi noir* y avait été vu une dernière fois. Blessé à mort par le boiteux Ravort, il s'était évanoui dans la nuit, se laissant dévorer par l'étang. La jeune fille prétendait qu'il s'agissait d'un pèlerinage et qu'il était important de se souvenir, d'honorer la mémoire de son sauveur. Jean cédait encore quand elle exigeait de se mettre à genoux et de prier pour les âmes de ses disparus, puisqu'elle y mêlait Léon, qu'elle croyait être son père, ignorant que ce dernier gisait à dix pas, englouti lui aussi dans l'étendue fangeuse après avoir été tué par celui qu'elle admirait tant : le *Roi noir.*

Jean se taisait, portant la vérité qui pesait sur ses épaules et rendait ce moment pénible. Il savait qui était vraiment Toussaint Delaforge. Un tueur et un hors-la-loi, un être sans morale ni foi, auteur des pires exactions et de nombreux crimes de sang. Mais plus encore, par la maladresse de ses parents, ou à cause de sa curiosité, il n'ignorait pas qu'il était le père d'Amandine depuis ce jour où il s'était glissé sous l'escalier de sa maison. Le sang de Léon ne coulait pas dans les veines de la jeune fille…

Une vérité affreuse qu'il s'était interdit de lui révéler de peur d'accroître sa tristesse. Léon était parti. C'était déjà très dur. Il valait mieux en rester là et entrer dans le conte merveilleux et formidablement faux d'Amandine : un preux chevalier, le *Roi noir*, était venu la sauver. Il n'y avait pas d'explication, l'histoire ne tenait pas si on la soumettait à la raison. Mais, ainsi, Amandine rêvait telles les princesses de Charles Perrault, un membre de la surintendance des Bâtiments qui se flattait d'être un conteur adroit et songeait de plus en plus à consacrer sa vie à l'art et à l'écriture.

Amandine ayant achevé sa prière, Jean était autorisé à se relever. Il se reprochait d'être là, entretenant le mirage d'une vie féerique. Aucun marquis, aucun chevalier ne viendrait jamais la sauver, mais l'affection qu'il éprouvait pour elle lui interdisait de briser ses songeries et, par là même, son cœur.

La jeune fille restait encore un long moment silencieuse. La tristesse se voyait sur son visage, la gravité affadissait ses traits. Les ombres du passé lui manquaient. Et Jean, ne regrettant pas son mensonge, venait à nouveau à son secours.

— Il est temps de vérifier si le trésor est toujours à sa place, lançait-il d'une voix faussement joyeuse.

C'était leur plus grand secret et Jean savait que personne, jamais, ne le partagerait. Si Ravort avait voulu tuer Amandine, ce n'était pas seulement pour se venger des Pontgallet. Ils étaient tombés nez à nez, par hasard, au bord de l'*étang puant*, parce que Ravort venait y déterrer son magot avant de filer. Le boiteux avait cru pouvoir faire d'une pierre deux coups. Tuer l'enfant et fuir riche. Il s'était réjoui de sa chance, certain que Jean et Amandine seraient emportés par la mort. Et le *Roi noir* s'était montré. Ainsi, eux seuls savaient que, sous trois pieds de terre, devant la souche où ils étaient assis, attendaient des milliers de livres [1].

— Non, rien n'a bougé…

Il y a huit jours, Jean s'est encore rassuré. La terre n'avait pas été remuée. Le trésor était sûrement là. À l'abri.

Qu'en feront-ils ? Ce magot a toujours été une source de dispute. Amandine veut utiliser sa part pour la réalisation de ses projets.

— Il me faut de beaux habits et une bourse bien remplie avant de me présenter au château…

Quand le sujet revient, Jean s'oppose fermement, montrant qu'il ne manque pas de caractère. La manne, il s'en méfie. Le sang s'y mêle.

— Tu es superstitieux ! Et froussard…

Jusque-là, il a réussi à garder son calme, opposant la sagesse à la folie. Ce tas d'or servira, peut-être, si leurs familles se retrouvent dans le besoin. La prudence. Oui, la

1. Pour l'ensemble de ce récit, voir *Le Roi noir de Versailles, op. cit.*

raison… Jean s'y range et tente de la convaincre. Sans succès.

— Ton magot, il faudra que tu le déterres quand le potager viendra jusqu'ici ! Mais tu seras vieux et il ne te servira plus à rien !

Elle tourne les talons, il lui court après… Mais à présent, c'est fini. Nullement question d'entrer dans la comédie jouée par Amandine. La même scène qui se répète, il en a assez ! Il ne se prêtera plus au rôle du complice faisant mine d'applaudir lorsqu'elle simule son entrée au château. « Bonjour, Sire, avez-vous bien dormi ? » Elle fait la révérence, se croit au paradis, énumère les postes de la Maison du Roi qui lui tendraient les bras, prétend savoir qui est qui, assure connaître un barbier… Et voilà où l'a conduite sa folie ! Un valet a voulu abuser d'elle. Et c'est une chance qu'il ne soit parvenu à rien. Encore que tout est peut-être faux. Elle a peut-être menti à Conwoion. Le valet l'a…

— Voilà où t'a conduite ta stupidité ! Ton orgueil ! lance-t-il à voix haute.

Ces mots qu'il retenait depuis longtemps surgissent parce que ceux de Conwoion l'ont blessé cruellement.

Elle ne t'aime pas. Eh bien, il saura dans quel camp siège la vérité.

Chapitre 14

CONWOION a pris soin de passer par l'entreprise du maître Misson. Un simple apprenti s'y trouve. C'est la débandade, prétend-il. La panique. Ils sont tous après le mort. On l'a lavé, habillé de vêtements propres pour que sa mère ne le voie pas dans ce triste état.

— On l'a porté chez lui. Ils sont sacrément nombreux à prier.

— Tu diras à Misson que je me suis montré. S'il me cherche, je suis à *L'Auberge de l'Ours*.

— Une journée payée à rien foutre ! Tu t'en tires bien, raille l'employé.

Conwoion sort sans répondre. Il fait cent pas, tourne à gauche. À l'opposé de la rue Ménard et de *L'Auberge de l'Ours*.

*

À quelques encablures, Jean, mine basse, ignore le salut de ceux qui le reconnaissent et cherchent à l'arrêter pour en apprendre encore sur le tragique accident qui a coûté la vie à Antoine. Lui les ignore, accélère même le pas, si hanté par ses pensées qu'il en oublie la douleur du coup porté au foie par Conwoion. Les événements s'enchaînent depuis la veille et ils agissent étrangement. D'abord, Amandine le repousse et se jette dans les bras du Breton débarqué de nulle part ; le même, cyniquement, lui assure que ses espoirs sont vains ; pour finir, une tragédie atteint la famille du Chesne. En un rien de temps – un 1er mai –, tout s'effondre. Le joli monde auquel il s'accrochait se délite et la vérité se montre, comme si une mutation soudaine survenait. La veille encore, il campait à la frontière de l'enfance, protégé, épargné par les duretés de la réalité. Dans sa vie, rien de gris, pas de sombre, juste un cœur battant pour une fille indécise. Si l'humeur tombait en quenouille, il y avait le refuge d'un nid douillet, une famille unie, de quoi manger, dormir, être à l'abri de tout. Autour, une contrée dont il connaissait le moindre détail. En somme, une existence réglée comme une mécanique bien huilée. Et, soudain, la mort le touchait de près. Ce n'était pas le premier accident – les hommes du chantier payaient un lourd tribut –, mais jusque-là, il s'agissait d'inconnus, des noms dont son père parlait aux repas uniquement pour rappeler sans cesse qu'il fallait se méfier ; une mise en garde à laquelle Jean ne prêtait plus attention puisqu'il ne risquait rien : le malheur passait au loin. Les victimes, il ne les fréquentait pas. Des apprentis en guenilles, des silhouettes semblables à celles qui venaient d'être recrutées, des soldats, des mercenaires sans aveu venus de contrées lointaines dont on ignorait tout et dont on se contrefichait.

Désormais, un garçon de son âge qu'il croisait depuis toujours, un enfant de Versailles subit le sort des misérables. De même, il n'ignore pas la tendre affection que Jeanne portait à Antoine. Et il souffre pour elle. Antoine aurait dû se marier avec elle parce que, *dans l'ordre naturel des choses,* il ne pouvait en être autrement. Le fils du serrurier du Chesne méritait ce bonheur et rien ne devait le troubler. Que pouvait-il arriver à l'héritier d'un entrepreneur respecté, d'une famille alliée aux membres influents de la communauté des maîtres bâtisseurs du roi ? Que le malin se penche sur leur cas. Par un effet qui ne doit peut-être rien au hasard – la *Fortuna* s'étant penchée trop longtemps sur ces gens heureux – le vent a tourné. C'est vrai pour Antoine et aussi pour Jean. Conwoion, un corps étranger, a brisé la fragile harmonie, *l'ordre naturel des choses* auquel il s'accrochait.

C'est simple d'imaginer l'histoire ainsi, mais l'honnêteté oblige Jean à admettre que le Breton n'a que mis à jour les fissures lézardant son édifice. Que reste-t-il des certitudes établies entre Amandine et lui ? *Établies* ? Il se reprend aussitôt. Rien n'est moins certain et, à chaque nouveau pas, lui-même mesure l'inanité de ses illusions. Plus étrange, il ne s'en étonne pas.

La mort de son ami Antoine et les mots de Conwoion s'entrechoquent et lui ouvrent les yeux. Il lui semble voir Versailles pour la première fois. Ce n'est qu'un chantier boueux, inachevé, un ramassis de gesticulations et de cris. Jean observe les gens. Il fréquente au moins la moitié d'entre eux, pourrait raconter leur vie. Et, s'il s'y essaye, le malaise augmente. Petits, sans grandeur, bouffis de vanité, ils sont les esclaves d'un architecte soumis à la surintendance, elle-même tributaire de la volonté d'un seul.

Jean les regarde enfin vraiment. Soudain, sa vie lui paraît aussi fade que la leur.

*

C'est injuste. Des pensées si violentes ne s'expliquent que par un terrible désordre intérieur, et il faut sans doute y voir les premiers signes d'une profonde métamorphose. À vingt ans – il n'y a d'âge meilleur pour commencer – Jean Le Faillon se révolte. Contre lui et sa complaisance à l'endroit d'Amandine. Contre son monde qui l'empêcherait de devenir peintre. Contre ce destin tracé et convenu qui n'a pourtant pas empêché la mort d'Antoine. Contre sa faiblesse qui le fait enrager car il se sent battu d'avance si la lutte s'engage avec Conwoion. À vingt ans, il refuse de croire que sa vie se déroulera sans folie, sans appétit, sans ambition ; qu'au mieux, il s'élèvera à l'égal de ceux qui l'entourent. Et pour se défendre, il rejette en bloc ce qu'il a tant aimé. Mais il ouvre la boîte de Pandore sans en mesurer les dangers.

Ses pensées lui semblent claires, ciselées par la grâce dont est pourvue la jeunesse et que la maturité érode. Les vieux, rumine-t-il, se prétendent sages… Ils manquent d'audace ! La peur de perdre le peu qu'ils ont acquis en échange de la soumission les paralyse. Il faut oser. Rejeter *l'ordre naturel des choses* en ne reproduisant pas le pâle modèle du petit monde qui l'entoure et dont il pense avoir fait le tour. Il se console ainsi des maux dont il souffre, accusant les autres pour ne pas avoir à se faire de reproche. L'orgueil l'aveugle. Mais lui, à l'inverse, imagine se libérer de tant d'années de fausses illusions.

*

Versailles n'est pas le monde vrai. On y bâtit le rêve d'un roi en ignorant le reste de la terre. Ailleurs, racontait-on, le vulgaire dominait. Ici, tous étaient magiciens. Pour succomber au mirage, il suffisait de porter le regard sur les jardins enchanteurs, d'admirer le génie des artistes couvrant de marbre et d'or des pièces fleurissant chaque jour par miracle. Mais lorsqu'il allait à Paris, Jean mesurait combien il vivait dans un doux cocon. L'ouvrage auquel s'attelaient sans renâcler des milliers d'insectes dociles était infini, sans horizon palpable, et peu se demandaient à quoi il servait. Au plaisir d'un roi, à satisfaire son désir d'absolu ? À l'inverse, Paris œuvrait avec modestie. Bâtir exigeait de composer avec l'histoire et, pour cela, d'accepter la mesure des siècles. Versailles faisait table rase du passé. Un arbre gênait, on le coupait ; un autre manquait, on le rajoutait. Il serait grand, mature, arraché à la forêt de Compiègne, il aurait cent ans dès sa nouvelle naissance. Personne ne s'en étonnait. Une fontaine était réclamée, on la commandait, la construisait, la posait, confiant à l'ingéniosité du fontainier le devoir d'élever de puissants jets d'eau à trente pieds de haut sans mesurer l'exploit presque miraculeux qui était demandé puisque, demain, il devrait coûte que coûte toucher le ciel. La ménagerie lassait. De même, l'incroyable grotte de Thétis ? Billevesées. On la détruirait parce qu'elle gênait et puisque le talent d'hier ne valait pas celui de demain [1].

Qu'y avait-il de grandiose dans ces murs qu'on ne cessait d'élever ? Où fallait-il regarder pour comprendre le projet du roi et de son architecte ? Un ramassis baroque où combattaient l'histoire du père et celle du fils... Une addition de statues et de bassins dont le nombre prodigieux pouvait signifier que rien n'émergeait, qu'aucun choix n'avait été effectué par peur de décider et de se tromper. Le Brun s'échinait sur la galerie des Glaces. Satisferait-il les désirs de son royal commanditaire ? Les avait-il seulement compris ? Il eût fallu pour cela qu'ils fussent clairement exprimés. Après quoi courait le roi ? Lui-même le savait-il ? Les travaux n'en finissaient pas. Chaque jour, avec la même énergie, Le Faillon se jetait insatiablement sur ses murs qu'il faisait grandir. Mais, pas plus que le fontainier, il n'atteindrait jamais le ciel.

Ce matin, les convictions de Jean vacillent. Versailles est un château de conte de fées où nulle contrainte ne doit résister à la volonté du maître. Il veut ! Aussitôt, la peuplade qui

---

1. La grotte de Thétis sera détruite en 1684. Il subsiste cependant *Apollon servi par les nymphes*, une sculpture illustrant le génie de l'art français du XVIIe siècle.

dansait la veille se mélangera à des milliers d'autres bras, et tous se mettront à l'ouvrage pour servir ce pays merveilleux. Mais qu'y a-t-il de sincère, d'authentique et de vrai dans tout cela ?

*

Jean est à deux doigts de pousser la porte de la maison Pontgallet et *l'ordre établi* craque comme le navire pris dans la tempête. Submergé par le charivari des désordres successifs, il a l'impression d'ouvrir enfin les yeux et de contempler pour la première fois le monde dans lequel il vivait jusque-là sans réfléchir, sans prendre de distance. Les circonstances l'y forcent. Mais cela devait se produire. Tout le gêne, sonne creux. Ici, il ne sera jamais peintre. Tout est faux, même ce qu'il partage avec Amandine : l'amour qu'il lui porte ne se conjugue pas à deux.

Est-elle coupable de l'avoir trompé ? L'erreur vient de lui. Il s'est laissé bercer parce qu'il était simple de se raconter un mensonge. Mais elle n'est qu'un personnage dans ce théâtre immense, victime inconsciente des illusions qui ont fait croire pareillement à feu Antoine qu'il serait heureux.

Ce garçon, il le connaissait bien. Combien de fois l'a-t-il entendu tirer des plans sur la comète, imaginer le futur sans prévoir la moindre anicroche, certain du meilleur ? Il voyait grand, dépasserait ses parents, réussirait mieux qu'eux. Or il n'était qu'un apprenti au destin si médiocre qu'une main lâchant la corde d'un palan a pu y mettre fin. Et lui, Jean, qu'a-t-il fait de meilleur au cours de ces années ? Petit maçon, en effet. Prisonnier de sa passion, piégé par une fille qui se moque de son amour.

S'il en parle ainsi, c'est parce qu'il se prépare à entendre le pire. Elle ne l'aime pas ! Ouvre les yeux, se répète-t-il en augmentant encore l'allure, puis se forçant à ralentir par crainte de l'avenir, retardant l'instant où il affrontera la vérité car son apprentissage s'achève alors qu'il franchit le seuil de la demeure des Pontgallet.

Chapitre 15

CONWOION réfléchit. Froidement. Il dispose de peu de détails pour mener à bien son projet. Pas même une description physique. Un prénom : Étienne. Un valet de Versailles. Il sait aussi qu'il travaille aux communs, plus exactement aux cuisines. Reste une précision importante : Amandine s'est défendue et croit l'avoir griffé au visage. Aussi, depuis une heure, espionne-t-il les entrées et les sorties, s'arrêtant sur chaque homme ayant dans les vingt ans, plus ou moins. « Je lui ai fait confiance… Il est jeune comme moi… » Voilà également ce qu'elle a dit. Et tout est bien gravé.

Le plus dur est de ne pas se faire repérer. Or, il n'y a rien de pire que de rester bras ballants, immobile. Conwoion a donc subtilisé une pioche en partant de chez Misson. Il a fait tout le trajet en la portant sur l'épaule. Arrivé sur place, juste devant les grilles, il a trouvé sans mal un carré de pavés mal jointés. Il cogne, crache dans ses mains, procède avec lenteur. Banal dans ce coin de Versailles. Malgré tout, le carré s'agrandit. Un curieux peut pointer son nez. La ruse ne tiendra pas longtemps.

*

Jean fait face à Amandine. Elle porte une robe de rien, un bout de chiffon rouge taillé à la va-vite qui descend jusqu'à ses chevilles fines, nacrées. Elle sourit. A-t-elle oublié la dispute de la veille ?

— Ne reste pas à la porte. Entre...

Changeante comme la girouette... C'est Amandine au naturel... Elle replace d'un geste gracieux la bretelle de sa robe qui descendait sur l'épaule. Dessous, elle est nue. Le vallon de ses seins se montre, c'est involontaire, elle n'est pas aguicheuse.

— J'ai des choses importantes à te dire, murmure Jean.

— Eh bien, vas-y, lance-t-elle distraitement en glissant dans un pot de terre un bouquet de fleurs de mai cueilli ce matin : tout a l'air si normal.

— Hier, commence-t-il, la gorge sèche.

Aussitôt, elle lève un bras.

— Je ne veux pas qu'on en parle.

La mine est renfrognée. Un mot de trop et elle se mettra en colère. Tout ce qui l'agace, elle s'en débarrasse. Hier, c'est fini, et si Jean n'a rien à lui offrir pour aujourd'hui...

— Je sais qui t'a fait les traces que tu portes au cou et aux poignets, insiste-t-il, décidé à ne pas céder aux caprices de la jeune fille.

Amandine sursaute et cache ses mains dans son dos. Elle déteste que Jean dérange une belle journée ensoleillée en lui rappelant de méchants souvenirs.

— J'aurais pu mourir, minaude-t-elle en baissant la tête.

Une enfant, pense-t-il, étonné d'être si distant, si froid. Bizarrement, elle ne l'impressionne pas – et c'est la première fois.

Soudain, elle redresse la tête et fronce les sourcils. Comment l'a-t-il appris ?

— C'est impossible. Tu mens !

— Non, soupire-t-il, mais si tu le crois, tant pis. Je n'ai plus envie de me disputer avec toi.

Conwoion ! enrage-t-elle. Il l'a trahie… Et ce ne sera pas difficile de le faire avouer à Jean, même si elle le sent étrangement inaccessible. Oui, quelque chose a changé chez lui, mais peu importe. Elle obtient toujours ce qu'elle veut en prenant son petit air de gamine boudeuse.

— Tu es fâché ? soupire-t-elle, faussement soumise.

Silence.

Elle s'approche, s'accroche au regard de Jean comme au temps où ils s'amusaient à deviner leurs pensées. Mais il reste de marbre. Le barrage est inflexible. Maintenant, la brouille dure trop et Amandine se lasse.

— L'idiot ! Il est furieux parce que Conwoion m'a raccompagnée, raille-t-elle, en prenant soin d'être entendue.

Son Jean ne supporte pas qu'un autre pose les yeux sur elle. Parfait. Elle va lui faire payer ses nouvelles façons de se moquer de tout.

— Lui, au moins, il saurait me défendre. Et beau, avec ça…

— Amandine…

— Le crois-tu, continue-t-elle, il m'a raccompagnée chez moi pendant que tu t'amusais au bal. Parce que, hein, tu n'as pas couru après moi, ça non ! Monsieur a conté fleurette aux filles. Et moi, j'étais dans la nuit et…

— Je t'en supplie, arrête ce petit jeu. Je ne marche plus.

C'est dit si calmement qu'elle en reste bouche bée.

— Tu vois, continue-t-il, j'ai beaucoup réfléchi hier. Et puis, il y a eu la mort d'Antoine…

— Qu'est-ce que tu racontes ? Antoine… du Chesne ? bredouille-t-elle.

— Personne n'est venu te l'apprendre ? Je suis désolé…

Amandine a besoin de s'asseoir. Ses jambes tremblent, son teint est livide. « Jeanne, la pauvre Jeanne… » gémit-elle, sincèrement émue.

— Un accident. Ce matin. Et j'aurais dû y passer aussi, ajoute-t-il en avançant une chaise.

Elle se pose, porte les mains au visage. Les marques ont presque disparu. Oui, ce n'était pas si grave, se rassure Jean.

— Et je ne peux en vouloir à Conwoion de t'avoir secourue pendant que, d'après toi, je faisais le pitre et dansais avec les filles de Versailles. C'est lui qui m'a sauvé.

Tout se mélange et se brouille. Elle ne maîtrise plus rien – et c'est bien la première fois.

— Tu vois, Amandine, rien n'est simple... Le monde qui t'entoure ne se résume pas à un château habité par un prince charmant. Les bons et les méchants ! Et Petit-Jean courant après une fée pour la sauver du dragon.

— Arrête ! crie-t-elle en se bouchant les oreilles.

— Non ! Écoute-moi encore, j'ai presque fini...

Le ton est si grave, si différent qu'Amandine se plie – et c'est bien la première fois.

— Le maçon te salue. Il s'en va.

— Que... Que dis-tu ?

— Ne prétends pas que tu vas le regretter. Tu ne le supportais plus. Il t'encombre, s'accroche à tes jupes, pleurniche parce que tu te moques de lui. Tiens, il t'empêcherait de t'épanouir que ça ne l'étonnerait pas...

Il espère qu'elle va lui jurer le contraire. Même si les mots sont faux, ils le feraient changer d'avis. Mais rien ne vient, elle ne cherche même plus à lui mentir.

— Que feras-tu alors ? Tu n'as aucun autre métier...

C'est si sincère, si cruel...

— Je vais peindre, se décide-t-il, sachant qu'en l'annonçant et en expliquant comment, il s'éloignera un peu plus avec son mal d'amour.

— Tu travailleras pour le château ?

— Non, je vais vraiment apprendre. Pour cela, j'irai à Paris.

— À Paris, répète-t-elle.

— Il existe plein d'ateliers qui embauchent des barbouilleurs, raille-t-il.

— Tu… t'en vas ?

— Est-ce que cela compte pour toi ?

Amandine avouant qu'elle a besoin de lui ?

— Tu es libre, cingle-t-elle. Qu'est-ce que tu imagines ?

— C'est ce que j'avais besoin d'entendre, murmure-t-il tristement.

Il décroche, marche vers la porte.

— Jean !

À quoi bon ? Mais, comme au temps d'avant, il se retourne.

— Ne me laisse pas… hoquette Amandine.

Les larmes coulent sur ses joues.

— Pourquoi ?

Elle pleure ! Jean ne comprend-il pas ?

— Je vais te manquer ? lâche-t-il maladroitement.

Le moment de faiblesse ne durera pas plus longtemps. Elle change du tout au tout avec une aisance qui désarçonne Jean et aggrave son malaise.

— Je n'ai besoin de personne. Personne ! hurle-t-elle. Va-t'en !

Chez elle, est-ce aussi l'orgueil qui parle ?

— Ce n'est pas ce que m'a dit Conwoion, raille-t-il.

— Je me moque de lui, de toi, de vous tous ! Qu'est-ce que tu crois ? Je n'ai pas les yeux dans la poche, vous voulez la même chose que le valet…

— Il t'a fait du mal ? se raidit-il d'un coup.

Elle ne répond pas.

— Dis-moi qu'il ne t'a pas fait de mal, martèle-t-il. Ne mens pas. Tu as expliqué à Conwoion qu'il ne t'avait pas…

Elle pose les mains sur les hanches, toise son vis-à-vis, s'invente un air supérieur qu'il déteste aussitôt. Où est passée son amie d'enfance ?

— Vous êtes tous des idiots ! Si c'est ça que tu veux savoir, non, il ne m'a pas violée, soutient-elle. Il n'a pas eu le temps par… parce que je l'ai griffé au visage. Il était en sang ! Je sais me battre. Je n'ai besoin de personne, s'entête-t-elle.

— Pourquoi serions-nous des idiots ? glisse-t-il à voix basse en essayant d'oublier le chagrin qu'elle lui fait.

— Conwoion n'a pas voulu t'effrayer. « Non, non elle n'a rien… » Hein, il a dit ça ? Le gentil garçon, raille-t-elle. Mais moi, je lui ai raconté que j'avais été souillée. Oh, j'ai été maligne… Je n'ai pas donné de détails. Juste assez pour qu'il imagine le pire. Et comme les hommes ne pensent qu'à ça… Ce n'est pas compliqué de vous laisser entendre ce qu'on veut. Vous gobez nos paroles… Voilà pourquoi vous êtes des idiots !

— Tu es inconsciente… Il…

— Oui, il va me venger. Il me l'a promis !

— Le Breton est dangereux. Il pourrait tuer ce valet…

— J'y compte bien, ricane-t-elle.

— Non, non. Tu dois lui dire que c'était faux…

— Pourquoi ? Lui, il a promis de ne jamais révéler ce que je lui avais confié ! Et il bavasse avec le premier venu.

— Le premier venu…

— Toi, lui ! Plus aucun de vous ne posera sa main sur moi. Pas un ! jette-t-elle en tordant la bouche.

— Tes rêves de grandeur te rendent folle… Conwoion va commettre un meurtre, j'en suis certain.

— Moi aussi…

— Mais le valet est innocent !

— Pas plus que ton regard de chien affamé. Allez, sors de chez moi !

*

Le temps file, le valet ne se montre pas. Les pavés sont en tas, bien rangés, creuser plus mettrait Conwoion en danger. Si rien ne bouge, il les replacera. Ni vu ni connu, il rapportera la pioche chez Misson. Mais la partie ne sera que remise, Étienne ne gagnera qu'une journée. Alors, le guerrier breton soulève l'outil une ultime fois et le plante dans la terre sèche en grognant afin de se donner du courage. Puis il relève la tête, s'essuie le front couvert de sueur, jette un regard furtif vers l'entrée des communs du château. Et voit le visage griffé d'un garçon de vingt ans.

Les cheveux sont gras, l'habit sale, fatigué, les souliers crottés. Pour le moment, il parle avec un homme plus âgé qui doit être de sa condition. Conwoion, à dix pas, n'a pas besoin de tendre l'oreille pour entendre la conversation. Il est question d'argent. Le plus jeune est débiteur.

— Ne m'embête pas ! J'ai assez de soucis comme ça...

— Tu parles de la tigresse qui t'a amoché, se moque l'autre.

— Celle-là, je lui réserve une surprise... Je sais où elle habite.

— Avant de te frotter à de nouveaux ennuis, paye-moi !

— Demain, je te rembourse. Laisse-moi partir. J'ai qu'une parole...

Elle l'attendra en enfer, prédit Conwoion en posant le dernier pavé.

Ensuite, il suffit de suivre la proie de loin, la pioche à nouveau sur l'épaule, en sifflotant, puisque la journée se termine. Rien de plus normal que de voir l'apprenti se réjouir d'un repos bien mérité.

La chasse ne dure guère. Le valet s'enfonce dans les ruelles borgnes du quartier nord où subsistent quelques tavernes louches, vestiges du temps des *Sans Aveux* de Ravort et du *Roi noir*. Le valet a choisi *Le Rat assis*. Il fait beau, des bancs sont dehors. Le valet avale un pichet de cidre et un autre de bière, il boit trop. Son prédateur patiente à trois tables, pioche collée à sa jambe. Il n'a avalé qu'un peu de vin mélangé à de l'eau et, pour ne pas éveiller les soupçons, a fini par accepter une partie de piquet, ce jeu de cartes où on se ruine à coup sûr. Prudent, il mise peu, passe souvent son tour. Cinq sols de perdu pour le moment. La paie quotidienne d'un apprenti. Dépenser plus, ce serait trop.

— Tu travailleras dimanche pour te refaire une santé, grince le tricheur qui l'a plumé et louche sur le manche en bois.

— J'arrête, répond sobrement le Breton.

— T'es raisonnable…

C'est surtout que le valet s'en va, la démarche hésitante. Si bien que, cent pas plus loin, le chasseur le dépasse et en franchit cent de plus avant de trouver le piège idéal : un renforcement entre deux masures que l'ombre des murs rend invisible.

— Si tu cesses de vivre, c'est par ta faute. Crève, charogne !

Un coup a suffi, la pioche est entrée dans le haut du crâne. Le valet a-t-il souffert ? Conwoion pousse déjà le corps dans le goulot infesté de rats.

— Bon appétit, murmure-t-il sans se retourner.

Il est pressé. La pioche doit être à l'entrepôt avant qu'il ne soit fermé.

Froid, implacable, inflexible… Ceux qui auraient connu le *Roi noir* et auraient vu la scène pourraient croire à un revenant.

*

À six heures, Conwoion est attablé à *L'Auberge de l'Ours* avec les deux autres Bretons. Le repas se déroule en silence, la mort de l'hériter du Chesne a marqué les esprits des débutants. Conwoion avale la soupe où trempent du gras et du pain. Ses acolytes le regardent avec respect. Ils savent qu'il a sauvé un homme. Pas n'importe qui. Le fils du second de Pontgallet. Et il ne s'en vante même pas.

— Avec tout ça, on n'a pas travaillé, grogne enfin le plus jeune. Est-ce que tu crois qu'on sera quand même payé ?

Conwoion hausse les épaules. Ces deux-là le fatiguent. Il range son couteau dans sa poche et se lève pour sortir.

— Pardi, devine qui se pointe.

Conwoion se tourne et découvre Jean Le Faillon.

— Il vient te remercier, c'est sûr…

— Une vie, c'est important, répond calmement le tueur du valet.

— Je dois te parler, lâche froidement Jean. Dehors.

Conwoion le suit aussitôt, une main glissée dans la poche. La nuit est claire, il fait bon, ils sont seuls.

— Un autre homme est mort, attaque aussitôt Jean.

— Aujourd'hui, une autre vie a été épargnée, rétorque le Breton. La tienne…

— Un valet, insiste le fils Le Faillon. On vient de trouver son corps.

— Dieu ne peut sauver tout le monde, réplique Conwoion sans le lâcher des yeux.

— Qui es-tu ? murmure Jean.

— Ton sauveur. Ne cherche pas à en apprendre plus.

— Tu as tué un innocent, s'emporte le fils Le Faillon. Il n'a jamais…

— En es-tu certain ?

— Amandine t'a menti. Elle me l'a dit.

— Peut-être… Ni toi ni moi ne le saurons jamais. Voilà ce qui est vrai : je l'ai débarrassée d'un être nuisible, répond-il sans faiblir. Il lui aurait fait du mal. Il savait où elle habitait. Toi, tuerais-tu pour sauver Amandine ?

— Tu n'éprouves aucun remords ? répond seulement Jean.

— Pas plus qu'en te tuant, si tu décidais de me dénoncer, lâche-t-il en sortant son couteau. Maintenant, cesse de juger ce qui est bien et mal. Tu ne connais rien.

— Je ne m'en prendrai pas à toi. Rassure-toi. Je te laisse la place. Je m'en vais.

— Tu te décides enfin à découvrir le monde ? Tu as raison. Mais, crois-moi, nous nous reverrons.

Deuxième partie

On ne fait jamais rien d'extraordinaire, de grand et de beau, qu'en y pensant plus souvent et mieux que les autres.

Louis XIV *(Mémoires)*

Chapitre 16

PEUT-ON statuer sur l'humeur d'un roi, juger qu'elle est sombre ou enjouée ? Le sujet est délicat. D'ailleurs, corrige *sub secreto* Hardouin-Mansart, Sa Majesté n'en est pas un [1]. Flatteur rusé, féru en courtisanerie, l'architecte pèse les mots avant d'en prononcer un seul. La réussite, estime-t-il, réclame autant d'art que d'adresse. Selon son expérience, il faut beaucoup de travail, un peu de génie et, plus important, le petit supplément d'âme que l'homme de cour appelle *la finesse*. Se trouver là, au bon moment, si près de l'auguste perruque, prononcer la phrase qu'il se doit – le mot d'esprit ! – ne tient donc pas au hasard. Atteindre le sommet est une chose, mais y demeurer, quelles que soient les circonstances, réclame une vigilance continue. Plaire est, hélas, une affaire de mode qui, par définition, passera un jour ou l'autre…

En ce mois de septembre 1679, n'était l'air un peu las qui habite le grand Louis XIV, rien ne devrait l'inquiéter. Il est apprécié, écouté, croule sous les commandes – ce qui agace Jean-Baptiste Colbert, toujours à courir après l'architecte.

1. La formule est attribuée à Rivarol, interrogé par Louis XVI : « On raconte que vous faites des mots d'esprit sur tout. Faites-en un à mon sujet. » Il répondit : « Sire, le roi n'est pas un sujet. » La formule fut reprise dans le film *Ridicule*, réalisé par Patrice Leconte.

L'homme porte gaillardement la trentaine[1]. Élégant, beau parleur, séducteur, Jules a eu l'intelligence d'adosser à son nom celui de son grand-oncle, l'architecte François Mansart, maître incontesté du renouveau de l'art à la française. En passant de Hardouin à Mansart, il a hérité de l'aura d'un grand artiste. Le génie de son trait, la qualité de ses dessins, son talent pour l'accointance ont fait le reste. Le voici dans le saint des saints, écoutant le silence du monarque car ce dernier est coi depuis qu'il a posé le pied hors du carrosse. L'aréopage qui l'entoure est à l'unisson, attendant – espérant –, qu'au moins un royal soupir soulage la pression. Ce matin, qu'a donc le Soleil ? Les médisants penseront que la présence de la reine l'ennuie, que les deux se forcent au *pensum* de l'étiquette pour, de temps en temps, ne pas trop se déplaire… Méchancetés ! La reine semble ravie d'être à Versailles. Son mari l'associe à la construction du futur degré qui portera son nom. L'Escalier de la Reine, rival des Ambassadeurs. Aussi, tend-elle l'oreille, malgré le mal que lui donne la langue française, pour ne rien manquer de ce qui sera dit – et pourquoi ne pas y mettre son grain de sel ? Mais, pour l'heure, elle a peu de mal à suivre la conversation… puisqu'il n'y en a pas.

Dans la cour de Marbre, chaque pas, chaque toussotement résonne comme à l'église lorsque la porte s'ouvre sur l'attardé dérangeant le sermon du curé. Louis va, revient, s'arrête, examine, lève les yeux. Que cherche-t-il ?

— Monsieur Le Brun.

— Oui, Sire.

Hardouin-Mansart soupire. Il n'est pas en cause.

— À nouveau, précisez votre projet.

*

1. Né à Paris en 1646 et mort à Marly-le-Roi en 1708.

Soucieux du détail, prenant tout son temps pour se faire expliquer la moindre arabesque de chaque pièce de son château, Sa Majesté a oublié le temps et fait mine d'ignorer la nervosité de Colbert qui, les bras chargés de paperasserie, d'édits, de lettres, de comptes et de rapports, calcule qu'il y en a pour des heures et qu'on l'attend au Louvre. Le premier lieutenant de police Gabriel Nicolas de La Reynie veut l'entretenir d'une grave affaire de poison. À bout de nerfs, Colbert change ses dossiers de main, consulte ses notes, si bien que toutes ces gesticulations finissent par distraire Le Brun qui bombarde de regards froids le premier conseiller du roi. Plus prudent, Jules Hardouin-Mansart fait mine de s'intéresser aux circonlocutions du premier peintre, un professeur doté de patience et accoutumé depuis très longtemps aux exigences du César de Versailles.

Hardouin-Mansart, fringante recrue, ne fait pas partie du trio de départ – Le Brun, Le Nôtre et feu Le Vau – qu'une sincère complicité a uni à Louis. Fraîchement débarqué, il ne sait rien des doutes et des espoirs qui traversèrent les inventeurs du *palais de toutes les promesses.* Songe-t-il parfois à ce qu'il y avait avant ? Rien, pour ainsi dire. Un marais, un moulin, des fermes, un petit relais de chasse sans confort… Il en a fallu du courage, de l'audace pour entreprendre l'impossible : transformer le vulgaire en tableau idyllique.

Versailles est allé comme son roi, juvénile, audacieux, inconscient, intrépide, puis se faisant à la raison, à l'ordre, et peut-être à la sagesse, au fur et à mesure que s'élevaient les murs, fleurissaient les jardins, surgissaient les bassins, les faunes, les déesses de marbre, et que s'enluminait d'or chaque pièce. Combien de combats ont-ils menés de concert, ce roi-ci et ses fidèles ! Luttant contre la nature, soumettant les lignes et les courbes, inventant l'équilibre et l'harmonie dans un monde tordu par les confusions. L'un d'eux avait-il idée de ce à quoi ils rêvaient ? Alors, patience, Messieurs ! Et si

Le Brun hésite, le roi lui accorde sa grâce comme le chevalier à son écuyer, ce vieux compagnon de route ayant tenu le même glaive et partagé le récit épique de la quête de leur Graal.

Hardouin-Mansart ignore ce qui unit le roi aux artistes. Impatient, comme le furent d'antan les quatre *conjurateurs de Versailles*[1], son armure et son épée ne sont pas rouillées. Il veut croquer la vie, avancer du pas qui inspira le jeune Louis aimant ce domaine encore sauvage. Le ton précieux et lent dont use Le Brun l'agace. Chaque minute représentant de l'or – il vend cher ses services –, il calcule ce qu'il perd à écouter le savant exposé du directeur de l'Académie royale de peinture et de sculpture, et de la manufacture des Gobelins. Il a rendez-vous avec le duc de Bouillon pour qui il a bâti un hôtel de seigneur à Versailles. C'est qu'il est de bon ton d'imiter Louis XIV. S'il apprécie Hardouin-Mansart, autant se plier à cette mode. Choisir le même architecte est une belle manière de faire allégeance au goût souverain.

Jules est donc pressé, vif, mais c'est aussi un favori. Adoubé par Le Nôtre qui a fait beaucoup pour lui, le roi lui a confié la transformation de la simple maison du Val en château. Situé non loin de celui de Saint-Germain, à l'écart des agitations du Paris qu'il craint, Louis y attache de l'importance. Son père l'aimait. Peut-être autant que son relais de chasse de Versailles. Fichtre, le défi n'était pas mince. Le Vau a réussi à Versailles en conservant l'ancienne demeure du père, enveloppée sous le château neuf. Et l'architecte novice ? Eh bien, c'est un succès total. Louis aime le

1. L'expression, un peu excessive, illustre ce qui unit le roi au trio initial (Le Brun, Le Nôtre, Le Vau) qui entreprit, presque secrètement, de transformer un marais insalubre en palais. Il fallait de l'audace pour renverser les idées préconçues de l'époque, notamment celles de Colbert qui ne croyait pas à Versailles. Le roi devait être à Paris. Au Louvre !

nouveau Val pour son calme. La grande idée du talentueux Hardouin-Mansart fut de créer une grande terrasse servant de promenoir. Or, Sa Majesté aime les belles allées. Le Nôtre, peut-être, a soufflé l'idée. Qu'importe. Le résultat est là. Et si le roi a apprécié, il en fut de même pour Athénaïs qui ne savait trop comment s'y prendre avec son château de Clagny laissé en plan par l'architecte Le Pautre. L'audace et la grâce du rendu charmèrent le roi et la marquise. À nouveau, Jules Hardouin-Mansart fut applaudi. Il manquait une ultime épreuve pour qu'il prenne d'assaut Versailles et surpasse le discret d'Orbay, un architecte vivant dans l'ombre de son beau-père Le Vau et qui, malgré un indéniable talent, ne parvint pas à briller. La transformation du bosquet de la Renommée en bosquet des Dômes [1] et la construction réussie de deux pavillons dans les jardins servirent de sésame.

Versailles s'est ouvert à lui. Et le roi réclame tant ! Il est question des ailes des ministres, des Écuries, de la galerie des Glaces, des ailes Sud et du Nord, de la nouvelle Orangerie… Et de l'Escalier de la Reine, sujet du jour. Mais Hardouin-Mansart a de l'appétit à revendre.

*

Il gagnera cette année six mille cinq cents livres – sans compter les commandes ne cessant d'arriver. S'il ne commet pas d'erreur, Louis XIV en fera l'architecte dont l'histoire retiendra le nom. Mais Dieu, qu'il est impatient ! Trop, peut-être. La jalousie enfle, on lui reproche ses méthodes, ses manières d'étouffer les autres, de se mettre en lumière,

1. Appelé bosquet de la Renommée en l'honneur de la statue de la Renommée trônant au milieu du bassin, il devint le bosquet des Dômes en 1677, lorsque Hardouin-Mansart y fit installer deux pavillons de marbre blanc surmontés de dômes… qui furent détruits en 1820.

brisant tout sur son passage. En clair, d'être avide de succès et de richesses, de se courber devant ses supérieurs et de mépriser la piétaille ordinaire. Nécessairement, plus il monte, plus le nombre de ses ennemis augmente. S'en inquiète-t-il ? Querelle d'envieux ! Mais son talent de diplomate ne l'empêche pas de commettre des erreurs. Aujourd'hui, il faudrait se consacrer entièrement au roi et attendre demain pour traiter les demandes en retard. Diable ! Une chose à la fois, c'est trop exiger du jeune architecte. L'audience avec le duc de Bouillon trotte dans sa tête. Il ajoute le maréchal de Bellefonds et le duc de Créquy, d'illustres clients pour qui il a construit de merveilleux hôtels à Versailles. Il y a toujours du travail à prendre, une aile à revoir, un toit qui mériterait plus de grâce, une cour à paver…

S'il peut grappiller un peu de temps à Sa Majesté qui lui en prend tellement, il ira présenter ses hommages à ses Messeigneurs demeurant à un jet de pierre de la cour de Marbre où il ronge son frein.

— Monsieur l'architecte.

Le roi. Il le regarde.

— Que pensez-vous de l'appréciation de Monsieur Le Brun ?

Sur quoi l'interroge-t-on ? Il n'écoutait pas. Dieu du ciel ! Le voilà trahi par ce qu'il se promettait de toujours respecter : la vigilance…

— Plaît-il à Votre Majesté d'entendre mon point de vue sur l'opinion de Monsieur Le Brun ? parvient-il à prononcer en s'inclinant légèrement.

De quoi d'autre pourrait-il être question ? semble s'agacer le roi.

— Je le demande ainsi, ajoute Hardouin-Mansart sans se démonter, parce qu'il est délicat d'ôter ou d'ajouter une pierre à l'art du premier peintre du royaume.

On pourrait croire à un compliment et Le Brun apprécie.

— Votre avis compte pour nous, minaude ce dernier.

— Mais pour l'exprimer afin qu'il vous profite, je réclame une chose.

Le Brun est surpris. Il croyait l'affaire entendue. Hardouin-Mansart n'avait rien à critiquer. Donc, on en finissait là.

— Exprimez de manière concise vos idées, insiste l'architecte sur un ton qui devient blessant. Trois mots, je vous prie, auxquels je répondrai par trois lignes droites ou courbes selon ce qu'il faudra corriger.

Corriger ? Colbert opine. Trop de paroles et pas assez de chiffres… Le roi ? Il arbitrera la passe d'armes car le peintre s'apprête à répondre. Et l'impudent ne sait pas à qui il se frotte !

— Eh bien, Monsieur l'architecte, s'il faut se soumettre : du marbre, du marbre et encore du marbre pour cet escalier ! Cela vous convient-il ?

Nous y sommes, soupire Hardouin-Mansart. L'escalier… Et cela tombe à pic. Il a des choses à dire.

— Vous parlez de la décoration. Et qui prétendrait faire mieux que l'illustre directeur de l'Académie de peinture et de sculpture du royaume ? Moi, je songe aux volumes…

— Qu'en serait-il ? intervient le roi qui tourne le dos à Le Brun pour ne s'intéresser qu'au cadet.

— Voyez-vous, Sire, l'escalier ne gagnera rien en le couvrant de vert, de rouge ou de blanc veiné. Du moins, pas assez pour se lancer dans de si importantes dépenses…

Le Brun se raidit. Colbert compte, soustrait et approuve.

— Pourtant, j'en propose d'autres et de plus conséquentes…

Aussitôt, le surintendant des Bâtiments se range *in petto* dans le camp du peintre. Mais Hardouin-Mansart n'en a que faire. Il tient son meilleur rôle, il sait où il va et comment séduire le roi.

— Il faut détruire et reconstruire. Voyez comment, Sire…

Une feuille et une mine de plomb jaillissent de la sacoche qu'il porte en bandoulière. Il prend appui sur les marches. La jambe droite plus haute que la gauche et la sacoche calée sur un genou, il dessine, sans hésiter, sans que la main tremble. L'escalier de Le Vau disparaît. Le nouveau naît.

— En le reculant de quelques mètres, on l'augmente et il prend toute son importance.

Il est vrai, songe le roi, que celui-ci est sans commune mesure avec le précédent qui, soudain, devient modeste et vieillot.

— Il n'y en aura pas de plus fréquenté à Versailles.

— Que faites-vous de l'Escalier des Ambassadeurs ? s'interpose Le Brun d'une voix glaciale.

— Ambassadeurs ? De plus en plus, il accueille le tout-venant parce que son concurrent actuel est trop étriqué. Est-ce grave ? Oui, parce qu'il est situé près des Appartements du Roi. Selon vous, Sa Majesté doit-elle subir les allées et venues de n'importe qui ?

— Non, bien sûr… bredouille le peintre.

— Un seul degré pour Versailles ! Où se croisent l'envoyé des Perses, les princes du sang et le modeste serviteur que je suis. Cet… assortiment est une erreur.

En un instant, Hardouin-Mansart détruit le travail de Le Vau.

— L'Escalier de la Reine ! s'emporte-t-il. Comment le concevoir sans grandeur et sans splendeur ?

— Qu'en pensez-vous, Madame ?

Louis s'adresse à Marie-Thérèse. Qu'il la consulte est une nouvelle fort plaisante. Mieux encore, Athénaïs de Montespan, la *puta*, ainsi qu'elle la surnomme, se montre moins à Versailles ces temps-ci. Son air de garce n'empoisonne pas le débat du jour. Son amant se fatiguerait-il ?

— Un bel ouvrage, se lance-t-elle en français puisque son mari a l'air d'apprécier et qu'un bel escalier en son nom la flatte.

Sans en réclamer plus, Louis XIV se tourne vers Le Brun :

— Votre décoration s'intégrera-t-elle dans ce nouvel ensemble ?

— Le marbre vert de Campan ou le marbre rouge du Languedoc se font à tous les goûts, jette-t-il amèrement.

— Alors, travaillez de concert avec Monsieur Hardouin-Mansart. Et pressez-vous d'achever la décoration de nos appartements.

Puisque le roi le veut et a tranché, son fidèle complice baisse la tête. Et s'incline devant le sang neuf de Versailles.

*

La réunion s'achève et chacun s'éparpille. Colbert court après le roi et se demande si ses jambes le suivront lorsqu'il sera installé dans l'immense Versailles car, aucun doute, Louis XIV choisira d'y être définitivement dès que la décoration de ses Appartements sera achevée. Le surintendant calcule : au rythme imposé à Le Brun, l'échéance tombera dans trois ans. Il compte, encore et toujours, puisqu'il s'y entend – 79, 80, 81… –, s'accorde un délai, les travaux prenant forcément du retard, et conclut que la Cour sera à Versailles en 1682[1]. Alors, il faudra tout déménager, trouver de la place pour chacun et, s'il n'oublie pas la famille royale, les courtisans, les valets… il pense aux services de l'État. Les ailes des ministres réclament une quantité formidable de main-d'œuvre, l'emploi de toutes les ressources des maîtres

1. Colbert ne se trompe pas sur la date de l'installation de la Cour à Versailles : mai 1682. En revanche, la décoration des Grands Appartements sera achevée en 1680.

maçons. Si on y ajoute celles du Nord et du Midi qui encadreront le château neuf, le chantier va exploser [1]. Le recours à l'armée sera nécessaire.

Et voilà que le roi s'attarde sur l'Escalier de la Reine – une peccadille, juge le surintendant – tout en exigeant que le pauvre Le Brun se lance dans l'aventure de la galerie des Glaces. Colbert revoit la mine grise du premier peintre quand Hardouin-Mansart a pris le dessus. On jasera, c'est certain. Ceux qui ne connaissent rien aux liens unissant le roi à son artiste y verront une fêlure. Colbert hausse les épaules. Imbéciles ! Le Brun est comme Le Nôtre, proche de son mécène. Et si le mot ami avait un sens lorsque l'on parle d'un monarque, il définirait au plus près leur relation. Sa Majesté épargne-t-elle Colbert ? Son ton se veut courtois et ses lettres se terminent toujours en prenant soin de rappeler tout le bien que le conseiller fait au royaume. Pour autant, les rappels à l'ordre sont cinglants, si les choses ne vont pas. *Vouloir* ! Le maître mot du maître absolu… Hardouin-Mansart ne tardera pas à en mesurer le sens. C'est ainsi pour ceux dont la tête se hausse et dépasse. *Vouloir* ! Depuis que Colbert œuvre, la formule ne change pas. Qui soutient que son inventeur s'est assagi ? Un lion affamé, chasseur et conquérant à qui rien ne doit résister, ni le temps, ni l'espace, ni la nature. Il épuise son entourage, réclame davantage. Mais peut-il y avoir plus grand destin que de servir le Roi-Soleil ? Colbert soupire. A-t-il seulement rêvé d'une vie si bien remplie ? *Le Nord* [2] pourrait céder au plaisir de se pencher sur le passé, de mesurer le chemin parcouru, mais le répit ne dure pas. Louis XIV s'apprête à quitter la cour de Marbre.

---

1. Les ailes des ministres ainsi que l'aile du Midi seront terminées en 1682.
2. Surnom donné à Colbert par Madame de Sévigné.

— Sire, il me faut vous entretenir…

— Plus tard. La reine souhaite visiter les jardins.

En septembre, ils sont si beaux, et un nouveau projet est déjà en route car rien, ni dedans ni dehors, n'est oublié. Versailles vit en ébullition, en création permanente. Une ruche vrombissante… Ainsi, le bosquet de l'Arc de triomphe viendra remplacer celui du Pavillon d'eau construit voilà six ans à peine. Au sud, Le Nôtre propose d'installer un arc doré, formé de trois arches. Mais le décideur ne sera pas lui. Du plus monumental à l'infime détail, Louis le Quatorzième règne et dirige en absolu.

— Nous nous verrons au Louvre, répond-il à Colbert.

Son urgence est de retrouver Le Nôtre.

*

Un instant, Colbert suit des yeux l'hôte incontestable des lieux descendant vers les jardins, la reine à ses côtés. Il ira vers l'Orangerie puis empruntera la grande allée. Le conseiller connaît le parcours pour l'avoir tant de fois pratiqué. Et puisqu'il ne tourne jamais le dos au roi tant que ce dernier se montre, il apprécie l'élégance du pas et se réjouit de la présence de Marie-Thérèse. Montespan serait-elle moins favorite ? Le fait est qu'elle est plus souvent absente, que le roi prend ses distances. Pour Colbert, c'est une bonne nouvelle. Le royaume a besoin de probité, de rigueur. D'autant qu'il faudra composer avec un nouvel ennui lorsqu'ils seront à Versailles. Le roi, la reine, la maîtresse… Diable (s'il ose s'exprimer ainsi), comment s'en sortiront-ils ? Et ce n'est pas l'Appartement des Bains, siège licencieux des amours adultérines, qui rétablira la morale[1].

Colbert s'en veut d'imaginer les complications d'un ménage à trois, mais les détracteurs se servent de l'affaire.

1. Voir *Le Roi noir de Versailles*, *op. cit.*

Les *effronteries* royales, condamnées par les prédicateurs, finiraient par déteindre sur la société. L'esprit, les mœurs se délitent, prêche le berger. Satan rôde, prétend le dévot, pourrissant la noblesse, socle inextinguible de l'autorité. Désormais, le désordre toucherait le cercle intime du roi. C'est le sujet sensible dont veut l'entretenir Gabriel Nicolas de La Reynie, premier lieutenant de police de Sa Majesté. Colbert s'attend au pire puisqu'il est question de poison.

Il est vrai que la mode est à la poudre à succession. Pour un rien, on élimine mari, amant, parents. Un peu du remède que les devineresses du Pont-Neuf saupoudrent dans une tourte de pigeon, et l'affaire est entendue. L'avenir ? Plus besoin de tendre la main pour le lire dans les lignes. Il suffit d'exprimer son désir : être veuf(ve) et libre. Et un *miracle* arrive. S'en serait-il produit dans l'entourage de Louis XIV ?

En route, bougonne Colbert alors que la silhouette de son maître disparaît au détour d'une allée. Au Louvre non plus, le travail ne manque pas – et tant que le Soleil ne sera pas couché… Il jette cependant un dernier regard vers le sud. La façade de Versailles étincelle. Il s'y imagine. Cinq ou six fenêtres donnant sur les jardins, et lui, courant toujours jusqu'aux Appartements de Sa Majesté…

S'il prétend le contraire, Versailles l'éperonne. Déménager ! À son âge (il aura soixante ans en août), c'est s'engager dans une nouvelle vie. Et, parfois, il se sent excité comme un gamin [1].

1. Colbert, né le 29 août 1619, à Reims, s'éteindra le 6 septembre 1683, à Paris.

Chapitre 17

HARDOUIN-MANSART siège sur un nuage. Hélas, il a blessé Le Brun – et ce n'est pas bon de s'en faire un ennemi – mais il balaye ce qui l'ennuie. Son génie a triomphé. En osant ! Voici comment on se sort d'un guêpier. Avec quelle adresse il a séduit le roi et la reine, sans déplaire à la favorite puisqu'elle n'était pas là. Bien sûr, il n'a rien improvisé et maîtrisait le sujet de l'escalier pour l'avoir savamment étudié avec son équipe, reconnaissant ainsi que, sans Lassurance, Chuppin, Cailleteau, ses fidèles dessinateurs, il n'obtiendrait pas d'aussi bons résultats.

Sa mission est d'indiquer la direction, de tracer l'esquisse générale sans s'occuper des détails. Une idée, et une seule, pour ne pas embrouiller les esprits. Il faut, assure-t-il à ses adjoints, toujours réduire le problème et le simplifier tant que l'on ne le saisit pas entièrement. À l'inverse de Colbert, il pense que l'escalier est une pièce capitale. La question posée n'était pas de décorer un degré de marbre ou d'or, mais de décider par où et comment pénétrer à Versailles. Accède-t-on chez le roi sans égard ? Le parcours doit être jalonné, de sorte que le visiteur soit séduit, impressionné, puis soumis. Louis XIV procède ainsi avec celles et ceux qu'il conquiert. Plus on entre chez lui, de salons en salons, plus on approche de son intimité, au risque d'y capituler.

Mais on ne parvient pas sans effort jusqu'à son cœur.

Hardouin-Mansart se représente Versailles tel un corps vivant – ou plutôt tel le double de son géniteur. Ce château est le reflet de son hôte, et aussi son prolongement. Versailles *est* Louis XIV, l'inverse étant également vrai. Selon lui, une troublante alchimie serait née entre eux. Ils forment un couple de moins en moins dissociable. Bientôt, ils ne feront qu'un. Plus le château se bâtit plus son créateur le copie. Mais n'est-ce pas l'inverse ? Plus le roi se *construit*, plus le château lui ressemble, car chez l'un et chez l'autre, la grandeur va de pair. Versailles n'est plus le doux écrin dédié au plaisir et à la fête. L'architecte a compris qu'il deviendrait le socle de l'absolutisme ; que Sa Majesté attend que l'on serve ce dessein sans avoir à s'exprimer. En solide courtisan, ce que propose Jules Hardouin-Mansart va dans ce sens. Ainsi, croit-il, il ne se trompera pas.

Voilà donc comment il trouve son inspiration : en cherchant au-delà des hésitations et des tâtonnements du roi qui découragent ses artisans. Faire et défaire continûment, construire puis détruire… Mais, lui, l'architecte, sait où est le cap. Et, même si la route est aussi sinueuse que cet Escalier de la Reine, il mènera l'armada vers le point final. Dans trois ans, prédit-il à la suite de Colbert, Versailles deviendra le siège de la royauté, et l'architecte en aura été le maître d'œuvre. Les détails, l'exécution ? Prière de voir ses dessinateurs, Lassurance, Chuppin, Cailleteau et consorts, solides et irremplaçables alliés sans lesquels il ne pourrait mener tant de projets de front.

A-t-il lui aussi rêvé d'une vie si bien remplie ? Parfois, Hardouin-Mansart est pris de vertige. Versailles est responsable. Il y a tant de mouvements, d'imprévus que l'on pense en effet à un corps en perpétuelle croissance, vivant et attirant. Et qui s'y rend cède à son doux poison.

*

— Ne tardons pas, se dit-il à voix basse en voyant le roi disparaître dans les jardins.

Un coup d'œil sur la gauche. Colbert, toujours pressé, vient de faire demi-tour tandis que Le Brun monte à l'étage, sans un mot, sans un regard pour l'architecte. Un mouvement d'humeur, se rassure ce dernier, porté par la victoire. Ça lui passera. Il faudra bien qu'ils travaillent ensemble puisque le roi le veut.

Le voilà décidé, imaginant l'entretien suivant, convaincu de séduire aussi bien le duc de Bouillon. Il s'en retournera à Paris les poches pleines, la sacoche alourdie d'un beau contrat. Un étage à ajouter, une façade à orner de statues, et du marbre dont use le premier peintre à profusion puisque cet art plaît tant à la Cour... La manne semble infinie... Si les travaux engagés à Versailles passent par la surintendance et sont soumis à l'avarice des commis de la Trésorerie, les chantiers privés ne connaissent aucune limite de prix. Et si Hardouin-Mansart fait fortune, les maîtres d'œuvre des bâtiments ne sont pas en reste.

Bergeron, Mazière, Hanicle, Bressy, Thévenot... En songeant au duc de Bouillon, et peut-être à celui de Créquy, l'architecte cherche le maçon qu'il proposera. Sur un point, il est décidé. Jamais, il ne fera appel à l'entreprise Pontgallet dirigée par une veuve incontrôlable qui le prend de haut et refuse les petits arrangements entre gens de bonne compagnie. Il y a pire : elle raille la suffisance du jeune Jules et sa façon d'écarter les autres pour réussir.

Elle, c'est entendu. Tant qu'il plaira au roi, elle ne travaillera jamais plus à Versailles.

Chapitre 18

Le Faillon calcule. Jusqu'à la Saint-Martin, le travail ne manque pas, mais à la fin de novembre, on renverra le gros des Limousins chez eux. Trois ou quatre, les plus chanceux, seront placés chez d'autres maîtres bâtisseurs.

Si le chantier faiblira peu l'automne prochain, l'entreprise Pontgallet n'en profitera pas. À l'exception d'un reliquat de commandes privées – du gros œuvre dans les demeures cossues se construisant dans Versailles –, la corne d'abondance se tarit. Depuis dix ans, Le Faillon n'avait pas connu un jour de répit. Soudain, tout diminue, puis s'arrête. La situation est si grave qu'il envisage de renoncer à la construction de sa nouvelle maison dans le quartier nord, symbole d'une réussite méritée.

Désormais, la surintendance des Bâtiments passe son chemin. Plus un message depuis longtemps, pas un ordre. Pourtant, la liste des œuvres à entreprendre est impressionnante : les ailes du château, la galerie des Glaces et l'Escalier de la Reine, présenté comme le succès personnel de Hardouin-Mansart. L'entreprise Pontgallet n'est pas même associée à la construction des nouveaux communs.

Le Faillon date précisément ce coup du sort. Comment oublier la mort d'Antoine du Chesne ? Le 2 mai de cette année, il y a quatre mois à peine, mais un siècle s'était écoulé.

Après le drame, une mauvaise main s'est acharnée sur son clan. Quelques jours plus tard, son fils lui a annoncé qu'il quittait Versailles et se rendait à Paris. Il renonçait au métier de maçon, s'aventurait dans celui de peintre. Et c'est un peu comme si les rêves du père s'effondraient. Tout semblait prêt, orchestré afin d'assurer la transmission du flambeau. L'alliance avec la famille Pontgallet se précisait. Amandine finirait par renoncer à son projet d'être embauchée dans la Maison du Roi, la raison lui ferait comprendre qu'elle avait tout à gagner à épouser un maçon prenant tôt ou tard les rênes de l'entreprise de sa grand-mère. Mais le coup de tête de Jean a bouleversé les prévisions. Qu'est-ce qui l'a décidé ? Son père imagine qu'Amandine est un peu responsable. Un homme ne peut supporter éternellement les rebuffades et, depuis toujours, la jeune fille mène son garçon par le bout du nez. Parfois, il faut savoir se révolter. C'est une question de dignité. Mais ici, la fierté s'est ajoutée, enrage Le Faillon. Jean a agi par bravade, sans réfléchir. Au moins, l'éloignement lui montrera ce à quoi il a renoncé. Et, tout compte fait, en ces temps difficiles, il préfère que son fils ne soit pas là. Mais Dieu, qu'il lui manque…

Le jour de son départ, il a puisé dix livres dans sa cagnotte.

— Fais-en bon usage, bredouilla-t-il sans le regarder.

Ces deux nigauds faillirent en rester là. Pis, Jean refusait l'aumône de son père. Heureusement, Mélisande s'en est mêlée. Elle s'y connaît quand il s'agit de réconcilier ses hommes.

— Au moins, embrassez-vous…

Ils hésitaient. Mélisande a fondu en larmes.

— C'est moi qui vais partir…

Aussitôt, ils se précipitèrent sur elle. L'instant suivant, ils se serraient tous les trois, enfonçant leurs visages dans l'épaule de l'autre pour que jamais il ne se raconte que ces hommes-ci pleurèrent.

— Je te les rendrai à mon retour, promit Jean.

— L'orgueil, ne put s'empêcher de jargonner le père dans sa barbe poivre et sel. Il faudra que tu apprennes à t'en défaire.

Et il avait baissé les yeux qui rougissaient de nouveau.

*

L'orgueil, Le Faillon a dû le ravaler depuis le départ de son gars. On ne lui tourne pas le dos, mais maintenant on le salue de loin. Cela évite de parler du chantier et d'avouer qu'ailleurs, les commandes affluent. Mais le second de l'entreprise Pontgallet n'est pas dupe. Ses propres Limousins bavardent avec ceux des autres entreprises et s'inquiètent. Pourquoi Le Faillon n'annonce-t-il pas le programme de cet hiver ? Que se passe-t-il ?

Fin août, il a voulu en parler à Marguerite qui a fait la sourde oreille et prétend attendre d'excellentes nouvelles de la surintendance. Mais cela fait trois fois qu'elle réclame un entretien à l'un des commis et qu'on le lui refuse. Avant, elle discutait directement avec François d'Orbay, émérite architecte de Versailles. Depuis, Jules Hardouin-Mansart a pris sa place et l'ignore.

Hier, Le Faillon est revenu à la charge.

— Taisez-vous ! a hurlé la veuve. Vous êtes comme les autres, vous voulez me sucer jusqu'au sang ! Mais je n'ai pas dit mon dernier mot. Allez ! Ouste… Sortez de chez moi.

Le Faillon n'a pas osé répondre qu'ils discutaient dans l'entrepôt, que lui-même y travaillait. Dans ces situations, Marguerite ne reconnaît plus personne, ne sait même plus où elle se trouve. Or, ce genre de crise ne cesse de se répéter, et de plus en plus fréquemment. La dernière fut grave. Elle s'était enfermée, refusant d'ouvrir aux Limousins qui rentraient du travail.

— C'est le jour de la paye, a bougonné l'un deux à travers la porte.

— Vous l'aurez demain et j'y ajouterai cinq sols, a répliqué Le Faillon en les dispersant.

Le compagnon de l'entreprise Pontgallet ne sait plus comment s'y prendre. Il est dépassé. Son fils, apprécié de Marguerite, ferait-il mieux ?

*

Après tant d'années de combat et de réussite, la chance tourne-t-elle ? Maintenant le maçon doit lutter pour survivre. Mais contre qui, contre quoi ? A-t-il démérité ? L'arrêt est trop brutal pour qu'il ne s'explique pas. Marguerite est seule responsable ; même les amis ne supportent plus son caractère revêche. Autrefois, les maçons étaient venus au secours de la veuve de Nicolas Pontgallet car la solidarité de la corporation n'est pas un vain mot. Après la mort du bâtisseur, les fidèles Mazière et Bergeron avaient partagé leurs commandes avec elle. C'était de la sous-traitance, mais chacun mangeait à sa faim. Et, dans les années de disette, lorsque le chantier s'était arrêté du fait des hésitations du roi sur le sort du château de Louis XIII, on s'était serré la ceinture, œuvrant de concert pour sauver le principal.

Chacun se souvenait de l'énergie d'une Marguerite se battant comme une lionne contre le *Roi noir* et contre les préjugés d'un milieu dominé par les hommes. Usant de son charme, elle avait surmonté toutes les difficultés. Après s'être débarrassée de Delaforge, son ennemi intime, elle s'était attelée à l'Appartement des Bains. Sa détermination avait convaincu François d'Orbay. À eux deux, ils avaient renversé des montagnes, séduit le roi qui accepta le projet de son architecte d'alors, ignorant que Marguerite en avait conçu l'essentiel. En ce temps-là, les épouses des maîtres maçons s'étaient assemblées autour d'elle, lui offrant leurs idées, puisqu'une femme ne pouvait mieux imaginer ce que l'une d'entre elles désirait lorsqu'il s'agissait d'amour [1].

D'Orbay avait respecté sa parole. L'affaire étant engagée, il avait confié à Marguerite la fourniture et la pose du marbre décorant les pièces. Ce n'était qu'un début à leurs yeux. Tant que l'architecte était en cour, les commandes affluèrent. Mais le gendre discret de Le Vau n'avait pas l'étoffe pour rivaliser avec le brio de Jules Hardouin-Mansart. Versailles lui avait échappé au profit du prodige, préféré de Montespan.

— Il me reste le collège des Quatre-Nations…

D'Orbay achevait l'œuvre de son beau-père, Le Vau, et sa disgrâce n'engendrait apparemment aucune amertume.

— Vous avez tant fait pour Versailles, s'insurgeait Marguerite.

— On ne pourra pas me retirer le Trianon de porcelaine…

Construit en bois et orné de céramique, cet ensemble composé de cinq pavillons aux murs revêtus de carreaux de faïence bleue et blanche était le *summum* de la grâce et de la légèreté. Au fond, il convenait idéalement à la discrétion de son créateur. C'était tout à fait cela : un château de porcelaine qui plaisait au roi et devint un autre lieu discret hébergeant son amour insatiable pour la Montespan. Les *goûters* qu'ils prenaient dans cette *chinoiserie* avaient un rien d'exotique car Le Trianon s'inspirait de la tour de Nankin que les missionnaires présentaient comme une merveille du monde [2]. Mais le Trianon n'était pas Versailles. Et l'édifice

1. Référence à un dîner au cours duquel un aréopage de femmes conçut ce qui devint l'Appartement des Bains, pure péripétie romanesque participant à la mise en scène de l'histoire d'amour entre Louis et Athénaïs. Voir *Le Roi noir de Versailles*, *op. cit.*

2. La tour de porcelaine de Nankin (capitale du sud de la Chine par opposition à Pékin, située au nord), ce véritable chef-d'œuvre, fut détruite en 1856.

était fragile. Comment croire qu'il résisterait aux aléas du temps et, plus encore, des modes[1] ?

— Il faut vous montrer, sermonnait Marguerite. Faire savoir ce que vous doit Versailles ! Je le dis autant pour vous que pour moi, car, si vous disparaissez, je subirai le même sort.

À l'époque, elle ne manquait pas de lucidité et mesurait combien le fidèle d'Orbay servait ses intérêts. Mais lui balayait la critique. Aux intrigues, il préférait le dessin – et le futur théâtre des Comédiens réclamait son génie.

— Je ne mange que deux fois par jour. Peu me chaut de m'enrichir.

Cet homme simple et sincère, qui n'avait jamais obtenu le titre de premier architecte, vivait pour l'art. Si bien qu'il s'étonnait de l'acharnement de sa protégée.

— Vous y laisserez votre santé, soutenait-il gentiment.

Marguerite haussait les yeux. S'il capitulait, elle se tournerait vers le suivant. Qui était d'une autre trempe. Ambitieux, affamé, décidé à réussir. Il n'y avait hélas pas assez d'air ou de place pour les deux. Au premier contact, la poudre avait parlé, leur caractère fit le reste. Depuis, ils ne s'entendent pas, ne le pourront jamais. Marguerite accuse Hardouin-Mansart de vouloir *tout croquer* ; lui, la traite de folle tyrannique qui doit sa réussite à la complaisance des maçons. Des talents plus jeunes qu'elle, plus audacieux et plus dociles, se montrent à Versailles, affirme-t-il. Si bien que chacun a dû choisir son camp : celui du passé ou celui de l'avenir. Il faut bien vivre. Les contingences ont fait le reste et, pour se donner bonne conscience, on répète que Marguerite Pontgallet devient insupportable. Une raison suffisante pour couper les ponts.

---

1. Le Trianon de porcelaine fut en effet détruit après la disgrâce de Montespan.

— Et maintenant, les vivres, grogne Le Faillon plus inquiet chaque jour que Dieu fait.

Il regarde de loin le cortège qui suit Hardouin-Mansart. Malgré ses mauvais yeux, il reconnaît la silhouette épaisse de ses amis maçons. Hanicle, Bergeron, Mazière, Bressy, Thévenot… Tous vont à la soupe, et combien il les comprend. Ils se rendent dans les nouveaux beaux quartiers où le comte de Soissons et le maréchal de Bellefonds construisent.

Parce que la scène lui fait mal, il préfère s'en aller. Non, il ne passera pas par l'entrepôt. Il ne veut pas affronter la colère de Marguerite. Et combien Léon, le mari d'Anne, lui manque. Lui, saurait quoi faire.

Le Faillon, le pas lourd, rentre chez lui, espérant avoir des nouvelles de Jean. Même si son sacré fiston lui a crevé le cœur.

Chapitre 19

FAUBOURG SAINT-ANTOINE, Claudius-Marcellus Apkarian est connu comme le loup blanc. Se prétendant descendant (très lointain) du comte Baudouin de Boulogne, seigneur du comté d'Édesse, ancien État latin de l'Orient, il s'est présenté à Paris, voilà vingt ans, muni de parchemins jaunis où se reconnaîtrait, paraît-il, le sceau d'un croisé de la Terre sainte attestant l'adoption par le noble Boulogne du fils cadet d'une princesse arménienne, trisaïeule de la trisaïeule – et peut-être un peu plus – du sieur Apkarian…

À quelques siècles près, en corrigeant, bien sûr, nombre de détails, cette aventure pourrait être vraie. Vers le XIe siècle, en effet, l'Arménie était l'alliée des croisés et le comte de Boulogne, devenu Baudouin Ier et roi de Jérusalem, a existé, tout comme le comté d'Édesse.

Pourquoi douter de Claudius-Marcellus Apkarian, un personnage affable ? L'histoire des souverains francs d'Orient est un peu floue pour le commun des mortels. D'ailleurs, Claudius-Marcellus, qui s'avoue bâtard, ne réclame nulle reconnaissance. Il ne désire que commercer dans le domaine des arts, fort de sa connaissance des pays appelés indifféremment l'Orient, les Indes, la Perse – car, ici, personne ne fait vraiment de différence entre ces contrées lointaines. Quand lui se déclare expert.

Sa prestance, son supposé savoir, l'or dont il ne manque pas ont suffi pour qu'il soit autorisé à ouvrir, avec pignon sur rue, un comptoir d'objets insolites couru par les gobe-mouches fortunés de Paris. La première partie de son nom rappelle celui d'un général romain triomphant à Carthage, ville légendaire des rives sud de la Méditerranée. Il ajoute au mystère et fait de Claudius-Marcellus Apkarian, habile détaillant, le propriétaire de la plus grande échoppe parisienne dédiée aux antiques.

*

De taille moyenne, Claudius-Marcellus a l'œil vif et acéré, le teint mat, le cheveu noir comme l'ébène, la main toujours tendue pour conclure un accord. « Mon ami ! » soutient-il d'une voix chaleureuse en accueillant le visiteur dans le capharnaüm abritant son activité fort lucrative. « Entrez ! » Il faut œuvrer pour se glisser entre les brimborions, les bibelots, les montagnes de tableaux, de statues, de moucharabiehs envahissant le *Comptoir de l'Orient*. Que cherche le chaland ? Une fresque grecque, un talisman du dieu Osiris, l'armure d'un chevalier mort devant les murailles de Jérusalem, la croix de Saint-Jean qu'il portait au cou, la tunique maltaise d'un Maure (rare, et donc chère), des piastres ottomanes englouties depuis cent ans dans les cales d'un navire marchand vénitien venu s'échouer à un mille de la cité lacustre, un denier en or frappé par César lui-même quarante ans avant la naissance du Christ ? Il a tout, et ce qu'il ne possède pas encore, Apkarian… le fabrique.

En ce mois de septembre 1679, par exemple, il reconstitue l'œuvre éparpillée d'un certain Barnabé (nom inventé), esclave chrétien des Maures et peintre de génie, échappé des geôles de Jaffa vers ? Il verra plus tard… Le flou ne le gêne pas. À l'échelle d'un millénaire, le candide n'y voit que du feu. Chez lui, on vient acheter une histoire, dénicher un morceau imaginaire de Constantinople ou de Bagdad. Mais rien d'authentique.

— Alors, ne perds pas ton temps dans les détails…

Claudius-Marcellus visite l'atelier clandestin de Saint-Antoine, situé à un jet de pierre de son échoppe. Il y vient à pied en prenant grand soin de ne pas être espionné. Le pire serait que la supercherie soit dévoilée. Ce n'est pas, jure-t-il en roulant le *r*, par crainte d'être pendu ou de tout perdre. Les clients aiment le mystère et croient à ce qu'il leur vend : à prix d'or, s'entend, tandis que les artistes qu'il emploie sont payés une misère.

— Donne-moi celui-là.

Le tableau représente une chasse au lion et le talent de l'artiste est d'avoir réalisé une scène saisissante de cruauté. La sagaie entre dans le flanc droit du fauve qui, dans un dernier sursaut, bondit sur le chasseur, griffes et crocs en avant.

— Il faut le vieillir, décide Claudius-Marcellus en frottant la manche de sa veste sur le carmin qui n'a pas eu le temps de sécher.

— Doucement ! peste Jean Le Faillon.

— Eh quoi, s'emporte son employeur. Si mes méthodes ne te vont pas, rends-toi chez Monsieur Le Brun…

Jean est prêt à bondir, à arracher sa toile des mains de l'imposteur.

— Monsieur Apkarian… Qu'en pensez-vous ?

Face à Jean, un autre artiste peint. Aussi jeune que le premier, aussi blond que l'autre est brun. Pierre Lobiot intervient pour protéger son ami. Il faut que sa colère retombe.

— Montre-moi, grogne Apkarian, délaissant le fils Le Faillon.

Pierre Lobiot peint une felouque sur le Nil au coucher de soleil, et le résultat est assez réussi. Mais pardi, se dit le marchand véreux, celui-ci n'a pas le bougre de talent de l'autre.

— Continuez, finit-il par lâcher. La journée n'est pas terminée.

En septembre, le soleil brille assez longtemps pour que le travail se poursuive après l'Angélus.

*

Ce mois-ci, Jean produira dix toiles et touchera cinq livres. Ce n'est pas suffisant pour survivre, alors, il puise dans le pécule que lui a donné son père. Il lui reste six livres. De quoi tenir un mois, deux tout au plus, à moins de trouver un autre travail qui suppléera à la rapinerie de l'usurier Apkarian.

Il partage le réduit de vingt pieds sur dix qu'occupe Pierre Lobiot, non loin du Pont-Neuf. Ils se sont rencontrés le jour même de l'arrivée de Jean à Paris. Le fils Le Faillon ne disposait que d'une adresse, *Les Trois Lièvres verts*, rue de la Montagne-Sainte-Geneviève, un quartier fréquenté par des comédiens de théâtre et quelques coupe-jarrets, sans aveu, galériens, tueurs, rescapés de l'ancienne bande à Beltavolo [1]. L'adresse lui avait été donnée par un doreur du maître Salvadi.

— Demande au premier mal coiffé et aux mains crottées de peinture que tu trouveras. S'il y a du travail, il t'en dénichera.

Le premier que croisa Jean était ivre et embrassait à pleine bouche une jolie fille plantureuse.

— Je m'appelle Jean Le Faillon et…

— Et moi, Pierre Lobiot. Artiste peintre. Voici l'excellente Betsabea, danseuse et comédienne d'une troupe de la *Commedia dell'arte*.

1. Voir *Un jour, je serai roi*, *op. cit.*

Il inclina la tête, manquant de peu de basculer avec la fille assise sur ses genoux.

— Que puis-je pour toi ? bredouilla-t-il en se redressant péniblement.

Il y avait à la même table un certain Evaristo Gherardi, né à Prato en Toscane, comme Jean l'apprit plus tard [1].

Et Jean n'aurait pu trouver meilleur trio d'amis que celui-là.

— Tu cherches du travail ? Au moins, sais-tu tenir un pinceau ?

À chaque question sur son art, le novice écarquillait les yeux.

— Le mieux pour toi est d'aller badigeonner les murs...

Furieux, Jean attrapa sa besace où se trouvaient les dix livres de son père, une chemise presque neuve et trois scènes brossant la campagne de Versailles peintes au verso de plans d'architecte subtilisés dans l'entrepôt de Pontgallet. Les feuilles avaient souffert durant le voyage. Pierre s'en moquait. L'œil soudain vif, il repoussa gentiment Betsabea pour examiner le travail et le fit longuement avant de rendre son verdict.

— Niais, finit-il par décider.

Jean se vit condamné.

— Je n'aime pas les scènes pastorales, ajouta son juge en saisissant un pichet. Mais buvons quand même.

À quoi ? se demandait le fils Le Faillon.

— Si les erreurs ne manquent pas, elles se corrigent. Ça, je pourrais te l'apprendre... Quant au reste...

Quoi ? se répétait Jean.

— Le talent ! Bon Dieu, tu n'en manques pas. Evaristo ! hurla-t-il en secouant le futur Arlequin assommé par le vin.

1. Evaristo Gherardi, devenu Évariste Gherardi en arrivant en France, était un des grands représentants de la *Commedia dell'arte*. En 1679, il n'a que dix-sept ans. Par la suite, il joua principalement le personnage d'Arlequin dans la troupe autorisée par Louis XIV.

Regarde-moi ça. Et toi, ma belle Betsabea, as-tu déjà vu un foutu coup de pinceau comme celui-là ?

Cette nuit-là, Jean but comme s'il n'y avait plus de lendemain. Et au petit matin, il lui sembla entendre Pierre qui le portait à moitié sur le dos vers une destination inconnue :

— Les affaires se traitent au grand jour... Quand le soleil sera levé, on parlera sérieusement.

*

Vers midi, la tête en bouillie, Jean écoutait Pierre parler de Claudius-Marcellus Apkarian. Un voleur, un menteur, un négrier, mais le travail n'était pas trop compliqué et, pour débuter, il n'avait que ça à lui proposer.

— Il faut te faire la main. Je t'aiderai. Faussaire est une bonne école. En copiant Craton, Apollodore, Nicomaque, tu découvriras leur génie...

Jean ignorait tout de ces noms, et plus encore que Craton, peintre grec, avait été le premier à ajouter des ombres au profil, qu'Apollodore y avait mêlé la lumière. Il ne songeait qu'au moyen de rendre le mauvais vin de la nuit et se demandait aussi comment il se retrouvait nu dans le réduit de Pierre, et pourquoi Betsabea dormait toujours, vêtue de sa seule chevelure, dans la même couche que la sienne...

— Allons, habille-toi ! Il faut réfléchir à la façon d'entortiller ce diable d'Apkarian afin qu'il t'engage...

Betsabea ouvrit un œil et le ferma aussitôt en souriant.

— Dis-moi, Pierre, est-ce que j'ai... Betsabea et moi ?

Pierre ouvrit de grands yeux et éclata de rire :

— Ni toi ni moi, mon vieux. Trop ivres. En revanche, Evaristo...

— Où est-il ?

— Parti. Il travaille tôt comme équarrisseur sur les quais de la Seine en attendant que Dionysos vienne à son secours...

— Qui est encore cet homme ? demanda Jean.

— Le dieu grec de la Fête et du Vin ! Et aussi celui du Théâtre.

Pierre Lobiot soupira, mains posées sur les hanches, s'exhibant lui-même tel le nouveau-né :

— Toute une éducation à faire... Bienvenue dans le vrai monde !

Et Jean fut convaincu qu'il y entrait pour de bon.

*

— Cinq livres pour dix tableaux, grognassait le jour même Apkarian en auscultant celui que Jean venait de réaliser sous forme de test.

C'était maladroit, mais il y avait du bon, du très bon là-dessous.

— Tu ne vaux pas mieux, s'était-il contenté de dire.

C'était sa manière de féliciter l'impétrant.

— Tu t'installeras ici, à côté de Pierre. Tu commences tout de suite.

— Je n'ai rien, pas un pinceau...

— Fichu artiste ! Débrouille-toi avec ton ami.

Apkarian tournait déjà le dos.

— Monsieur ?

— Quoi encore ?

— Mon tableau ?

— Quel tableau ?

— Celui que vous emportez sous le bras.

— Ça ? Il vaut rien, répondit son employeur.

— Alors, rendez-le-lui, intervint Pierre.

— Pas question. Je le garde pour pouvoir comparer. Il faudra faire chaque fois aussi bien… Non, beaucoup mieux.

Il caressa la toile.

— Et je ne te prends qu'à l'essai.

*

Depuis, l'essai dure. En quelques mois, la vie a drôlement changé. Si les heures sont longues, il règne chez le négociant un parfum de liberté que Jean ne connaissait pas à Versailles. Cela tient aux artistes qui y travaillent, à leur âge, à ces vies déliées de contraintes. Dans l'atelier situé au fond d'une cour discrète, on trouve des sculpteurs, taillant et ciselant dans le marbre les demi-dieux de l'Olympe. Jean a découvert Persée, Hercule, les Argonautes de Jason. Pierre lui explique leurs histoires. Il sait tout. Cela lui vient de son éducation. Ce fils aîné d'un conseiller du parlement de Paris a rompu les ponts avec son père qui lui ordonnait d'être notaire ou ecclésiastique.

— Crois-tu qu'en tenant la plume ou le goupillon j'aurais rencontré un aussi joli modèle que Betsabea ?

Pierre croque la vie et se moque du futur. Il prétend ne désirer que ce que lui offre son existence.

— D'accord, je maîtrise la technique, reconnaît-il quand Jean l'accuse de gâcher son art. Mais je n'ai aucun mérite. Mon père a payé les meilleurs professeurs. Je joue du luth et ne suis pas Lully. J'écris… Evaristo prétend qu'un obscur scribouillard de Prato me vaut cent fois. Alors, ne cherche pas à me convaincre de mon génie. Je n'en ai pas… Pas comme toi.

Un instant, son visage s'assombrit. Aussitôt, il saisit le bras de Jean :

— Change de position, allège le poids de ton index. Et travaille avec un pinceau plus fin, Monsieur le barbouilleur…

Chaque instant est l'occasion d'une leçon : lumière, ombre, alliance des couleurs, perspective... La nuit dernière, Pierre a dépensé une bougie. Il voulait que l'élève s'exerce au nu et à la pénombre. Betsabea s'est prêtée au jeu.

— Caresse son sein, murmurait Pierre, en l'obligeant à s'approcher, à se coller à la peau de la comédienne. Sa douceur devient la tienne...

Jean ne parvenait plus à cacher son émotion. La rondeur du mamelon turgescent frémissait sous sa main. Betsabea gémit.

— Stop ! Aux galères ! lança son éducateur. Et prends garde à ne pas trembler, ajouta ce bourreau...

*

Depuis peu, l'atelier clandestin prend des allures de ruche. C'est la rançon du succès. Près de la cheminée (qui ne fonctionne jamais), Apkarian a casé cinq tapissières qui tissent toutes sortes de matières selon les commandes. Le commerçant ne dit jamais non, promet de trouver l'oiseau rare, allèche en évoquant à demi-mot l'arrivée à Marseille d'un *chebek*[1] chargé à ras bord de pièces introuvables arrachées par miracle à Antioche, l'ottomane. La soie vient peut-être de la lointaine Chang'an[2], mais ce sont les doigts agiles de jeunes filles besognant pour dix sols la semaine qui reproduisent à merveille les secrets millénaires de l'art chinois. Parfois, il fait appel à un potier. La dernière idée est de reproduire les jarres des Perses. Et le bougre vend ! Mercure[3] lui en est témoin, sa réussite le dépasse. Il manque de place, doit s'agrandir...

---

1. Navire méditerranéen utilisé pour le commerce et la guerre. Il naviguait à la voile et à l'aviron.

2. Devenue Xi'an, la ville chinoise était le point de départ de la route de la soie, trajet millénaire par lequel transitaient les précieuses cargaisons.

3. Dieu du Commerce et des Voyageurs. Mais aussi des Voleurs...

— Les peintres, vous vous pousserez au fond.

Pierre s'insurge, affirme qu'il doit rester près de la fenêtre donnant au nord. Un atelier s'organise ainsi !

— Qu'attends-tu pour créer le tien ? se moque Apkarian. N'as-tu pas assez d'audace ou mesures-tu tes limites ?

Pierre ne répond pas, mais certains soirs, il boit, et ce n'est pas pour faire la fête. Son humeur devient sombre.

— Sortons ! Seulement Jean et moi. Pas toi, Betsabea.

C'est le moment du doute, de celui qui tenaille l'artiste et le tient aussi en éveil. Pierre a-t-il choisi la bonne vie ? Après trois belles rasades, il rompt le silence.

— Ce maudit Apkarian a raison. Je n'ai aucun talent.

— Qu'est-ce que tu racontes ? tente Jean.

— Tais-toi. Tu en as appris assez pour pouvoir te comparer.

Par pudeur, et pour ne pas blesser son ami, Jean refuse de reconnaître qu'en quelques mois, il a beaucoup progressé. Même Apkarian en convient. Pas directement, de peur d'avoir à négocier une augmentation, mais depuis peu, il lui confie les tableaux les plus délicats.

— L'élève dépasse le maître, grince Pierre, le regard noyé par l'alcool. Il n'a plus rien à t'apprendre. Et tu dois aussi fuir Apkarian.

— Où irais-je ? répond-il en ne songeant qu'au chagrin qu'il éprouverait s'il quittait son ami.

— À Rome, lâche son mentor. Au palais Caffarelli…

Lobiot parle de l'Académie de France, voulue par Louis XIV et créée par Colbert et Le Brun. Destinée à accueillir de jeunes pensionnés pris en charge par le royaume, l'entreprise a du succès, s'agrandit, passant d'une maison de Sant'Onofrio, sur la colline du Janicule, au palais Caffarelli [1]. Le roi a besoin de sang neuf pour Versailles. Le Brun aussi.

1. L'Académie, connue aujourd'hui sous le nom de Villa Médicis, connut donc diverses affectations dont, bien sûr, le palais Mancini.

Et il n'est rien de mieux pour exhausser le talent que de se frotter aux antiques et à la Renaissance. On vient à Rome après une sévère sélection pour reproduire et copier, apprendre, en somme, puisque les règles du beau ne se maîtrisent qu'en imitant la perfection.

— Rome ? Tu es fou.

— Prendre des risques ! C'est ainsi que doit vivre un artiste. Qu'espères-tu, sinon ? Vieillir dans la geôle d'Apkarian ?

— Je suis incapable de rivaliser avec les meilleurs et...

— Tu peins cent fois mieux que moi. As-tu si peu d'estime pour ton travail qu'il t'est impossible d'être sincère ? Tu es arrivé là (il place la main à hauteur de sa tête) ; je suis toujours en bas...

Et il écrase la sciure crasseuse dont est recouvert le sol de l'auberge.

— Non, non, Pierre, tu peins admirablement et...

— Foutaises ! Mensonge !

Le pichet valdingue. Pour la première fois, Lobiot a le vin mauvais.

— Tu as peur, grogne-t-il. Voilà, la vérité...

— Je ne possède que cinq livres et je dois les rendre à mon père.

— Faux prétexte ! Les peintres sont pensionnés, on les loge et on les nourrit en échange de leurs travaux... Tu le sais !

— J'échouerai.

— Tu le sauras après avoir essayé. Quoi d'autre ? Quoi encore pour te faire hésiter ?

— Versailles...

— Et donc ? s'assagit aussitôt Pierre, comme si sa colère n'était qu'une mise en scène, un jeu pour arracher la vérité des tripes de son ami. Tu veux reprendre ton métier de maçon ?

— Jamais !

— Alors quoi ? Tu dois demander la permission de partir à Rome ? Ô, cher père, singe-t-il, consentez-vous à ce que je prenne mon baluchon et que j'aille me frotter aux plus grands génies que la terre puisse porter... Et si vous me dites non, je reprendrai la pioche et je creuserai jusqu'à trouver la cache de Satan.

— Arrête !

— Et toi, cesse de me prendre pour un crétin !

Lobiot se lève et vient s'asseoir près de Jean. Il passe son bras au-dessus de l'épaule de son ami. Il est calme à nouveau.

— Tu as, commence-t-il, un talent qui pourrait me rendre jaloux si je ne t'aimais pas comme un frère. Et je parie gros sur ton futur succès. Tiens, je fais mieux, j'investis ! Je vais te prêter deux cents livres.

— Tu es ivre...

— Le seul héritage de ma famille, continue-t-il calmement. Je le gardais pour les coups durs, mais je viens de lui trouver un bien meilleur emploi. Je le place sur Le Faillon. En échange, tu me donneras cinq toiles lorsque tu seras célèbre. Tu t'en sors bien, Apkarian t'aurait réclamé le double. Alors, affaire conclue. Quand pars-tu à Rome ?

Impossible ! Cela ne se décide pas ainsi, Jean le sait. Pourtant, il ne songe même pas à se servir de cet argument.

— Je ne peux pas m'éloigner de Versailles, s'enferme-t-il.

Il devrait lâcher le prénom d'Amandine, mais voilà la seule ombre à leur amitié. Jean ne lui a jamais confié qu'il pensait à elle chaque jour.

— Qu'est-ce que tu caches ? murmure Lobiot. Tu as tué quelqu'un ?

— C'est beaucoup plus grave, sourit tristement son ami.

— À notre âge, qu'y a-t-il d'incurable ?

En face, on ne bronche toujours pas.

— Par quoi es-tu enchaîné ?

— Un visage, cède Le Faillon. Plus beau que je ne pourrais jamais le créer, même si j'y consacrais ma vie…

Jean écarquille les yeux.

— Une femme, chuchote-t-il. C'est une femme… Laisse-moi deviner. Un amour si impossible que tu ne m'en as jamais parlé. Je me disais aussi… Tu ne fréquentes pas les mignons et je ne te vois jamais faire les yeux doux aux tapissières d'Apkarian. Alors qu'il en est une… Mais passons.

Il soupire :

— Elle doit être belle, hein ?

— Je viens de te le dire. Le plus grand peintre ne pourrait réussir à…

— Bien, bien… Il est vraiment amoureux… Et l'autre pas. C'est ça ?

Jean baisse la tête.

— Je connais un excellent remède pour te guérir. Rentrons. Betsabea m'a avoué qu'elle mourait d'envie de coucher avec toi depuis cette première nuit où il ne s'est rien passé…

Chapitre 20

AMANDINE EST morose, mais ne l'avouera jamais. D'ailleurs, à qui se confierait-elle ? Ce soir, en rentrant du château – des communs, serait plus exact –, elle s'efforce de se persuader que sa vie n'est pas si mal. N'a-t-elle pas obtenu ce qu'elle voulait ? Une place dans la domesticité du roi…

Un peu de clairvoyance lui serait cependant bien utile. En regardant les choses honnêtement, elle réaliserait qu'elle n'a franchi la cour de Marbre que trois fois en quatre mois.

Au pied levé, son supérieur lui dit :

— Filez jusqu'à l'Escalier des Ambassadeurs. Un plat a été renversé. Frottez, frottez. Je vous préviens, j'irai vérifier.

Il s'appelle Jacques Leduc, veut qu'on l'appelle Monsieur Leduc – ce qui amuse les soubrettes, convaincues qu'il se prend pour un noble… Il est vieux (au moins quarante ans), raide comme un piquet, suffisant, jouant de sa haute taille pour intimider les subalternes, mais si petit d'esprit. Il ne desserre les lèvres que pour faire entendre sa voix de crécelle :

— Mademoiselle Amandine.

— Oui, Monsieur Leduc ?

— Vous oubliez les chiffons.

Amandine sait-elle où se situe ce personnage dans la hiérarchie de la Maison du Roi ? Il y a tant de monde, surtout lorsque Sa Majesté est là. Ils arrivent du Louvre, de

Saint-Germain. Parfois, il lui semble qu'ils sont plus d'un millier. Et ce nombre, paraît-il, doublerait si on les réunissait d'un coup à Versailles. Cela est-il possible ? s'interroge-t-elle. Avec ce roi, qu'est-ce qui ne l'est pas ? Elle se souvient très bien de ce qu'il y avait *avant*, lorsqu'elle était petite. Un château minuscule, un village aux ruelles boueuses ; et voilà qu'en dix ans, un palais, une ville ont surgi. Avec tous ces travaux, ces ailes, cette galerie, ces communs, le roi pourra bientôt s'installer définitivement ici, avec sa famille, ses maîtresses et la Cour. On le dit. Elle l'espère et prend son mal en patience. Quand le beau monde sera là, ce n'est pas Dieu possible qu'une personne bien mise et de bon aloi ne porte pas le regard sur elle. Pour l'instant, elle patiente, écarte ceux qui veulent la serrer de près, et tente de trouver sa place dans le méli-mélo d'un immense ordonnancement qui, peu à peu, prend forme.

Son idée est très simple. Elle doit parfaitement maîtriser les lacis de la Maison du Roi avant que Paris ne se rende à Versailles. Ainsi, elle saura où il faut se situer, ni trop haut ni trop bas, pour profiter des rayons du soleil.

Alors voilà, se répète-t-elle en lustrant les marches de l'escalier : il y a la Bouche du Roi, la Chambre et le Cabinet du Roi (elle allait oublier les Oiseaux du Cabinet du Roi), le Garde-Meubles du Roi, la Musique de la Chambre du Roi, la Faculté de la Chambre du Roi (et pas que les médecins, très nombreux, car il faut ajouter les chirurgiens au nombre de dix, croit-elle, puis encore cinq apothicaires, quatre aides apothicaires, deux distillateurs et un herboriste), les Menus Plaisirs du Roi [1], les Cérémonies du Roi [2], l'Écurie du Roi (bien sûr), la Vénerie du Roi, comprenant la louve-

1. Organisation des fêtes et spectacles.

2. Baptêmes, mariages, sacres et enterrements royaux… Mais aussi réception des ambassadeurs.

terie, le vautrait pour la chasse au sanglier, et quoi d'autre ? Au moins, une centaine de piqueurs, de fauconniers, de valets, sans oublier les nombreux officiers et capitaines... Et tout cela ne représente que la Maison civile du Roi.

Amandine a le tournis. Mais il y a aussi la Maison militaire, et peut-être la Maison ecclésiastique, se souvient-elle vaguement. Elle s'arrête là, de peur de tout mélanger. Elle, c'est la Maison civile. Et plus particulièrement la Bouche du Roi. Son espoir serait de rejoindre la Chambre du Roi. Travailler sous les ordres du grand chambellan, entrer dans les Appartements, croiser l'escorte de Sa Majesté, s'incliner devant les gentilshommes de la Chambre, se mêler aux centaines de valets qui accèdent à l'intimité royale.

Elle se voit seconder un barbier (simplement lui tendre une bassine argentée) ou peut-être un maître de la garde-robe ou un tailleur, un brodeur, un mercier, un chaussetier, un lavandier [1]... Elle n'y connaît rien, ne sait pas si les gens ordinaires accèdent à de telles fonctions, mais accepterait tout.

À ce jour, ses fréquentions se limitent aux mirlitons, aux sauciers, à des maîtres d'hôtel... Et à Monsieur Leduc ! Celui-là, il ne la lâche pas. Astiquer, laver, courir chercher les fruits et les légumes frais du Potager, veiller sur le feu, ajouter du bois pour qu'il ne s'éteigne point. Quand le roi est présent, c'est la bousculade. Chacun joue sa vie. Dès l'aube, la folie s'empare de la Bouche [2]. À grands cris, on chasse les rats des cuisines, puis on coupe, tranche, cisaille, pendant que mijote le repas suivant. D'autres dressent, débarrassent, jettent, recommencent sans cesse, sans la moindre pause. À croire que le château n'est qu'un ventre

---

1. Le chaussetier était responsable des bas. Le lavandier blanchissait les draps.
2. Chargée de l'organisation des repas à la table du roi.

affamé. Et ce sera ainsi, jusqu'au coucher de Sa Majesté, jusqu'à ce que Leduc revienne du château, disant sur un ton pincé :

— Tout ne fut pas parfait.

Qu'en sait-il ? Il n'a pu voir le roi grimacer puisqu'il n'entre jamais plus loin que le vestibule.

— C'est que les paroles circulent et descendent jusque dans l'escalier, lui a expliqué une grosse matrone qui sue, crache, vole de la nourriture et regarde le ciel, le doigt dressé vers l'inconnu – l'escalier – sachant qu'elle ne l'atteindra jamais.

Amandine s'est promis de le gravir. Mais là où elle travaille, c'est l'impasse. Une fois, cependant, elle a réussi à se glisser dans le vestibule du roi. Bien sûr, Sa Majesté ne logeait pas au château.

Elle s'était engagée, un seau d'eau à la main. Voilà pour la mise en scène, si quelqu'un la surprenait. Et ce moment lui rappelait le matin lointain où Jean et elle s'étaient introduits dans ce qui n'était encore que le vieux château, jusqu'à entrer dans la chambre du souverain. Le souvenir était fort ; surtout, il se bonifiait avec le temps. En y pensant chaque jour, en accédant tant de fois en pensée dans le dernier carré royal, elle avait fini par l'imaginer tel un lieu familier. C'était peut-être ce qui expliquait ce fichu entêtement à vouloir y retourner. Et dans le vestibule, ce jour-là, elle y parvenait presque.

À quatre pattes, frottant rudement le marbre, elle approchait peu à peu, revivant la scène de son enfance. La pièce de monnaie volée à l'époque ne la quittait jamais. Glissé dans un petit sachet en toile ficelé à un morceau de chanvre, le trésor pendait à son cou et battait contre son cœur, à moins que ce fût l'inverse, quand elle tendait les bras pour avancer, carreau après carreau, vers l'interdit. Le vestibule était vide, mais étrangement, il lui semblait entendre des bruits, des voix ; bientôt celle, grave et douce, du roi puisqu'elle la désirait ainsi. La scène s'animait, le seigneur poussait cette porte qu'elle voyait au loin. C'était sa chambre. Il y entrait, se posait sur son lit, quatre chiens à ses pieds. La reine se montrait, et disparaissait aussitôt. L'inventive soubrette lui préférait la marquise Athénaïs de Montespan qui la remerciait d'un discret mouvement de tête et l'oubliait pour sourire à son amant. Par un miracle qu'Amandine ne voulait surtout pas s'expliquer, eux trois s'y trouvaient donc à présent, mais le roi ne regardait que la belle inconnue si émue de se trouver face à Louis Dieudonné qu'elle en oubliait les splendeurs des lieux. Dieu ! Elle s'en voulait d'appeler Sa Majesté ainsi, pourtant, ce n'était pas sa faute si elle tendait la main, cherchait à caresser son visage et…

— Que faites-vous ici ?

Leduc avait surgi. Amandine s'excusa tête basse, comme une servante zélée.

— Je croyais bien faire, minauda-t-elle.

— Vous n'avez pas le droit. Premier et dernier avertissement.

*

Avec qui partager ses secrets ? Ce soir de septembre, Amandine en est là. Elle a mal au dos, ses mains ne sont plus aussi belles qu'avant. L'eau les a rougies. Depuis peu, les fossettes qui encadrent sa bouche se creusent. Est-ce cela qu'on appelle des rides ? Mais le plus embêtant, c'est son ventre qui enfle. Et bien qu'elle porte des robes de plus en plus amples, bientôt, sa grossesse se verra. Le diable sait combien elle s'use pour que disparaisse son embarras. Elle ne mange presque rien, saute les rus à pieds joints, s'épuise à la tâche. Le *bout de rien* qu'elle porte s'accroche, ne veut rien savoir. Alors, hier, elle a pris son courage à deux mains.

Il existe à Versailles la *Dame grise*, une faiseuse d'anges dont quelques filles connaissent les services. Jeanne, la fille du marbrier Misson, y est passée le mois dernier. Antoine était mort, Jeanne voulait garder le gosse. Sa mère l'a traînée de force. Il paraît que c'était un garçon, mais on raconte tellement de bêtises, le dimanche soir, au lavoir. Les filles torchaient le linge et celles qui n'avaient pas trouvé de fiancé le 1er mai se consolaient d'avoir toujours leur virginité en répétant que le pire, c'était le polichinelle. Après, comment trouver un bon mari ?

Amandine rentrait le ventre pour qu'aucune ne fasse sa curieuse.

— Tu dis qu'elle s'appelle la *Dame grise* ? demanda-t-elle d'une voix innocente.

— Que Dieu ne te mette jamais en sa présence, se signa Cassiopée, la fille de Léon Leblanc.

— Je ne savais même pas qu'elle existait…

— Elle loge dans la maison voisine des Leblanc, chuchota Apolline, la fille de Pierre Gantier, une sacrée bavarde, quand Cassiopée se leva pour aller battre son linge. Chut ! La revoilà…

Amandine se tut. Elle devait réfléchir. Trois dimanches plus tard, et c'était donc hier, elle ne se rendit pas au lavoir, prétextant la fatigue. Puisque les pipelettes s'y trouvaient, aucune ne la verrait entrer chez la *Dame grise*.

*

Franchement, elle ressemblait à une femme honnête et Amandine se souvint l'avoir parfois vue au marché.

— Entre, sourit la *Dame grise*.

L'intérieur était propre et simple. Mais ce lit qui trônait dans la pièce l'a mise mal à l'aise. Elle baissa les yeux et vit que le sol avait été fraîchement lavé. Elle eut envie de vomir, mais, depuis peu, cela lui arrivait souvent.

— Que puis-je pour toi ?

La *Dame grise* fixait son ventre. Amandine ne put s'empêcher de vouloir le cacher en posant ses mains à plat dessus.

— Assieds-toi.

Elle fit non de la tête.

La *Dame grise* soupira.

— Tu es venue pour chercher de l'aide ?

— Madame… gémit Amandine.

Mais elle n'alla pas plus loin.

— Depuis quand ? murmura la faiseuse d'anges en regardant toujours son ventre.

— Le… le 1er mai, se décida la malheureuse.

— C'est un jeune homme d'ici ?

Amandine secoua encore la tête. Elle n'allait pas en plus lui avouer que le sale type était un valet et qu'il brûlait depuis en enfer.

— Oui, te voici dans l'embarras…

La *Dame grise* s'avança.

— Mais je peux t'aider.

Elle tourna les yeux vers le lit.

— Tu ne risques pas d'être vue. Lorsque j'aurai fini, il fera nuit. Ça te coûtera trois livres, mais tu peux payer en plusieurs fois.

Elle lui tourna le dos pour tremper ses mains dans une bassine où une eau un peu jaune croupissait.

Amandine recula.

— Madame… Je ne sais pas… Il n'y a pas d'autre moyen pour…

— Tu crains la douleur ? demanda la *Dame Grise* sans se retourner.

Ses ablutions se terminaient. Elle pivota, les mains bien en l'air.

— Tu auras plus mal en accouchant. Et tu vivras dans la souffrance tant que le gosse s'accrochera à tes jupes. Tu es jeune, bien faite, tu trouveras un mari. Et tu oublieras. Allonge-toi. Pour le prix, je ne te prendrai que deux livres. Et tu peux me payer plus tard.

— Je… Je vais encore réfléchir…

Les larmes coulaient si fort, qu'elles glissaient sur son visage et puis tombaient comme des gouttes de pluie sur sa robe de coton blanc marbrée de petits ronds. La *Dame grise* l'observa un long moment et il y avait comme de la pitié dans son regard.

— Comme tu veux. Mais tu le regretteras.

Elle ne l'intéressait plus. Amandine posa la main sur la poignée de la porte. Elle partait.

— Tiens.

La faiseuse d'anges lui tendait un flacon empli d'un liquide jaune de la même couleur que l'eau sale dans laquelle elle avait plongé les mains.

— Tu en boiras tous les soirs. Une gorgée. Pas plus. Et pendant une semaine.

— Qu'y a-t-il dedans ?

— Une décoction de feuilles de framboisier et un peu de sauge.

— C'est un poison ?

La *Dame grise* sourit tristement.

— À petite dose, il ne te tuera pas et je ne promets pas que le remède te libérera du *bout de rien* aussi sûrement que si je m'en occupais maintenant.

En rentrant, Amandine avait caché le flacon derrière son lit et attendu la nuit. Quand elle fut certaine que sa grand-mère et sa mère dormaient, elle alluma une bougie et regarda la mixture comme si c'était la peste. Peut-être qu'en avalant le contenu d'un coup, on mourait ? Elle crut sentir un coup de pied dans son ventre. Alors, elle jeta le flacon par la fenêtre et il se brisa sur les pavés de la cour.

*

Ce matin, elle a repris le chemin des communs, subi les remarques de Leduc. Maintenant, elle rentre, la nuit revient, le temps file. Bientôt, fin de septembre. Dans un mois, il sera trop tard. On verra qu'elle est enceinte.

Avec qui pourrait-elle partager son malheur ?

Sa mère ? Depuis la disparition de Léon, Anne se laisse aller, et cela va de mal en pis. Elle boit, est sale, n'aide nullement à la maison et lorsqu'elle est ivre, elle regarde sa fille avec des yeux méchants et bredouille des phrases comme quoi tout est de sa faute.

Autrefois, Marguerite reprenait Anne, lui ordonnait de se tenir droite.

— Je t'interdis ! Tu m'entends ? Ne parle plus jamais ainsi à ta fille.

Anne s'arrachait à la poigne de sa mère, mâchonnait des mots qui ne s'entendaient pas, puis marchait en titubant jusqu'à s'accrocher à la rampe. Elle montait lourdement quatre marches, s'arrêtait, reprenait sa course, hurlant qu'elle maudissait chaque membre de sa famille. Arrivée en haut, on entendait ses pieds frotter le plancher. Elle tâtonnait dans le noir et finissait par trouver la porte de sa chambre. Qu'elle claquait violemment, signe misérable de sa révolte et de son désespoir.

Alors, Marguerite enlaçait tendrement Amandine, apaisait son chagrin en lui promettant qu'Anne ne pensait pas ce qu'elle disait. La douleur, la tristesse dans laquelle les trois vivaient depuis le « départ » de Léon était responsable. La petite-fille et la grand-mère se consolaient ainsi. Mais

Marguerite change terriblement. De plus en plus souvent, elle hurle plus fort que sa fille et jette les mêmes regards de folle si l'on cherche à la raisonner.

*

Amandine arrive devant sa maison. Les cris d'un homme se font entendre jusque dans la rue. Celui-là, elle l'avait oublié ! C'est le nouveau compagnon de sa mère, celui qui voudrait se faire appeler beau-papa. Il se dit menuisier, mais n'y connaît rien. Il critique Le Faillon, veut s'occuper des comptes, prend de haut Marguerite. Il y a peu, aucune personne n'aurait pu parler de la sorte à la veuve de Nicolas Pontgallet.

Si entrer est trop dur, vers qui se tourner ? Le visage de Conwoion surgit. Lui, il a su la comprendre, devinant ce qu'elle n'osait avouer. Le valet a vraiment abusé d'elle. Nul besoin de raconter sa douleur, la puanteur du mâle en rut qui se jetait sur elle, soulevait sa jupe, la prenait. Dieu sait combien elle s'est débattue, griffant ce porc, étouffant sous son poids, hurlant, tant qu'il ne la serrait pas au cou. Non, Conwoion n'a rien demandé. Il n'est pas comme Jean qui la pressait de questions, la poussait à tout révéler. Pourquoi celui qui se prétendait son ami n'a-t-il pas vu qu'elle mentait, qu'elle ne parlerait jamais pour ne pas revivre sa honte, pour ne pas voir dans ses yeux son propre dégoût ? Il n'a rien compris ! À l'inverse, Conwoion a simplement promis de la venger. Et l'a fait. Puis il a disparu, quitté Versailles. Sans un mot. Est-ce parce qu'il la jugeait déshonorée, salie, embouée telle la putain ?

Il se pourrait qu'Amandine décide à cet instant de mettre fin à son tourment. Se pendre, par exemple. Et puis, comme cette nuit du 1er mai, si proche et si lointaine, elle entend des pas dans son dos. Est-ce Conwoion ? Elle l'espère si fort qu'elle murmure son prénom dans la nuit.

— Non, c'est moi, Jean, répond le fils Le Faillon en montrant son visage.

Chapitre 21

JEAN ÉTAIT donc à Versailles. Pourtant, le monde interlope dans lequel il vivait à Paris avait ses avantages. Apkarian ne posait guère de questions et, s'il payait peu, n'exigeait pas sa présence quand les commandes faiblissaient.

— Demain, disait-il à Pierre et à Jean, prenez vos quartiers… Jeudi aussi. Je n'ai pas de travail.

Les jeunes artistes ne redoutaient pas la disette. Il faudrait se serrer la ceinture, mais la liberté était à ce prix. Surtout, il existait *Les Trois Lièvres verts* où ils s'étaient rencontrés – et son étrange aubergiste, le sieur Joachim Barroubas. Ce dernier se prenait pour un mécène, convaincu de faire une bonne affaire en échangeant une toile contre dix repas et des chopines de mauvais vin à profusion. Il fournissait aussi le matériel – pinceaux et couleurs. Sa seule exigence portait sur le sujet commandé. Il réclamait toujours le même : *Agapes au jardin des Hespérides*, ce verger mythique où se trouvaient les pommes d'or offertes par Zeus à son épouse Héra. Ensuite, l'histoire se corsait : les pommes avaient été volées par le héros Hercule malgré la présence des illustres Hespérides, trois nymphes de toute beauté, filles d'Atlas et gardiennes des lieux. Le sujet ne manquait pas de tenue et s'inscrivait dans la droite ligne de l'art de l'époque. À un détail près : en arrangeant la mythologie à la sauce du rôtisseur,

Hercule ne s'emparait pas des pommes en usant de sa force légendaire. Lui, il séduisait les trois Grâces. Et ne s'en lassait jamais…

Voici pourquoi le tableau se déclinait à l'infini – en figure, en paysage, en marine[1] – parce qu'on se distinguait en étant collectionneur, soutenait Pierre, c'est-à-dire en possédant de quoi couvrir la totalité des murs des *Trois Lièvres verts.* Et Dieu, qu'ils étaient hauts et longs. Un autre motif poussait le propriétaire de cet établissement à se passionner pour l'art : dans le tableau, il trônait toujours. Sous les traits d'Hercule.

Pierre et Jean composaient avec la physionomie de leur bienfaiteur, petit et surtout gras. Drapé dans une toge martiale ou endossant l'armure de saint Jean triomphant du dragon, le nouvel Hercule (sans grand rapport avec le visage rond et le crâne chauve du modèle) avait fière allure d'autant que les artistes veillaient à ce qu'il soit entouré de ravissantes Hespérides. Les scènes, souvent libertines, attiraient l'œil des hôtes de Barroubas et profitaient à son commerce. Les flagorneurs trouvaient même que l'ensemble avait du chien. Mais il était vrai que, plus le temps passait, plus les tableaux, notamment l'œuvre de Jean, s'amélioraient au point que certains auraient pu figurer en bonne place dans le salon des vrais connaisseurs.

En se servant de son instinct de maquignon, Barroubas avait flairé la bonne combine. Ces tableaux valaient forcément quelque chose. Plus encore, les séances de peinture le sortaient de la vie médiocre. Il se frottait à l'art ; en était, car on le voyait dans le tableau.

Dès que les artistes franchissaient le seuil des *Trois Lièvres verts*, il demandait, sur un ton devenu maniéré, quand il poserait. Il s'impatientait. Pierre le faisait lanterner au nom

1. En peinture, le format « figure » est plutôt carré, le format « paysage » est rectangulaire, le format « marine » est panoramique.

du sacro-saint principe que l'art doit toujours se faire désirer. Puis, lorsque la faim devenait pressante, il entrait en action :

— Mon associé Jean Le Faillon et moi avons un… creux dans nos commandes. Décidez-vous.

— C'est oui !

— Jeudi, nous organiserons une nuit d'agapes. Tenez-vous prêt, cher Barroubas…

Le travail s'effectuait la nuit à la lumière ambrée des bougies car les trois nymphes étaient, paraît-il, le symbole secret du couchant, un mot présageant du meilleur, et, le jeudi suivant, la concussion flottait en effet sur *Les Trois Lièvres verts*. Avant que le soleil ne s'efface, Joachim Barroubas, excité comme un beau diable, envoyait paître ses clients, fermait l'estaminet à double tour, dressait un buffet pantagruélique. Soudain, on frappait à sa porte. Trois coups, code convenu.

— Avez-vous trouvé les modèles ? s'inquiétait le fébrile aubergiste.

— Tout est prévu, le rassurait Pierre Lobiot.

Vers dix heures, en effet, des lavandières du Pont-Neuf, et parfois, de jeunes comédiennes du Théâtre du Palais-Royal, faisaient leur entrée en criant de joie à la vue des poulardes rôties.

— Comment faites-vous ? piaffait Barroubas, subjugué par le talent du peintre qui trouvait toujours des têtes nouvelles.

— Ajoutez des bûches dans la cheminée. Il faut que ce joli monde ait bien chaud. Cette nuit, nous peindrons des nus…

Pour le reste, il gardait le silence. Expliquer comment il menait la chasse aux modèles, c'était briser le mystère qui leur permettait de manger et de boire *ad libitum*. Mais combien il lui était simple de convaincre de jeunes affamées de poser pour de talentueux artistes dont les œuvres s'exposaient, promettait-il, dans les plus beaux hôtels du Marais. Et bientôt, chez le roi…

— Es-tu contre la gloire ? leur demandait Pierre.

Son beau regard, la promesse d'un bon repas, et cinq livres payées par l'aubergiste, faisaient le reste. La nuit appartenait aux téméraires.

— Oublie Versailles, oublie le passé, murmurait-il à Jean. Regarde le présent. Il a de si jolis yeux.

*

Si Barroubas tentait sa chance auprès des Hespérides, il n'obtenait guère de résultat. Même en armure, cet Hercule-ci ne séduisait pas. C'était tout autre pour les peintres. Bercés par le vin, les modèles cédaient à l'indolence, et Pierre avait le génie de les dompter. Il prenait une main, au prétexte qu'elle serait mieux en lumière en se trouvant sur l'épaule, dénudait ainsi le sein qui se cachait au creux de la paume, puis tournait d'un quart un visage, caressant une joue au passage… Peu à peu, Aéglé se laissait conquérir [1].

— Moi, comment me trouvez-vous ?

— Héroïque, Monsieur Barroubas. Mais ne vous serrez pas trop à la sœur d'Aéglé, Jean Le Faillon ne la voit plus…

Ce soir-là, Pierre ne peignait pas. Son rôle était de mettre en scène et cela lui plaisait. Il se tourna vers Jean :

— Tu finiras plus tard. Va plutôt conter fleurette à la brunette qui te dévore des yeux…

— Ce sont les tiens qui l'attirent, répondit-il.

Pierre soupira. Son abnégation avait des limites.

— Monsieur Barroubas… Hercule !

Enveloppé dans sa robe de patricien romain, l'aubergiste tentait de résister à l'ivresse du vin, mais la pose durait et sa tête dodelinait.

— Que… Qu'y a-t-il ?

1. Nom d'une Hespéride.

— Voulez-vous bien, s'il vous plaît, redresser le buste pour que Jean Le Faillon vous fasse comme vous êtes…

— Bien sûr, bredouilla-t-il.

— Autre chose. Disposez-vous toujours de cette chambre à l'étage ?

— Tout à fait, glousssa-t-il en rentrant son double menton. J'espérais la faire visiter à ma voisine de tableau…

— Impossible. Je dois moi-même m'entretenir avec la donzelle afin de lui faire comprendre le pourquoi et le comment du modèle. Voyez-vous, c'est un métier. Et je la sens douée…

— Et vous avez besoin d'une chambre ?

— En effet. Il nous faut du silence et un profond isolement. Chaque geste, chaque posture fait l'objet d'explications détaillées.

— Si vous pensez ainsi, grommela Barroubas.

— C'est moi l'artiste. La clef ?

L'aubergiste la décrocha à regret de son cou.

— Une chose, toutefois…

— Je vous prie.

— Si elle ne reste pas près de moi, pourra-t-elle figurer sur la toile ?

— Jean Le Faillon n'a plus besoin d'elle. Elle est déjà dans le tableau.

Pierre se tourna vers son ami :

— Serait-ce trop te demander que de montrer à Monsieur Barroubas où tu en es ?

Jean tourna la toile. Le résultat était excellent et la fille plus belle que nature. Pour le rendre présentable, Hercule, en revanche, réclamait encore du travail.

— Vois-tu combien tu es bien faite pour poser nue ? glissa Pierre en prenant par la main la jeune ingénue.

Il se dirigea vers l'escalier, se retourna encore :

— Prenez votre mal en patience, Barroubas. Vous œuvrez pour l'art.

*

Le lendemain matin, Pierre avait décrit en détail l'*intermezzo* avec la nymphe Aéglé, ajoutant qu'elle n'était pas craintive – et que lui était partageur. Ce soir, si Jean le voulait… Rien n'y faisait. Les plaisirs licencieux n'attiraient pas Le Faillon, esprit pur au cœur pris. Betsabea, aussi libertine que Pierre, lui aurait volontiers offert la jouissance. Mais il y avait Amandine qui ne sortait pas de sa tête. Si bien que Pierre s'avoua vaincu sans renoncer à décider Jean de partir à Rome.

Les tableaux peints pour Barroubas renforçaient son jugement : Le Faillon deviendrait un grand peintre à condition de surmonter le mal d'amour qui conditionnait son futur, et il n'avancerait pas tant que l'ombre d'Amandine l'accompagnerait. Fichtre, cette fille, Pierre ne l'aimait pas, mais à quoi bon s'emporter ? Il perdrait un ami qui se noyait lui-même. Le mieux était de trancher le dilemme.

— Pierre Corneille, tu connais ?

Betsabea avait emmené Jean voir *Le Cid* au théâtre de Bourgogne. Il en était sorti renforcé : la vie n'offrait que le pire ou le moins bon.

— Je crois plutôt qu'il faut souvent choisir entre deux maux, corrigea Pierre. Qu'est-ce qui te ferait le plus souffrir : renoncer à la peinture ou à un amour impossible ?

— Pourquoi serait-il impossible ? se révolta Jean.

— A-t-elle une seule fois fait un geste ou dit un mot qui te laisserait espérer qu'elle sera un jour à toi ?

— Elle n'est pas comme les… catins du théâtre. Elle ne se donne pas au premier venu !

Betsabea se redressa, les larmes aux yeux :

— Pour toi, j'aurais renoncé à tous les autres.

— Pardonne-moi, balbutia Jean. Je… ne voulais pas…

— Je ne t'en veux pas, murmura la comédienne. Elle, je la déteste pour le mal qu'elle te fait.

— Allons, mes amis, intervint Pierre. Il faut soigner le mal par le mal. Jean rentrera à Versailles et crèvera l'abcès. Ce sera Versailles ou Rome !

— C'est encore trop tôt, hésita-t-il. Je ne suis pas prêt…

— Préfères-tu vivre dans le doute ou savoir la vérité ?

— La vérité, se libéra-t-il brusquement.

— Alors, jure-moi que si tu n'obtiens pas ce que tu veux à Versailles, tu partiras à Rome.

Et Jean jura de lui obéir.

Chapitre 22

Plus Jean se rapprochait de Versailles, plus les souvenirs revenaient. Il revoyait son enfance, faite de petits bonheurs simples et candides : le chien Pagaille courant après une perdrix sans réelle intention de la croquer, le ru qu'il sautait à pieds joints pour impressionner Amandine, la maison de la vieille Marie-Jeanne Janson dont les enfants craignaient l'air de sorcière, et cette grange abandonnée où ils se réfugiaient pour se mettre à l'abri de la pluie. Il savait ce qu'il retrouverait, et tout lui faisait vraiment plaisir, même ce père bourru, mais tendre au fond de lui.

En quittant Paris, il avait négocié une avance auprès de Claudius-Marcellus Apkarian qui n'avait pas refusé. Le pleure-misère avait payé ! C'était la preuve que Le Faillon valait de l'or, triomphait Pierre. Barroubas y avait mis également du sien en échange de la promesse d'un nouvel Hercule, cette fois, à cheval. Si bien que Jean rentrait avec le pécule que sa famille lui avait prêté. Ce n'était pas le fils prodigue qui, après avoir dépensé ses talents, revenait tête basse au bercail. De sorte qu'en pensant aux siens, rien de néfaste ne surgissait.

À propos d'Amandine, c'était forcément différent, mais il refusait de se mettre martel en tête. Il cherchait une réponse à une question. Après ? Il verrait. Pour le moment, il ne fallait rien imaginer. Pierre prétendait qu'il en ressortirait du bien, quelle que soit la décision de cette fille. Elle refusait ? L'esclave échapperait à son joug. Et connaîtrait Rome...

— Rome ! hurla Pierre Lobiot en l'abandonnant au pont de Sèvres. N'oublie pas... Bonne chance, mon ami !

Depuis, Jean se concentrait sur les images positives qui lui donnaient envie de rejoindre ses parents. Somme toute, ils vivaient heureux. Bientôt, ils posséderaient une vaste maison dans un beau quartier de Versailles. La prospérité les accompagnerait. Leur vieillesse serait apaisée... La scène avait de quoi séduire. Et Jean cédait peu à peu à la tentation de s'y joindre.

À table, le dimanche, réunis en famille, ils radoteraient les mêmes sujets, son père ronchonnerait après ce chantier qu'il aimait et n'en finissait pas. On se plaindrait des délais, des fournisseurs voraces, des Limousins voulant toujours être payés davantage... Autant de sujets connus, mille fois rabâchés, mais rassurants parce qu'il n'y avait nulle inconnue, aucun risque. Ainsi, plus il approchait, plus ce qu'il avait connu lui manquait.

La mémoire étant décidément bien faite, elle se chargeait d'éliminer le pire pour laisser plus de place au meilleur. Pierre Corneille se trompait, se rassurait-il. Tout n'était pas dramatique. Il y avait du bon dans la vie. La sienne, en s'en étant éloigné, reprenait des couleurs. Restait cependant ce maudit nœud gordien : Rome ou Versailles ? Alors, Amandine surgissait et tout se compliquait.

*

En quittant Paris à l'aube du 12 septembre, Jean s'était rendu à pied non loin du bourg de Boulogne dans l'espoir de croiser un bâtisseur de Versailles. Ils empruntaient parfois le pont en bois de Sèvres, puis une route, pavée aux frais de Louis XIV, afin de rejoindre la ville royale. Le chemin était couru car on y croisait les jolies lavandières, installées dans ce coude de la Seine pour traiter le *beau linge* de Versailles. Et ça n'avait pas manqué. Jean avait trouvé la charrette du menuisier Bergerat chargée du bois odorant des Pyrénées. Claude Bergerat l'avait reconnu de suite. La belle surprise ! Sitôt, une place avait été trouvée et le duo de boulonnais à la robe grise qui tirait la cargaison et les hommes s'était engagé au pas sur le chemin menant à la forêt de Fausses-Reposes.

Ce nom avait été trouvé par les chasseurs qui connaissaient la ruse des cerfs, habitués à se dissimuler dans les caches naturelles du terrain pour échapper à la hargne des chiens. Et il n'était pas rare de voir surgir d'un bosquet ou d'un fourré – ces faux repos – une de ces bêtes dont le roi était amateur.

— Tant que c'est pas un sanglier…

Bergerat fit claquer son fouet. Il n'aimait pas musarder dans le coin.

— Vous avez vu mon père récemment ?

Jean posait la question pour passer le temps car le brave menuisier, généralement si loquace, gardait le plus souvent le silence, ne cherchant pas à savoir ce que le fils Le Faillon avait fait après le printemps dernier, ni ce qui le ramenait chez lui.

— Depuis quand t'es pas revenu ? répondit seulement Bergerat.

— Un peu plus de quatre mois.

— Mordiou, ça file… Allez ! Hue dia, les garçons !

Le boulonnais de tête redressa l'encolure et le cocher fit mine de se concentrer sur la conduite. Il ne parlait toujours pas de Versailles.

— Comment vont mes parents ? insista Jean.

Cette fois, Bergerat baissa le nez.

— T'as pas entendu nasiller ? Faudrait pas qu'un sanglier montre le bout de son groin et charge comme c'est arrivé à Buirette la semaine passée.

Buirette était aussi un menuisier.

— Lui, il roulait à vide. Nous, on est trop chargés pour filer.

— Pas de souci, Monsieur Bergerat, plaisanta Jean en saisissant un maillet coincé sur le côté de la banquette.

Le menuisier se tourna vers le fils Le Faillon et cligna de l'œil.

— Sacré gamin… Ton père va être content. Tu lui as manqué.

Il toussa et cracha sous le vent.

— Faut dire que tout n'est pas rose pour lui, glissa-t-il entre ses dents.

Jean devint pâle comme la mort.

— Qu'est-ce qu'il se passe ? Il est souffrant ?

— Non, non. C'est Pontgallet… Ça ne va plus comme avant. Mais bon, ce sont pas mes affaires. Tu verras ça avec lui. Allez, ne traînons plus.

*

Jean était d'abord passé chez lui où tout respirait l'affection. En le voyant entrer, sa mère avait beaucoup pleuré avant de le regarder en face. Il avait changé, mûri, il était pâle aussi. Pas un mot, pas un signe, gémissait-elle. Jean aurait pu répondre : à quoi bon, puisqu'elle ne savait pas lire ? Il la serra longuement dans ses bras, et elle serait restée des heures comme au temps où son petit rentrait, les genoux écorchés, et qu'elle le consolait, mais il fallait préparer un bon repas parce que c'était un jour de fête. De dos, elle essuya ses larmes en se servant du chiffon attaché à la ceinture de sa robe. Maintenant, ça allait mieux. Oui, tout s'améliorerait puisque son Jean était de retour.

— Quand mon père rentrera-t-il ?

Mélisande haussa les épaules.

— Plus tard, glissa-t-elle d'une voix étrange sans se retourner.

— Maman ?

Elle ne broncha pas, mais ses mains la trahissaient. Elle tremblait.

— Qu'y a-t-il ?

Jean l'attrapa aux épaules et la força à se retourner. Les larmes, à nouveau, dévoraient son visage.

— L'entreprise va mal… Ton père est inquiet. Il a même revendu le terrain en ville où il voulait faire construire. Dans deux mois, il n'y aura plus de travail.

Bergerat n'avait pas menti.

*

En rentrant, Le Faillon avait senti la bonne odeur du civet. Bon sang, ce n'était pas le moment de jeter l'argent par la fenêtre. Et puis, il avait vu son fils. Amaigri, le cheveu trop long, mais vivant ! Lui aussi était resté un bon moment les bras ballants, incapable de prononcer un mot tant la boule qui serrait sa gorge menaçait de finir en sanglots. Puis Jean s'était avancé et ils s'étaient serrés à s'étouffer. Le Faillon envoyait de grandes claques dans le dos du petit et répétait : « Ça, par exemple ! » parce qu'il était incapable d'autre chose.

— C'est prêt, annonça enfin Mélisande en posant le plat sur la table, et tout le monde se sentit mieux en étant assis.

— J'ai rapporté l'argent, annonça triomphalement Jean en sortant la bourse de sa poche.

Le père refusa. Il ne mendigotait rien. Jamais ! D'ailleurs, la situation n'était pas si dramatique.

— Bergerat a la langue trop pendue. Il aurait du plaisir à nous voir en charpie que ça m'étonnerait pas. Mais le bougre se trompe. On a du travail ras la gueule, assura-t-il.

Mélisande se leva pour débarrasser. Son époux était un orgueilleux. Eh quoi, c'était leur fils ! Pourquoi lui cacher la vérité ?

— Vous construisez pour le château ?

— Non, reconnut-il, bien obligé. Faut dire que Marguerite manque de finesse. Elle s'est mise à dos l'architecte Hardouin-Mansart. Comme c'est la coqueluche du moment, la surintendance le caresse dans le sens du poil.

— Tu ne vas pas garder les Limousins ?

— Si ça continue… grogna-t-il sans préciser que les trois quarts étaient déjà partis ; en vérité, il n'en restait que trois, le balluchon déjà prêt.

Il mangeait son pain, la tête dans l'écuelle, mais en la relevant, il fit mine de sourire.

— T'inquiète de rien, fiston. Et toi, vas-tu bien ? As-tu trouvé ton bonheur ou rentres-tu chez nous la queue basse ?

Son père cherchait peut-être à savoir s'il devrait désormais nourrir une autre bouche. Pour cette seule raison, Jean aurait pu décider d'annoncer son départ pour Rome. Mais il y avait Amandine.

— Je ne manque de rien, commença-t-il en se calant dans sa chaise.

— Tu peins ?

— Et je vends. Je mange à ma faim…

— Ça n'a pas l'air, grimaça Le Faillon estimant à vue d'œil le poids de son fils.

— Ce n'est qu'un début. Je dois encore apprendre. Beaucoup… Et c'est pour cela que je suis venu vous parler.

— Tu as encore besoin d'argent ?

— Non. C'est autre chose…

— Vas-y. On t'écoute.

Mélisande abandonna la cuisine et vint s'asseoir.

— Je pourrais aller à Rome, étudier auprès d'un peintre très connu : Claude Gellée [1].

— Ça doit coûter une fortune, s'affola sa mère.

— Claude Gellée vient au secours des artistes pauvres. De plus, un ami me prêtera l'argent. En échange, je lui ai promis cinq tableaux.

— On croit donc que ta peinture vaut quelque chose, murmura Le Faillon que ces nouvelles impressionnaient.

— N'êtes-vous pas fiers ? s'exclama Jean.

Mélisande regarda son mari. Le chantier, Pontgallet, et maintenant son fils. Tout changeait. Et tout l'effrayait.

— Bon Dieu, jura le père, si c'est ta vie…

— Après, je reviendrai à Versailles. Et peindrai pour le roi.

Le doux rêveur… songea Le Faillon.

— Tu seras parti combien de temps ? demanda la mère.

— Un an. Peut-être deux…

Mélisande se disait qu'ils avaient cent fois le temps de mourir sans le revoir et l'époux calculait que, si les affaires ne reprenaient pas, ils seraient ruinés avant son retour.

— Fonce ! rugit-il parce qu'il ne trouvait pas mieux que d'encourager Jean. Nous, c'était pareil. On est venus à Paris et…

Il radotait la même rengaine…

— À présent, notre vie est derrière nous. Et on n'a pas à en rougir. Hein, Mélisande !

L'épouse fit mine d'approuver, mais calculait qu'il leur restait cent livres auxquelles elle devait retirer le repas d'aujourd'hui qui n'avait pas été payé. Si Jean ne restait pas, ils tiendraient un peu plus longtemps…

— Tu vois, même ta mère est d'accord. Vas-y ! répéta Le Faillon.

---

1. Claude Gellée, dit Le Lorrain (1600 ou 1604-1682). Ancien pâtissier, formé par le peintre Agostino Tassi pour qui il broyait les couleurs, il devint l'un des artistes français les plus importants installés à Rome.

— Quelqu'un me retient à Versailles, murmura son fils.

— Qu'est-ce que tu jargonnes ? Tantôt, tu veux être peintre, tantôt tu ne sais plus. C'est bien la façon de penser des artistes…

— Amandine, murmura sa mère. C'est pour cela qu'il hésite.

Le père se leva brusquement.

— Toujours elle…

— Je… ne veux rien arrêter sans lui en parler.

— Tu crois que j'ai attendu que ta mère soit d'accord pour partir du pays ? Et tu vois, elle ne regrette pas !

Jusqu'à présent, pas un instant. Mais demain…

— Nous étions deux pour surmonter les épreuves, répondit-elle. Je comprends Jean.

Espérait-elle le garder près d'elle pour l'aider ? En fait, elle ne savait plus, se reprochant de penser qu'il leur coûterait trop cher et craignant déjà son départ.

Le Faillon était moins hésitant. Peut-être qu'à cause de ce maudit orgueil il détestait d'avoir à se montrer faible et bientôt sans le sou.

— Alors, qu'est-ce que tu décides ? lâcha-t-il brutalement, ne supportant plus l'indécision de son fils.

— La voir. Dès ce soir. Ensuite, ce sera clair…

*

— C'est moi, Jean.

Il montre son visage à Amandine, il tend la chandelle puisqu'il fait nuit. La magie opère. C'est la même, telle qu'il l'a peinte mille fois en pensée.

— Amandine…

— Tu disparais sans un mot. Tu reviens comme un fantôme…

— Je suis ici pour toi.

— Et tu vas repartir aussi vite ?

C'est toujours pareil. Les cœurs battent, puis tout se dérègle. Pierre Lobiot a raison. Il n'y a rien à espérer.

— Je vais peut-être me rendre à Rome.

— Ah, chuchote-t-elle seulement, mais son visage a pâli.

— J'hésite encore, s'empresse-t-il d'ajouter.

— Qu'est-ce qui te retient ?

Il suffirait qu'il dise : toi. Amandine est si mal, si seule, a tant besoin d'affection et de protection.

— C'est compliqué, ne trouve-t-il qu'à répondre.

— Et tu crois que je peux t'aider ? Tu me l'as dit : je connais rien, je suis une idiote, je ne pense qu'au château, je rêve au-dessus de…

— Je t'en supplie, ne recommence pas. Entrons chez toi.

— Non !

— Alors, viens à la maison. Mes parents seront heureux de…

— Pas ce soir. Je suis fatiguée. Je travaille au château, pour la Maison du Roi.

— Je sais. Mes parents m'ont expliqué.

Ils n'ont pas été tendres. Elle travaillerait comme soubrette, dans les communs. Elle balaierait les chiures de mouches et les déjections de rats.

— Tu te plais ?

— C'est un début… Bon, je dois rentrer. Bonne nuit, Jean.

Tant de jours et de mois sans se voir, et elle rompt si vite…

— À demain ?

— Je travaille le soir dans une auberge qui vient d'ouvrir près du Parc-aux-Cerfs. Je rentrerai très tard…

— Je peux venir te chercher à la sortie ?

— Si tu veux.

Ils se quittent sans enthousiasme, sans s'être embrassés comme au temps de leur enfance. Et sans prévenir, le passé qui, ce matin, lui semblait si beau n'a plus du tout la même allure.

Chapitre 23

LE JOUR SUIVANT, en ouvrant les yeux, Jean cherche longtemps avant de comprendre qu'il se trouve dans sa chambre d'enfant. *Chambre d'enfant...* Guère plus de quatre mois qu'il n'y a pas dormi et, pour la première fois, il en parle ainsi. Voilà que les souvenirs se heurtent à la réalité ; la magie ne fonctionne plus. Il détaille les lieux où il a vécu tant d'années. Tout lui semble fade, triste, désuet. Sa chambre est petite, le lit étroit, les murs couverts de salpêtre. En bas, la pièce principale est humide et une sale odeur de cuisine flotte dans l'air. Si grasse, si tenace, si épaisse, qu'elle s'est même déposée sur les meubles grossiers et colle à sa main lorsqu'il saisit le dossier d'une chaise et s'assoit sans faire de bruit. Dehors, sa mère épluche des légumes sous la pluie, le ciel gris tente de percer le mince voile de lin poussiéreux qui lui fait barrage.

Ce matin, le monde bascule ; celui où il se trouve lui est étranger.

En attendant le soir, il ira voir son père sur le chantier, il passera chez Marguerite Pontgallet et aussi chez le marbrier Misson. La distance qu'a montrée Amandine s'explique peut-être par la présence de Conwoion. Le maudit Breton avait tous les droits. *Je te laisse la place. Je m'en vais,* lui avait dit Jean au moment de partir pour Paris. Savoir ! Conwoion parlera. Ainsi, il ne sera pas nécessaire d'attendre ce soir et de se ridiculiser. Il s'était donné trois jours ? Ce sera deux de trop. Le baluchon est prêt. Demain, il reverra Pierre et Betsabea. Et ne renoncera plus aux avances de la jolie comédienne.

*

À l'entreprise Pontgallet, ce n'est pas l'effervescence. Les outils sont rangés, l'attelage au repos. La maison de Marguerite se trouve à côté. Jean hésite. Il craint de tomber sur Amandine. Mais elle lui a dit qu'elle travaillait au château. Alors, il frappe à la porte, l'ouvre en entendant un faible : « Qui est là ? » La force de l'habitude avait effacé la réalité. Autrefois, il entrait sans regarder, dans un endroit familier. Aujourd'hui, la maison se montre. Elle est aussi pesante que celle de ses parents et tout ce qui auparavant le rassurait lui paraît sinistre. La pièce est plongée dans la pénombre. Une ombre bouge dans le fond, près de la cheminée.

— C'est toi, Léon ?

— Non, Madame, déglutit Jean en entendant le nom d'un fantôme.

— Avance, je ne te vois pas bien...

À trois pas, il s'arrête. Marguerite est méconnaissable. Quatre mois et la voici vraiment vieille. Dans ses souvenirs, elle ne l'était pas autant. Est-ce la même *force de l'habitude* qui lui cachait la vérité ou les ravages de la vieillesse ont-ils brusquement mis à nu ce qui sommeillait depuis longtemps dans ce corps qui s'avoue épuisé, cédant comme la digue mille fois assaillie par la tempête, résistant fièrement et se brisant d'un coup ? La peau du visage est ridée, les mains décharnées, et les yeux autrefois brillants semblent recouverts d'un voile sombre.

— C'est Jean...

Elle cherche.

— Jean Le Faillon ? chuchote-t-elle.

— Oui, c'est moi.

— Eh bien, tu as changé… Je ne me rappelais plus que tu étais si grand. Plus question de t'appeler Petit-Jean.

Elle grimace un sourire, ouvrant assez la bouche pour montrer ses dents jaunies. Lui en manquait-il autant lorsqu'il est parti ?

— Approche davantage…

Le moment d'absence s'est enfui. Marguerite se redresse, attrape le coin de la cheminée pour sortir de son fauteuil. Debout, la veuve du maître maçon Pontgallet est presque de retour.

— T'étais donc à Paris. Et tu peins, m'a dit Amandine…

— Elle vous a parlé de moi ?

— Je dors mal. Et puis, je m'inquiète. Elle rentre tard, travaille trop. Hier soir, je vous ai entendus devant la maison. Je sais que tu la vois ce soir.

Elle soupire :

— Depuis ton départ, elle n'est plus comme avant. Tu peux dire que tu as fait une malheureuse…

— Je ne crois pas.

— Tu n'y connais rien, mon petit. Amandine est rebelle, et moi, je sais pourquoi… Mais ça lui passera. Il lui faut un bon mari, des gosses…

Elle s'interrompt :

— À Paris, tu ne t'es pas marié ?

À présent, elle est comme avant, sûre d'elle, solide, décidée.

— Non, Madame.

— Tant mieux… Disons que ça t'a servi d'expérience. Maintenant, tout rentre dans l'ordre.

Elle va jusqu'à la cuisine, secoue la tête en voyant le désordre.

— Voilà tout ce dont est capable Anne, ma fille. Elle dort encore... Viens t'asseoir près de moi. Viens, Jean. J'ai à te parler.

Elle pousse la vaisselle sale, chasse les mouches.

— Ton retour me fait plaisir. J'y ai réfléchi toute la nuit. Maintenant, tout est clair. Tu viens d'avoir combien ?

— Vingt ans, Madame.

— Parfait. À ton âge, mon regretté mari était déjà compagnon. Mais le temps ça se rattrape. Même si c'est surtout lui qui te rattrape, plaisante-t-elle puisque ses moyens reviennent. Regarde ton père. Il vieillit. Moi, je crois bien que je suis lasse. Saisis ta chance ! Il faut du sang neuf dans *notre* entreprise. Les têtes changent, les nouvelles ne me plaisent pas. L'architecte Hardouin-Mansart nous roule dans la farine. Tout serait différent si Léon était avec nous. Mais voilà que ma fille, Anne, s'est entichée d'une sorte de vaurien, un soi-disant menuisier qui tourne autour de nos affaires et veut s'occuper de tout. Hier, il m'a réclamé mille livres. Entends-tu ? Mille livres pour une affaire que je sens véreuse. Il n'aura rien, même si je possédais le triple !

Le ton monte. Elle s'emporte, recommence à parler à il ne sait qui puisqu'elle ne le regarde pas.

— Madame... Il faudrait voir avec mon père. Moi, je ne suis que...

— Je sais encore juger les gens, le coupe-t-elle sèchement. Ne fais pas comme les autres. Ne m'enterre pas trop vite. C'est décidé. Je ne reviendrai pas là-dessus. Tu as ma confiance. Petit, tu étais déjà courageux. Et fidèle. Je sais également que tu aimes sincèrement ma petite-fille. Sois gentil, prends ce couteau et coupe-moi une pomme en quartier. Voilà. Pas trop gros. Mes dents ne sont plus très solides.

Elle croque un petit bout, mâche lentement, s'essuie la bouche du revers de la manche :

— Je vois l'avenir ainsi, reprend-elle. Tu vas cesser tes gribouillages et revenir au beau métier de maçon. Le meilleur des pères te formera afin que tu prennes sa place et...

— Et vous pensez que j'épouserai Amandine ! raille-t-il en faisant mine d'en rire.

Elle cligne de l'œil comme une mère maquerelle.

— Tu as ma bénédiction, lâche-t-elle à voix basse. Crois-moi. Elle te dira oui, si tu sais t'y prendre. Et nous voilà d'accord. Maintenant, laisse-moi, je dois me reposer...

*

À l'heure du repas, Jean passe chez le marbrier Misson et demande à voir Conwoion. Un apprenti lui répond que ce drôle de type est parti peu après le 1er mai. Aucune allusion au valet. Pas vu, pas pris. Il a fui pour s'éviter des ennuis, en déduit-il. Ce n'est donc pas lui qui lui fera barrage. Et si le cœur d'Amandine n'est pas pris... Le cœur plus léger, le fils Le Faillon s'en va retrouver son père. Pour cela, il s'enfonce dans la ville. Sur la route de Paris, l'entreprise Pontgallet construit la demeure fort simple d'un fontainier des Francine, les intendants des Eaux et Fontaines du roi. La bâtisse ne comporte pas d'étage, ne compte que quatre fenêtres. Voilà quinze ans que Le Faillon n'avait pas travaillé pour une autre commande que celles de Louis XIV. Au premier coup d'œil, Jean comprend qu'ils ne sont plus que trois, et son père besogne comme un tâcheron. Avant d'être vu, il tourne les talons. Son père serait blessé de se montrer ainsi.

Rester à Versailles... Pourquoi ? Le travail manque, l'entreprise est exsangue, Marguerite incapable de tenir les rênes, son fidèle compagnon se tue à la tâche. C'est trop tard. Le beau rêve de la veuve Pontgallet s'effondre. D'ailleurs, Jean a-t-il envie de redevenir maçon ? Le visage de Pierre a surgi. Peindre à Rome pour Claude Gellée… Seule, Amandine pourrait le faire changer d'avis.

Et la réponse viendra ce soir.

*

La petite-fille de Marguerite rase les murs, compte les heures. Il lui semble que son ventre est plus gros aujourd'hui. Elle se sent épuisée, ne supporte plus les remarques de Leduc qui lui reproche sa maladresse. C'est la faute à ces idées qui tournent dans sa tête. Que dira-t-elle à Jean, ce soir ? Il se produit toujours la même chose avec lui. Disputes et compagnie. Mais pas question d'admettre qu'elle est responsable, encore moins que le revoir lui a fait plaisir. L'instant d'avant, elle songeait à mourir et ce bougre d'asticot a surgi. Penaud, intimidé, accrochant chaque mot. Petit-Jean, en somme. Soudain, chez elle comme chez lui, les bons souvenirs reviennent. Et qu'il est bon de s'échapper du présent, d'accueillir la nostalgie ! Existe-t-il quelqu'un dont elle se sente plus proche ? Elle écarte sa famille, grimace en pensant à Leduc et aux servantes de la Maison du Roi. Aucune fille de son âge, les idiotes du lavoir, ne lui plaît. Conwoion ? Aussi mystérieux que le vent. Parti sans un mot. Non, il ne reste que Jean. Fidèle et droit. Lui seul pourrait l'aider. Mais il faudrait pour cela lui avouer la vérité. « Je suis enceinte. J'attends un enfant de celui qui m'a violée. » C'est aussi à cause de ça, de son ventre, qu'elle s'est montrée si distante. La fierté ou la honte. Maudites maladies ! Si elle pouvait tout effacer, recommencer à zéro, balayer d'un trait ce rendez-vous avec le valet. Un instant, elle s'accuse d'avoir été idiote, s'en veut aussitôt de céder à la mélancolie. La franchise serait de reconnaître que le retour de Jean accroît sa douleur car il lui montre combien elle est seule et le sera plus encore lorsqu'il découvrira qu'elle est enceinte. Même si elle le désirait, qu'y a-t-il de possible entre eux, aujourd'hui ?

Ce soir, la nuit sera à nouveau sa complice. Mais pour combien de temps ? Il voudra s'approcher, l'embrasser, la serrer dans ses bras. Si elle s'y refuse, il croira qu'elle ne veut plus de lui, pas même en ami. Mais en lui avouant l'impossible, comment la jugera-t-il ? Parler du valet, du viol. Donner des détails, rouvrir la plaie… Elle imagine la réaction de Jean, cette façon de la regarder ensuite et de l'accabler. Il lui reprochera d'avoir menti puisqu'elle a juré que rien ne s'était passé. Elle a refusé son soutien, prouvant qu'il ne comptait pas. À l'inverse, elle s'est confiée à Conwoion, un étranger, et lui a demandé de la venger. Qu'est-il à ses yeux ? Un inutile ! Un Petit-Jean qu'on prend et jette ! Et lui, s'en revient, pour elle, pour cette personne qui ne lui a accordé aucun crédit – jamais ! Il s'est battu avec Conwoion, l'a crue lorsqu'elle affirmait qu'elle s'était moquée de lui. Jean aurait pu dénoncer injustement le Breton qui a fui à cause d'elle. Sa futilité n'en aura donc jamais fini ! Voilà où elle l'a menée : un viol, une souillure indélébile.

Jean repartira, c'est certain, la maudissant, la traitant de catin aussi. Il la traînera dans la boue. Et cette fois, elle en mourra pour de bon. Alors, elle comprend qu'accepter de le revoir fut une erreur.

Chapitre 24

Le Parc-aux-Cerfs [1] ne connaît pas encore le succès que lui fit Louis XV, amateur de filles *très neuves*, et qui, racontera-t-on, choisira ce lieu pour abriter ses jeunes conquêtes. Ce qui, sous Louis XIII, n'était qu'un abri pour cervidés, comme l'indique son nom, deviendra donc une légende. De fil en aiguille, le parc se transformera en lupanar pour marquis et, sans établir de lien, il accueillera aussi la résidence de Madame de Pompadour, maîtresse de ce roi-ci. Mais avant que les hommes ne viennent y bramer, Louis XIV a le projet de transformer l'endroit, proche du château et situé à deux pas du Potager, en lotissement pour ses officiers, commis, membres de la Maison du Roi. On y distribue des brevets à bâtir, de ceux dont le maçon Le Faillon a profité, et les plus avertis, sentant la bonne affaire, comprennent le profit qu'ils tireront d'une saine spéculation en construisant dans ce coin. Bientôt, le Parc-aux-Cerfs attirera des huissiers du cabinet, des huissiers de l'ordre du Saint-Esprit, un maître de grammaire, un interprète de la langue grecque, le gardien des livres de Sa Majesté, trois des courriers de son cabinet, un émérite traducteur de la langue syriaque, un ou deux maîtres fauconniers, le gardien des

1. Le Parc aux cerfs ou Parc-aux-Cerfs, devenu le quartier Saint-Louis, mérite à lui seul un roman.

médailles royales, un oiseleur, une poignée de piqueurs, un capitaine général, y compris le capitaine du vol pour pie, le valet des épagneuls, mais surtout, nombre de représentants de la Musique de Sa Majesté. Diable ! Derrière le Potager et la pièce d'eau des Suisses, au cœur du Parc-aux-Cerfs, on ne s'ennuiera pas.

*

Aubergistes et taverniers ayant senti venir le bon filon, on compte, à l'automne de l'année 1679, quelques établissements notables fréquentés par les gens de la Maison du Roi et aussi des gentilshommes attirés par les demoiselles qui elles-mêmes s'y rendent puisque les premiers y sont… Forcément, tout ce monde s'aimante.

Hector Fontverne, Auvergnat devenu versaillais, fait ses comptes. La recette du soir est bonne. Dans quatre ans, il aura remboursé le crédit sur les murs du *Dauphin*, endroit bien tenu où l'on sert d'excellents vins de Loire et des bières du nord pour accompagner une sélection de viandes rôties à l'ail. Fontverne est très exigeant. Il veut que la salle soit bien éclairée, pousse le soûlard vers la sortie, réserve les meilleures tables aux gens de la Maison du Roi. Il sait que Louis Gurau habite rue du Hasard et Pierre Develois, rue des Bourdonnois[1]. Ce soir, les deux sont là, et Fontverne se frotte les mains. Ce sont les chantres de la Musique du Roi. Ils chantent à merveille la gloire de Dieu, soutenant la foi des hommes qui parfois vacille sous les piliers de la chapelle royale. Et, si le vin est bon, ils entonneront peut-être l'*allegro* d'une belle pièce de Lully…

1. Lire sur le sujet *Versailles et les Musiciens du roi* de Marcelle Benoît aux Éditions Picard. Les brevets de place à bâtir pris en exemple datent en réalité de 1695.

Ah ! Voici sa dernière recrue, Amandine. Polie et serviable, elle ne rechigne jamais à la tâche. Mais la petite-fille de la veuve Pontgallet a-t-elle besoin de jouer à la servante ? Fontverne la verrait plutôt mariée à un fils de bâtisseur. Avant de l'embaucher, il a même rendu visite à sa grand-mère de peur de commettre un impair.

— Avec cette sauvageonne, je n'arrive à rien, soutint cette dernière sans paraître étonnée. Et maintenant, faire la soubrette dans votre bouge. Quelle honte !

Ne réalisant même pas qu'elle venait de vexer son visiteur, la veuve Pontgallet s'était lancée sans montrer plus de pudeur dans une diatribe où se mêlaient toutes sortes de considérations sur les bouches inutiles qu'elle nourrissait, le poids de l'entreprise, l'énergie qui lui manquait. Et qu'y faire ?

— Ma petite-fille a une haute estime de sa personne. Elle vise loin… Le château ! Elle n'a que ce mot en tête. Mais prenez-la à votre service. Éreintez-la. Oui, qu'elle en bave… Dans un mois ou deux, elle reviendra à la raison.

Tant de méchanceté heurte le coriace Fontverne, pourtant élevé à la dure, et il s'est promis de veiller sur cette colombe qui, ayant manqué d'un père, et faute d'un tuteur, risque de se briser les ailes. Fontverne connaît des filles perdues pour avoir cédé aux atours du château et de ses occupants. Elles cherchent un lieutenant, espèrent des épousailles. Fontverne connaît la suite : quatre mois de quartier d'hiver, des petits cadeaux, des soupirs, des promesses d'avenir, et le printemps revient. La guerre réclame le militaire et son uniforme. Adieu, mon bel oiseau…

Fontverne n'est pas de ceux qui croient que l'herbe est plus verte dans le près d'à côté. Et il s'est pris d'affection pour cette jeune femme trop solitaire qui travaille sans rechigner, fait ses heures et repart dans la nuit en n'oubliant jamais de saluer le propriétaire d'une adorable courbette. Ce n'est pas son père, mais il procède un peu de cette manière en étant possessif, protecteur. Et intraitable sur la réputation du très respectable *Dauphin*. Tant qu'Amandine n'aguiche pas le client, il lui laisse un peu de liberté. Si elle sourit à l'un d'eux, il ne fait que froncer le sourcil. Est-il envieux des plus jeunes que lui ? Il s'en défend. Et Madame Fontverne veille aux fourneaux, à deux pas de son époux. Non, il agit avec le cœur, et le fait comme s'il s'agissait de sa fille puisque le chagrin de sa vie est de ne pas en avoir. Alors, gare au malandrin ! Qu'aucun ne pose la main sur cette enfant fragile, pâle comme la porcelaine. Fichtre, sa grand-mère a tort de vouloir lui en faire baver, s'attendrit-il. Depuis peu, elle semble épuisée, ses traits sont tirés, à l'instant, elle se tient le dos…

— Amandine !

Elle se tourne aussitôt et sourit.

Quelle adorable gamine…

— Viens par ici.

Fontverne s'inquiète. Le visage se creuse, les hanches font l'inverse. Tout à l'heure, l'épouse de l'Auvergnat a soutenu que la petite était enceinte. Fontverne ne sait ce qui lui ferait le plus mal. Qu'Amandine soit débauchée ou qu'elle soit amoureuse ? La voici qui approche. Elle contourne les tables avec grâce, prend au passage un pichet vide, remercie Gurau qui s'éclaircit la voix en la payant (il va chanter). Et voilà qu'un lieutenant de la Vénerie du Roi force Amandine à s'asseoir sur ses genoux. Pas de ça ici ! Fontverne, un bon six pieds de haut, est déjà sur la canaille.

— Monsieur, s'il vous plaît.

Le lieutenant est ivre. L'aubergiste doit agir avec doigté. Sa méthode est éprouvée. Elle consiste à saisir l'importun d'une poigne de fer au niveau du coude et à serrer assez pour lui dicter sa loi. La douleur est immédiate, le bras comme paralysé.

— Nous sortirons sans histoire, sinon, je vous brise un os.

C'est dit à voix basse.

— Et faites-moi plaisir, soyez mon invité.

Gurau et Develois se lèvent, applaudis à tout rompre, et entament une gamme. Dans le brouhaha, l'extraction de l'ivrogne passe quasi inaperçue. Dehors, c'est une autre affaire. Il hérite d'un sacré coup de pied au cul.

— N'y revenez jamais !

Le sieur Fontverne n'a plus rien du gentil. Mais en se tournant vers Amandine, son regard s'adoucit.

— Ça suffit pour ce soir. Tu vas rentrer chez toi.

Son protecteur sonde le lieutenant pataugeant dans la boue.

— Mais il y a toujours celui-là. Faudrait pas qu'il te suive...

— Ne vous inquiétez pas. Je la raccompagnerai.

Un jeune homme surgit de l'ombre. Peut-être attend-il depuis un moment. Se cachait-il ?

— Tu le connais, Amandine ?

— Oui. C'est Jean Le Faillon. Le fils du compagnon de l'entreprise de ma grand-mère.

— On peut lui faire crédit ?

Amandine fait oui de la tête.

— Monsieur, je vous la confie.

Fontverne se tourne vers le lieutenant que l'air frais semble avoir un peu dégrisé.

— Je connais votre capitaine. Un mot pour expliquer votre attitude, et vous devrez rendre votre uniforme.

— Tout ça pour un bécot, bredouille l'autre en cherchant l'équilibre.

Sans demander son reste, il tourne les talons, disparaît dans la nuit.

— Soyez prudents, chuchote Fontverne. Il n'est pas le seul bougre à errer dans le coin. Allez, filez…

*

Qui se lancera ? Sans doute que le destin se joue à cet instant. Une parole maladroite, tout s'effondre. Ils viennent de si loin. À vrai dire, Jean n'a qu'une phrase à prononcer : « Je suis revenu à Versailles pour savoir enfin si tu voulais m'aimer, sinon, je partirai à Rome. » Il l'a répétée cent fois. Mais c'est un autre défi que de parler à haute voix. Et de craindre la réponse.

— Pourquoi travailles-tu au Parc-aux-Cerfs ? L'aubergiste a raison, les lieux ne sont fréquentés que par les…

Il se mord les lèvres. Plus maladroit, c'est impossible…

— À quoi pensais-tu ? Aux traînées, aux catins, aux filles de joie ? Sois franc, Jean. Quelle idée te fais-tu de moi ? Je suis bête, aveuglée par Versailles, attirée par les lumières. Comme les papillons, je vole sans direction avant de mourir au petit matin !

— Je ne comprends pas, tente-t-il de se rattraper. Que cherches-tu ?

— La lumière ! ricane-t-elle. Je viens de t'en parler. Tu n'écoutes pas !

— Tu te moques encore de moi…

— Non, Jean, je n'ai jamais été plus sincère. Tu ne sais à quel point je vis dans une prison… Quatre murs où je me suis moi-même enfermée.

— Eh bien, rends ton tablier ! s'emporte-il, ignorant tout du mal dont elle parle. Dis adieu au château, à Versailles. J'ai vu un autre monde, et c'est merveilleux. Il suffirait que tu…

— Je ne suis pas libre, le coupe-t-elle d'une voix douce et triste.

— Tu… as quelqu'un dans ta vie, murmure-t-il.

Tout s'effondre, en effet. Amandine en aime un autre.

— Un maçon ? continue-t-il, dévoré par la jalousie. Je le connais ?

— Non. Et moi, je ne sais même pas à quoi il ressemble…

Dieu, le voilà soulagé. L'adversaire est une ombre. Rien ne change.

— Nous n'avons plus dix ans, sourit-il. Aucun chevalier ne va surgir et t'emporter sur sa monture. Mais moi…

Elle s'arrête de marcher, cherche sa main, la pose sur son ventre :

— Jean, écoute-moi. L'amour que j'attends est un enfant…

Elle s'était promis de ne rien dire. Mais, en le retrouvant, en le voyant si désemparé et si attaché à elle, elle comprend que seule la vérité le forcera à rompre. Il la détestera, mais au moins, il saura qu'il n'est pas responsable et n'a rien à se reprocher. Pour ce qu'il a été, en souvenir du passé, elle doit lui rendre sa liberté.

— Tu… tu es enceinte ?

Rouvrir la plaie… Elle se l'était interdit.

— Personne ne le sait, et je ne voulais pas t'en parler. Mais tu veux savoir pourquoi je te fuis ? Ce n'est pas à cause de toi. Rien n'est de ta faute. J'espère que cela t'aidera à moins souffrir puisque je sais que tu m'aimes.

— Qui est le père ? s'entête-t-il, convaincu qu'il existe un rival.

Il ne lâchera pas… Mais si elle parle, elle sait comment il la regardera…

— Il est mort. C'était le valet. Il m'a vraiment violée.

Et, en l'avouant, Amandine se dit que tout est maintenant perdu.

Chapitre 25

JEAN SE trouve dans sa chambre d'enfant. À peu de chose près, il devine l'heure. Fin septembre, juste avant que son père ne parte au chantier, un voile mi-gris gouache le ciel. Et tandis qu'il traînasse, cultivant les dernières secondes qui le tiennent encore au chaud, le décor familier renaît lentement. Ainsi, quand il ne pourra plus arrêter le temps, qu'il devra se lever, la chaise où il a posé ses vêtements cessera d'être la forme étrange que la nuit lui a donnée.

Autrefois, le gamin imaginait une autre vie pour ces morceaux de tissus entremêlés. Il s'accrochait à ses rêves dans ce moment court, incertain, où résiste le sommeil. Les yeux mi-clos, il inventait toutes sortes d'histoires. Un génie, bossu et petit, prenait la place de ses habits. Il était entré au milieu de la nuit et veillait sur lui. En fait, il apportait un message, et on avait du mal à en comprendre le sens parce que le visiteur disparaissait tandis que la lumière entrait. Mais ce matin, Petit-Jean a grandi. Plus question de retarder le jour. Il faut le regarder en face. La chaise est là. Dessus, il y a sa chemise, sa veste. Et une robe.

Six heures, il en est certain puisqu'il entend les bruits coutumiers. D'abord, son père au pas lourd, crachant la poussière des pierres taillées, les fines particules de mortier volant dans l'air, les remugles de chaux vive parce qu'il penche toujours le nez pour vérifier la cuisson. Sa mère le suivra de près. Elle ira tirer l'eau au puits, puis ranimera la braise. L'un et l'autre chercheront le couteau pour couper le pain, qui pourtant est à sa place. Autrefois, le père gueulait : « Qu'est-ce qu'il fout ? » en parlant de son fils. Le chantier embauchait, ils étaient en retard. Mais ce matin, le fils ne se lèvera pas. Il ne sera jamais plus maçon. Il part. Quitte Versailles.

*

Le corps allongé près de lui bouge dans son sommeil, le drap glisse découvrant une épaule, et la naissance d'un sein. Non, ce n'est pas un rêve.

Comment les événements se sont-ils déroulés ? Jean a besoin de faire le tri entre l'irréel, rescapé de la nuit, et la vérité. Il voudrait prolonger ce moment où les songes refusent le trivial. Il est tiraillé entre l'incroyable idée d'être couché avec Amandine et ce qui en fait la raison.

*

Il est mort. C'était le valet. Il m'a vraiment violée.

Jean n'avait pas reculé en entendant cet aveu et semblait sincèrement ému. Il ne lui faisait aucun reproche, pas même celui de s'être confié à Conwoion. Il ne se plaignait pas d'être l'inutile, le Petit-Jean qu'on prenait et jetait selon les caprices d'une jeune fille. Il ne la traitait pas de catin, ne la traînait pas dans la boue. Bien au contraire, il s'était approché d'elle et répétait : « Mon amour, mon amour, pardonne-moi de ne pas t'avoir protégée… » Il partageait sa souffrance, s'excusait d'être parti. Il ne parlait pas de souillure indélébile.

Leurs mains s'étaient jointes sur le ventre d'Amandine et Jean en découvrait l'indicible rondeur. D'ailleurs, le mot ne convenait pas. C'était une courbe douce épousant sa paume, et ce contour sensuel, bombé, avançait *naturellement* vers lui. L'attirait. Jean fut pris de panique. Amandine avait avoué qu'elle portait le fruit cruel d'un viol et lui… au lieu d'entendre sa douleur…

Il se détacha d'un rien, mais la chaleur de ce corps ne le lâchait plus et il crevait d'envie d'approcher encore, de le caresser, luttant de toutes ses forces et ne pouvant s'empêcher d'imaginer combien il serait bon de se mêler à sa braise. Il en eut peur, peur de lui, se maudit, décidé à s'écarter pour de bon, mais Amandine reprit sa main, la posa sur son ventre parce que ces gestes timides et maladroits, à l'opposé de la violence du valet, la rassuraient.

— Reste, murmura-t-elle, se sentant enfin apaisée.

— Je t'aime comme tu es. Et ton enfant fait partie de toi.

Et parce qu'il avait prononcé ces mots d'une voix aussi forte, aussi claire que la vérité, elle oublia la mort qu'elle appelait plus tôt, et l'embrassa.

*

L'amour tendre, partagé, combien ce fut bon ! Plus ils s'y adonnaient, plus les meurtrissures battaient en retraite. Celles d'Amandine ne disparaîtraient jamais, mais elle prenait du plaisir et Jean en recevait. S'ils cédaient parfois au sommeil, le moindre mouvement de l'autre l'interrompait. Le désir revenait, insatiable, l'amour chassait les questions. Enfin, mais longtemps après le départ du père Le Faillon, ils rouvrirent les yeux…

Depuis, les choses ont repris leur banalité.

*

— J'ai réfléchi, dit-il. L'enfant est de moi. C'est ce qu'on va raconter.

Amandine, le cheveu en bataille, est très désirable.

— Je t'ai séduite le 1er mai. Tu m'entends ? Au bal, c'était moi.

Elle détaille le corps de son amant. Elle aussi le trouve désirable et s'étonne de ne l'avoir jamais vu ainsi. Petit-Jean… Elle sourit.

— Ne te moque pas encore ! se méprend-il. Je suis parti à Paris sans savoir que tu étais enceinte. Je suis revenu pour toi. Et on va se marier. Et tu verras, s'emballe-t-il, on partira à Rome… Tu es d'accord ?

La demande est directe, elle va y répondre, mais on entend la mère de Jean rentrer du jardin. Son père, lui aussi, se montrera bientôt pour le repas. Personne ne se doute qu'ils sont là. Eh bien, ils descendront et annonceront la nouvelle. Jean ne doute plus de rien. Rome ? Oui, Pierre les aidera…

Il est prêt, quand soudain une autre voix surgit. Amandine reconnaît sa grand-mère. Qui parle très fort et très vite, et répète plusieurs fois le nom de Le Faillon. Un accident. Le reste est inaudible, mais son épouse hurle. Jean dévale l'escalier.

Sa mère gît à terre.

Troisième partie

À qui peut se vaincre soi-même,
il est peu de choses qui puisse résister.

Louis XIV *(Mémoires)*

Chapitre 26

QUELLE EST la saison versaillaise préférée de Louis XIV ? Le Nôtre, qui a arpenté plus que nul autre ce domaine avec lui, répondrait : « Toutes. Le roi les aime toutes. » Les deux se connaissent si bien.

Chétif, orphelin, étouffé par les ronces, noyé sous l'eau putride des marais, Versailles était bosselé, sans espoir, sans infini. Louis a fait promettre à son meilleur allié de soumettre les lieux. Mais pour un partisan de la force tout devait s'obtenir de suite. Le jardinier a répondu qu'il fallait commencer par chérir tendrement cette terre.

— Sans la patience, le rêve dont ni vous ni moi ne fixons les limites n'a aucune chance d'aboutir.

Le Nôtre a enseigné à Sa Majesté que la nature n'était pas un sujet, ne faisait nul cadeau, était plus capricieuse que la femme insoumise. Ainsi, le résultat est là et, pour n'importe quel contemplateur, il y a de quoi être fier. Sauf pour eux. Le jardinier et le roi savent ce qui ne va pas ici.

*

En ce mois de juillet 1680, Sa Majesté contemple ses jardins depuis la chambre de l'Appartement des Bains, au rez-de-chaussée du château. Il ne désire personne, pas même Athénaïs, puisque aucune rivale ne se mesure à son œuvre.

Lui qui n'attend jamais et obtient ce qu'il veut à l'instant où il l'exige, s'étonne de sa tolérance. Vingt ans qu'il guette l'idéal, le moment où l'écrin sera parfait. « Sire, que feriez-vous après ? » Alexandre le Grand, raconte encore Le Nôtre, aurait pleuré au dernier soir de ses conquêtes. Il ne lui restait rien à vivre. « Votre royaume est ici. Vous l'avez voulu, imaginé de toutes pièces. Mais Rome ne s'est pas faite en un jour… » Le Nôtre se tourne vers le Tapis vert[1], un chemin tracé pour l'aventure : « Combien il reste encore à faire pour que votre règne soit inimitable ! » L'allée royale se dessine depuis peu. Après ? Au-delà ? Louis a de nouvelles idées : avancer plus à l'ouest afin de retarder la course du soleil. Ne jamais s'en lasser… Embarquer sur le Grand Canal construit par Le Nôtre, et repartir vers l'aventure.

Nombre de conquérants moins absolus s'arrêteraient, satisfaits du travail accompli. Lui est insatiable. Il sort sur la terrasse, avance de quelques pas. Au premier plan, le Parterre d'eau joue avec les lumières et les ombres. De nuit, la lueur nacrée des chandelles augmente la magie. Louis se tourne vers le château. Le Brun en aura-t-il un jour fini avec la décoration ? Attendre ! *À qui peut se vaincre soi-même, il est peu de chose qui puisse résister.* La patience ! Il lui en faut beaucoup…

Dedans, tout est en chantier, inachevé. Bruits, gravats, poussière. Il faut se glisser entre les échafaudages, emprunter les couloirs de service, avoir la tête en l'air, l'œil à tout. La semaine dernière, Colbert a vu passer près de son épaule droite une truelle aiguisée et qui faisait son poids. Elle tombait du ciel… Plus exactement des voussures du salon de la Guerre où un peintre de Le Brun travaillait sur la déesse Bellone. Le maladroit ne fut pas jugé fautif. Il trimait allongé depuis huit heures, bras tendus dans le vain espoir de triompher

1. Le Tapis vert ou Allée royale débute derrière le parterre de Latone.

du temps car Louis XIV a exigé d'être installé à Versailles l'an prochain. Lui, sa famille, la Cour, ils quitteront le Louvre qu'il déteste. Et Paris, la ville frondeuse dont il se méfie depuis l'enfance. Mais ici, c'est la fureur, partout le même désordre. Rien n'est prêt. Rien ne le sera. Le salon de la Guerre n'est qu'un *appendice* eu égard à l'immensité de sa voisine, la galerie des Glaces, elle-même jouxtant le salon de la Paix situé au sud. Et le reste de l'étage royal est ainsi. Bouleversé. Deux années avant d'espérer s'y installer, répond non sans courage Le Brun. À la seule condition d'accepter de vivre encore longtemps au milieu du chantier[1]. Le roi fait mine de ne pas entendre. L'argent et le talent viendront à bout de l'impossible. Dedans, il se fera une raison. Dehors, c'est une autre affaire.

*

Cette journée de juillet plutôt belle vient après une succession de saisons et de mois dramatiques. En hiver, les oliviers de Provence ont gelé. Au printemps, la terre était si dure que l'on peinait à la remuer. Le bétail a crevé, la famine a frappé. En juin, il neigeait. Une pluie glaciale a suivi, puis la nature cessa brusquement d'être hostile. Peut-être voulait-elle expliquer à ce roi qu'il ne pouvait réussir seul.

Depuis l'aube, le soleil se montre. Échappant d'une brume froide, le bassin de Latone apparaît, exhaussant le travail des sculpteurs Marsy. Du haut d'un rocher, la mère d'Apollon[2]

1. Les décors de la galerie des Glaces attendront jusqu'en 1684. Ceux du salon de la Guerre, 1686.

2. Latone (Léto en grec) est mère d'Apollon et de Diane. Selon la légende (*Les Métamorphoses* d'Ovide), elle demande à Jupiter de la venger des paysans lyciens qui lui refusent de s'abreuver dans une rivière. Jupiter les transforme en lézards et en grenouilles. À sa création, Latone regardait le château. Hardouin-Mansart tourna les sculptures de frères Marsy vers le Tapis vert, puis le Grand Canal.

invite Louis, égal des dieux, à regarder le monde qu'il cherche à créer. À gauche, le bosquet de la Reine ; à droite, le bosquet des Bains d'Apollon. Plus loin, les bosquets de la Girandole et du Dauphin encadrent le Tapis vert, la nouvelle affaire de Le Nôtre. De part et d'autre, vingt ans d'acharnement exposent le génie des hommes. Le bosquet de la Reine, le chef-d'œuvre imaginé par Perrault, accueille dans son labyrinthe trente-neuf fontaines en plomb [1]. Puis, de l'Appartement des Bains, de ce point de vue où le roi embrasse tout, le bosquet des Bains d'Apollon le salue. Cet ouvrage, Louis ne préfère pas s'y attarder. Il lui rappelle sa favorite, Madame de Montespan, avec qui rien ne va comme avant [2]. L'amour passe, la favorite est devenue une gêne. Même Colbert qui l'attend veut en parler : une étrange histoire de poison où *la Sultane de Versailles* se mêlerait aux devineresses. Plus tard ! Louis XIV n'en a pas fini. Il reste le bosquet de la Girandole et son pendant, celui du Dauphin, l'une des premières créations de son ami Le Nôtre [3].

Siège des divinités et du nouvel Olympe, ces jardins de lumière doivent tout à ce couple : un jardinier de génie, qui a su marier la terre et l'eau, et un souverain à la volonté hors normes. *À qui peut se vaincre soi-même, il est peu de chose qui puisse résister.* Mais eux, ont-ils vraiment triomphé de Versailles ?

— Sire… Colbert vient d'arriver.

---

1. Inspiré des fables d'Ésope, le labyrinthe fut détruit en 1775 à l'occasion de la replantation des jardins.

2. Aménagé en 1673, le bosquet des Bains d'Apollon, autrefois appelé le *Marais,* serait dû à Madame de Montespan. *Nota bene* : le bosquet des Dômes accueillit, entre 1684 et 1704, les groupes des *Bains d'Apollon*, prenant alors le nom de bosquet des Bains d'Apollon…

3. Le bosquet de la Girandole doit beaucoup à Fouquet, surintendant désavoué des Finances, qui fit dessiner ses moulures par Poussin.

Le premier valet Alexandre Bontemps, comte de Saulloy et vicomte de Champmorin, a surgi dans le dos de Sa Majesté. Ce confident est un des seuls à pouvoir troubler sa solitude. Autrefois, il empruntait l'escalier qui se trouvait dans la chambre de l'Appartement des Bains. Un passage *un peu secret* qui permettait à Louis de rejoindre discrètement sa bien-aimée. Elle l'attendait en bas, il s'échappait d'en haut, son sacerdoce. Deux amants fous d'amour. Puis l'escalier qui donnait tant de saveur à leur aventure fut détruit, remplacé par une alcôve où s'est glissé un lit en or. L'apparat… cruelle alliée de la lassitude… Les marches ne craquent plus. La passion s'est érodée.

Colbert ? Plus tard… Le roi n'a pas fini sa visite.

Le Nôtre a donc réussi : la magie repose sur les bassins et les jets d'eau – formidable provocation lorsqu'on sait la vérité : le sol est gangrené de sources souterraines, l'eau affleure sous le pied. Mais ce n'est pas d'un marais aux eaux calmes dont Versailles a besoin. Il faudrait un torrent, un fleuve puissant canalisé dans un formidable réseau. Sans quoi, nul flux pour alimenter Latone ou Apollon… et tant d'autres idoles à venir. Le bassin de Neptune[1] compte quatre-vingt-dix-neuf jets d'eau, la colonne du Dragon s'élève à vingt-sept mètres de haut. Personne n'a fait mieux. Hélas, tout n'est qu'en trompe l'œil. La *machina* ne suit pas.

Louis contemple ce décor qui ment. Il n'y a pas assez d'eau et de puissance pour que tout fonctionne de concert. C'est le Dragon ou Latone, pas les deux en même temps. Alors, la ruse est nécessaire. Pourquoi cacher la vérité ? Une armée de jardiniers s'active en coulisse pour guider les flux selon où se dirige le roi. Quand les violons de Lully vibrent à l'unisson, les fontaines coulent goutte à goutte car ce Versailles inégalable ne tient qu'à un robinet. À quoi servent le marbre, l'or, la lumière, les exploits de Le Nôtre ?

1. Intitulé à l'origine, *Pièce d'eau sous le Dragon*.

Alexandre pleura quand il n'eut plus rien à conquérir. Lui, le grand roi, n'aura pas ce droit puisque la nature lui refuse son royaume.

Ce matin, Le Nôtre produit pourtant encore des merveilles. Bosquets, allées, parterres deviendront un camaïeu de couleurs variant à chaque heure. À la naissance du jour, le jaune dominait. À midi, ils s'activeront par centaines autour du Tapis vert. Au coucher, le rouge sera de mise. Le roi le veut. Mille plantes seront dépotées et plantées, mille autres soigneusement rangées au cœur des serres afin qu'elles ne souffrent pas des duretés d'un climat révolté. Mais cette eau qu'il a tant désirée, cette eau glaciale qui a tant fait de mal ne se rendra pas. Alors, le rêve dont Le Nôtre promettait de ne jamais concevoir les limites n'aboutira pas.

— Sire… Colbert.

Et Louis se soumet parce que le surintendant des Bâtiments du roi, et lui seul, va peut-être sauver Versailles.

Chapitre 27

AVANT DE retrouver Amandine au *Dauphin*, Jean était si convaincu de dire adieu à Versailles qu'il en avait parlé à son père en fin de journée.

— Je m'en irai demain soir. Bergerat a une place dans son chariot.

— Tu retournes à Paris ?

— Ma vraie destination, c'est Rome…

— J'espère que tu ne te trompes pas, avait dit son père en baissant la tête.

Le Faillon faisait mine de douter, mais au fond de lui, il était soulagé et fier de son fils. Heureux même pour Jean, symbole du parcours de sa famille. Ce sacré gamin était son digne successeur. Lui-même s'était libéré de sa condition humaine. Simple laboureur, voué à la misère, il avait osé partir pour Paris. Et rencontré Marguerite. Bien sûr, le cours des choses n'allait plus comme avant. Mais la vie devait être ainsi, des hauts, des bas. Il en avait vu d'autres ! Bon Dieu, c'était pire au temps du *Roi noir*. L'entrepôt avait été incendié, la maison aussi. Mais cette foutue énergie qui portait Marguerite et obligeait à tout lui pardonner avait produit des merveilles. Maintenant, ça ne marchait plus comme avant ? Eh bien, il se battrait ! Et Le Faillon était bien content de ne pas avoir une bouche de plus à nourrir. Sans doute, aussi, l'orgueil pourrissait-il ses pensées. Rien ne pouvait être pire que d'offrir à son fils le spectacle de la déchéance. Plus il serait loin, moins il verrait à quoi il en était réduit : monter quatre murs pour un fontainier des Francine. Il en avait si honte que ce bougre d'imbécile avait caché la gravité de la situation à Jean. Les affaires marchaient mal, la surintendance préférait des têtes nouvelles. Eh quoi ? Demain, ça n'empêcherait pas le soleil de se lever et la terre de tourner. C'était toujours ainsi. Un jour mauvais, un autre meilleur…

— Laisse-le dormir, avait-il dit à Mélisande. Je le verrai au repas…

Jean n'avait pas osé l'interroger sur son projet de place à bâtir, mais sa mère lui avait expliqué en se tordant les mains qu'ils avaient été obligés de vendre leur terrain. Et puis, il y avait eu ce spectacle misérable et pénible. Le père suant, se cassant le dos à monter des murs pour le fontainier sur un échafaudage branlant.

Au moins, la situation devenait claire. Son départ arrangeait le cocon chéri de son enfance. Il rompait les amarres, quittait Petit-Jean à jamais. Pour aucune des personnes qu'il aimait et avait bercé sa prime jeunesse, il ne serait un poids. Oui, les choses étaient entendues. Il partait seul.

Ensuite, la nuit était venue. Il l'avait partagée avec Amandine. Ensuite, le jour s'était levé. Sa mère hurlait. L'indestructible Le Faillon était à terre. Cette terre dont son père affirmait qu'elle tournerait toujours avait donc fini par s'arrêter.

*

Le pire était que le mal ne se voyait pas. Pas de sang, nulle fracture, pas même une écorchure. *Une chute toute bête* et Le Faillon ne pouvait plus bouger les jambes. Il était allongé, visage gris, le souffle court. Il regardait son fils penché sur lui et serrait les dents pour ne pas gueuler. Foutre de merde ! C'était insupportable de se montrer ainsi. Indigne !

— Relève-moi, grogna-t-il.

— Tu… Tu ne devrais pas essayer. Attends un peu…

— Fais-le, bon Dieu ! Prends mes bras et tire.

La douleur brouillait ses idées, mais il se souvenait du jour où Jean était tombé de la fenêtre du château. Maintenant, c'était le fils qui venait au secours du père.

— T'inquiète, tenta-t-il de sourire, on est solide dans la famille.

La voix était moins forte, mais le regard ne faiblissait pas et suppliait qu'on lui rende sa vie. Alors, Jean l'attrapa sous les épaules.

— Arrête… Faut que je reprenne des forces…

Le front de Le Faillon s'était couvert d'une sueur épaisse, la bouche vomissait une sorte de boue jaune où se mêlait la poussière des pierres.

— Vas-y ! ordonna-t-il brusquement en fermant les yeux.

Quelque chose craqua dans son dos. Cette fois, Le Faillon hurla et perdit connaissance.

*

Jambes broyées, bras arrachés, yeux crevés, la liste des estropiés était longue, quotidienne. Les charretiers se faisaient écraser par leur chargement, les couvreurs glissaient des toits, et Dieu, il pleuvait à Versailles, les terrassiers étouffaient sous les éboulements, les maçons se blessaient aux mains, mais rares étaient ceux qui ne s'en sortaient qu'à moitié. C'était le cas du compagnon de Pontgallet. Assez costaud pour ne pas mourir, pas assez pour s'en sortir, ballotté au milieu du gué. À mi-chemin de la mort puisqu'il était paralysé des jambes – pire que crever. Se nourrir, simplement ça, comment faire quand Le Faillon n'avait presque rien de côté ? Il ne lui restait qu'un fils dont… le rêve était de devenir peintre.

Et ce long calvaire, pour lui et pour Jean, ne faisait que commencer.

*

Dix mois se sont écoulés. Ce matin de juillet 1680, alors que Louis XIV rumine ses projets de grandeur en attendant Colbert, et enrage à cause de cette eau qui manque à Versailles, Jean patiente dans la file des embauches. Il y aurait du travail. On parle de détourner bientôt la Seine et de pomper son eau *via* une machine installée à Marly. Celui qui rêvait de partir à Rome est toujours à Versailles.

Chapitre 28

COLBERT, DIT *Le Nord*... Un modèle de froideur. Il entre, tête basse pour saluer le roi, mais aussi parce qu'il s'interdit de regarder les splendeurs de l'Appartement des Bains. Être ici le dérange. Il aime les choses simples et se méfie de la luxure. À la Cour tout s'épie, se critique. Il veille à son image et, franchement, le sobriquet ne lui déplaît pas. Il est synonyme de rigueur – ce dont le royaume a grandement besoin –, il renforce son autorité. Vêtu de noir, rond sans être gourmand (il n'en a pas le temps), sa seule coquetterie est de prétendre descendre d'une noble famille écossaise. Son élégance, il la confie au barbier qui entretient sa moustache. Sinon, il ressemble à un banquier. Et Louis XIV apprécie cette allure rassurante de bon notable de province[1].

Ce matin, le style ne varie pas. Aucune surprise, aucune nouveauté. Colbert est pressé, précis, en retard d'une heure, d'un jour, déjà tourné vers demain. Attendre est une perte. Les tics du banquier ne le quittent pas, surtout s'il s'agit de Versailles, tonneau sans fond, ventre affamé, dévoreur du Trésor royal.

---

1. Il est en effet issu d'une famille de banquiers et de commerçants de Reims.

Il a dans sa serviette les comptes établis par Sébastien-François de La Planche, trésorier général des Bâtiments[1]. Cette année, il sera dépensé plus de quatre millions cinq cent mille livres pour le château auxquels il convient d'ajouter un million et quarante-quatre mille livres englouties dans les jardins. *Englouti* est le mot juste puisqu'il s'agit pour beaucoup de tuyaux et de fontaines. En ajoutant les divers travaux pour les bâtisses secondaires, l'addition se monte à cinq millions sept cent soixante-neuf mille et soixante livres, très exactement[2]. Au final ? Rien ne fonctionne comme le roi le veut.

Colbert sait que Sa Majesté souhaite l'entretenir de ce sujet, mais il en est d'autres qui préoccupent le surintendant. L'Affaire des Poisons, par exemple. Catherine Deshayes, surnommée La Voisin du fait de son mariage avec un certain Monvoisin, s'est consumée en place de Grève, le 22 février 1680. Hélas, ses cendres empuantissent toujours Paris. Après s'être vantée d'avoir brûlé deux mille cinq cents enfants, la devineresse, sorcière en tous genres et experte en poison, a cité Madame de Montespan parmi ses connaissances intimes. Gabriel Nicolas de La Reynie, qui a mené l'enquête d'une main de maître, s'est gardé de rendre l'aveu public. Mais la rumeur circule, les langues se délient au Louvre. Par tous les saints ! Colbert aura-t-il, un jour, la paix ?

Pour soulager la pression qui ne le lâche jamais, il s'efforce de comptabiliser les bonnes nouvelles. Fouquet, son adversaire[3],

---

1. Ruiné, Sébastien-François de La Planche sera forcé de vendre son château du Plessis-Piquet à Pierre de Montesquiou, comte d'Artagnan, mousquetaire du roi et maréchal de France.

2. Seule l'année 1685 dépassera ce montant (10 099 329 livres). Chiffres tirés de *Versailles, le chantier de Louis XIV*, *op. cit.*

3. En 1659, Colbert accuse Fouquet de détourner la collecte des impôts à son profit. En 1661, Fouquet est arrêté à Nantes par d'Artagnan.

est mort au printemps en emportant ses secrets, les seigneurs d'Alsace ont reconnu enfin la souveraineté du roi, Montbéliard a été annexée et, s'il fait fi de la dureté de l'hiver, du projet d'interdire le mariage entre protestants et catholiques, des dépenses engendrées par l'union dispendieuse de Monseigneur, héritier du trône, avec la disgracieuse Marie-Anne de Bavière [1] (qu'aura peu connue La Rochefoucauld, décédé le 17 mars, soit dix jours après la bénédiction des époux), la première moitié d'année a cheminé vaille que vaille. Il a même réussi à accroître le droit d'entrée des vins à Paris sans créer de révolte ! Mais pour que l'été ne connaisse pas de funestes tressautements, il faudrait museler l'ennuyeuse et fort… brûlante Affaire des Poisons.

— Plus tard, vient de décider Sa Majesté.

Le feu attendra. L'urgent, c'est l'eau à Versailles.

*

Le Nôtre avait été clair et, pour illustrer sa démonstration, il avait entraîné le roi dans un coin assez reculé des jardins, non loin du bosquet des Dômes. La statue de la Renommée ne s'y trouvait plus, mais l'un et l'autre se souvenaient de son allure triomphale, une trompette en main d'où sortait un jet d'eau continu. L'effet était plaisant, mais l'eau, combien il avait fallu la cajoler pour que la pression soit assez puissante !

— Sire, mesurez l'effort pour l'élever de cinq pieds. Et ce n'est qu'un jet. Maintenant, songez au nombre de

1. Louis de France, dit Monseigneur, est le fils aîné de Louis XIV et de Marie-Thérèse d'Autriche. Son épouse, Marie-Anne de Bavière, fille d'Henriette de Savoie et de l'électeur Ferdinand, était peu gracieuse. Madame de Sévigné lui accorde du charme, mais écrit : « Le Roi avait une impatience extrême de savoir comment elle était faite. Il envoya Sanguin, comme un homme vrai et qui ne sait point flatter : “Sire, dit-il, sauvez le premier coup d'œil, et vous en serez bien content…” »

colonnes éparpillées sur cent arpents de terre. J'ai calculé qu'il ne nous faudrait pas moins de…

— Comment est alimentée la Renommée ? le coupa le roi.

— Par un réservoir situé plus haut. L'eau descend, gagne en vitesse et en pression et…

Le Nôtre avait baissé les bras.

— Il en faudrait mille fois plus. Quelque chose comme le débit d'un fleuve…

— Alors, nous le ferons venir jusqu'ici.

— Pardonnez-moi, Sire, mais…

— Nous détournerons la Seine pour qu'elle se plie à Versailles.

Quel souci y avait-il à corriger les sinuosités de la nature ? Du bout de sa canne, Louis XIV avait dessiné dans le gravier le tracé alambiqué du fleuve. C'était très approximatif, sans rapport avec la réalité, sans prendre en compte le relief, mais, selon Sa Majesté, les caprices du cours venaient *effleurer* Versailles.

— Sire, la rivière ne vient pas si près, osa Le Nôtre.

— Augmenter la distance ne changera rien à l'esprit du projet.

Agacée, Sa Majesté tira aussitôt du bout du soulier un trait droit qui reliait la Seine à ses jardins.

— Pour creuser un tel canal, il faudrait au moins dix mille hommes, travaillant d'arrache-pied jour et nuit, et pendant des années, murmura Le Nôtre, dépassé par l'ampleur d'un chantier aux allures pharaoniques.

— L'armée ! Tant qu'elle ne guerroie pas, Colbert la paye à ne rien faire. Voilà qui, sans doute, lui fera plaisir…

L'idée formidable consistait à créer un canal de toutes pièces, et à le guider à travers creux et monts en donnant assez de force au flux pour qu'il se jette dans les tuyaux de Versailles et s'élève grandement jusqu'à percer l'azur.

En théorie, l'aventure avait du panache et Alexandre ne l'aurait pas reniée. Elle se résumait à, *primo*, créer une dérivation en séparant le cours de la Seine tel Moïse soumettant la mer Rouge ; à, *secundo*, percer un profond sillon sur quelque dix kilomètres, distance objective qui séparait réellement Versailles du fleuve. Mais ce n'était qu'une question d'organisation et de génie civil, selon son inventeur. Il fallait des hommes, le chantier en comptait des milliers. Si ça ne suffisait pas, on leur adjoindrait donc l'armée. Une discipline de fer serait nécessaire, c'était le rôle des officiers. Hélas, il y avait un *tertio* : un dénivelé – une différence de hauteur – entre le départ et l'arrivée de cent cinquante mètres. Et dominer à ce point la nature était une sacrée autre affaire que de permettre à la Renommée de claironner à cinq pieds du sol.

*

Jusqu'à présent, ce *détail*, le dénivelé, permet à Colbert de s'opposer au roi. Il le fait avec ses arguments d'homme d'État : le coût et la technique. Sa démonstration est imparable. Il n'y mêle nulle émotion, ne s'emporte jamais. Il prétend que c'est impossible, et tudieu, il n'a pas tort.

Le conseiller Colbert procède toujours ainsi. Il ne semble pas avoir d'opinion personnelle. On se trompe. La sienne s'appuie solidement sur les faits. Pour tout ce qui concerne Versailles, il procède de la même façon. La logique voudrait qu'on dépense pour le Louvre, *LA* résidence royale. Paris est la capitale, le roi doit y siéger. Cela étant dit, comment le faire entendre à un souverain entêté, absolu, chez qui la fougue l'emporte sur la raison dès qu'il s'agit de Versailles ? Eh bien soit, on construira ce palais, à condition d'y mêler *une pincée de colbertisme*, substrat indolore qui, peu à peu, transforme une folie en avantage.

Pour cela, Colbert calcule les dépenses sous l'angle du progrès. L'art qui éclôt à Versailles sert-il le bien commun ? Oui, s'il analyse la galerie des Glaces, un exploit qui a nécessité la fabrication de miroirs dépassant en taille et en qualité l'expertise, jusqu'à présent sans concurrence, des ateliers italiens de Murano. Avec lui, l'art devient une industrie. C'est en usant de cette méthode qu'il a convaincu Louis XIV de réunir l'Académie royale de peinture et de sculpture et la manufacture royale des Gobelins. Le Brun en est l'animateur et le talent français y gagne. Il excelle, se renforce, s'épanouit. Le regroupement des ateliers sous l'égide de la surintendance des Bâtiments, dont Colbert est le maître, a donné un élan considérable à la multitude d'artistes et d'artisans qui œuvrait autrefois en solitaire. Peintres, tapissiers, fondeurs, graveurs, orfèvres, menuisiers, ébénistes sont désormais réunis par centaines autour d'une seule et même cause : la grandeur de leur art et du royaume. L'art, à nouveau, l'art qui créée des emplois, attire des apprentis qui deviendront maîtres et dont le travail se vendra en province et dans les cours d'Europe. Cet art, copié, jamais égalé, dont l'aura renforce, comme un juste retour des choses, le lustre de Louis XIV. Oui, Colbert s'est fait une raison. Versailles est utile à la France et, en l'admettant, il corrige son erreur : ne pas y avoir cru assez tôt, comme Le Nôtre ou Le Brun.

Est-ce une raison suffisante pour accepter l'impossible ? Si le roi est entêté, son conseiller est tenace. Détourner la Seine ? La réponse ne dépend pas d'eux, mais des ingénieurs.

Et quoi de plus enthousiasmant que de relever un défi que l'on dit insurmontable ? Ah ! Il faut remercier Dieu d'avoir choisi ce roi. Autoritaire, intransigeant, inflexible, répétant : *À qui peut se vaincre soi-même, il est peu de chose qui puisse résister.*

Mais jusqu'à quand lui résistera la Seine ?

*

Il y a dix ans, l'ingénieur Jacques de Manse a promis de faire céder le fleuve. Talentueux, doué pour les civilités, il a gagné les faveurs de Paris en devenant le mari de Catherine-Isabelle-Marie Talon, issue d'un clan puissant et influent qui a la main sur le parlement de la ville. Ce fut assez pour obtenir le droit d'édifier une pompe au pont Notre-Dame contre la promesse d'extirper de la Seine des milliers de litres d'eau, de les entreposer en hauteur dans un réservoir et de les faire redescendre vers où cela était nécessaire. Et si l'opération devenait possible à Paris, pourquoi ne se répéterait-elle pas sur le chemin de Versailles ? Ainsi sembla réglée l'épineuse question des cent cinquante mètres de dénivelé…

En se faisant aider par Le Nôtre, Colbert parvint toutefois à obtenir du roi qu'il patiente le temps que la *machina* soit construite – ce qui fut fait en 1672. On l'actionna en *grande pompe*. Sans succès… L'eau montait, en effet, mais en piètre quantité, et insuffisamment pour honorer la promesse du sieur Jacques de Manse. Patience… Le roi en manquait de plus en plus lorsque survint le terrible hiver 1677. La Seine fut entièrement gelée. L'eau ? Elle déboula brutalement lors de la débâcle qui emporta l'ouvrage en bois du pont Notre-Dame construit par le charpentier Chignin.

D'échec en déception (de Charybde en Scylla, écrirait le poète Jean de La Fontaine, puisque la Seine se veut aussi indomptable que l'océan[1]), rien n'a donc progressé jusqu'en

1. *La Vieille et les deux Servantes*. « La vieille, au lieu du coq, les fit tomber par là/De Charybde en Scylla. »

1680. Et voici exactement pourquoi Louis XIV, en ce jour de juillet, est plus impatient que jamais : son conseiller n'est pas venu seul. Parmi tous les papiers dont il ne se défait jamais, outre les comptes de Sébastien-François de La Planche, trésorier des Bâtiments, il a dans sa sacoche *quelque chose* conçu par un homme ingénieux qui, après dix années d'efforts infructueux, pense attirer la Seine dans les bassins de Versailles.

*

Cet ingénieur-ci, originaire de Liège, se nomme Arnold de Ville. Aussi intrépide que le fut Jacques de Manse, il a prétendu avoir mis au point une pompe à Saint-Maur, et c'était vrai, elle fonctionnait. Porté par le succès, Arnold de Ville a rédigé un mémorandum assurant que l'opération pouvait être reconduite au château de Val non loin de Saint-Germain, ce domaine qu'apprécie également Louis XIV. *Bis repetita placent*... Même cause, même effet. La pompe de Val fut construite et elle fonctionnait. Non sans adresse, Arnold de Ville a alors allégrement affirmé qu'il s'agissait en quelque sorte d'un entraînement, que le modèle réduit de Val précédait la construction d'une machine monumentale capable de résoudre la question de plus en plus insupportable des eaux de Versailles.

Colbert a forcément étudié le dossier. Sous toutes ses coutures. À l'évidence, les démonstrations précédentes ont force de preuve. Même l'incrédule saint Thomas conclurait au miracle[1]. Arnold de Ville est si enthousiaste qu'il assure que sa machine pourra également alimenter en eau le château de Marly – alors en construction. Mais Colbert est trop rusé pour succomber aux contes d'enfants. Il avance par étapes.

1. Incrédule, saint Thomas avait besoin de voir pour croire.

— Les travaux préparatoires, annonce-t-il au roi, débuteront au printemps prochain. Il est préférable de laisser passer l'automne et l'hiver.

— Pourquoi ?

— Le chantier est d'une grande complexité. Selon l'aveu même de Monsieur Arnold de Ville, il est nécessaire de réaliser un métrage très précis des pentes et des descentes qui jalonneront le parcours du canal. Ce travail nécessitera trois ou quatre mois. Ensuite, l'hiver viendra et l'on doit, hélas, tenir compte du climat. S'il gèle trop, on ne pourra creuser.

— Encore une année perdue !

— Pas tout à fait, Sire, se reprend Colbert. Il faut déterminer le lieu où sera installée la machine et, pour cela, décider du plus favorable pour tirer l'eau de la Seine. Monsieur de Ville envisage de relier par une série de digues un chapelet d'îles se trouvant au milieu du fleuve. Ainsi, il y aurait comme un mur infranchissable, et deux cours qui serviraient, pour le premier, à la navigation, pour le second, à canaliser l'eau dont la machine aura besoin.

L'ampleur phénoménale du chantier se dessine. La réussite dépend du travail réalisé en amont de la machine pour guider le fleuve.

— Cela nécessite encore l'étude des frères Sualem, des charpentiers de Liège, experts sur le sujet, insiste Colbert. Ils doivent approuver le choix de réunir les îles depuis celle de Bezons. Si c'est le cas, la pompe serait fixée à Bougival. Mais tout cela est au conditionnel…

— Combien de temps pour ces études ? soupire le roi.

— Six mois, Sire, déglutit son conseiller. Je m'y engage. L'embauche des hommes qui creuseront les rives depuis Bezons est en cours. Bientôt, ils seront à l'œuvre. Et nous profiterons des eaux basses en été pour trouver le meilleur endroit où seront installées les digues.

— Aurez-vous assez de bras ?

— Une centaine, Sire. Il me semble que c'est suffisant.

Une fois n'est pas coutume, Colbert est optimiste. Il a tort de forcer sa nature. La Machine de Marly, puisqu'elle prendra ce nom, en réclamera deux mille. Et il faudra y ajouter cent mille tonnes de bois, dix-sept mille de fer, huit de plomb et encore huit tonnes de fonte.

Chapitre 29

— TU IRAS CREUSER sur la route qui conduit de Saint-Germain à Paris. Tu commenceras en amont, face à l'île de Croissy. Faudra piocher sur trois pieds de large et jusqu'à trouver autre chose que de la vase. La pierre, c'est ce qu'il y a de mieux pour les piliers des digues. À dix pieds de fond, si c'est toujours du limon, tu arrêtes de chercher. Tu progresses d'une toise et tu recommences plus loin. Et comme ça jusqu'à l'île Gautier.

Un vague plan est fourni. On y voit l'île Gautier sur le territoire de Bougival, renommée *l'isle de la Machine au Roy*. Dans le futur, si l'endroit est choisi, une digue la reliera à la rive sud que longe le chemin *de Saint-Germain à Paris*. Pour l'instant, il est écrit : *Projet*. La chapelle de la Madeleine appartenant à Monsieur le duc d'Orléans est dessinée ainsi que *le parc et château à Monsieur le marquis de Mermes*. Ces repères figurent en amont, face à l'île de la Chaussée et à celle de Croissy.

Jusqu'à *l'isle de la Machine au Roy*, c'est un territoire énorme à sonder tout le long du chemin de Saint-Germain à Paris. Les cent hommes choisis ont trois mois pour parvenir au bout et trouver un terrain stable qui accueillera les fondations des digues. Août, septembre, octobre. Après, le froid vient, et les journées seront trop courtes.

— Le convoi part avant l'aube. Méfie-toi, y a pas assez de places pour tout le monde. Les retardataires iront à pied et y en a pour trois lieues au moins. Je ne te fournis pas les outils. Vu que vous ne croulez pas sous le travail, ça manquera pas à Marguerite.

Pierre Thévenot, le maître des œuvres des Bâtiments du roi, n'est pas tendre avec Jean. Il l'a engagé à contrecœur. Il cherche des bras, rien que ça, payés dix sols le jour. Pour ce travail, il faut des muscles, pas grand-chose dans la caboche. Or Jean Le Faillon, même si c'est pour rendre service parce que son père est foutu pour de bon, ce n'est pas le meilleur choix.

*

Dans la file qui patientait place d'Armes, Pierre Thévenot avait repéré le « gamin ». « Gamin », ça allait quand Petit-Jean tirait sur les jambes pour suivre la cadence. Maintenant, c'était un homme. Mais, bon sang, il n'avait pas la carrure du goujat et ses mains étaient trop fines. Les autres possédaient une poigne carrée, des doigts épais, comme si le manche de la pioche était encore vissé dans leur paume.

— Tu n'as rien d'autre à faire ? s'était étonné le bâtisseur.

Jean se gardait bien de raconter ses problèmes.

— C'est provisoire. Juste pour l'automne…

— Autrefois, ton père me racontait que tu voulais faire peintre.

Thévenot parlait de Le Faillon à l'imparfait, à croire qu'il était mort ; et, souvent, on se demandait si ça n'aurait pas mieux valu.

Peintre… Cela aussi appartenait au passé.

*

Il y avait eu l'accident du père et une liste de malheurs plus longue qu'un jour sans pain. D'abord, Éloy Martin, le médecin qui avait soigné le blessé, réclamait cent livres. Cela couvrait les onguents, l'examen du corps et un lit à l'Infirmerie de Versailles pendant deux semaines. Les soins représentaient la moitié de ce que réclamait Martin, larmoyant que l'apothicaire en prendrait le tiers et qu'il n'y avait rien de facile à laver le corps de ce blessé qui rouspétait et pesait son poids. Deux sœurs infirmières étaient requises, chaque matin et chaque soir, pour le soulever. Le médecin laissait entendre qu'il fallait également les payer, ce qui était faux puisque dans la maison de Charité l'accueil était gratuit.

— Il y a aussi la nourriture, avait précisé Éloy Martin.

Mélisande Le Faillon ne comprenait pas bien tous ces chiffres. Elle s'accrochait aux conclusions du médecin. Son époux souffrait le martyre, mais les saignées et la potion de quinquina prescrites allégeraient le mal et il en coûterait une livre par mois pour le traitement, cela venant évidemment en sus des cent livres, à verser comptant, sans garantir qu'un jour ou l'autre l'invalide recouvrirait l'usage de ses jambes.

Jean s'était tourné vers la surintendance des Bâtiments dans l'espoir d'obtenir un soutien financier. Michel Villedo, le maître général des œuvres de maçonnerie, avait été un ami proche de Nicolas Pontgallet. Il connaissait Le Faillon, l'appréciait. Hélas, avait-il expliqué à Jean, il ne pouvait rien faire.

— Ton père s'est blessé sur un chantier privé. En plus, il se servait de son échafaudage. La surintendance ne pourra pas payer les frais.

— Auriez-vous du travail pour l'entreprise ?

Villedo avait soupiré.

— Pour le moment, non. Faut faire le dos rond… Marguerite n'est pas en odeur de sainteté. Ces derniers temps, elle parle trop. Et trop fort…

Villedo avait ajouté que le meilleur conseil à lui donner était qu'elle renvoie les derniers Limousins avant la Saint-Martin.

— Il faut réduire la voilure. Et, si tu peux, jette un œil sur les comptes. Marguerite n'est plus aussi… vive. Et puis, il y a encore ça…

Il avait hésité avant de dire la suite.

— Surveille de près le… l'ami de sa fille, Anne.

— Georges Gantier, le menuisier ?

— Menuisier, faut le dire vite. C'est plutôt un margoulin.

— Vous croyez qu'il trompe Madame Pontgallet ?

— J'ai entendu qu'il se pavanait dans les auberges du Parc-aux-Cerfs, parlant de projets farfelus dont le financement était assuré par Marguerite. Il faut t'en méfier.

*

Jean n'avait guère vu Amandine les premiers jours qui avaient suivi l'accident. Il était parti aussitôt pour tenter de sauver son père. Amandine et Marguerite étaient restées près de Mélisande qui revenait peu à peu à elle et réalisait ce qu'il s'était produit. Elle avait décidé de ne pas bouger de sa chaise avant le retour de son fils, et ce n'était pas le moment de demander ce que les deux tourtereaux faisaient dans la chambre. D'ailleurs, aucune femme ne parlait de peur d'être entendue par le diable et la mort.

Attendre – espérer – fut une redoutable épreuve. Le soleil accrochait la cime des chênes immenses poussant à cent mètres de la maison (il devait donc être six heures) lorsque Mélisande s'arracha de son siège et courut comme une folle vers la porte. Elle seule avait reconnu le pas de Jean.

— Il est vivant, dit-il immédiatement.

Sa mère se jeta dans ses bras en pleurant.

— Pourquoi n'est-il pas avec toi, sanglotait-elle. Où est-il ?

— Chez le médecin Éloy Martin. Pour le moment, il ne peut pas bouger. Ses jambes… Elles refusent de le porter.

Mélisande l'avait repoussé violemment. Elle était dehors, marchait vers les chênes par habitude, sans savoir où se rendre. L'officine de Martin se trouvait de l'autre côté, à l'est de Versailles. Jean la rattrapa vite. Il lui prit le bras et se serra à elle. L'allure ralentit. Un instant, il se retourna et attrapa le regard d'Amandine qui lui répondit par un signe de la main.

*

Dès qu'ils eurent disparu, Marguerite retrouva de la voix.

— Je suis si contente que toi et Jean…

Elle souriait.

— Nous allons faire de belles choses…

Oubliait-elle l'accident, ce qui arrivait à Le Faillon ?

— Il prendra la suite de son père. Lui, il va nous sauver…

Elle enterrait le compagnon de l'entreprise, tournait la page, calculait, indifférente à la douleur de cette famille dont elle se prétendait proche. Amandine sonda le visage ridé de sa grand-mère. Ne se voyaient que des yeux perdus dans le vague, fixes, incroyablement froids.

— Tu es heureuse… Mais le bonheur a un prix, poursuivit la veuve Pontgallet. Ça tombe sur Le Faillon. C'est une chance pour toi et Jean.

La méchanceté n'y était pour rien. C'était une démente, son esprit divaguait. Mais Amandine se méprit. Sa grand-mère était devenue un monstre d'égoïsme. Et elle voulut lui faire payer.

— Le bonheur ? Détrompe-toi, j'attends un enfant… Ta petite-fille va mettre au monde un bâtard !

Marguerite se figea. La nouvelle entrait, son regard mort se réveilla.

— Tu te trompes. C'est celui de Jean puisque vous couchez ensemble. Celui-là ne sera pas un bâtard comme toi.

Comme toi. La vieille folle délirait toujours. Amandine avait un père.

— Il s'appelle Léon. Tu ne te souviens pas ? murmura-t-elle.

Marguerite hocha la tête, sourit encore, mystérieusement.

— Bien sûr. Et moi, je te dis que tu es chanceuse. Jean fera un excellent père. Comme Léon. Allez, viens m'embrasser.

*

En quinze jours, la nouvelle avait fait le tour de Versailles et la veuve la racontait ainsi. Jean avait séduit Amandine le 1er mai. Puis il était parti à Paris et revenu aussi vite tant cette fille lui manquait. L'histoire était crédible puisqu'on savait qu'il l'aimait. Qui d'autre que Conwoion pouvait prétendre qu'elle était fausse ? Et l'étrange Breton avait disparu. Oui, les noces auraient pu être belles si son père n'était pas grabataire.

Infirme pour toujours. L'idée cheminait dans la tête de Le Faillon et dans celle de Mélisande. Ils comptaient leurs sous. Ils n'iraient guère loin, mais le compagnon de l'entreprise Pontgallet serrait les dents à cause de la douleur et, surtout, parce qu'il refusait de se plaindre. Plutôt crever que de demander de l'aide ! Mais cent livres… Ce salaud de médecin les volait.

— Fais-moi sortir ! ordonnait-il à son fils.

Le quinzième jour, il essaya de marcher avec les deux béquilles que Jean avait taillées dans un beau morceau d'acacia. Il fallut le mettre assis sur le lit, puis on glissa les bouts de bois sous ses bras. Il poussa de toutes ses forces, refusant d'écouter la douleur, parvint à se relever, parcourut peut-être un pas en faisant glisser ses jambes mortes. Et s'effondra.

Jean le releva et le remit au lit en faisant mine de ne pas voir que son père pleurait.

— Je vais chercher la charrette de l'entreprise.

Il fut conduit ainsi à travers Versailles, tous pouvant vérifier que Le Faillon était cuit.

*

Chaque matin, à cinq heures, Mélisande lui préparait une potion de quinquina. Le médecin passait deux fois par semaine pour une saignée.

— Cette fois, c'est la dernière… Il faut me payer.

Jean possédait toujours les dix livres que lui avait prêté son père. Sa mère en cachait quarante autres dans la cheminée. Jean se rendit donc chez Marguerite qui le reçut aimablement, regrettant qu'il ne vienne plus souvent.

— Amandine te réclame, mentit-elle.

— Je l'ai vue hier soir.

— Ah ! Elle ne m'en a rien dit.

Elle grimaça, croyant adoucir ses traits.

— Pour l'enfant, je suis au courant. Viens dans mes bras…

Jean ne broncha pas. Il s'exécuta. Elle puait l'ail à plein nez.

— Quand ton père ira mieux (elle ne doutait de rien), nous parlerons du mariage, mais il ne faut pas traîner. Je ne veux pas d'un bâtard chez moi.

— Que vous a dit Amandine ? finit-il par demander.

— Eh bien ! Que tu étais le père… Mais je ne t'en veux pas, poursuivit-elle. J'en ai vu d'autres… Ce n'est pas la première fois que j'hérite d'une fille grosse.

Jean comprit l'allusion, mais ne releva pas.

— Nous nous marierons, soyez-en certaine, répondit-il sobrement. Dès que mon père…

— Oui, ton père, s'agaça-t-elle, c'est ennuyeux. Tu vois, je ne suis plus trop dans l'entreprise et il faudrait que quelqu'un s'y mette.

Elle le regarda en coin.

— Tes journées, qu'en fais-tu, si tu ne vois pas Amandine ? Il faut que tu songes à gagner ta vie.

— Je peux commencer demain, murmura-t-il en baissant la tête.

— Très bien ! Il y a la maison d'un fontainier à terminer, je crois...

— Quelles sont les autres commandes ?

Elle se pinça le nez.

— Tu demanderas à ton père. Il est plus au courant. À mon avis, rien avant l'hiver. Mais ce n'est pas si grave... Tu te rendras à la surintendance. Moi, je ne suis plus très bien vue à cause de ce maudit Hardouin-Mansart.

Les paroles de Michel Villedo remontaient. L'entreprise était finie.

— J'essayerai, promit-il sans conviction. En attendant...

Il hésitait.

— Pouvez-vous me prêter cinquante livres afin de payer le médecin Éloy Martin ?

La somme était grosse. Mais aussitôt, celle qui avait été si bonne autrefois se montra de nouveau :

— Va dans l'atelier, tu trouveras un coffre.

— Merci, Madame Pontgallet. Je vous rembourserai dès que...

— Pardi, je dois au moins ça à ton père. Mais attention ! soupira-t-elle, soufflant le chaud et le froid avec autant d'inconstance. J'ai eu du mal à gagner chaque sou...

Et sans mon père, en effet, qu'auriez-vous fait ? songea Jean Le Faillon.

Il mit peu de temps à trouver le coffre. Dedans, il n'y avait que cinq ou six cents livres.

— Fichtre… Si peu ! s'énerva-t-elle.

Qu'en avait-elle fait ?

— À qui donc ai-je prêté ?

Jean repensa aux propos de Villedo :

— Georges Gantier ? lâcha-t-il la gorge sèche. Le compagnon de votre fille, Anne… Il est menuisier.

— C'est bien possible…

— Et combien lui avez-vous confié ?

Elle chercha encore, puis se souvint que la somme était inscrite sur un papier caché dans le fond du coffre.

— Lis pour moi. Mes yeux sont fatigués.

L'écriture était tremblante.

Trois mille livres, le 6 mars ;

Deux mille, le 4 mai ;

Cinq mille, le 3 juillet.

En face, figuraient les initiales *G.G.*, Georges Gantier, seule preuve des avances. En aucun cas une reconnaissance de dette.

— Il ne vous reste rien d'autre ?

— Bien sûr que non ! grimaça-t-elle.

— Et combien devez-vous à vos fournisseurs ?

Elle sortit du même coffre un carnet noir rempli de chiffres.

— Tout ce qui n'est pas barré est à payer. Ton père est au courant.

En parcourant la dernière page, il releva plus de deux mille livres de dettes.

Chapitre 30

UN FLOT incontrôlable d'événements surgissait chaque jour dans la vie d'Amandine et de Jean. Ils avaient l'impression d'être entraînés dans un torrent déchaîné, bringuebalés par une force invisible. Se noyer ne pouvait pas être pire. La seule manière d'en sortir était de s'accrocher aux choses sûres, indiscutables – chemins, fossés, bosquets, prés, étangs, mares, tous ces paysages rassurants de leur enfance.

Dans le passé, certaines de leurs expéditions tournaient à l'aventure, surtout lorsqu'ils se rendaient dans une vaste clairière qu'ils situaient loin de Versailles, et c'était comme s'engager sur des terres inconnues. Il leur semblait alors possible de tout quitter, de larguer les amarres pour ne jamais revenir sur leurs pas. Jean y songeait parfois. Amandine serait à lui seul jusqu'à leur dernier jour. Elle ne regarderait, ne connaîtrait plus que lui…

Il y avait très longtemps qu'ils n'étaient pas revenus *chez eux*. Mais aujourd'hui, c'est elle qui lui réclamait ce voyage.

Depuis peu, lorsque les autres – père, mère, entreprise… – les laissaient en paix, ils rejoignaient leur clairière s'étonnant du peu de temps que l'expédition leur prenait. De même, la première fois qu'ils l'avaient revue, elle avait l'air d'avoir rapetissé.

— C'est nous qui avons grandi, avait murmuré tristement Jean.

Amandine l'avait tiré de sa mélancolie en saisissant sa main.

— Regarde ! Il est toujours là…

Au milieu, baigné par le soleil, se trouvait un arbre fruitier sauvage auquel, autrefois, Petit-Jean grimpait pour cueillir les provisions dont ils auraient besoin – s'ils devaient vraiment partir. Désormais, il lui suffisait de tendre le bras pour attraper la manne. Et il le regrettait.

Amandine croquait dans le fruit, le jus sucré faisait briller ses lèvres.

— Embrasse-moi, chuchotait-elle car elle ne se lassait pas.

Lui la désirait autant et, avant de céder à son ordre, il posait les lèvres sur ses seins épanouis, plus attirants que jamais, descendait jusqu'au ventre, lui promettait que sa grossesse la rendait davantage belle.

Un curieux, surprenant la scène, aurait juré qu'ils s'aimaient. C'était vrai. Même Jean se persuadait qu'Amandine s'attachait de plus en plus sincèrement. Les causes de ce revirement étaient multiples. D'abord, il y avait eu cette première nuit où Jean, venant la chercher à la sortie de l'auberge du *Dauphin*, s'était montré aussi doux que tolérant. Il ne l'avait pas jugée et ses mots l'avaient touchée profondément : *Je t'aime comme tu es, et ton enfant fait partie de toi.* Mieux qu'une déclaration, c'était la promesse, sans condition, de tout comprendre, peut-être de tout partager quand, à l'instant, elle avançait dans le noir, envisageait de mourir. Elle se noyait et Jean lui tendait la main. Qui aurait refusé ce secours ? Amandine retrouvait celui qui lui avait toujours pardonné et ne l'avait jamais trahie. Dans ce moment où la confusion et l'émotion se mêlaient, elle s'était abandonnée, confiée à cet amant, l'éternel chevalier qui avait attendu tant d'années et se montrait toujours idéalement tendre et patient, ce qu'elle désirait par-dessus tout après avoir tant souffert.

Mais il y avait autre chose. Jean lui donnait du plaisir. Infiniment. Le feu et l'onde apaisante surgissaient chaque fois, de plus en plus fort, de plus en plus intimement, et leurs corps se soudaient irrémédiablement comme la lave mille fois attisée, mille fois forgée devient un seul fer et une seule lame.

L'esprit, appelé autrement le cœur ou les sentiments, n'était pas en reste car ces mêmes années où ils avaient appris à se connaître jouaient maintenant en leur faveur. Le chemin déjà parcouru était autant de gagné sur ce qui épuise les autres, acharnés à se découvrir tandis que percent peu à peu ces désaccords qui écorchent l'idéal, mettent à nu la vérité et, finalement, éteignent le feu. Eux, ils ne pouvaient être déçus. Fallait-il alors craindre que le manque de surprises affadisse la passion ? Il eût fallu pour cela qu'ils en aient le temps. Les épreuves les rapprochaient encore et si, cruelles qu'elles fussent, renforçaient leurs liens comme des êtres blessés devenus indissociables. L'amour (ou le feu) cautérisait le malheur. Marguerite avait raison de dire que le bonheur avait un prix.

— Embrasse-moi, répétait Amandine.

Elle s'allongeait dans l'herbe haute de leur petit royaume, l'invitait d'un sourire à la rejoindre. Oui, l'adversité avait au moins ceci de miraculeux : elle les unissait.

— Je vais être papa, chuchotait-il en mordillant son oreille.

Dans ce moment-là, le temps d'un dimanche après-midi, ils imaginaient qu'ils pourraient sans doute être heureux. Jean se montrait d'une extrême douceur, prenant soin d'elle autant que du petit être qui grandissait dans son ventre comme si, vraiment, il en était le père. Elle, le plus souvent, réclamait ses caresses parce que le désir revenait chaque fois de plus en plus fort ; qu'avec lui, le visage, les mains, la douleur du valet s'effaçaient, et de plus en plus sûrement.

Ils faisaient l'amour dans leur grand royaume, à l'abri des regards, et longtemps après, la main toujours posée sur le ventre d'Amandine, il répétait à voix basse : « Je vais être papa. »

Pourquoi fallait-il qu'ils rentrent et retrouvent la douleur ?

*

L'atmosphère chez Le Faillon était irrespirable. Le père restait muet sauf pour dire : « Je dois pisser. » La scène dégradante se répétait. Mélisande et son fils le soutenaient vaille que vaille jusqu'à la porte. Il sortait en chemise, presque nu comme un ver, se faisait dessus. Son épouse lui lavait les pieds. Ils rentraient tous les trois. Le silence retombait. Jean annonçait qu'il partait au chantier et c'était sa façon de se libérer. Son père ne lui demandait jamais ce qu'il faisait, où il en était. La maison du fontainier serait terminée avant la Saint-Martin. Les trois Limousins qui l'accompagnaient encore préparaient leurs baluchons. Deux seraient recrutés chez le maître bâtisseur Mazière. Le dernier rentrerait chez lui, il quittait Versailles pour toujours. Et Mélisande se tordait les mains et suppliait son fils de lui expliquer ce qu'ils mangeraient cet hiver.

Les Pontgallet étaient ruinés. Achevée, la maison du fontainier ne laisserait que trois mille livres, payées en trois échéances, et l'entreprise devait sans doute encore de l'argent à des créanciers qui deviendraient impatients, de plus en plus agressifs. L'accident de Le Faillon précipitait seulement les événements. Sans son compagnon, l'édifice Pontgallet n'était pas viable.

*

En se rendant chez Marguerite, Jean espérait un secours. Il avait découvert que la situation était pire que prévu. En comptant pièce après pièce ce qui croupissait dans le coffre, il n'avait pu réunir que cinq cent soixante-dix livres. Le reste avait disparu ou plutôt se trouvait dans la poche de Gantier... La nouvelle avait fait son chemin, entrant peu à peu dans la cervelle fragile de la veuve Pontgallet. Oui, avait-elle bredouillé, ignorant la présence de Jean, il lui semblait avoir donné au menuisier une somme d'argent, cédant aux suppliques de sa fille Anne. Pour quel usage ? Elle avait haussé les épaules, croyant se souvenir que Gantier avait parlé d'une construction sur des places à bâtir qui rapporterait gros puisqu'il prévoyait de lui rendre le double.

— Quand ? avait tenté le fils Le Faillon.

Marguerite s'était dit à elle-même qu'elle n'en avait aucune idée.

— Anne ! Anne ! hurla-t-elle soudainement.

Sa fille ne répondit pas. Elle était sortie.

La veuve était allée s'asseoir à côté du coffre, restant immobile un long moment, ruminant entre ses lèvres sèches des bouts de mots incompréhensibles.

— Madame... Madame...

Lentement, elle avait levé les yeux.

— Ah, tu es là... Viens, approche, Jean...

Elle avait plongé les mains dans le coffre.

— Tiens, voilà cent livres. Paye le médecin.

Maintenant, elle tendait les bras pour lui faire son offrande.

— C'est impossible, s'était-il interdit. Vous en avez besoin.

— Tais-toi ! Allez, prends et va-t'en.

— Non, je ne veux pas...

Elle s'était penchée à nouveau vers le coffre.

— Voilà encore cent livres. Ce sera pour votre mariage et pour votre petit ange. Je regrette de ne pas faire plus. Maintenant, laisse-moi.

— Vous n'arriverez pas à vous en sortir seule. Il faut…

— Ne t'inquiète pas, avait-elle lâché d'une voix redevenue plus calme. L'épouse de Nicolas Pontgallet en a vu plus que tu n'en connaîtras jamais. Je vais l'emporter. Comme toujours… Allez, laisse-moi. Je dois me préparer.

— Vous préparer… Mais à quoi ?

— Obéis ! avait-elle hurlé en se levant brusquement, les mains ouvertes, remplies de livres.

La bourrasque avait surgi sans prévenir, l'argent glissait entre ses doigts, les pièces roulaient à terre. Elle fixait Jean.

— Vas-tu attendre qu'il ne te reste plus rien ?

Elle s'était approchée de la cheminée. La manne continuait à tomber.

— Prends-les ou je les jette au feu !

Jean avait cédé, se jurant de les rendre à Amandine le soir même puisqu'ils se voyaient. Et puis, il était sorti. Sur le chemin, il avait réfléchi. Cet argent, ils en avaient besoin, elle et lui. Pour l'enfant, le médecin. D'ailleurs, il y avait beaucoup mieux à faire. La ruine de Marguerite avait agi comme un révélateur. Jean savait comment en finir avec tous leurs problèmes.

*

Ce même jour, après le départ de Jean, Gantier était arrivé au domicile de Marguerite comme chez lui, crachant pour se racler la gorge, gueulant comme un porc :

— Anne ! Bon Dieu, Anne ! T'es où donc ?

Il était ivre. Assez pour ne pas se rendre compte de la présence de Marguerite, tapie dans l'ombre de la cheminée.

— Nous sommes seuls…

Gantier avait sursauté.

— Foutre de merde ! Pouvez pas vous annoncer…

— Je suis encore chez moi.

L'autre se gratta l'entrejambe, cherchant ce que cachait l'air mauvais de la vieille.

— Bon, je monte, bougonna-t-il sans attendre l'autorisation.

Marguerite se leva d'un bond et lui barra le passage en le saisissant au poignet. Gantier n'aurait jamais imaginé qu'elle avait tant de force.

— Pas encore...

Il voulut se libérer, elle renforça sa prise.

— Assis, Monsieur Gantier.

Et il le fit, soumis par le regard chaotique qui le menaçait.

— Dix mille livres. Vous me les devez.

Elle tendit la main.

— Payez !

— Tout doux, ma bonne dame... Les affaires, c'est long... Faudra attendre.

— Qu'avez-vous fait de mon argent ?

— Eh ! Je vous ai pas forcée. J'ai même signé votre papier. Mais y a jamais écrit que je dois vous le rendre.

— Qu'en avez-vous fait ? répéta-t-elle.

— Ça vous regarde pas.

— Vendez vos places à bâtir. J'ai besoin de quinze mille livres.

Le ton faiblissait. Gantier comprit que la veuve était désemparée.

— Tiens donc, railla-t-il. La Pontgallet a des besoins... J'y croyais pas, mais ça se chuchote partout à Versailles.

Autrefois, elle n'aurait pas laissé dire.

— Ça fait quoi d'être dans la misère ? s'enhardit-il. Vous faites moins l'arrogante ! Votre air de me prendre pour un moins-que-rien, j'en veux plus. Et avec votre fille, Anne, hein ! va falloir changer de méthode. Plus question de la traiter de fainéante, et moi, de me regarder comme un mange-merde !

Gantier ne sentit pas le coup venir. Marguerite s'était jetée sur lui et le serrait à la gorge. Le vin, la graisse, l'effet de surprise, tout se combina pour le mettre en péril. On l'étranglait. Il étouffait, tomba à terre entraînant cette diablesse. Mais elle s'acharnait, l'agrippait, assise sur lui, à califourchon, les jambes accrochées à ses côtes. Dans la chute, la vieille avait pris un coup sur la tête. Le front saignait, mais elle ne sentait rien. Elle postillonnait, hurlait sur la crapule : « Rendez-moi mon argent ! » Et Gantier crut que la Mort le chevauchait. Son regard se voila quand, soudain, le poids se fit moins lourd. La veuve basculait sur le côté.

Il rouvrit les yeux. Anne était de retour et tenait sa mère par les cheveux, la tirait en arrière. Il se redressa pour regarder le pugilat. Les deux bonnes femmes se crêpaient le chignon. Anne réglait un compte ancien. Elle ne lâchait pas sa mère qui commençait à faiblir, elle lui griffait le visage, cherchait ses yeux pour y planter ses doigts.

— Tu m'as pris Léon ! Maintenant, c'est Georges. Je te hais !

Marguerite ne bougeait presque plus. Elle renonçait, se laissait faire. Sa fille allait la tuer.

Gantier s'avança et attrapa les poignets de sa maîtresse.

— Attends… Elle va crever. Et tu auras tous les ennuis du monde. Laisse-moi m'en occuper.

Anne libéra sa prise, s'écarta en rampant de deux bons mètres et finit par s'asseoir sur les fesses, jambes écartées, épuisée, hagarde, les yeux révulsés. Marguerite n'était guère mieux. Accroupie, la tête penchée de côté, elle regardait son sang qui coulait sur la pierre.

— Je sais comment calmer les chiennes enragées, dit Gantier.

Il s'approcha de la veuve.

— Prends ça.

Le coup de pied partit. En plein dans le ventre.

— T'inquiète, grogna Gantier. La charogne est costaude.

— Ne revenez jamais ou je vous tuerai, parvint à murmurer Marguerite avant de se laisser aller sur le sol.

Chapitre 31

AVANT CE nouveau drame qui frappait le clan Pontgallet, Amandine affichait une détermination incroyable. Oublié, le cruel projet de se séparer de l'enfant. Oubliées, semblait-il, les rêveries versaillaises. Et si elle continuait de travailler à la Bouche du Roi, c'était pour rapporter une livre par semaine qui partait dans la soupe. Désormais soutenue par Jean, enfin attendrie par cet homme lui prouvant chaque jour davantage qu'il l'aimait, elle ne songeait qu'à vivre. *Tout était dur, tout le serait longtemps, mais ils s'en sortiraient.* Bien sûr, en chassant le naturel, celui-ci revenait au galop. L'ardent désir que sa vie change ne la quittait pas, mais, désormais, le futur se conjuguait avec la compagnie d'un peintre, un jour célèbre, bras droit du maître Le Brun. Jean lui avait raconté ces quatre mois à Paris et si le faussaire Apkarian, l'aubergiste Barroubas, l'artiste Pierre Lobiot revenaient souvent dans ses récits, il évitait d'évoquer Betsabea. Car voilà qu'Amandine devenait jalouse. Et fière. La modestie naturelle de Jean – il ne se vantait jamais de son art – ne suffisait pas à cacher son talent. À contrecœur, il reconnaissait en effet que ses tableaux se vendaient comme des petits pains.

Amandine n'avait peut-être pas la bosse du commerce, mais comprenait qu'on achetait ce qui avait de la valeur. Un nouveau conte de fées se dessinait. Elle en oubliait

Versailles. Elle vivrait à Paris. Pourquoi pas à Rome, une ville mythique qu'elle situait aussi approximativement que le paradis bien que Sa Sainteté le pape y habitât ? *Et tout s'organisait, et même si rien ne se réalisait encore, tout se solutionnerait.* L'argent, l'entreprise, un miracle se produirait. Le père de Jean retrouverait même l'usage de ses jambes.

Amandine ne ménageait pas ses prières. Si fortes, si sincères, si inspirées, qu'elle crut être exaucée le jour même où se produisit l'effroyable face-à-face entre Georges Gantier et Marguerite.

En fin de journée, lorsque Jean lui avait annoncé que sa grand-mère était ruinée, le ventre d'Amandine s'était contracté. L'enfant se révoltait, même lui n'en pouvait plus. Il tapait, remuait pour dire qu'il en avait assez ! Assez de ce monde avant de l'avoir vu. Sa mère caressa son ventre, elle apaisa leurs craintes, mais elle était du même avis. Gantier, l'amant de sa mère, les avait dépouillés… Dieu du ciel, partir, oui, partir ! Fuir à Paris ou à Rome, voir naître son petit et recommencer à vivre… Jean ne pouvait qu'être d'accord.

— Tu oublies mon père.

Amandine avait mis les mains sur ses oreilles. Son ventre lui faisait mal. Elle et l'enfant ne voulaient plus rien entendre.

— Tais-toi !

Gentiment, Jean la prit par les poignets.

— J'ai la solution. J'ai trouvé comment résoudre tous nos problèmes.

Et, en l'écoutant, elle comprit qu'il ne mentait pas.

*

En rentrant ce soir-là chez elle, Amandine pensait sauter au cou de sa grand-mère. Sauvés ! Les dettes seraient honorées, Mélisande pourrait payer les frais nécessaires aux soins de son mari. Et l'enfant aurait de quoi manger, au moins quand il naîtrait. *Tout s'organisait ; bientôt tout se réaliserait.* Mais en ouvrant la porte, elle avait trouvé la maison vide, la cheminée éteinte et, sur la table, les restes du repas de midi. Que sa mère ne soit pas là n'était pas une surprise. Elle devait boire quelque part avec Gantier, et il valait mieux qu'elle ne voie pas ces deux-là. En revanche, l'absence de Marguerite l'inquiétait. Elle sortit pour aller vérifier dans l'entrepôt. Travaillait-elle sur ses comptes, cherchant les sous qui lui manquaient ? Ici aussi, tout était désert.

Alors, elle aperçut à l'étage la lueur d'une faible chandelle.

*

Le visage tuméfié, sa grand-mère était prostrée dans son lit.

— Gantier… annonça-t-elle avec difficulté. Il nous a volés.

— Je sais, grand-mère… Est-ce lui qui t'a frappée ?

— J'ai… j'ai voulu…

— Je te connais. Tu as joué les fiers-à-bras, pensant tout régler, sourit Amandine, mais ses poings se fermaient, la rage montait de son ventre.

— Il n'était pas seul… Mon Dieu, Anne…

Les larmes se servaient des rides du visage pour couler jusque dans le cou. Chez Amandine, la douleur revenait. L'enfant lui disait de ne pas écouter.

— Ma mère ? demanda-t-elle parce qu'elle refusait encore d'y croire.

Marguerite ferma les yeux.

— Où est-elle ? hurla la jeune femme en se relevant brusquement alors qu'un couteau entrait dans ses entrailles.

— Partie… Elle ne reviendra pas. Et ce n'est pas sa faute. Je lui ai fait tant de mal, marmonna la veuve. Ne lui en fais aucun, je te l'interdis.

— Que racontes-tu, grand-mère ? grimaça sa petite-fille.

— Laisse-moi avec mes ombres… répondit-elle simplement.

Ses paupières refusaient de s'ouvrir.

— Je veille sur toi, chuchota la future maman sur le ton dont on use pour bercer les enfants d'histoires merveilleuses.

La douleur faiblissait. Le petit la laissait en paix.

— Ne te fais plus aucun souci, dit-elle en s'adressant aux deux. Jean a trouvé le moyen de nous sauver. Alors, écoute-moi…

Mais plus elle parlait pour la rassurer, plus Marguerite se vidait de son sang. La solution trouvée par Jean réveillait le passé et ces ombres qui la rendaient folle. Maintenant, Amandine avait tout dit. Et le *Roi noir*, le pire ennemi de Marguerite, surgissait des abysses pour venir à leur secours.

Chapitre 32

LES SOUVENIRS. Le roi lui-même s'y accroche. Où est passé le temps du *Grand Divertissement*, fêtes versaillaises inouïes qui dépassèrent en splendeur *Les Plaisirs de l'Île enchantée*[1] ? Louis regrette l'époque de ces éternelles réjouissances, lorsqu'il adorait Athénaïs. Mais les souvenirs de Versailles ont, à ses yeux, ceci de cruel : chaque allée, chaque saison, chaque pièce lui rappelle ses amours. De Louise de La Vallière à la marquise de Montespan, c'est un chapelet d'émotions qui, parfois, tourne au chemin de croix. La passion vient, fait long feu et s'éteint. Après des années de triomphe, *la Sultane de Versailles* pâlit elle aussi.

Ce matin de juillet 1680, Louis sait que Colbert veut lui parler d'elle, d'Athénaïs, mais pas ici, pas dans l'Appartement des Bains. S'il se laissait aller, il entendrait les soupirs de sa maîtresse, la musique de l'eau lorsqu'elle sortait du bain, nue, ruisselante, désirable, et l'appel de ses sens, gémissante, offerte sur le lit où ils se sont tant de fois donnés l'un à l'autre. Il se souvient exactement de chaque endroit où la main d'Athénaïs s'est posée, pourrait décrire la couverture

1. Fêtes somptueuses données à Versailles en 1664 et 1668. Voir *Un jour, je serai roi* et *Le Roi noir de Versailles*, *op. cit.* En 1674, les jardins accueillirent les *Divertissements de Versailles* qui se conclurent, la nuit du 31 août, par une expédition en gondole sur le Grand Canal encore inachevé.

de soie et d'or où sa tête s'est inclinée, ses yeux se sont fermés, comblée par la jouissance. Ce lieu n'était qu'à eux.

Il faudra composer avec ces secrets lorsque, courtisans et princes, seront à Versailles. Quand ils viendront tous là, marchant à ses côtés, lui seul reconnaîtra la trace désormais invisible du soulier de sa maîtresse frôlant le gravier du parterre de Latone. Autant de petits cailloux blancs, d'appels à ce qu'ils vécurent. Ainsi, Versailles dissimulera à jamais les regrets de la passion qu'il ne confiera à personne. Alors, de grâce, Colbert, s'il s'agit d'évoquer la déchéance de la marquise de Montespan, pas ici, pas encore. Qu'il continue de parler des jardins, de l'eau, des fontaines – sujet crucial. À son tour, le surintendant doit montrer de la patience. Quand le moment sera venu, ils aborderont l'Affaire des Poisons, devenue si capitale que Paris l'honore d'une majuscule. Mais qu'on accorde au roi un sursis. Ensuite, il fera ce qu'il doit.

À qui peut se vaincre soi-même, il est peu de chose qui puisse résister… Louis XIV, devenant le Roi-Soleil, triomphera de ses sentiments. Il écoutera la raison, se penchera sur le cas de sa favorite qui serait liée à ce maudit procès fait aux devineresses infiltrées jusque dans le cercle des intimes. Athénaïs a-t-elle été envenimée par les sorcières ? A-t-elle pratiqué d'insensés rites sataniques ? A-t-elle fait usage de philtres pour rendre son amant plus amoureux ? Des insinuations laissent croire qu'elle fricote avec le poison, s'adonne à l'enfer. Voilà peu, La Reynie a saisi un placet[1] sur lequel aurait été déposée une poudre suspecte. Donnée aux chiens, ils s'étouffèrent. La médisance a fait le reste. Un(e) proche aurait pu commettre ce crime de lèse-majesté…

Louis n'y croit pas, ne veut pas. Il attend, il espère. La Reynie est au travail. Il a sa confiance. Ce qu'il conclura sera juste. Dès lors, que Colbert souffre de ne pas s'exprimer

1. Lettre adressée au roi pour lui demander une faveur.

sur un sujet aussi brûlant que le brasier des empoisonneuses. Le roi veut encore vivre avec ses souvenirs.

Il s'est promis de trancher avant d'installer la Cour à Versailles. Pour oublier, si d'aventure... il détruira l'Appartement des Bains où leurs étreintes n'avaient nul besoin d'élixir d'amour. Il effacera ce qui l'infecte, se jure de ne garder que le meilleur. Mais son cœur, que fera-t-il du pire ?

*

Marguerite, elle aussi, était rongée par les souvenirs. Les siens avaient peu à voir avec l'amour. Surgissait dans la nuit le fantôme de Léon qu'elle s'accusait d'avoir mené à la mort en lui révélant que Delaforge, le *Roi noir*, était le père d'Amandine. Puis arrivait ce dernier, le manchot, l'obscur, l'ignoble apprenti de son défunt mari qui avait tué son fils et fait mourir de chagrin le regretté bâtisseur. Sa vie misérable, ce qu'elle s'acharnait à oublier sans y parvenir, surgissait et remontait de l'*étang puant* quand Amandine lui racontait la manière dont Jean agirait pour la sauver de la misère.

Il fallait d'abord que sa petite-fille fasse un aveu : elle et Jean allaient déterrer un trésor à l'origine plus que douteuse.

— Te souviens-tu, grand-mère, de la nuit où le *Roi noir* m'a sauvée de la mort ?

Marguerite avait entrouvert faiblement les yeux. Amandine avait pensé que ce moment si lointain s'était effacé. Pour venir au secours de sa mémoire, des explications étaient nécessaires.

— Nous étions, Jean et moi, près de l'*étang puant* lorsque Ravort surgit dans notre dos. Il était entouré de deux hommes à lui, des *Sans Aveux* qui s'étaient échappés de la souricière du lieutenant de police, ce brave Monsieur de La Reynie. Il tenait une arbalète et nous menaçait. Il voulait nous tuer. Mais sais-tu pourquoi il se trouvait là ?

Amandine n'attendit pas.

— Il venait chercher l'argent d'Étienne, le bailli de Versailles qui l'avait enterré par ici. Quelle débandade ! Monsieur de La Reynie vidait Versailles de ses canailles : Ravort, sa troupe et leur complice, le bailli Étienne, l'homme à la main collante qui avait caché son magot parce qu'il n'était pas très honnête… Veux-tu un peu d'eau ?

Marguerite n'avait fait que secouer la tête.

— As-tu encore mal ?

Elle avait levé une main.

— Continue…

— Convaincus que nous allions mourir, les lascars se sont laissés aller aux confidences. L'un d'eux était pressé. Il craignait de voir surgir les gens d'armes du lieutenant de police. Alors, il a demandé où se trouvait le coffre. Ravort a montré un arbre mort penché sur la gauche et il a dit : « Il est là, enterré sous trois pieds… » Pour tout te dire, j'étais si effrayée que je n'ai pas prêté attention à tout ça. Mais Jean, lui, n'avait rien oublié[1]…

Ensuite, le *Roi noir* avait surgi juste au moment où Ravort dirigeait son arbalète sur Amandine. Plus rapide que la foudre, il avait tranché d'un coup net la gorge d'un second de Ravort tandis que le chien Pagaille s'acharnait sur l'autre. Mais il restait Ravort et le carreau[2] qu'il pointait en direction de Delaforge.

— Le fer est entré dans le ventre de mon sauveur. Personne d'autre n'aurait pu y survivre. Lui a fait un pas, puis un autre, pendant que Ravort essayait de réarmer…

Amandine vivait la scène. Le *Roi noir* la sauvait. Toujours silencieuse, Marguerite la regardait. L'homme qui lui avait fait tant de mal était à jamais attaché au sang des Pontgallet.

---

1. L'histoire est détaillée dans *Le Roi noir de Versailles*, *op. cit.*
2. Carreau : flèche quand il s'agit d'une arbalète.

— Je me souviens des mots qu'il a prononcés en tuant Ravort : « Si tu cesses de vivre, c'est par ta faute... »

La veuve crevait d'envie de hurler que son fils était mort pour rien, qu'il n'avait commis aucune faute !

— Aujourd'hui encore, il nous sauve, continuait l'inconsciente. Nous allons chercher la rapine du bailli. Et c'est mérité... Elle nous servira pour payer nos dettes et soigner le père de Jean.

Elle avait soupiré !

— Le *Roi noir*... Notre *bonne étoile.*

Et c'était murmuré à la façon dont s'achèvent les contes d'enfants.

*

Marguerite avait laissé partir sa petite-fille l'assurant qu'elle se sentait déjà mieux, ce qui bien sûr était faux. Non, répétait-elle, elle ne redoutait pas le retour d'Anne ou de Gantier. Ils n'oseraient pas... Et Amandine était si impatiente – Jean l'attendait – qu'elle avait fait sans doute mine de la croire.

— Ne t'inquiète pas, grand-mère. Je reviendrai après.

Afin de la rassurer, Marguerite s'était levée pour l'accompagner à la porte. Un signe, un au revoir, un tour de clef. Le dos la faisait souffrir, mais ce n'était rien. La tête ! Là-dedans tout était chamboulé. La vérité, le passé, le présent, la silhouette des disparus qui chaque nuit la hantait, ils s'invitaient en vrac, en désordre, pour la danse de Saint-Guy. Les corps se disloquaient, les voix se déformaient, ils riaient, beuglaient, l'appelaient. Du sang, il y en avait des flots. Il jaillissait de l'*étang puant*, remontait par le chemin des Loups qui menait chez elle, entrait dans sa chambre. Elle-même s'était mise à crier. Mais ce n'était pas assez. Elle hurlait à s'en arracher les cordes vocales, suppliant *ces choses* de déguerpir.

En beuglant si fort, si longuement, se jetant par terre, tordue dans tous les sens, se tapant la tête contre les murs, rouvrant sa plaie au front, elle avait fini par obtenir le silence. Mais la paix réclamait son prix. Sa voix était partie avec les démons. Ils la lui avaient prise comme une sorte de donnant, donnant. Du moins, l'avait-elle cru. En ouvrant la bouche, en cherchant à prononcer un mot, rien n'était sorti. D'ailleurs, à qui aurait-elle parlé ? Elle était seule. Enfin seule. Et si elle ne bronchait pas, il y avait peu de risques qu'*ils* reviennent la hanter. Oui, se disait-elle, il faut se taire, se faire oublier, disparaître afin qu'*ils* ne la retrouvent jamais. Elle était montée dans sa chambre pour se coucher, sans ouvrir la bouche de peur qu'*ils* n'entrent à nouveau dans sa caboche. Et s'était endormie ainsi.

*

Jean et Amandine marchaient sur les traces de leur passé, revenant après tant d'années au bord de l'*étang puant* menacé par les constructions qui se rapprochaient et par le Parc-aux-Cerfs grignotant chaque jour davantage la sauvagerie des lieux.

— Regarde, chuchota Jean.

L'arbre mort penché sur la gauche était là.

Il attrapa la pioche de l'entreprise Pontgallet, l'éleva, frappa le sol en s'aidant d'un grand « Han ! » L'eau affleurait, sinistre et noire. Des branches tordues remontaient du fond. Autrefois, on venait jeter des animaux morts. Malgré l'effort qui faisait suer son front, il frissonna. La dépouille du *Roi noir* gisait forcément au fond puisqu'il avait fui dans cette direction après avoir tué Ravort et que sa blessure était fatale.

Jean entendit du bruit. Il s'arrêta de cogner. Une branche apparut à la surface de l'étang. Autour, des bulles se formaient, l'odeur de la vase était infecte. Il crut voir le bras du *Roi noir*. Idiot ! se raisonna-t-il. L'appendice du manchot était en ébène. Non, tout était englouti, digéré, chair, os et carcasse.

— Tu es certain que c'est là ?

— Parle moins fort, Amandine…

À nouveau, ils avaient dix ans. Et la peur qui allait avec.

Le coffre était enseveli sous trois pieds de terre.

Creusait-il au bon endroit ?

Jean reprit son labeur. Il en avait pour des heures.

Chapitre 33

JEAN AVAIT creusé profond et le coffre ne se montrait toujours pas. La lune se cachait. Il était épuisé. Le trésor était là, c'était certain, mais le sol était meuble. Le coffre avait peut-être bougé et sommeillait à un demi-pied – à gauche ou à droite – de l'endroit où il s'acharnait.

— Repose-toi un peu, l'implora gentiment Amandine.

Jean sortit du trou et, dans un mouvement de désespoir, y jeta la pioche. Le bruit mat, métal contre métal, s'entendit nettement. Il fit aussitôt le chemin inverse. À genoux, il grattait comme un chien fixé sur le terrier. Le coffre n'était pas où il avait creusé, mais sous le carré où il se tenait pour retourner la terre. À un pied de vingt mille livres.

Ils en prirent mille et décidèrent que le solde resterait sur place pour le moment. Le coffre était trop lourd. Ils reviendraient le chercher. Le trou fut bouché, le reliquat de terre éparpillé, la fouille recouverte de branches et de feuilles pour ne pas attirer l'œil. Mais personne ne venait par ici. Puis, ils coururent chez la veuve Pontgallet.

*

Amandine tambourinait à la porte. Personne ne répondait.

— Grand-mère ! Marguerite !

Le jour se levait. Elle était épuisée, ses vêtements sentaient la fange, son ventre lui faisait si mal qu'elle dut s'asseoir. Jean était déjà à l'œuvre. La pioche en main, il tentait de forcer une fenêtre pour entrer, mais le châssis résistait. Il brisa la vitre, leva l'espagnolette. En passant la main, il accrocha un morceau de verre effilé. Le sang se mit aussitôt à couler. Sa main de peintre ! Son bien le plus précieux. Il ôta sa chemise souillée de boue et comprima la plaie. Puis, il sauta dans la pièce, courut ouvrir à Amandine qui marqua le pas en voyant le vêtement enroulé autour de la paume, rougi par le sang.

— Ce n'est rien, mentit-il. Vite ! Entre…

Elle lui avait raconté l'affrontement entre sa grand-mère et Gantier, évoquant du bout des lèvres, la mort dans l'âme, la férocité de sa mère. Pour ne pas accroître le chagrin d'Amandine, Jean n'avait pas cherché à en savoir davantage et puis, cette nuit, il y avait eu d'autres choses à faire : trouver le coffre du bailli. Mais, à présent, la maison sans bruit, comme abandonnée, avait de quoi les angoisser. Dieu, songea Amandine, quand trouverait-elle le repos ?

Jean était dans l'escalier, la pioche dans la main gauche. Il ne pensait pas à la douleur, concentré sur ce qu'il redoutait : une ombre jaillissant de la semi-obscurité et se jetant sur lui pour le tuer.

Derrière lui, le plancher craqua. Il se retourna violemment.

— Bon sang, chuchota-t-il, retourne en bas, Amandine…

Elle fit non de la tête – et même pire. Elle passa devant et ouvrit la porte de la chambre de sa grand-mère.

*

Elle dormait profondément, c'était la seule explication, mais elle semblait si calme, si apaisée, qu'Amandine imagina…

— Grand-mère… supplia-t-elle en lui prenant le bras.

Les yeux se rouvrirent.

— Madame Pontgallet, m'entendez-vous ? insista Jean en s'avançant.

Les lèvres ne bougeaient pas.

— Qu'y a-t-il ? Avez-vous mal ?

Le regard restait fixe.

— J'ai de bonnes nouvelles, fit mine de ne pas s'inquiéter sa petite-fille.

Elle se tourna vers Jean :

— Donne-m'en quelques-unes…

Non sans mal, il sortit d'une musette une poignée de pièces.

— Regarde ! Il y en a plus de dix. Et regarde encore…

Sans le regarder, elle en réclamait d'autres, et Jean les extirpait d'un puits sans fond. Amandine montrait les pièces, les posait au pied du lit.

— Là, tu en as au moins cent, s'excitait Amandine. Et ce n'est rien ! Combien, au total… Devine. Allez, dis un chiffre !

Autant interroger un mur.

— Vingt mille ! Vingt mille livres…

Elle se mit à danser sur place.

— Tu n'auras plus jamais de soucis. Nous allons payer les créanciers et il en restera assez pour tenir des années…

La veuve Pontgallet ne broncha pas. Bien sûr, elle entendait. Mais, il y avait les ombres qui la tourmentaient et attendaient qu'elle prononce un mot.

— Grand-mère, je t'en supplie, dis quelque chose…

Amandine se pencha vers elle et l'embrassa.

— Grand-mère, glissa-t-elle à son oreille, tu ne dois plus avoir peur.

Marguerite sentait la caresse des cheveux de sa petite-fille, le souffle rassurant de sa respiration. Le jour entra par la fenêtre. La nuit était finie, les ombres parties, la bataille s'achevait. Elle ouvrit la bouche pour prononcer un mot, mais aucun ne sortit.

Chapitre 34

ILS ÉTAIENT RICHES... Pourtant, ce matin de juillet 1680, neuf mois après avoir trouvé les vingt mille livres du bailli, Jean se retrouve dans la file des embauches du chantier de Marly. Comme des centaines d'autres, il creusera les rives de la Seine du côté de l'île Gautier, sur le territoire de Bougival, renommée *l'isle de la Machine au Roy* à cause de cette idée étrange de détourner un fleuve pour alimenter une poignée de jets d'eau à Versailles.

Pour lui comme pour les autres, creuser le Grand Canal ou le chemin de Saint-Germain à Paris, c'est du pareil au même : des heures, le dos courbé, les pieds dans la boue, le nez dans le limon à avaler les miasmes qui donnent la fièvre et terrassent les plus forts.

Des étrangers se sont joints aux terrassiers. Ils viennent d'un coin du nord appelé Wallonie, se prétendent les meilleurs, s'il s'agit de construire des galeries et d'endiguer les flots de boue déboulant brusquement pour engloutir les hommes coincés en bas. Leur présence, signe de danger, ne rassure personne. Le travail sera dur, risqué. Il y aura des morts.

Jean Le Faillon se masse la main droite, engourdie depuis qu'il s'est salement coupé en passant par la fenêtre de Marguerite. Tenir la pioche, ce n'est pas ce qu'il y a de mieux. Mais puisqu'il n'est plus peintre...

Il avance d'un pas. Encore une heure avant que ne vienne son tour de toucher la prime de Marly : trois livres d'avance, contre la promesse d'un engagement de trois mois.

*

Au cours de la matinée qui avait suivi la découverte du trésor du bailli, le médecin était venu examiner Marguerite. Ce genre de phénomène dépassait largement ses compétences. Redresser un bras, recoudre un front, couper une jambe, fixer une attelle à une autre qui partait en quenouille, c'était son commun. Soigner une femme qui ne parlait pas ? Cela relevait plutôt du curé, avait même à voir avec le diable.

Le médecin Éloy Martin ne s'était pourtant pas déplacé pour rien. D'abord, il avait touché les cent livres dues pour le cas Le Faillon et une avance de cinquante afin de couvrir les frais de quinquina, d'onguent et de saignées qui, d'ailleurs, ne diminuaient aucunement la paralysie. Il n'avait pas fait de commentaires en encaissant la somme, même si le retournement de situation avait de quoi surprendre. Ce n'étaient pas ses affaires, il était payé, et il mit l'aubaine sur le compte de la veuve que l'infirmité rendait plus *malléable*. L'entourage profitait de la situation et puisait dans sa réserve. Eh ! La vieille était plus riche qu'il n'y paraissait et le médecin se promit d'en conter trois mots à son épouse qui adorait les commérages.

— Il s'agit d'une sorte d'attaque brutale qui a fixé le sang dans sa tête. Une saignée ne servirait à rien. D'ailleurs, où devrais-je la pratiquer ? Ouvrir le crâne… Beaucoup de risques, guère de chances de réussir. Allons, elle ne manque de rien (il pensait à l'argent) et vous êtes à ses côtés. Ne la laissez jamais seule et faites en sorte qu'elle ait chaud. Le sang finira par se liquéfier à nouveau…

Il soupira.

— Ou peut-être pas. Cette femme est si usée…

Il se leva. Les pièces pesaient lourd dans sa poche.

— Montrez-moi cette main, jeune homme…

Il tenait le moyen d'obtenir cinq livres de mieux.

L'examen fut rapide. La blessure était profonde et la terre se mêlait au sang, menaçant d'infecter durablement les chairs.

— Bougez…

Jean grimaça. Sa main était douloureuse.

— Je vois, dit Éloy Martin d'un ton assuré.

Ce genre de blessure-ci lui fournissait son pain quotidien. Il prit la pause et récita sa leçon.

— Sous la peau se cachent les os et un ensemble de muscles activant les mouvements de la main. Comme ceci…

Il bougea le poignet et les doigts un à un.

— Regardez le mouvement et combien la mécanique est délicate… La main entre en action grâce aux… filins (il ne trouva pas mieux pour faire comprendre sa science aux profanes) qui, de la paume, se prolonge jusqu'à la dernière articulation des doigts, appelée phalanges.

— Tout cela nous mène où ? dit Jean d'une voix agacée.

— Votre annulaire et votre index ne bougent plus dès la deuxième phalange. J'en déduis que le… câble est sectionné ici et ici, ce que confirment d'ailleurs vos entailles profondes puisque la chair est ouverte jusqu'à l'os.

Il prit la main, écarta la plaie et la gratta à l'aide d'un stylet aiguisé à la propreté douteuse.

Jean serra les dents. La douleur était insupportable.

— Au moins, vous sentez quelque chose, se défendit Martin, et j'ose espérer que la nature refixera les choses en les cicatrisant. Ce sera cinq livres.

Pour le même prix, il conseilla des bains d'eau tiède et prescrivit de couvrir le pus d'un linge blanc et propre. Puis il partit.

— Ne t'inquiète pas. Dans un jour ou deux, cela ira mieux.

Jean tentait de rassurer Amandine, mais ce n'était pas à Versailles qu'il trouverait le bon médecin.

*

L'état de santé de Marguerite nécessitait une présence permanente. Jean vivait désormais chez elle avec Amandine, profitant de son repos forcé pour reprendre, *comme il pouvait*, les affaires de l'entreprise.

Malgré son peu d'expérience, il comprit rapidement la gravité de la situation. Gantier avait vidé les caisses et de nouvelles dettes apparaissaient. C'était une pagaille incroyable, sans qu'il soit possible de faire le tri entre ce qui était payé et dû.

Bien sûr, son père l'interrogeait. On le sortait de son lit, l'installait vaille que vaille dans un fauteuil dont il ne bougeait de la journée et Jean se pliait à l'examen des « affaires en cours ». Il les inventait, parlant avec certitude de la construction après l'hiver de trois maisons pour des valets de la Maison du Roi. Comment tiendraient-ils d'ici là ? Il souriait avec assurance, prétendant que l'entreprise disposait de réserves, que Marguerite y allait de sa poche et faisait preuve d'une force, d'une abnégation incroyables. Qu'elle voulait sauver l'héritage de son mari. Puis, de peur de s'embrouiller, il changeait de sujet.

— Tu ne veux toujours pas qu'elle vienne te voir ? demandait-il en connaissant déjà la réponse.

— Pas encore, rétorquait invariablement Le Faillon. J'attends d'aller mieux.

C'était par orgueil. Il ne voulait voir personne. Et Jean ne faisait rien pour le convaincre du contraire. Marguerite aurait été incapable de se déplacer.

Une fois son fils parti, il s'enfermait dans ses pensées, et Dieu savait qu'elles étaient noires. Jean était incapable de prendre sa suite par manque de métier et d'expérience. Le Faillon doutait des commandes, mais évitait de poser des questions précises. Assurément, la situation était embellie pour le rassurer. Il n'était pas dupe, mais ne remerciait personne de chercher à lui mettre du baume au cœur. L'entreprise tenait, imaginait-il, grâce à Marguerite dont la générosité s'expliquait parce que sa petite-fille était enceinte de son fils. Il y croyait et ce qui, hier, l'aurait réjoui, le mettait en rage. Il se sentait paria, redevable, vivant aux crochets de sa bienfaitrice. Voilà qui expliquait qu'il ne veuille pas la voir. L'orgueil ! Il ne lui restait que ça.

*

Combien de temps ces mensonges tiendraient-ils ?

Amandine avait quitté la Bouche du Roi et demeurait auprès de Marguerite qui ne sortait pas de son mutisme. Pourtant, elle souriait lorsque sa petite-fille entrait dans la chambre, son regard s'allumait, sa tête bougeait. Pour le reste, rien… Son corps refusait de lui obéir [1].

La vie, pourtant, réservait quelques plaisirs à Jean et Amandine. Ils étaient riches… et vivaient désormais sous le même toit. Ils s'endormaient, se réveillaient ensemble, la jeune femme souffrait moins du ventre. L'argent allégeait leur peine. Jean répétait à sa mère qu'elle ne manquerait de rien. L'argent tombé du ciel était une avance consentie par Madame Pontgallet. Quand l'entreprise irait mieux, quand

---

1. Tout laisse penser que Marguerite est victime d'une apoplexie, terme utilisé autrefois pour désigner un accident cardiovasculaire. La perte de la motricité et les troubles du langage font partie des symptômes. L'âge et l'état dépressif sont des facteurs de risque.

il aurait recouvré l'usage complet de sa main, Mélisande n'aurait rien à rembourser…

Elle le croyait sur parole, ou elle faisait mine, incapable d'entendre une mauvaise nouvelle.

Si la plaie s'était refermée, que l'infection se résorbait, la rigidité de la main ne disparaissait pas. Jean pouvait tout juste tenir un outil. Peindre ? Travailler de nouveau pour le receleur Apkarian ou se rendre à Rome afin d'apprendre ? Outre la gêne inconciliable avec la dextérité exigée par cet art, il devrait quitter Versailles, son père, Marguerite, laisser l'entreprise s'effondrer. Amandine ? Elle-même renoncerait à l'aventure. À six mois de grossesse, octobre arrivant, après tant d'épreuves, elle se sentait faible. Son énergie était désormais concentrée sur l'enfant.

Jean ne renonçait pas à changer de vie, mais repoussait peu à peu le moment. Au printemps, au plus tard l'été prochain, se persuadait-il, sa main serait réparée, son père irait mieux. Marguerite aussi. Et l'enfant serait né. Il pouvait attendre, disposait de quoi tenir.

Oui, le temps et l'argent effaceraient leurs malheurs.

*

Tout semblait vraiment s'arranger puisqu'ils eurent même droit à la visite d'Anne, miséricordieuse, reconnaissant avoir mal agi et demandant le pardon, allant jusqu'à jurer que Gantier rembourserait. Elle réclamait la paix au nom de l'enfant qu'attendait Amandine, tel un cadeau tombé du ciel. La volonté de Dieu se manifestait. Il voulait qu'ils se réconcilient – et on aurait voulu croire à ces belles paroles, pourtant elle refusa de voir sa mère au prétexte qu'elle ne pouvait affronter son regard. Elle se sentait si coupable. Mais au moment de partir – elle retournait chez Gantier –, elle demanda à sa fille de l'argent. L'hiver approchait, ils ne possédaient rien, pas même de bois pour se chauffer, un comble puisque Gantier se prétendait menuisier.

Amandine se tendit. Elle connaissait sa mère. Il y avait un piège.

— Comment peux-tu croire que je pourrais t'aider ?

Anne bredouilla qu'il se racontait que le médecin avait été payé...

C'était l'œuvre de sa commère de femme.

— Oui. Je l'ai remboursé, répondit Amandine sans faiblir. Ce qui fait que nous sommes démunis...

— Allons, fit mine de s'adoucir sa mère. N'invente pas d'histoire. Je sens l'odeur de ta soupe, je vois le feu dans la cheminée, la robe neuve que tu portes. Ma mère cachait une fortune et tu l'as trouvée. J'ai le droit d'en profiter.

— Sors ! ordonna sa fille d'une voix forte.

Anne s'exécuta en maudissant les Pontgallet et promettant d'obtenir sa part du gâteau.

— T'as pas fini d'entendre parler de moi !

*

Le soir, Amandine était bien décidée à raconter à Jean la visite de sa mère et les menaces proférées au moment de son départ, mais lui, il désirait parler le premier. Il avait pris de grandes décisions.

— Je ne parviendrai pas très longtemps à cacher la vérité à mon père. Ma mère va en ville, on lui parle... Ce matin, elle est rentrée affolée. Partout, l'entreprise Pontgallet est barrée. L'accident de mon père a été le coup fatal. La surintendance et même les maîtres maçons estiment que plus personne n'est compétent. Et je partage leur avis.

— Mais toi ? dit gentiment Amandine.

Jean sourit en montrant sa main.

— Je ne suis qu'un apprenti. De surcroît, mal en point.

Elle reconnut qu'il n'existait nul moyen de prétendre le contraire.

— Je dois aller voir le bâtisseur Bergeron à Paris, annonça-t-il. Je lui proposerai une alliance.

— Que veux-tu dire ?

— Une association. Et j'ai des arguments. D'abord, nous avons près de vingt mille livres. Puis il y a les outils et le matériel.

Des pelles, des pioches, une charrette et deux chevaux fatigués... Mais Amandine ne voulut pas l'interrompre.

— Je solliciterai son aide pour recruter des maçons et même un compagnon. Nous sommes sur place et connaissons Versailles. Personne ne peut s'en prendre à notre réputation. Je tisserai de nouveaux liens avec la surintendance. J'irai jusqu'à faire allégeance à l'architecte Hardouin-Mansart. Il aime qu'on le flatte. Eh bien, je m'y emploierai. Et bientôt, nous aurons des commandes...

— Mais si Bergeron refuse ta proposition ? ne put-elle s'empêcher de demander.

Il respira un grand coup.

— Alors, je lui proposerai de racheter l'entreprise.

Des pelles, des pioches, une charrette et deux chevaux fatigués... La petite-fille Pontgallet ne se faisait guère d'illusions.

— Il nous en offrira une misère, prédit-elle d'un air dépité.

— Si l'entreprise devient une charge trop lourde, mieux vaut s'en débarrasser. N'oublie pas nos maisons et les vingt mille livres... De quoi repartir, faire autre chose !

Exposé avec tant d'aplomb, de certitude, mais surtout parce qu'elle n'en imaginait pas d'autre, ce plan ne lui semblait pas mauvais. Et Jean avait tant besoin de croire qu'il réussirait.

— Il me faut aussi rencontrer mon ami peintre, Pierre Lobiot. Il est sans nouvelles depuis bientôt deux mois. J'ai promis de lui faire savoir si je me décidais pour Rome...

Il regarda sa main blessée.

— Voilà qui le convaincra, murmura-t-il tristement.

Amandine comprit qu'elle ne pouvait et ne devait s'opposer à ce voyage. C'était important pour Jean. Et l'entreprise y trouverait peut-être son compte.

— Pourquoi n'en profites-tu pas pour voir un vrai bon médecin ?

— J'y ai pensé. Pierre Lobiot est le fils d'un notable de Paris. Il peut m'aider. Je parlerai aussi de mon père et de Marguerite. Et qui sait ?

Il l'enlaça, l'embrassa. Leurs ventres se touchaient.

— Tu prendras soin de vous deux…

C'était fait. Il s'absentait trois jours, pas plus. Et décida de partir le lendemain. Après, promit-il, il ne la quitterait plus jusqu'à l'accouchement.

Il était si enthousiaste qu'elle ne lui parla pas de la visite de sa mère. Elle ne voulait pas l'inquiéter, qu'il renonce à son projet par peur des représailles.

— Dès mon retour, nous nous occuperons d'un autre sujet très, très important, murmura-t-il en câlinant la joue de son aimée avec ses lèvres.

Elle s'écarta, craignant d'avoir à affronter une nouvelle épreuve.

— Tu ne vois pas lequel ?

Amandine ne pensait qu'à sa mère…

— Nous serons mariés avant que naisse *notre* enfant.

*

La nuit, ils firent l'amour pour la première fois depuis que le coffre du bailli était entre leurs mains. Ce fut Amandine qui le lui réclama, et Jean se montra plus doux, plus tendre que jamais.

Chapitre 35

IL REVENAIT chez Pierre Lobiot neuf semaines après être parti, pourtant il lui semblait s'être absenté très longtemps. Comme il montait quatre à quatre l'escalier débouchant sur le nid d'aigle imprenable du Pont-Neuf, un havre pour les tempêtes, l'histoire d'amitié reprenait. Arrivé à la moitié de l'étage, il entendit Pierre chanter à tue-tête un air que l'on entendait chez Barroubas, propriétaire des *Trois Lièvres verts* et passionné d'Hercule.

Les paroles donnaient à peu près ceci :

Mignonne, range tes épines,
Viens voir celle qui te taquine
Du soir au matin, de haut en bas,
Viens, c'est le branle-bas de combat
Chez moi, tu trouveras, gamine,
Tout le bonheur que ma…

Jean toqua à la porte avant d'entendre la rime. Et ce n'était pas du Ronsard, même si l'idée était un peu la même[1].

— Si vous êtes gens d'armes, reculez ! Si vous êtes joli-e, entrez !

— Et s'il s'agit d'un ami ?

1. Allusion (lointaine) au poème de Ronsard : *Mignonne, allons voir si la rose…*

La porte s'ouvrit brusquement.

— Jean ! Mon petit Jean…

Pierre était aussi habillé qu'Adam. Derrière lui, Betsabea tenait le rôle d'Ève. Elle se jeta au cou de Jean puis courut se vêtir.

— Je joue ce soir au théâtre. Ne file pas sans m'attendre…

— Ne t'inquiète pas, Betsabea, promit Pierre. Je l'attacherai à ton lit.

Une fois Betsabea partie, il détailla Jean, cherchant ce qui avait pu changer. Quelque chose d'indéfinissable qui nécessitait une enquête.

— Allons fêter ton retour chez Barroubas ! décida-t-il sur-le-champ.

*

Pierre racontait que le sieur Apkarian l'avait augmenté.

— Mon talent n'y est pour rien. Il espère ainsi te faire revenir.

Il avala cul sec son vin.

— Je lui ai fait croire que tu travaillais chez un concurrent parce qu'il ne te payait pas assez. Il m'achète croyant que je vais intercéder en sa faveur ! Mais je ne suis pas à vendre…

Il hurla :

— Monsieur Barroubas !

— Je suis là, se précipita l'aubergiste, ravi de reformer leur trio.

— Cette nuit, vous ferez Hercule…

— Vous me croquerez ? murmura-t-il, impatient de reprendre l'aventure.

— Voyez-vous ça ! Bien sûr, puisque Jean Le Faillon est de retour.

— C'est qu'il me faut trouver une tenue, se dit-il à voix basse, partant aussitôt à petits pas pressés.

Pierre se frotta les mains :

— Tu badigeonneras une toile et il sera aux anges. Je le sens capable d'accepter en échange deux repas par jour pendant un mois.

Il croisa les jambes. Son examen reprenait. Pourquoi Jean n'était-il plus tout à fait le même ?

— Parle-moi de toi, de la fille de Versailles… Amandine, c'est ça ? L'aimes-tu ? Et elle ? Et Rome ?

— Je l'aime, oui. Et je crois que c'est réciproque.

— Mordiou, grimaça Pierre. Renoncerais-tu à Rome ?

Il soupira.

— Bougre d'idiot !

— Attends ! Ce n'est pas à cause d'elle…

Jean montra sa main, essaya même de la plier. Pierre comprit ce qui avait changé.

— Raconte-moi, grogna-t-il.

*

Cette nuit-là, Barroubas n'endossa pas la tenue d'Hercule. De même, on partit tôt. La nuit était claire, les deux amis marchaient le long de la Seine. Ni l'un ni l'autre n'avait envie de rentrer.

— On doit trouver un moyen de te rafistoler ça.

— Connais-tu un bon médecin ?

— Moi non, mais mon père…

— Je ne reste à Paris que le temps de voir le maître maçon Bergeron. Et un médecin, si tu le trouves… Je dois faire vite. Tu peux comprendre…

— Je vais m'en occuper, promit Lobiot.

Jean avait tout dévoilé. La faillite, l'accident de son père, l'étrange état de Marguerite Pontgallet. Et même la découverte du coffre du bailli. Il avait aussi expliqué qu'Amandine était enceinte sans préciser s'il était ou non le père.

— Tu ne manques pas d'argent. C'est déjà ça. Mais si tu n'avais pas cherché ce magot, tu serais à Rome, lâcha-t-il d'une voix sombre.

Et Jean admit que Pierre n'avait peut-être pas tort.

*

Le lendemain, Pierre se leva tôt. C'était aussi inhabituel que son air mal embouché. Il était de mauvaise humeur, si agacé qu'il envoya promener Betsabea qui parlait gentiment avec Jean.

— Ne cherche plus jamais à l'aguicher. Il est amoureux, perdu pour la cause des aventurières… Monsieur est entré dans les ordres…

Pierre était-il jaloux d'Amandine ? Possible. Une jalousie virile, de celle que s'inventent les hommes lorsqu'ils imaginent qu'une femme pourrait se mettre en travers de leur complicité. Il perdait irrémédiablement un ami. Du moins, le pensait-il. Finis, les nuits chez Barroubas, Apkarian et Rome ! La mauvaise foi s'acharnait à brouiller la vérité : Jean ne pourrait jamais plus peindre comme avant. C'était d'abord pour cela qu'ils n'appartenaient plus au même monde.

— Descendons.

Sans attendre, il était passé devant.

Dans la rue, Pierre marchait vite. Arrivé à la Seine, il s'adressa enfin à Jean.

— Je vais chez mon père lui demander de te trouver un médecin.

C'était visiblement un effort.

— Je ne te promets rien, ajouta Pierre d'un ton bourru. Toi, que fais-tu ?

— Je rendrai visite à Bergeron. Il le faut pour l'entreprise…

— Je sais, je sais ! L'argent, le commerce… Toutes ces questions qui travaillent les bien-pensants. Avec tes vingt mille livres pourquoi n'ouvres-tu pas une échoppe dans le Marais ? Tu deviendrais un respectable marchand. Jean Le Faillon, chapelier de la Nouvelle-France ! Il paraît que ça marche…

— Pierre, arrête. Tu sais bien que sans mon père et Marguerite, je…

— Tu oublies le mouflet… Ton fil à la patte !

— Pierre, répéta Jean pour le faire taire.

— Si tu veux, continua cependant Lobiot, je te présenterai Thierry de Millard, un influent membre du Parlement, et proche ami de mon père. Il est adroit. Il pourrait te conseiller un placement. Après, tu n'auras plus qu'à te tourner les pouces. Et puisque tu ne sais plus faire autre chose…

Pierre se mordit les lèvres, réalisant qu'il dépassait le supportable.

— Excuse-moi… Je suis un imbécile. Tu me connais, je me laisse emporter. Cette maudite habitude de jouer les beaux parleurs…

Jean avait tourné les talons. L'autre courait après lui.

— Attends ! Laisse-moi t'expliquer…

Il suppliait qu'on l'écoute, le saisit même aux épaules.

— Jusqu'à ce jour, j'ai refusé d'entrer chez Le Brun.

— La Manufacture royale ? s'exclama Jean tant la nouvelle lui semblait formidable.

— Oui. Si j'entre, je travaillerai pour le roi…

— Pourquoi n'as-tu pas encore accepté ?

— J'attendais ton retour. J'espérais que nous irions à Rome…

Et Jean comprit pourquoi son ami avait réagi si brutalement.

— J'aurais dû te prévenir plus tôt. Mais tu sais, tout est allé si vite…

Pierre haussa les épaules.

— Qu'est-ce que j'ai raté ? Devenir peintre officiel, commis de Sa Majesté…

— Pierre ! Des centaines de peintres vendraient père et mère pour travailler à la Manufacture…

Il sourit tristement :

— Le confort… La sécurité… Une femme au foyer…

Il prit gentiment la main de Jean.

— J'y ai réfléchi toute la nuit. C'est l'argent qui t'a pris ton génie ! Sans ces milliers de livres, tu aurais de toi-même récupéré ton agilité, parce que tu y aurais été forcé.

Il regarda longuement, tristement son ami.

— Je vais te donner ce conseil : jette ta fortune si tu veux rester artiste.

*

Le maçon Bergeron soupira en voyant le fils Le Faillon. L'entreprise Pontgallet ne valait pas trois sous et il n'avait nul besoin de pelles et de pioches pour la surintendance… Jean repartit sans revoir Lobiot, sans même attendre qu'il lui dise si son père pouvait l'aider à trouver un médecin. Il n'avait plus rien à faire avec ce monde devenu si étranger. Il avait hâte de revoir Amandine pour se convaincre qu'il l'aimait par-dessus tout. Plus que Paris, Rome, la peinture. Il fit le trajet du retour dans la charrette du menuisier Bergerat. L'odeur du bois l'enivrait et plus il approchait de son pays familier, moins il regrettait sa décision. Il serait heureux. Coûte que coûte. Pierre se trompait. Sa vie était à Versailles.

Il en fut convaincu en revoyant la maison de Marguerite. Il désirait tant embrasser son aimée qu'il décida de se rendre plus tard chez son père. Il courut jusqu'à la porte, mais ce ne fut pas Amandine qui lui ouvrit.

Solange, une voisine, faisait grise mine.
— Assieds-toi, Jean...
— Où est-elle ?
— Je garde Marguerite...
— Où est-elle ? hurla-t-il.
— Un grand malheur, ne sut que répondre la voisine.

Chapitre 36

Le 15 juillet 1680, c'est un lundi, Jean Le Faillon descend du convoi qui arrive à l'île Gautier. Il restera six jours d'affilée sur le chantier avant de retourner à Versailles. Il dormira près des rives de la Seine, sur le chemin qui mène de Saint-Germain à Paris. Il creusera la vase de Bougival. Peu lui importe de savoir si, un jour, une machine infernale alimentera les jets d'eau du roi. Il ne pense qu'à sauver sa peau. La semaine passée, un homme est mort sur l'île voisine de Bezons. Emporté par une coulée de boue. Étouffé. Le corps a ressurgi un jour plus tard, raidi, bleuté. L'odeur était infecte, insupportable. Les miasmes se sont répandus d'un coup. La chaleur a fait le reste. Deux autres gars ont dû débaucher. Ils vomissaient, déliraient. D'après ce qu'on raconte, ils crèveraient à petit feu du côté de l'abbaye de Coulombs [1].

Taper dans la butte est épuisant. Le geste répétitif allonge le temps. On s'éteint à marche lente, on perd la notion des

1. Ce n'est rien par rapport à la suite, notamment lors du chantier de l'Eure. Compte tenu du nombre de blessés et de malades, le scorbut se développant très vite, un hôpital verra le jour en 1685 à Saint-Piat. Frédéric Tiberghien (*Versailles, le chantier de Louis XIV*, *op. cit.*) rapporte le cas de ces hommes soignés chez l'habitant à Maintenon. La situation sanitaire est si grave qu'un hôpital de deux mille lits sera créé dans l'abbaye bénédictine de Coulombs, réquisitionnée pour l'occasion – sans compter les placements jusqu'à Chartres et Nogent…

heures, le regard se brouille et si l'œil cherche le soleil pour savoir s'il descend enfin à l'ouest, il se heurte à une couche épaisse de nuages qui plombent l'air et désorganisent les repères.

Jean patauge dans l'eau verdâtre. Il a soif, faim. Peut-être parce qu'il est midi ? Tant que le contremaître ne donnera pas le signal, inutile de se relever pour se soulager le dos. Aussitôt, il gueulera sur le tire-au-flanc, menacera d'une retenue sur sa paie, et lui rappellera que d'autres veulent sa place.

Pour tenir – ne plus sentir la douleur –, il faut s'évader. Chacun a sa méthode. Celle de Jean est de se souvenir d'Amandine.

*

Un grand malheur, répétait Solange, la voisine. Avec ses mots simples, elle racontait que, la nuit dernière, Amandine avait été prise de douleurs. Elle s'était traînée chez elle, la suppliant de veiller sur Marguerite.

— Elle… Elle devait partir.

— Où est-elle allée ?

Solange baissa les yeux :

— Chez la faiseuse d'anges, lâcha-t-elle en ne le regardant toujours pas. Vers six heures du matin, me semble-t-il.

L'enfant…

— Elle perdait les eaux, s'enhardit la conteuse.

Jean calcula que cela faisait huit heures qu'elle avait disparu.

— Savez-vous où loge cette femme ?

Solange fit mine d'hésiter.

— Près de la famille Leblanc, je crois…

— Où exactement ? s'emporta-t-il.

— C'est la maison voisine.

Il savait où elle se trouvait.

— Restez près de Madame Pontgallet, cria-t-il alors qu'il courait déjà.

Il frappa lourdement à la porte. Sans attendre, il tourna la poignée. La *Dame grise* lui ouvrit. Elle semblait épuisée.

— Amandine Pontgallet… Je la cherche. Est-elle chez vous ?

— Qui êtes-vous ? demanda-t-elle en restant sur ses gardes.

— Jean Le Faillon. Je vous en supplie, répondez-moi.

Aussitôt, elle se détendit.

— Elle va bien, sourit-elle. Entrez. C'est par ici… Elle se repose. Elle vous a appelé, elle vous cherchait.

Amandine, pâle comme la mort, semblait assoupie. Dans la pièce, tout était net.

— Que s'est-il passé ? Pourquoi s'est-elle rendue chez vous ?

— L'enfant venait. Il fallait le mettre au monde. Je sais aussi faire cela.

À six mois ? C'était impossible.

— Où est-il ? demanda-t-il craignant d'entendre le pire.

— Je suis bien placée pour savoir qu'elle voulait le garder, affirma la *Dame Grise,* mais je n'ai rien pu faire. Il était mort avant de sortir du ventre de sa mère. C'était un fils…

Ils parlaient bas, mais Amandine les entendit. En découvrant Jean, elle ouvrit les bras, suppliant pour qu'il vienne se blottir contre elle.

— Je t'ai appelé, je te cherchais… répétait-elle en sanglotant.

— Qu'est-il arrivé ?

Il parlait doucement, caressait ses cheveux, baisait ses lèvres.

— Amandine, raconte-moi…

— Je vous laisse, décida la *Dame Grise* en s'éclipsant discrètement.

*

Ils avaient débarqué le soir où Jean partait à Paris. Ils étaient trois, sans compter Gantier. Sans doute savaient-ils que le fils Le Faillon ne serait pas présent – et cela arrangeait leurs affaires : ils venaient chercher l'argent et pour s'opposer à eux, il y avait seulement une femme enceinte, une autre grabataire et muette. Gantier brandissait des reconnaissances de dette signées par Marguerite. Ils réclamaient quinze mille livres.

— Faut payer, bougonnait l'un d'eux, un marchand de Compiègne qui possédait un reçu : *livraison de dix toises au cube de marbre*[1].

Sinon, il y avait du bois, de la pierre et aussi deux milliers de fonte[2].

— L'entreprise de ma mère ne les a jamais commandés, tenta Amandine.

— Et ça, c'est quoi ?

Les ordres existaient.

— C'est vous ! s'emporta la jeune femme en regardant Gantier. Vous lui avez volé dix mille livres et, maintenant…

— Je sais pas écrire ! se moquait Gantier.

— On raconte que vous possédez beaucoup, poursuivit le marbrier. Le médecin qui a soigné Le Faillon a été remboursé comptant. On ne vide pas ses poches pour sauver la mise de quelqu'un. Il en reste, vous en gardez pour le gosse. Eh bien, faut partager. On vous laisse jusqu'à demain !

Ils étaient partis en claquant la porte.

Amandine s'était traînée jusque dans la chambre de sa grand-mère. Sans la brusquer, elle lui avait expliqué ce qu'il se passait. Marguerite entendait tout, mais ne parvenait pas à répondre. L'aurait-elle pu qu'il lui aurait été impossible de dire ce qu'il en retournait.

Ses dettes, comme le reste, elle avait tout oublié.

— Ils sont revenus le lendemain, poursuivait Amandine d'une voix faible. Il faisait nuit. J'avais fermé, mais Gantier avait les clefs de ma mère.

Les larmes redoublèrent.

---

1. Une toise au cube représente 7,4 m^3.
2. Un millier de fonte représente 489,5 kg.

— C'est à ce moment que les contractions ont commencé.

Jean serra les poings.

— Continue, mon amour, parvint-il à dire calmement.

Menaces, intimidations, Amandine ne cédait toujours pas.

— Vous inquiétez pas. Je vais questionner la vieille.

Gantier s'était avancé vers l'escalier.

— Non ! avait hurlé Amandine.

— Où se cache ton or ? crachait le menuisier. Dis-le, tu ne peux rien. Ils ont les papiers. Ça finira par un procès. Tu paieras le double pour retard. Allez, accouche ! grognait l'ignoble. Sinon, c'est l'autre qui prend… Elle a dû te dire que je l'avais pas ratée la dernière fois, hein ?

Il venait de poser un pied sur la première marche…

— J'ai cédé, reconnut Amandine. Je suis montée, j'ai sorti du coffre quinze mille livres. J'ai dit : « C'est tout ce que nous possédons. » Gantier ne me croyait pas. Il en voulait plus. Mais les autres lui ont ordonné d'arrêter. Ils avaient peur que je m'effondre tant je souffrais. Gantier a cédé : « D'accord, on en reste là. » Il s'est tourné vers le marchand de marbre : « À toi, comme aux autres, je ne dois plus rien. » Ils ont accepté. « Pour vous aussi, c'est fini », a ajouté l'un d'eux. Ils m'ont donné les reconnaissances de dette. Et ils sont partis.

Amandine avait commencé à perdre les eaux peu après. Affolée, elle s'était précipitée chez Solange, la voisine. Puis, elle s'était rendue chez la *Dame Grise*.

*

— Le Faillon ! Tu rêves à ta dulcinée ?

Bachelard, le contremaître, un Auvergnat à la carrure de bûcheron est sur son dos. Jamais, il ne le laissera tranquille.

— Tu vois pas que la boue retombe derrière toi ? Faut étayer, mon gars, sinon tu vas finir comme celui de la semaine dernière…

Pour la millième fois depuis l'aube, Jean refait les mêmes gestes. Il plonge l'outil dans la boue, l'élève au-dessus des épaules. La mixtion pèse lourd. La moitié, gorgée d'eau, retombe au fond. Et il recommence. À la troisième pelletée, il est reparti dans ses songes.

*

Après avoir payé ce que devait par ailleurs l'entreprise Pontgallet, il restait environ cinq cents livres [1]. Et cinq bouches à nourrir. De quoi tenir un an, sans compter le traitement du père Le Faillon, d'autant qu'Amandine ne pouvait travailler puisqu'elle gardait Marguerite.

Jean était resté à ses côtés le temps qu'elle se rétablisse. Il avait aussi cherché Gantier. Mais lui et Anne avaient disparu. Ils avaient fui Versailles.

Peu à peu, il s'était donc fait à l'idée. Comme son père, il serait maçon. Et des deux, l'ancien ou le fils, qui souffrait le plus ?

*

— Le Faillon ! hurle Bachelard. Attention !

Jean n'a le temps ni de réaliser ni de se retourner. La coulée de boue déboule dans le goulot et dans son dos, et le renverse, l'engloutit, l'étouffe.

— Foutre de vérole…

Le contremaître utilise souvent ce genre de mots pour l'extrême-onction.

1. Les gages d'un compagnon se montent à 350 livres par an.

Chapitre 37

À *L'Auberge de l'Ours*, c'est l'heure du souper. Ce 15 juillet 1680, les goujats ont la tête basse. Ça lape la soupe, trempe le pain dedans, ça avale en silence. C'est leur manière à eux de porter le deuil. Un homme est mort aujourd'hui ; un autre ne serait guère mieux.

Le premier s'est fait écrabouiller par une charrette. Le cheval a pris peur, s'est braqué, le frein a cédé. Le pauvre gars se trouvait à l'arrière en train de décharger *on ne sait quoi*. D'ailleurs, quelle importance ? Il avait vingt-quatre ans, venait du Poitou. On ne connaît que son surnom : *La Bataille*. C'est vrai qu'il était un peu bagarreur. Et sacrément fort en gueule. Ce n'est pas pour autant qu'il méritait ça ! Pour sûr, on l'a entendue, sa grande gueule, et deux heures d'affilée. Une jambe broyée était coincée sous l'attelage. Le sang pissait partout et lui, il se la tenait, appelant sa mère, demandant qu'on la lui coupe, s'il fallait, mais bon Dieu, que tout ce cirque cesse ! En retombant sur le chargement, le cheval s'était brisé le dos. *La Bataille* était en dessous. Une pagaille énorme. Il a fallu tirer fort sur la bête, dix hommes à hue et à dia. « Tiens bon, *La Bataille* », qu'ils répétaient. Et lui : « Je vais pas… » Il faisait une chaleur du diable et on sentait bien qu'il rôdait autour. Vers cinq heures, *La Bataille* s'est tu. Il respirait encore, on le répétait pour se donner du courage. À six heures, l'alezan put être dégagé.

La Bataille a répété trois fois : « C'est bien. Maintenant, je vais mieux, je sens plus ma jambe. » Et puis, il s'est éteint.

L'autre, c'est moins certain. L'information parvient du chantier de l'île Gautier. C'est le fils Le Faillon. Tout le monde les connaît, lui et ses malheurs. Jean, c'est un sacré travailleur. Il ne se plaint jamais, ni de son père ni de sa belle-mère. Ni de sa main qui fait qu'il ne sera jamais peintre. Plus question de se moquer de ses rêves d'artiste quand il racontait, qu'un jour, il travaillerait pour Le Brun et le roi. Il dit que l'important est de vivre avec Amandine. Qu'il aura un autre fils – la vie, c'est comme ça, y a des hauts et des bas.

Bachelard est arrivé place d'Armes, à Versailles, vers cinq heures du soir. À bord de la charrette, se trouvait le blessé. C'est le contremaître qui s'est chargé de prévenir Amandine tandis que deux hommes portaient la civière jusqu'à l'infirmerie des sœurs de Monsieur Vincent de Paul, place du Marché. Jean serait arrivé inconscient. Quasi mort.

Le paveur Vautron, toujours dans son coin et qui raconte aux autres, n'en sait pas plus. Pourtant, si quelqu'un est au courant de tout, c'est bien lui. Avant que le repas ne soit servi, ils se serraient autour du vieux pour l'écouter, priant en secret et remerciant le Tout-Puissant de les avoir épargnés aujourd'hui. Puis la soupe chaude a été annoncée. Chacun a regagné sa place, Vautron est resté seul à sa table. Il le désire ainsi. « Comme ça, si quelqu'un veut s'asseoir et discuter... »

— Je peux ?

Vautron lève le nez. Le visage lui dit quelque chose. C'était quand ? Peut-être en mai dernier...

— Conwoion, le Breton, bougonne le paveur.

La même allure de rebelle, le visage hâlé, les pectoraux saillants sous la chemise.

— T'as filé comme un moins-que-rien, continue-t-il en clignant de l'œil. T'as pas dit au revoir. T'avais le diable au cul ?

— Quelque chose comme ça, répond sobrement Conwoion en se posant.

— Et tu reviens pour longtemps ?

— Ça dépend…

— Tu manqueras pas de travail, soupire le vieux en passant la main sur son visage poussiéreux. La Faucheuse rôde par ici…

— J'ai entendu dire. Il paraît même que le fils Le Faillon y est resté.

— Pas encore, grogne Vautron. Pas encore…

Soudain, il relève la tête.

— Dis donc, ça me revient. Jean, tu le connaissais. T'avais même des vues sur sa femme…

— Il est marié ?

— Tout juste. Avec Amandine Pontgallet.

Vautron secoue la tête :

— Je crois t'avoir dit à l'époque qu'il ne fallait pas tourner autour… C'est une nymphe, mais elle, elle vient de l'*étang puant.*

— Je n'ai rien oublié, vieil homme…

— Et toi, qu'est-ce que tu as fait tout ce temps ?

— J'ai voyagé. Un peu partout… J'arrive d'Espagne…

Vautron n'insiste pas. Il devine qu'il ne saura rien de plus.

— Parle-moi encore de lui…

— Jean Le Faillon ?

— Oui. Et d'elle…

— Pourquoi ? fait mine de s'étonner Vautron.

— Tes histoires m'ont manqué, plaisante Conwoion. Allez, c'est moi qui paye le vin, ce soir…

— Boire… Il faudra bien cela, soupire le paveur.

Il se penche vers Conwoion :

— Prépare-toi à entendre le pire.

Quatrième partie

C'est toujours l'impatience de gagner qui fait perdre.

Louis XIV *(Mémoires)*

Chapitre 38

— N'OUBLIEZ PAS de me payer.

Le médecin Éloy Martin joint le geste à la parole : l'index se colle au pouce et les deux se frottent l'un à l'autre comme deux coquins.

— Dix livres pour les soins. Et dix encore pour le remède.

— Je m'arrangerai encore, si vous m'accordez un délai, déclare Amandine en tremblant. Le mois prochain, je le promets.

— Chaque fois, c'est la même rengaine, grogne son visiteur. Ne tardez pas. Je le dis dans votre intérêt. Et puis, je ne peux pas être toujours serviable. Votre grand-mère et le père de votre mari me prennent plus de temps qu'ils n'en rapportent. Je suis comme les autres. Il faut bien vivre…

— Dix livres pour un patient. Votre tournée est bonne !

Martin sursaute.

— À ce compte, vous n'aurez bientôt plus besoin d'exercer votre art. Rentier avec l'argent des malades… Beau programme.

La voix arrive de derrière lui.

— Tenez, en voici cinq ! ajoute l'inconnu en se moquant. Ce sera tout pour aujourd'hui. Et ne vous plaignez pas.

Il tend les pièces. L'autre hésite, se tourne vers Amandine. Que doit-il faire ? Mais la jeune femme semble si surprise de voir celui qui vient à son secours qu'elle reste muette.

— Monsieur, je ne sais qui vous êtes, s'étonne Martin et…

— Je suis votre débiteur. Alors, un bon geste : prenez !

Il n'a pas l'allure d'un notable et, si sa tenue est correcte, sans chercher l'élégance, le médecin vient à douter. Un tel homme peut-il offrir cinq livres ? Les aurait-il volées ?

— Hésitez-vous ? raille son vis-à-vis. Auriez-vous des scrupules ?

— Je ne fais pas commerce de mon sacerdoce. Je soigne et ne négocie jamais mes conseils. Aussi, veuillez ne pas me mêler à vos histoires de margoulin. Me demander de couper la poire en deux ! Cinq livres pour dix gagnées honnêtement ! Et quoi encore ? Faudra-t-il que je donne des remèdes gratis ? Passez votre chemin, je m'entendrai directement avec mon patient.

Il va pour tourner les talons, mais on l'attrape à l'épaule.

*

— Tout doux, l'ami. Vous prétendez agir pour le bien ; que, chez vous, l'argent n'est pas une fin en soi ? Permettez-moi d'en douter.

— Monsieur, qui que vous soyez, cessez vos insupportables sous-entendus. Sachez que je ne compte plus les cas où j'ai soigné sans rien réclamer en retour. D'ailleurs, je ne sais même pas pourquoi je continue de vous parler. Alors…

Il tente de se dégager.

— Le voilà qui me… Mais cessez de m'importuner !

La prise est ferme. D'un coup, Éloy Martin prend peur.

— Que me voulez-vous à la fin ? glapit-il d'une voix moins assurée.

— Acceptez cinq livres et je vous libère.

— En feriez-vous le serment ? tente timidement sa prise.

— Oui, si vous respectez le vôtre.

— De quoi me parlez-vous encore ?

— Hippocrate[1]. Vous souvenez-vous ?

— Comment oublier ! s'époumone le médecin.

— Soigner le pauvre, l'indigent. C'est votre engagement !

Soudain, le ton devient menaçant :

— Avez-vous, oui ou non, juré, par tous les dieux, de vous abstenir de tout mal et de toute injustice ?

— Que récitez-vous là ? Amandine, balbutie Martin, aidez-moi…

La jeune femme ne bronche toujours pas, accrochée au regard de l'inconnu depuis son arrivée.

— Ce devoir de servir vous engage, continue ce dernier.

Quel est cet homme à l'air de rien qui cite sans faiblir des extraits du serment des adeptes de Guy Patin[2] ?

— Vous avez juré d'exercer votre art dans l'innocence et la pureté, et voilà que vous réclamez dix livres… Dix livres pour un bonjour, un coup d'œil sur le malade, et bonsoir !

— De quel droit vous permettez-vous de…

— N'avez-vous pas promis d'entrer dans chaque maison pour la seule utilité des malades ?

— N'ai-je pas agi dans ce sens ? Amandine, dites-le lui…

— Non ! À moi de répondre, Monsieur le guérisseur ! Vous savez que la famille Pontgallet est prête à dépenser sans compter pour soulager ceux qui lui sont chers. Et vous en avez profité, imposant depuis des mois au père de Jean Le Faillon et à Marguerite Pontgallet des traitements dont les effets sont aussi nuls que coûteux. Et qu'aviez-vous décidé

1. Serment d'Hippocrate, médecin de la Grèce antique, auquel se soumettent les praticiens avant de commencer à exercer leur profession.

2. Guy Patin, né en 1601, mort en 1672, fut un redouté doyen de la faculté de médecine de Paris. Voir *1658, L'Éclipse du Roi-Soleil*, du même auteur, Flammarion, 2010.

en embrassant votre carrière ? *Je ne me laisserai pas influencer par la soif du gain…*

— Méfiez-vous, proteste de plus en plus faiblement Éloy Martin, car il en est désormais de mon honneur et de celui de ma corporation. Aussi, je…

— Par votre serment, poursuit l'accusateur, vous deviez également taire ce qui n'aurait jamais dû être divulgué, regardant la discrétion comme un devoir. Vous avez juré, en effet : *Admis dans l'intimité des personnes, je tairai les secrets qui me seront confiés. Reçus dans l'intérieur des maisons, je respecterai les secrets des foyers*. Est-ce bien ce que vous ordonne Hippocrate ?

— Si fait, cède-t-il, mais rien ne vous autorise à affirmer que je me suis renié.

— Vous avez demandé cent livres pour soigner Le Faillon. Autant pour Marguerite. Et un miracle s'est produit. Ils payaient. Parce qu'ils étaient riches, avez-vous cru. Et vous n'avez pas pu garder la nouvelle. Vous avez raconté votre histoire…

*

Éloy Martin se souvient qu'en rentrant chez lui, sa mégère de femme avait vidé ses poches et, découvrant le pactole, lui avait demandé d'où il provenait.

— Parler de mes malades ? Jamais ! Je l'assure sur ma vie…

— Ne pariez pas sur elle. Et si vous n'avouez pas, je vous garantis que votre science ne pourra pas réparer ce que je vais produire sur votre carcasse.

Le médecin déglutit pour de bon. Il sent le danger. Un fou le menace.

— J'ai dû expliquer d'où venait cet afflux d'argent, cède-t-il.

— À qui ?

— Jamais en dehors de mon domicile…

— À qui ?

— Mon épouse aurait-elle par la suite commis une imprudence, lâché à mi-mot que notre chère Marguerite avait du répondant ? susurre le lâche.

— Elle l'a fait, provoquant la jalousie, l'envie, et jetant les dépeceurs sur cette famille affaiblie par la douleur et le chagrin.

— Ce n'est pas pour cela que je suis responsable de tous les malheurs de Pontgallet, plaide-t-il.

— Vous les avez déclenchés !

Il se tourne vers Amandine toujours silencieuse, pétrifiée, comme à la vue d'un fantôme.

— Voilà qui explique que le compagnon de votre mère et ses acolytes vous aient dépouillés.

— Comment savez-vous tout cela ? parvient-elle à articuler.

— Renoncerez-vous un jour à la candeur ? lui répond-il simplement. Elle vous a pourtant déjà joué de méchants tours…

— Oui, comment l'avez-vous appris ? ânonne le médecin. Seriez-vous le diable ?

Et il se pourrait, qu'en effet, il le soit, ce fichu écorcheur qui le menace de l'enfer et s'entête, le saisit par le col, le secoue !

— Souvenez-vous de la fin du serment d'Hippocrate, gronde-t-il : *Si je le remplis sans l'enfreindre, qu'il me soit donné de jouir heureusement de la vie et de ma profession, honoré à jamais des hommes. Mais si je le viole et que je me parjure, puissé-je avoir un sort contraire et mourir dans la tristesse…*

— Pitié, soupire le misérable en se mettant à genoux.

— Cinq livres… Nous sommes d'accord ?

— Oui. Gratuit même. J'offre mes services…

— Pour toujours ?

— Oui, oui…

— Y compris les remèdes.

Éloy Martin hésite. Aussitôt, la prise se resserre. Il étouffe.

— Je le jure pour de bon…

— Reniez-vous et j'appliquerai la sentence d'Hippocrate… Maintenant, partez !

Éloy Martin galope, gêné dans sa course par la sacoche qui bat contre sa cuisse.

— Oh !

Éloy Martin se fige.

— Vous ne prenez pas vos cinq livres ?

— Gardez tout, crie-t-il de loin.

Alors seulement Conwoion éclate de rire.

— Que faites-vous ici, à Versailles ? murmure Amandine.

— C'est une longue histoire.

— Et comment connaissez-vous tout de notre vie ?

— D'abord, dites-moi si Jean se porte bien ?

— Il va mieux. Oui, beaucoup mieux… Cela aussi, vous le saviez ?

— De même que vous habitez tous deux chez votre grand-mère.

— Il faut que quelqu'un veille sur elle, se défend-elle et…

— Rentrons, l'interrompt-il. Je dois voir votre époux.

Chapitre 39

LA VAGUE de boue s'était refermée sur lui. Jean n'entendait, ne voyait plus rien. Était-ce ainsi lorsque le couvercle du cercueil se refermait à jamais ? Il eut le temps de remettre son âme entre les mains du Tout-Puissant, priant pour qu'Il lui pardonne ses péchés. Puis il ouvrit la bouche parce qu'il n'en pouvait plus de ne pas respirer et, même si sa tête le lui interdisait, son corps ne lui obéissait pas. Il avala la fange, étouffa pour de bon, crut entendre à nouveau les sons, les bruits des mortels. À pleine main, on grattait au-dessus de lui, cherchant la voie, le passage, une forme humaine dans ce magma infâme, uniforme. Mais c'était trop tard, les gaillards ne le retrouveraient pas. À défaut de pouvoir mieux, Jean les remercia en silence – grandes gueules et bon fond… –, essaya tout de même de crier, mais la boue entra dans sa bouche encore plus rapidement. Il essaya de lever un bras, il était déjà épuisé. Le visage d'Amandine se montra. Ceux de ses parents se chevauchaient. Son père en mourrait lui aussi pour de bon. Au moins, l'un et l'autre ne se retrouveraient pas seuls.

Puis, tout s'éteignit, s'effaça pour de bon.

*

Par quel miracle Jean avait-il réchappé au piège ?

Longtemps après – l'évanouissement avait duré des heures, bien après le retour à Versailles –, un gars de Liège lui avait expliqué que le contremaître Bachelard l'avait sauvé. Dieu, il fallait voir comment ce gros costaud, sanguin, vachard, dur à cuir, avait plongé dans la vase jusqu'aux hanches et criait pour qu'on lui donne une pelle ou autre chose, mais bordel de merde ! qu'on vienne l'aider, qu'on soit avec lui, qu'on y mette les mains, les bras, pourvu que Le Faillon s'en sorte. Les joues rouges, les veines du cou gonflées à exploser, le souffle court, il injuriait la boue, promettait à cette garce de la crever. Et puis, il la suppliait d'être bonne, de lui rendre ce brave gars quand une dizaine d'autres le rejoignait, sondant la fange des mains, des pieds. Bon sang, il fallait y aller prudemment ; qu'une pioche ne fracasse pas la tête, même si personne n'espérait plus rien.

— Ici ! De l'aide. Ici ! Tirez…

Bachelard avait réussi à tenir la boue en respect. Elle s'écartait, laissait un passage, une occasion, mais une seule, unique, de ramener Le Faillon qui s'enfonçait lentement, ingéré dans un ventre puant. À deux, à trois, à quatre, ils s'étaient accrochés à la manche de sa chemise et ça glissait, ça filait entre les doigts. Un pied, une jambe étaient sortis. Bachelard avait enfoncé la main, les bras et s'était penché jusqu'à y mettre les cheveux. Il accrocha quelque chose. Il ne le lâcherait plus. Noir de boue en ressortant, il serrait la tête de Jean. Et le reste venait.

— De l'eau ! hurlait-il.

On avait lavé le visage, mais le limon était dans la bouche et le nez.

— Laissez-moi faire.

Un Liégeois s'était avancé. Il connaissait son affaire. Des cas comme celui-là, c'était loin d'être le premier dans les canaux du Nord. Alors, il s'était agenouillé, avait ouvert en grand la bouche de Jean, plongé les doigts dedans pour en extraire le poison. Et il s'était penché encore, posant ses lèvres sur celui qui ressemblait à un cadavre et il lui avait donné son propre air. Dix fois peut-être… Avant qu'il ne se penche sur sa poitrine, écoute et se relève en disant :

— Il respire.

*

Jean se remet lentement. Ce matin, il a vu le médecin Éloy Martin. Un inutile qui lui vole son argent. Du moins, ce qu'il en reste. Car ce maudit accident aggrave la situation. Quand Amandine sera rentrée – elle raccompagne Martin et Jean devine qu'elle le supplie de lui faire crédit –, il lui annoncera qu'il ne veut plus le voir. Cela ne sert à rien. D'ailleurs, il se sent moins faible, et Bachelard lui a promis de le reprendre. Alors, il retournera sur les rives de la Seine, du côté du chemin de Saint-Germain à Paris, près de l'île Gautier.

Jean tente de se lever. La tête tourne. Il est obligé de se rasseoir. Que fait Amandine ? Avec qui discute-t-elle puisqu'elle vient d'entrer dans la maison ? Ce n'est pas la voix du médecin. Pas celle d'un familier. Pourtant, il lui semble la connaître.

— Jean… Quelqu'un veut te parler.

Sans attendre, Conwoion se montre.

— Je t'avais dit que nous nous reverrions.

Chapitre 40

D'OÙ VIENT-IL, que cherche-t-il ? Pas la fortune. Versailles ne la lui offrira pas, et il peut être inquiété pour le meurtre du valet. Comment savoir qui est cet homme ne portant plus les vêtements du goujat ?

— Cette vie de galérien me manquait, plaisante-t-il.

Il est resté debout. Jean s'est assis dans un fauteuil. Le jour s'achève. Amandine ne sait si elle doit servir le reste de bouillon qui fera leur souper. Elle n'a rien d'autre à offrir.

Pourquoi revient-il sur les lieux du crime ? s'interroge le fils Le Faillon. Un instant, il songe qu'Amandine pourrait être responsable. Son ventre se tord de jalousie.

— J'ai fait un long voyage, raconte Conwoion sans préciser pourquoi et comment. Loin de France… Je suis allé jusqu'en Espagne. Mais, c'est étrange, même là-bas, je ne parvenais pas à vous oublier.

Amandine, qui faisait mine de s'occuper dans la cuisine, se fige. Leurs regards se croisent.

— Je suis content de vous revoir, dit-il en lui souriant.

Là-bas, se découvre-t-il, il aurait rencontré un personnage très riche à qui il aurait sauvé la vie. Il ne dit pas quelle était la menace, quel service il lui a rendu. Sans plus de détails, il prétend que cet étranger l'aurait pris à son service. Est-il un homme de main ? A-t-il tué à nouveau comme pour Amandine ? Jean ne voit pas à quoi d'autre il pourrait servir…

— Je vis comme un prince, prétend Conwoion. Plus besoin de m'arracher le dos. Tirer sur le palan, c'est terminé.

Le souvenir du maudit jour de mai remonte à la surface. Plus d'un an s'est écoulé. Depuis, chaque jour pèse autant qu'un siècle.

— Et toi ? demande Conwoion, toujours tes rêves de barbouilleur ?

Il se tourne vers une toile posée au-dessus de la cheminée. C'est une scène pastorale. Seuls Amandine et Jean savent qu'il s'agit de la clairière où ils aimaient aller avant que trop de drames ne pourrissent leur bonheur.

— C'est ton œuvre ?

Jean acquiesce en silence.

— Plutôt réussie…

Comment peut-il juger ?

— Ça aussi ?

Le Breton a pris un tableau dont la face était retournée.

— Ce n'est pas terminé. Ne regarde pas…

Conwoion est sans-gêne. C'est un portrait d'Amandine.

— Pour moi, il n'y a rien à rajouter…

Le Breton prend le temps de comparer la toile à l'original, s'attarde sur chaque détail, mettant mal à l'aise le peintre et son modèle. Que veut-il ? Jean l'imagine à nouveau de retour pour elle. À moins qu'il y ait un rapport avec la mort du valet. Va-t-il exiger son dû en échange du meurtre commis ? Rançonnage, chantage, tout est possible chez l'aventurier. Non, c'est idiot, tente de raisonner Le Faillon. Il se met en danger en revenant à Versailles. Ayant tué, il est même fou de se montrer. Eux, ils pourraient le dénoncer. Alors quoi ? Va-t-il enfin parler ?

— Tout ça, demande le visiteur en montrant une rangée de tableaux rangés contre un mur de la pièce, tu l'as peint avant ou après t'être blessé à la main ?

Il connaît tout. Encore ne parle-t-il pas de la grossesse d'Amandine, même s'il est au courant.

— Ne me regarde pas avec ces yeux ! plaisante-t-il. Tout s'apprend par ici. Il suffit parfois de partager un pichet de vin. Tiens, connais-tu le paveur qui se nomme Vautron ?

— Oui, répond sèchement Jean. Il loge à *L'Auberge de l'Ours.*

— J'y dormais encore hier soir et le vieux est sacrément bavard. Tu vois, aucun mystère. Surtout que ces derniers jours on a beaucoup parlé de toi à cause de l'accident.

Conwoion pose le tableau représentant Amandine.

— Comment te sens-tu ?

— Prêt à repartir, ment Jean.

— Pour creuser le canal… Tu as donc renoncé à la vie dont tu rêvais ? Le barbouilleur est enterré ! raille-t-il.

— Bon sang ! s'emporte brusquement Jean. As-tu bientôt fini avec tes questions ?

Il cherche à se lever, retombe lourdement sur son siège. Amandine, restée en arrière, sur ses gardes, se précipite pour l'aider. Elle s'agenouille, caresse les cheveux de son époux, le rassure en lui baisant le front.

— Il a voulu payer le médecin, chuchote-t-elle à son oreille, achevant de l'inquiéter. J'ai peur, Jean. Je veux qu'il parte…

— Pas avant de savoir ce qui l'amène ici, répond ce dernier à voix basse.

— Qu'est-ce que vous marmonnez tous les deux ? lance Conwoion.

— Que nous voulez-vous ? répond-elle en le fusillant du regard.

— C'est écrit ici, dit-il sobrement en sortant une liasse de papier pliée en quatre.

Chapitre 41

En repartant, Conwoion a prétendu qu'il reviendrait dans un mois, en septembre. Mais il ne s'en va pas trop loin. Son maître, l'étranger fortuné dont il vient longuement de parler à Jean et à Amandine, s'est en fait installé à cinq lieues de Versailles, soit une belle matinée de marche à cheval[1]. Il a acquis un domaine situé près de Gambais, en bordure d'une immense forêt, prolongé par des terres agricoles et des prés à perte de vue.

— Il s'est mis dans l'idée de fournir le lait au roi et à Versailles, soutenait Conwoion sans qu'on sache s'il prenait cette entreprise au sérieux.

L'homme était espagnol, propriétaire en Andalousie d'un élevage de taureaux. Il possédait aussi une flotte de navires qui faisait route au printemps vers les nouvelles terres, au-delà de l'océan, et en revenait à l'automne les soutes remplies de marchandises exotiques dont les cours du Roi-Planète[2] et de Charles II raffolaient.

— Je lui ai raconté que je connaissais Versailles, et même que j'y avais travaillé.

---

1. Une lieue correspond à la distance parcourue à pied ou au pas, à cheval, en une heure, soit environ 4 kilomètres.

2. Philippe IV, roi d'Espagne, des Deux-Siciles, du Portugal et souverain des Pays-Bas. Il mourut en 1665, Charles II, dit l'Ensorcelé, lui succéda.

Il avait sondé le regard de Jean avant de se tourner vers Amandine :

— Mais sans entrer dans les détails…

Et cela, affirmait-il, avait suffi pour convaincre le solide possédant de confier au Breton la mission de recruter des bâtisseurs chargés d'embellir et d'agrandir le manoir de Saint-Val qu'il venait d'acheter comptant.

— Alors, j'ai pensé à toi et à Pontgallet.

Comment Jean devait-il prendre la nouvelle ? C'était inespéré, arrivait au moment où le pire menaçait. Conwoion parlait d'un être fantasque, éclairé, prêt à dépenser sans compter. Mais comment croire que l'ancien goujat, tueur de sang-froid, ait pu gagner la confiance d'un homme en apparence si important ?

— Je lui ai sauvé la vie, répétait-il sans jamais préciser où et comment.

Et cela devait-il suffire pour gober son histoire ?

— Si vous le connaissez un jour, vous comprendrez qu'il ne fonctionne pas comme ces gens de cour qui négligent la valeur des hommes. Il fonde sa confiance sur le caractère qui, à ses yeux, vaut tous les titres de noblesse.

Jean soupçonnait Conwoion d'avoir participé à une aventure où le fer avait parlé. Il l'imaginait embarquant sur un navire après avoir quitté Versailles et voguant vers les Amériques. Mais les circonstances de sa rencontre avec le mécène espagnol demeuraient un mystère, si bien que le personnage auquel le Breton devait sa réussite pâtissait de la réputation sulfureuse de son envoyé. Et Jean aurait pu se convaincre qu'il s'agissait d'une affaire tordue ou d'affabulations s'il n'y avait eu ces feuilles de papier. Car la preuve irréfutable qu'il ne mentait pas s'y trouvait.

*

C'était un plan assez bien exécuté du beau manoir de Saint-Val[1]. Fait de briques et de pierres, on pouvait affirmer clairement qu'il remontait au siècle dernier. Un beau témoignage du style Henri III, construit en fer à cheval, ce qui conférait à la bâtisse une élégance certaine.

— Mais il est vieux...

Conwoion en parlait ainsi et cet audacieux raccourci était la traduction de ce qu'avait éprouvé Don de La Fragua, seigneur d'Andalousie, à la vue de son domaine.

Don de La Fragua, répéta Jean Le Faillon... Il avait donc un nom.

Un sceau figurait sur le plan, apportant une nouvelle précision. C'était un soleil rougeoyant comme le feu où se dessinaient un compas et une équerre. Mais il n'y avait aucune autre indication et il fallait s'en contenter puisque, selon Conwoion, on verrait peu cet homme guère familier des usages du royaume et qui n'envisageait pas de se montrer à Versailles.

— Sais-tu pourquoi il a choisi les outils du maçon comme symbole de ses armes ? avait demandé Jean.

Conwoion l'ignorait. Ou peut-être refusait-il de l'expliquer. Il avait surtout hâte de parler de sa mission et s'y employa avec moult détails. Vieux, donc, estimait le propriétaire, si bien que l'ensemble méritait d'être rafraîchi au goût du siècle et de l'art français. Eh quoi, le nouveau Versailles dissimulait bien les briques du château de Louis XIII sous le marbre et la pierre. Se mesurer au roi fixait les prétentions de La Fragua. À preuve, il voulait des statues, une cour d'honneur, une grande terrasse, et toutes sortes d'aménagements consignés et rangés sur un autre feuillet qu'il tendit à Jean.

1. La suite rappelle le château de Neuville, situé sur la commune de Gambais, non loin de Versailles. Plus de détails en fin d'ouvrage : « Où s'arrête l'Histoire ? Où commence l'histoire ? »

— C'est ce qu'il appelle un cahier des charges.

Le Faillon le parcourut : *Manière d'embellir le domaine de Saint-Val, pour le plaisir de son seigneur, le très honorable Don de La Fragua.* Et, par sa précision, ce rapport supportait la comparaison avec ceux de la surintendance des Bâtiments établis par les commis de Colbert. C'était impeccablement décrit, parfaitement défini. Il s'agissait de refondre en entier la demeure, de l'élever au rang des plus grandes. De quoi, en effet, rivaliser avec le palais de Versailles, si l'on exceptait les jardins.

— Voici le plan du parc, annonça Conwoion.

Ce dernier n'avait pas l'ampleur de celui du roi, mais Le Nôtre y aurait pris du plaisir. Don de La Fragua réclamait des bassins, des fontaines, des bosquets, des allées et même une orangerie.

Mais qui était-il ? Et avait-il les moyens d'une ambition aussi folle ?

— Je le crois, répondit sobrement le Breton.

— Et que veux-tu que je fasse de tout ça ? s'inquiéta Jean.

— J'étais venu en pensant à l'entreprise Pontgallet, déclara Conwoion. Mais on m'a appris… Les langues se délient quand il s'agit de dire du mal…

— Il n'y a plus rien, admit Jean en baissant la tête.

— C'est pourquoi j'ai cru ne jamais te revoir. Du moins pour le travail. Et puis, je me suis souvenu de tes rêves de peintre…

Conwoion se leva à nouveau et alla chercher un tableau représentant le château de Versailles. Il y avait du neuf et surtout de l'original… Jean avait ajouté sa patte à l'œuvre de Le Nôtre, de Le Vau et de Hardouin-Mansart. L'ouvrage s'honorait de quelques rajouts et anticipait sur le résultat final. C'était une vue d'ensemble, représentant ce que serait la propriété royale une fois achevée.

Le peintre Le Faillon avait travaillé chaque détail, allant jusqu'à mettre en scène le roi et la Cour se rendant aux jardins. Dans ce tableau exaltant et vivant, l'artiste avait rehaussé la façade sud d'un toit en pente qui, dans le vrai modèle, était masqué par une balustrade et des pots à feu. La nouveauté donnait peut-être raison au duc de Saint-Simon qui, à l'instar des caciques, reprocherait au château neuf de manquer d'élévation parce qu'il finissait par un demi-étage ou attique et, qu'ainsi, son toit caché semblait avoir brûlé. Mais ce n'était pas tout. Dans le tableau de Jean Le Faillon, toutes les fontaines fonctionnaient en même temps, des bosquets disparaissaient ouvrant de belles perspectives, d'autres naissaient par enchantement, telle une évocation de l'Olympe où Zeus séduisait Héra au jardin des Hespérides, engendrant une multitude d'enfants qui batifolaient dans un bassin immense protégé par Ladon, le dragon à cent têtes et, bien sûr, les trois nymphes, filles d'Atlas et de Pléioné. Non sans licence, Jean avait réalisé cette invention, qu'il trouvait maladroite, imparfaite, bringuebalante, en souvenir de son séjour chez Pierre Lobiot et de ses nuits agitées chez Barroubas, propriétaire des *Trois Lièvres verts.* Oui, ce n'était qu'un jeu, une manière de ne pas oublier ces heures délicieuses où il s'était vu peintre. Mais Le Nôtre y aurait trouvé de belles idées. Et Hardouin-Mansart lui-même, dessinateur hors pair, n'aurait pas renié la qualité du travail.

— Je me trompais, dit Conwoion. Tu as un don. Et ce que tu as imaginé, c'est sûrement ce que cherche Don de La Fragua.

Qu'en savait-il ? S'il maniait le couteau, il ne connaissait rien à l'art ni à l'architecture.

— Je te l'achète. Combien ?

Jean hésitait. Que s'était-il donc passé pour que le Breton change à ce point ? Ce n'était plus le même. Ses phrases étaient soutenues, ses yeux moins brûlants, l'accent disparaissait, l'allure devenait celle d'un homme respectable, et sa main ne cherchait plus à la ceinture le couteau qui sommeillait sous la chemise.

— Ça ne vaut rien, répondit-il de bonne foi.

— Cent livres, répondit Conwoion. Et n'en parlons plus…

C'était au moins quatre mois de travail à trimer pour Bachelard.

— Tu es fou…

— Je puise dans la bourse de Don de La Fragua. Pour lui, ce n'est rien. Et il comprendra mieux ce que tu peux réaliser.

— Que veux-tu dire ? grommela Jean.

— Tu as les plans de Saint-Val. Ce que souhaite son propriétaire est écrit. Tu n'as qu'à laisser courir ton imagination. Imagine son futur écrin… Et pour cette commande, je suis prêt à t'offrir cent livres de plus.

La bourse avait jailli. Et elle était pleine.

*

Jean avait refusé. Il s'en sentait incapable et l'histoire ne lui plaisait pas.

— Ma main, dit-il pour clore la discussion, ma main ne me permet plus de dessiner et de peindre.

— C'est faux !

Amandine rompit le silence.

— Tu peux peindre. Regarde mon portrait… Tu l'as réalisé après t'être blessé.

Jusque-là, elle observait, jaugeait Conwoion, essayant de comprendre ce qu'il dissimulait. Mais peut-être que son histoire était véridique, qu'il venait les sauver. D'ailleurs ne l'avait-il pas fait pour elle une première fois ?

— Cent livres, dit-elle d'une voix ferme, et le tableau sur Versailles est à vous.

Jean voulut protester. Amandine leva une main.

— Préfères-tu mourir en creusant les fontaines du roi ?

Et puisqu'il ne répondait rien, elle se tourna vers Conwoion :

— Mon mari est un excellent peintre. Vous faites une bonne affaire.

Conwoion la regarda longuement. Était-il séduit ou amusé ?

— Tenez, dit-il. Et combien me demanderez-vous pour votre portrait ?

Il montrait le tableau la représentant.

— C'est non, répondit-elle aussitôt. Mais donnez-nous cent autres livres et je promets que Jean réalisera un projet pour le nouveau château de Saint-Val.

Conwoion se tourna vers Jean qui ne bronchait toujours pas. Alors, sans hésiter, il plongea la main dans son trésor.

— Dans un mois, je reviendrai, annonça-t-il en s'adressant à Amandine.

Aucun n'avait dit un mot à propos du valet et de sa mort. De même, le Breton n'avait pas évoqué leur mariage. À quoi bon d'ailleurs ? Ni festin ni musique. Un simple échange de vœux, entendu par un bon curé ému par leur sincérité.

— Début septembre, je repasserai à Versailles, répéta-t-il. D'ici là, vous ne manquerez de rien. Deux cents livres d'un coup, vous voilà presque riches !

Il retrouvait la gouaille des débuts lorsqu'il s'était présenté pour se faire engager.

Jean voulut le raccompagner seul jusqu'à la porte. Mais le simple fait de se lever et de traverser la pièce de vie lui demanda un terrible effort. Il n'avait plus de force, se sentait même incapable de peindre.

Sur le seuil, Conwoion le prit par l'épaule.

— Tu réussiras. Je t'en sais capable.

— Moi, je suis persuadé du contraire.

— Tu ne vois pas assez grand, soupira le Breton. Pourtant je pensais que ton passage à Paris t'avait ouvert l'esprit et donné de l'ambition.

Jean écarquilla les yeux ; son visiteur jouait à le surprendre encore et y prenait du plaisir.

— Tout le monde en parle ici, je te l'ai dit… Fais-moi confiance. Pour l'instant, travaille. Ne cherche rien d'autre.

Conwoion partait, mais une dernière fois, il se retourna :

— Je suis content pour toi et Amandine. Vous semblez heureux. Et toi, tu as montré que tu étais un homme en ne la rejetant pas.

Il parlait du viol et de l'enfant, c'était certain. Il savait…

— Qui es-tu ? hurla Jean.

— Quelqu'un qui ne se trompait pas, répondit-il simplement. Il fallait la venger… *Kenavo* [1], l'ami. Et n'oublie pas : rendez-vous en septembre… D'ici là, ne parle à personne de moi et de notre bienfaiteur, Don de La Fragua.

1. Au revoir, en breton.

Chapitre 42

LE BRUN reste infatigable. Pourtant, la galerie des Glaces ressemble à la torture des Danaïdes, filles du roi Danaos, condamnées à remplir éternellement en enfer un tonneau sans fond. Quand ce *monument* sera-t-il achevé ?

À plus de soixante ans, le peintre craint de ne jamais en voir la fin, car il en faut, du souffle, de la force, pour peindre les mille mètres carrés de la voûte consacrée à la gloire du roi. Trente compositions monumentales la décoreront. Il faut au moins cela pour décrire l'histoire de Louis XIV, depuis 1661 – année où il a décidé de *gouverner par lui-même* –, jusqu'à la paix de Nimègue mettant fin à la guerre de Hollande [1]. Un jour, on contemplera Louis le Grand posant en héros antique dans ce véritable livre d'images joliment raconté. Alors, le doge de Gênes, l'ambassadeur de Siam, tous les courtisans, lèveront les yeux au ciel lorsqu'ils déambuleront dans l'immense galerie des Glaces. Mais combien de détails échapperont au visiteur ? Car tout sera loin et proche ; si immense et si précis. Connus des initiés – et de Louis XIV en premier.

---

1. Louis XIV décide d'exercer directement et personnellement le pouvoir, le 9 mars 1661. Il a vingt-deux ans. Mazarin est mort. Le 10 août 1678, le traité de Nimègue marque l'abaissement de l'Espagne. La Franche-Comté revient à la France qui renforce également ses positions dans les Caraïbes.

*

Le Brun organise l'épopée du Roi-Soleil autour du tournant capital de 1661. Il ne peut en être autrement puisque la suite en découle. Les succès et les victoires sont les conséquences d'une décision *édifiante*, absolue, sur la manière de gouverner. La description centrale de la galerie est donc essentielle, capitale, historique. Tout y compte. Le Brun y a consacré des jours, des semaines en concevant l'œuvre, puis en la réalisant. Il a peu délégué, corrigé, rectifié, pensé chaque coup de pinceau comme la démonstration du pouvoir personnel. À elle seule, la scène centrale du plafond de la galerie des Glaces exigerait d'être étudiée à l'infini afin d'en saisir chaque symbole. Mais elle est si haute…

Qui s'attardera sur la représentation du roi, assis sur un trône dont le seul élément visible est un lion, synonyme de la force ? Lorsque cette salle sera emplie de monde, quand la foule des courtisans prendra possession de la galerie et que le brouhaha étouffera l'orchestre de Sa Majesté, que regardera-t-on ? Les richesses du plafond ou le roi siégeant sur son trône d'argent du côté du salon de la Paix ? Pourtant, il y a beaucoup à apprendre dans chaque fragment du tableau, genèse d'un règne souverain : la main droite du roi est posée sur le gouvernail, signe incontestable de l'autorité, tandis que la gauche, paume ouverte, dirigée vers le ciel, annonce que le destin conduira l'élu vers la gloire, soutenu pour cela par Mars, la Guerre, et porté par Minerve, la Sagesse, puisque le visage royal luit dans le bouclier de la déesse. Tant d'efforts produits, de nuances, d'ombres, de lumières, d'accords harmonieux dans le dessein de sanctifier le maître de Versailles ! Qu'en restera-t-il lorsque l'observateur redescendra sur terre, la tête étourdie ? Le message de la réussite.

Au plafond, se pressent des batailles triomphales, la réunification des deux mers grâce au canal du Midi, la Renommée et l'Abondance encadrant la défaite des Turcs et celle de l'Espagne, la maîtrise des océans, l'ordre établi dans les finances, la fureur des duels arrêtée, le soulagement du peuple pendant la famine… Charles Le Brun n'a pas même oublié la louve, emblème de Rome, humblement couchée, preuve de la soumission de tous, même du pape, au plus grand prince des temps.

Chaque trait, chaque allégorie est donc au service d'une même cause : l'essence d'un roi. Un hymne sans cesse répété, décliné du vermillon à l'indigo, enluminé d'or. Les prouesses du peintre se fondent dans cet ensemble où germe la seule idée qui vaille : le renom. À cet instant, le sien compte peu. Il sait que les détails auxquels il porte tant d'attention doivent rester dans l'ombre pour ne pas affadir l'image de celui qu'il sert ; qu'ils noirciront au cours des siècles, mais que les exploits dépeints ne s'éteindront jamais. Et qu'importe si peu y prêtent attention. Lui les juge indispensables parce qu'ils participent à l'œuvre générale, et qu'en négliger un serait comme soustraire du sablier le petit grain sans lequel il n'y aura nulle éternité. Aussi, aucun fragment ne sera-t-il maltraité, même si le peintre doit y abandonner sa santé. Alors, jusqu'à réunir par le sommet le salon de la Guerre à celui de la Paix qui encadrent la galerie des Glaces, Le Brun soumet son art, sa personne et peut-être le reste de sa vie à un mortel élevé au rang de demi-dieu. De son travail titanesque demeurera une vision éblouissante, un plan général – et si aveuglant, qu'une fois terminée, sa propre création s'effacera afin que ne domine qu'un nom, qu'une image, qu'un récit, celui du Quatorzième, illustré par le talent de son fidèle ordonnateur.

*

L'abnégation, le dévouement ont pourtant un prix. Le Brun s'épuise, se livre sans compter, offrant l'énergie que lui concède encore l'âge. Ce sont des heures allongées dans la plus inconfortable des positions, la tête dressée vers le haut, la nuque tordue. Quand la lumière décline, qu'il faut arrêter, le corps est comme paralysé. Remettre en action les muscles courbatus est une épreuve. Le sang refroidi par des heures immobiles afflue soudainement dans les bras, les mains, le dos, ranimant d'anciennes douleurs. Se lever, simplement cela, exige un long cérémonial. Le Brun emploie la méthode des cavaliers brisés par une moitié de vie passée en selle. La lenteur est de mise. D'abord, s'étirer pour que les muscles se réveillent, tourner plusieurs fois la tête de droite à gauche, se frotter les mains pour activer la circulation. Ensuite, se relever prudemment en prenant soin d'accrocher une main à l'armature de l'échafaudage. Si le tournis vient, ne surtout pas se précipiter pour redescendre.

Il répète la leçon aux peintres novices qui le prennent pour un vieillard et n'appliquent pas assez ces préceptes. La semaine passée, l'un d'eux, pressé d'en finir, est tombé. Il était comme le poulain tout juste né qui tremble encore sur ses jambes. L'une d'elles s'est brisée. Le Brun lui a accordé huit jours pour se remettre. Il n'aura pas plus. Les talents manquent. Ses troupes ne suffisent plus. Les filles du roi Danaos sont cinquante autour de leur tonneau. Il lui en faudrait le double…

Charles Le Brun dispose de deux équipes issues de l'Académie royale de peinture. L'une travaille directement sur le plafond, la seconde reste au sol et s'active sur les toiles marouflées[1]. Le maître va de l'une à l'autre, garde un œil sur tout, réalise lui-même les scènes les plus délicates. En

1. Une partie de la galerie sera réalisée ainsi. Le marouflage est une technique millénaire utilisée également dans la restauration des tableaux. Elle consiste à coller un morceau de la toile, peint séparément, sur le support définitif.

cette fin septembre 1680, le voici concentré sur *Le Passage du Rhin en présence des ennemis.* C'est une scène d'action très importante où l'artiste souhaite magnifier la puissance formidable du roi. Le char antique tiré par deux chevaux blancs à la crinière d'or y contribue. Louis s'y tient debout, les rênes dans la main gauche, et le muscle saillant de son avant-bras enragerait Hercule. Le Brun a doté le roi preux d'une armure en or, et ses cheveux balayés par le vent raffermissent la fureur du moment. Aucune force humaine ne peut y résister. Mais il manque quelque chose… La main droite, qu'en fait-il ? Une épée, une lance, un flambeau…

— La foudre.

L'auteur de cette habile invention se nomme Pierre Lobiot. Le Brun l'a recruté voilà quelques semaines. Et il ne le regrette pas.

— La foudre, il n'y a pas mieux pour illustrer l'héroïsme de Sa Majesté. Je parie que le *Mercure galant* en fera un compliment[1]…

Le Brun approuve. Sa recrue regorge d'idées, et, c'est un très bon chef d'équipe. Il repère les talents, choisit la bonne personne, qu'il s'agisse de dessiner ou de mettre en couleur. Vraiment, il se félicite de l'avoir déniché. Pourtant, rien ne laissait croire que ce jeune homme recommandé par son père, un influent conseiller du parlement de Paris, regorgeait d'ingéniosité. Dieu sait combien Le Brun déteste qu'on pèse sur ses décisions. Aucun passe-droit dans son écurie. Ses seconds, il les choisit selon leurs compétences, se moque des origines, du nom, de l'ascendant. La valeur se démontre avec un pinceau ou une mine de plomb. Et Lobiot est excellent

1. Pierre Lobiot n'a pas tort. En 1684, le *Mercure galant* rendra ainsi compte de la scène : « Les plus vives couleurs font remarquer le roi, la foudre à la main, les cheveux et son manteau agités par les vents, son char rapidement traîné par des chevaux fougueux. »

s'il faut modifier, amender ou sortir d'une impasse parce que le travail n'avance pas. Il possède un œil infaillible, repère le défaut, corrige d'une main sûre une perspective maladroite, ajoute l'ombre qui augmentera la profondeur d'une scène. Dans ce tableau immense qui deviendra, un jour, bien plus que le plafond de la galerie des Glaces, Pierre Lobiot, comme d'autres anonymes, tisse peu à peu la toile céleste d'une dramaturgie héroïque.

— Merci, Pierre, soupire Le Brun. Maintenant, il faut vous reposer…

La nuit est sombre et, dans cette galerie inachevée, les voix résonnent. Pierre est arrivé le jour même à Versailles. C'est une sorte d'avancement. Avant, il travaillait à Paris dans l'atelier du maître. On lui doit notamment l'exécution de Minerve dans le tableau *Le Roi gouverne par lui-même*. C'est lui qui a proposé le reflet de Louis XIV dans le bouclier de la déesse antique.

— Comment mieux évoquer la Prudence, soutenait-il, puisque le sage s'observe avant de décider ? Songez à la maxime de Socrate : « Connais-toi toi-même. » Et si vous le permettez, ajouta-t-il, j'ornerai l'armure de Minerve d'un serpent. « Soyez prudents comme des serpents. » Ce sont les paroles de Notre-Seigneur Jésus, rapportées par Matthieu…

Tant d'excellence a bientôt rendu ce jeune peintre indispensable, et Le Brun l'a embarqué pour Versailles.

— Voilà où nous en sommes…

Le plafond est inachevé, d'immenses parties sont encore à l'état brut. Le maître semble découragé.

— Il nous manque des gens…

— Laissez-moi faire, sourit Pierre. J'en connais d'excellents, et non loin d'ici.

Chapitre 43

VOILÀ TROIS semaines que Conwoion a débarqué comme le diable chez Amandine et Jean. La surprise fut de taille et le jeune couple ne s'en remet pas.

Il a envahi leur vie, la dérange, faisant ressurgir le cortège d'ombres écœurantes qui les ronge et dont ils s'efforcent de ne jamais parler. Avant qu'il ne s'exhibe, fier et sans vergogne, ils tentaient de tourner la page et, pour cela, sans l'avoir décidé, il semblait convenu qu'ils ne déterreraient jamais le 1er mai 1679. Le valet avait-il même existé ? Peut-être espéraient-ils qu'il s'enfonce dans les brumes du passé. Hélas, tous leurs efforts pour s'en débarrasser avaient échoué à cause d'une douleur irrécusable : la grossesse d'Amandine.

Pour l'effacer, au moins l'atténuer, ils avaient voulu donner chair à leur amour. Mais le ventre d'Amandine restait désespérément plat. Dieu la punissait-Il ou fallait-il accuser la *Dame grise* d'avoir agi trop brutalement, rompant le fil qui donnait la vie ? Amandine avait souffert, perdu beaucoup de sang, et il manquait si peu pour que l'enfant mort réclame le lait de sa mère.

Peu de temps encore avant l'apparition de Conwoion, ils refusaient d'aborder ce sujet, tant d'autres drames se bousculaient. Le père de Jean ne se remettait pas, Marguerite ne sortait plus de son mutisme et son état se résumait à une *chose* végétative qu'on nourrissait de soupe et lavait allongée, obligeant sa petite-fille à se soumettre aux tâches les plus ingrates. *La vie au château*, la vie rêvée, appartenait définitivement au passé. Ils se projetaient au seul lendemain, parfois même ne voyaient-ils plus clair au-delà du souper. Et puis, il y avait eu l'accident de Jean. Un mois avant le retour de Conwoion. Il s'en remettrait physiquement. Certainement, promettait le médecin Éloy Martin. Pour quel avenir ? Retourner creuser afin que jaillisse l'eau improbable dans les fontaines de Versailles ? N'être jamais ni maçon ni peintre, mais simple apprenti. Avant, il se sentait si jeune, plein d'espoir. Faudrait-il décompter les jours jusqu'au dernier en ayant pour horizon et pour seule histoire une vie misérable ? L'aventure, il y avait cru. D'abord, en découvrant Paris, et Pierre qui lui promettait un destin. Puis en retournant à Versailles, où il avait reconquis le cœur d'Amandine. Un instant, ils avaient même été riches… Désormais, sa main le trahissait et ses poumons brûlaient comme si la fange de la Seine s'accrochait à son corps et le dévorait de l'intérieur.

*

Quelques jours avant le surgissement de Conwoion, il s'était pourtant remis à la peinture – le portrait d'Amandine en témoignait –, encouragé par celle qui semblait croire en lui, assurait qu'il y parviendrait. L'unique raison qui le maintenait hors de l'eau était son amour pour cette femme radieuse, désirable à en renverser les montagnes, acharnée à survivre et qui ne se plaignait de rien. Jusqu'à revoir Conwoion. La veille, il leur restait au moins cette innocente affection à laquelle ils s'accrochaient comme un couple d'inséparables, tels les oisillons blottis l'un contre l'autre, attendant que les épreuves passent. Et combien ils étaient touchants ! Si bien que le voisinage venait à leur secours. Tantôt, un pain entier, juste cuit, était posé sur le rebord de leur fenêtre. Le vendredi, une femme prenait le linge dégoûtant de Marguerite et l'emportait au lavoir. On gardait la grabataire si Amandine partait travailler chez Fontverne, le solide aubergiste du *Dauphin*, dans le quartier du Parc-aux-Cerfs. Désormais, son service se déroulait de jour. Eh quoi, la jeune femme étant mariée, l'employeur (bien qu'un peu jaloux) jugeait qu'un couple fraîchement uni avait besoin de temps pour, disait-il, jouir de ses devoirs.

Au moins, l'amour perdurait, Jean s'y accrochait. Lorsque Marguerite et son père les laissaient en paix, ils s'attardaient dans le lit, se racontaient des histoires où tout s'arrangeait. Amandine espérait puisqu'elle avait toujours cru aux contes d'enfants. Mais lorsqu'on frappait à sa porte, elle fermait les yeux et se bouchait les oreilles pour que le mal n'entre pas, que le cauchemar s'efface, que sa vie reprenne un cours normal.

Et Conwoion s'était montré comme ces branches d'arbres morts qui jaillissaient parfois de l'*étang puant*.

*

Elle avait pourtant réussi à l'effacer, car il était forcément associé au valet. Le sortir de sa tête lui avait demandé beaucoup d'efforts. En le revoyant, la douleur avait soudainement ressurgi, le valet posait les mains sur son cou, le serrait. Elle étouffait, son ventre souffrait... Hébétée, ne réalisant pas ce qui se produisait, elle l'entendait offrir cinq livres au médecin pour le payer.

Que venait-il acheter, comment savait-il tout d'eux ?

Depuis, Jean n'est pas plus à l'aise. Qui est donc ce fantôme surgissant du passé, ce tueur de sang-froid qui s'est immiscé dans la vie d'Amandine pour disparaître aussi vite sans explication ? Vient-il se mettre en travers de sa route, revendiquer une place, celle que le fils Le Faillon occupait ? L'instant d'avant, celui-ci se sentait faible, mais sûr de lui. Avec Amandine à ses côtés, il pouvait s'en sortir. Depuis, la jalousie l'infecte. Conwoion a promis de se montrer à la fin du mois, et c'est dans quelques jours. La commande à propos du manoir de Saint-Val ? Il n'y touche pas, prétextant que sa main blessée ne lui obéit plus. C'est faux... Amandine répète qu'il peignait avant que Conwoion n'entre chez eux. Mais le seul fait d'entendre ce nom le met hors de lui. Il rompt, tourne les talons. À présent, ils se disputent.

*

Après le départ du Breton, l'épouse avait réagi autrement. L'émotion des premiers instants passée, elle se souvenait de sa tenue, de son allure, de son aisance. Il avait parlé clairement, annonçant qu'un seigneur, espagnol comme la reine (autant dire un familier de la France, se rassurait-elle), entendait dépenser une fortune et qu'il leur proposait d'en profiter. Qu'importe si l'Espagne avait guerroyé, on avait (plus ou moins, croyait-elle) fait la paix. Cet homme voulait s'installer près de Versailles et quoi de plus normal, puisque la ville royale rayonnait dans le monde entier. De même, il n'y avait rien de plus évident pour la petite-fille Pontgallet que de se bâtir une belle demeure. Les pierres, c'était du concret et, si Conwoion mentait, on le saurait vite. Il demandait une esquisse. En échange, il venait à leur secours, comme par le passé. Alors elle s'accrochait à ce nom, Don de La Fragua, qui tintinnabulait comme la promesse d'un nouvel espoir. Bien sûr, il y avait de l'étrange, et du magique dans la proposition qu'on leur avait faite. Mais ils ne pouvaient s'en sortir sans miracle. Conwoion était peut-être *vraiment* l'envoyé d'un seigneur prodigue. D'ailleurs, s'entêtait-elle, ne l'avait-il pas déjà sauvée ?

*

— Tes rêves te reprennent ! enrage Jean lorsque le sujet surgit.

Ce soir, c'est le cas. Et c'est ainsi tous les jours depuis que Conwoion a passé le seuil de leur maison.

— Deux cents livres, répond-elle à coup sûr. Dis-moi si c'est un conte à dormir debout ?

— Il invente ! soutient-il. Cet Espagnol est un mirage…

Amandine va chercher l'argent, le lui met sous les yeux.

— Regarde… Six mois sans souffrir de la faim, assez pour subvenir aux besoins de nos parents. Et si tu réussis, tu pourras travailler sur la construction. N'est-ce pas mieux que de mourir à petit feu en avalant chaque jour le poison de la Seine ?

Elle le supplie, se met à genoux, murmure qu'elle l'aime et que lui seul compte.

— Je sais que tu as peur de lui. Tu as tort…

Il se lève brusquement.

— Si tu en parles, c'est que tu y penses.

Amandine soupire. Petit-Jean est de retour.

— Maintenant, ça suffit ! Avec cet argent, je vais payer nos dettes…

— Je t'interdis d'y toucher !

— C'est déjà fait…

— Tu… Tu m'as désobéi ?

— Comment crois-tu que j'ai pu acheter le pain et les légumes que tu as mangés aujourd'hui ? Je t'en supplie, Jean. Ce qui nous arrive peut nous sauver. Il te suffit de te mettre au travail.

— Même si je me forçais, je n'y arriverais pas, prétend-il en montrant sa main.

— Dans ce cas, provoque-t-elle, je vendrai à Conwoion mon portrait. Il lui plaît. J'y gagnerai cent livres encore…

Amandine est allée trop loin, mais Jean n'est pas en reste. Il s'apprête à commettre l'irréparable. Dans les mots qui suivront, il l'accusera d'être volage, stupide, d'aimer plaire et que ce qu'il s'est passé est de sa faute. Le valet, elle l'a aguiché, il ne s'est pas jeté sur elle *comme ça*. Que faisait-elle au château ? Qui l'obligeait à s'y rendre ? C'était pour séduire ! La leçon n'a pas suffi. Comment agit-elle avec Conwoion ? Pareillement ! Prête à tout pour cent livres, décidée à rompre le serment qui les unit !

Affaibli, miné par la jalousie, convaincu de n'être plus bon à rien, Jean va achever de détruire ce qu'il s'entêtait à construire. Ensuite, il ne restera rien. D'ailleurs, n'est-ce pas ce qu'il veut ? Tirer un trait ; radicalement ; que tout cesse. En poignardant son amour, sa raison de vivre, c'est lui qu'il cherche à faire mourir.

Il se lève, ses lèvres tremblent, son teint est aussi pâle que ce jour où il fut ramené ici, fauché par la fange de la Seine. Il va parler, mais avant, il fera ce qu'il a décidé depuis plusieurs jours. Il brûlera ses tableaux si maladroits. Alors, le passé, le présent, le futur, tout s'effacera. Ses mots seront très durs, et à quoi bon expliquer que s'y mêle sa souffrance, qu'après tout, il n'y a d'autre solution que d'en finir ? D'ailleurs, c'est décidé. Et il ira se pendre, pense-t-il sans émotion, presque soulagé puisque dans ce moment où l'esprit se ferme, il n'existe nulle autre solution que la mort qui se montre, avance doucement pour le libérer d'un poids immense et lui promet que son rapt sera définitif et sans douleur.

— Jean… Que fais-tu ?

Il ne répond pas. Pourtant, il vient de saisir le portrait d'Amandine et se dirige vers la cheminée où brûle une belle flambée.

— Jean ! hurle-t-elle.

L'entend-il ? Pas plus que ce poing cognant lourdement à la porte, comme si la mort, en effet, s'invitait. Amandine hésite : ouvrir à l'inconnu ou empêcher Jean d'agir ? Son cou lui fait mal, elle étouffe comme ce jour où le valet… Le cauchemar revient. Le mal va entrer.

Jean s'est arrêté. Ses yeux se dessillent, son esprit se réveille. Qui vient à la nuit ? Il pense à Conwoion et décide qu'il le tuera. Ou que s'il échoue, l'autre le fera. Alors, il jette le tableau dans le feu et se précipite sur la porte.

— Bon sang, j'ai cru que tu étais déjà couché...

C'est Pierre. Pierre Lobiot. Fringant, rieur, les bras encombrés par trois fiasques de bon vin et un jambon entier.

— Tu as une sale mine...

Pierre force le passage. Il entre chez lui. Un regard, un arrêt sur la jeune femme qui serre contre son cœur une toile dont le cadre est un peu brûlé.

— Amandine, je suppose, lance-t-il en affichant un sourire cajoleur. Moi, c'est Pierre. Ce bougre d'animal vous a-t-il au moins expliqué que nous étions amis ?

Nulle réponse. Silence...

Pierre observe la scène, toussote pour s'éclaircir la voix... et chasser la gêne qui monte. Puis, se décide, progresse d'un pas, pose son offrande sur la table et se retourne, mains sur les hanches :

— Dites-moi, vous dérangé-je ?

Chapitre 44

Ce lundi 3 mars 1681 est épouvantable. Le vent se mêle au froid, mais c'est surtout la neige qui donne à cette journée des allures d'apocalypse. Des bourrasques continues s'abattent à l'horizontal, cinglant le visage de milliers de pointes d'aiguilles. Les mains qu'on tente de cacher dans les manches du manteau ne sont pas en reste ; celles de La Reynie sont bleues. Pourtant, il se croyait à l'abri dans son carrosse. C'était sans compter avec la dureté du voyage alors que le cocher attaque une longue ligne droite menant à Versailles. C'est un goulot étroit, encadré d'immenses arbres aux branches désincarnées. Le vent prend un malin plaisir à s'engouffrer dans ce passage, à se mesurer de face au couple d'alezans qui progressent au pas, têtes baissées pour se protéger vaille que vaille, risquant à chaque coup de reins de se briser une jambe dans un maudit trou que la neige aurait masqué. Il se pourrait aussi que la glace cède, qu'un piège vicieux casse une roue, entraîne l'attelage, le fracasse.

La Reynie déteste la nature. Dès qu'il s'éloigne de Paris, le contact physique avec les éléments le met mal à l'aise. En s'aidant de l'épaisse écharpe tournée trois fois autour du cou, il tente de boucher la borgnette[1] par où l'air glacial se glisse

1. Petite fenêtre.

en sifflant. Maigre rempart qui ne le protège nullement de la tempête polaire. Il se frotte les mains, tape du pied, rien n'y fait. Il ne se réchauffe pas, son corps s'ankylose. Pour ne pas s'endormir, il jette un coup d'œil à l'extérieur. Une horde de sangliers longe la route où s'amoncellent des congères. Les loups ne sont sans doute pas loin et le cocher partage cet avis. Il donne du fouet pour réveiller les chevaux dont le sang s'engourdit. « Faut pas traîner par ici, les petits gars… » gueule-t-il. Les deux entiers redressent le dos. L'un tourne les oreilles vers le fossé. Il a repéré le danger. Soudain, il passe au trot, tire sur le mors recouvert d'écume gelée, réclame le galop. Ses fers cloutés labourent la neige, s'y accrochent, imposant le tempo à son double. Un coup de reins, les voici tous deux partis à bride abattue, enveloppés dans un halo de vapeur. L'effort est si violent que leur poitrail fume. Ils suent, malgré ce temps de banquise et, s'ils s'arrêtaient, leurs muscles se tétaniseraient. Jusqu'à l'arrivée, il leur faudra se battre à en crever. Le froid devient un allié. Il masque la douleur. Les bêtes ne ralentiront plus, sauf si le cœur lâche.

*

A-t-on idée de se rendre à Versailles par un temps pareil ! Le lieutenant de police enrage. Mais un ordre est un ordre. Sa Majesté a décidé de le recevoir dans ce château mal chauffé, pas fini, où personne ne se déplace en cette saison, s'il n'y est obligé. Il s'agirait de lier l'utile à l'agréable… Le roi viendrait prendre la mesure des dégâts commis par l'hiver. Il veut que les doreurs s'attaquent à la restauration des plafonds dès que le ciel le permettra. De même, il examinera les peintures de la galerie des Glaces. Le Brun prétend que certaines seraient déjà dégradées par manque de chauffage. Mais si on charge les cheminées, la fumée noircira tout.

Alors, patience. On grelottera encore pendant des semaines. Même le vin gèle dans les verres vénitiens. Il est impossible d'entreprendre des travaux.

Mais La Reynie sait pourquoi Louis XIV le reçoit loin du Louvre et de Paris. Ce qu'ils ont à se dire est terrifiant. Aucune oreille ne doit entendre ; aucun œil ne surprendra leur tête-à-tête. La Cour n'ignore pas que La Reynie conclut l'enquête sur l'Affaire des Poisons, aux effets ravageurs. Si on les apercevait ensemble, la rumeur se propagerait car le roi s'inquiète : son entourage *intime* est visé. Qui ? Le nom de la marquise de Montespan court sur toutes les lèvres. Alors, ni vu ni connu, le roi rencontre son fidèle policier en secret. Et qu'annoncera ce dernier ? Le pire, à n'en pas douter.

Une journée d'apocalypse, se convainc La Reynie…

*

La dénonciation est le pilier de la justice ! répète le lieutenant de police. Il ne compte plus les affaires qui seraient restées impunies sans le recours à ce précieux travers humain : vendre la mèche, accuser son voisin, son allié, un parent pour se venger ou par jalousie. Combien de fois a-t-il retenu Desgrez, un fidèle second. « Patientez, mon ami. Vous verrez que, sous prétexte de rendre service, nous recevrons prochainement une lettre non signée ou la visite d'un honnête sujet qui se fera un plaisir de nous raconter par le menu les turpitudes de celui qu'il dénonce… » Mais Desgrez est entêté et pressé ; attendre le fait enrager. De Londres à Liège, il a couru plus de quatre années après Madame Marie-Madeleine Dreux d'Aubray, marquise de Brinvilliers. Une diablesse d'empoisonneuse.

Les charges ne manquaient pas : meurtres, incestes et, pour couronner le tout, elle aimait mettre le feu aux choses et aux êtres qui lui tombaient sous la main – sans doute pour se sentir ainsi en communion avec l'enfer[1]. Déguisé en prêtre (quoi de mieux pour affronter Satan), l'incroyable François Desgrez a réussi à s'infiltrer dans le couvent où, paradoxalement, se cachait la Brinvilliers. Et Dieu lui a sûrement pardonné ce petit sacrilège.

Si l'on excepte cet épisode *fumeux*, l'Affaire des Poisons avance sans user de subterfuges qui ne plaisent qu'à moitié à La Reynie, homme raide, doté d'une épaisse perruque et de souliers à talons compensant sa petite taille, et qui veut montrer l'exemple d'une police incorruptible. Il y a des principes, il faut les respecter. La dénonciation, par exemple, voilà qui ne heurte pas ses convictions. Même si, parfois, il invite rudement le suspect à se confier. Dans l'Affaire des Poisons, la délation s'appuie sur la *question préalable* – un doux euphémisme quand son vrai nom est la torture. Eh quoi, oppose-t-il, il lutte contre les adeptes des messes noires qui offensent Dieu et sacrifient même des enfants... C'est le combat du bien contre le mal. Aussi ne s'encombre-t-il pas de fausse pudeur. Alors, de question en question, il a tiré le fil et découvert peu à peu un monde d'horreurs. D'abord, une dame Bosse a fourni toutes sortes de poisons aux épouses de dignes conseillers du parlement de Paris dont elles souhaitaient la mort. Mais Marie Bosse n'était pas seule. Voilà le formidable mérite de la question préalable : on dénonce mieux et plus vite. Bientôt, le nom de La Voisin a jailli qui, elle-même, ne s'est pas fait trop prier pour lâcher celui de Madame de Vivonne et de Mademoiselle des Œillets. Désormais, le qualificatif d'affaire n'était pas de trop

1. Arrêtée par François Desgrez le 25 mars 1676 dans un couvent de Liège, on trouvera dans sa chambre des lettres dans lesquelles elle s'accuse elle-même de toutes sortes de crimes... sans qu'il fût possible de faire la part entre vérité et fantasme.

car ces dernières femmes étaient des proches de Madame de Montespan : l'une, sa belle-sœur ; l'autre sa femme de chambre. Depuis ces découvertes, les flammes du démon s'approchent dangereusement du roi…

Mais un malheur n'arrive jamais seul. Dans un souci de transparence et de clarté, Sa Majesté a décidé de créer une Chambre ardente – l'appellation ne pouvait pas être mieux trouvée –, une juridiction extraordinaire installée pour les crimes d'État [1]. Depuis deux ans – le procès s'éternise –, tout est public. Chaque matin, la Cour se réveille avec cette question scabreuse au bord des lèvres : à qui le tour ? D'illustres noms défilent : le maréchal de Luxembourg, la comtesse de Soissons, celle de Polignac… Montespan pourrait être le suivant, à condition que l'honnête La Reynie parvienne à faire le tri entre la vérité et le mensonge. Faut-il croire les devineresses qui offensent Dieu, hurlent, injurient, menacent de mener la Cour au bûcher ? Et dénoncent sans apporter de preuve. Sont-elles manipulées ? Il est si tentant de se servir du procès pour régler ses comptes. Ainsi, l'Affaire des Poisons est devenue une mine pour les intrigants. On jette un nom en pâture. Le mal est fait. *Il n'y a pas de fumée sans feu*, odieux adage dont est désormais victime Colbert lui-même.

Tout est bon pour faire tomber *Le Nord* et prendre sa place. Y compris l'accuser d'être peu soucieux de la religion. Encore un pas, et l'on annoncera qu'il se livre aux pires agissements. Et qu'en est-il *vraiment* de la Montespan ? Le parti dévot, animé par Madame de Maintenon qui attend son heure, est prêt à tout pour gagner l'esprit (et le cœur) du roi [2].

---

1. La Chambre ardente tire son nom du décorum. La pièce où elle rendait justice était tapissée de noir et éclairée par des torches. On mesure la solennité de l'ensemble…

2. Madame de Maintenon, surnommée Madame de *Maintenant* après la disgrâce de la marquise de Montespan.

La Reynie soupire. Ce carrosse est inconfortable, l'onglée menace, il y a *sûrement* autour de lui un monde aussi hostile que les empoisonneurs… Que va-t-il chercher à Versailles ? L'accord du roi pour ordonner la curée ? Jeter la favorite aux loups ou arrêter enfin ce qui devient un carnage et ne sert à rien ? Le peuple juge mal ce qu'il se passe, c'est lui la Chambre ardente. Libertins contre censeurs, les clans se forment. La fronde ne naît pas autrement.

La Reynie affronte le premier dilemme d'une carrière irréprochable : rester dans le camp de la probité ou se rendre à la raison d'État qui ne s'accorde pas avec la ligne droite. Doit-il tordre le cou aux preuves ou labourer les abîmes jusqu'à ce que *tout* sorte ? Le roi tranchera, mais son serviteur pragmatique sait que, s'il est juste de chercher la vérité, rien n'oblige à la faire connaître. Et Dieu jugera ses enfants…

Mais alors, que faire de la Chambre ardente où se répandent les sorcières ? Le flot immonde de vomissures qui jaillit est une plaie d'Égypte. L'épidémie se répand, touche le roi. La Reynie craint que l'ordre qu'il défend en souffre. Fichtre, la situation n'est pas simple. Aussi, pour mettre un peu de sagesse dans ce galimatias, a-t-il pris soin de se munir d'un solide dossier. Les juges ont prononcé des centaines de condamnations – mais ce n'est pas fini. En l'état, il devrait être procédé à plus de trente mises à mort et autant de bannissements du royaume. En y ajoutant les condamnations aux galères, voilà qui prouve que le roi fait preuve d'autorité. De sorte que la question se pose : n'est-il pas temps de dissoudre la Chambre ardente, ce qui empêcherait la convocation de la favorite, dernier maillon de la chaîne, devant les juges ?

La Reynie devine que Sa Majesté est intimement touchée par ce procès. Plus que le roi, l'homme en souffre. Juger la marquise de Montespan, ce serait aussi s'en prendre à l'amant. Dans les pièces qu'il apporte à Versailles, il y a le témoignage de prêtresses accusant Athénaïs de s'être procuré des philtres d'amour. Imagine-t-on cette femme en larmes expliquer pourquoi, comment, pour quel usage et, puisque tout sera demandé, à quel moment ? Le roi absolu, maître de Versailles, blessé dans sa chair, son cœur, se verra infliger les déballages obscènes et autres turpitudes d'une passion coupable. Allons, se dit La Reynie en soufflant dans ses mains pour tenter de se réchauffer, ce n'est pas à lui de décider. D'ailleurs, il est trop tard, le mal s'est déjà produit. L'histoire en fera des gorges chaudes, estime ce fin limier, lucide et, par-dessus tout, attaché à la protection de son roi.

Gorges chaudes… Il rêve d'une soupe et s'il tente d'ouvrir son dossier pour le consulter, les feuilles s'échappent. Impossible de serrer les doigts tant ils sont paralysés. Fichtre ! Versailles ne lui réussit pas. Trop loin de ses habitudes, du Paris dans lequel il nage comme un poisson dans l'eau. Il aime les ruelles sombres, l'odeur lourde et pesante de la Seine, l'horizon chargé de ces fumées épaisses s'échappant des cheminées, les nuits sans lune à rôder dans le ventre de Paris avec les *mouches*, ses auxiliaires. Il connaît le nom des coupe-jarrets, des trafiquants, sait qui commande, tue, corrompt. Mais Versailles est un monde où il se sent étranger. Et c'est ainsi depuis que le *Roi Noir* lui colle à la peau.

Sa gêne s'explique en partie par le sentiment d'inachevé de l'enquête. Le *Roi noir*, il le tenait ! Lui, le boiteux Ravort et le clan des *Sans Aveux*. Pris dans la nasse, faits comme des rats. Et Toussaint Delaforge s'était échappé. Oh, guère loin puisqu'il était mort dans l'*étang puant* bien que le corps n'ait jamais été trouvé. Une frustration pour ce policier appliqué aimant les choses carrées. Mais tout est fini. *Exit* le manchot qui lui a échappé deux fois [1]. Et puisqu'il se rend à Versailles et songe à Delaforge, il décide qu'après avoir

1. Voir *Le Roi noir de Versailles*, *op. cit.*

rencontré le roi, il passera chez les Pontgallet si étroitement associés à cette affaire déjà ancienne. D'ailleurs, avec ce temps, il ne pourra jamais rentrer, et la parenthèse le changera de Paris et de ses poisons.

Alors, fait rarissime, il sourit. Oui, il aura plaisir à revoir Marguerite qui l'avait tant impressionné lorsqu'elle combattait son pire ennemi.

Chapitre 45

SIX MOIS plus tôt, Pierre Lobiot avait pris la mesure de la situation dès son entrée dans la maison des Pontgallet. D'abord, Amandine. Bonté divine, que cette fille était belle. Habillée d'une méchante robe à trois sols, les cheveux noués vaguement en chignon, de vulgaires sabots aux pieds… Mais rien n'y faisait. Elle transcendait la scène, la dominait, s'en échappait. La misère flottant dans l'air glissait autour d'elle sans l'atteindre.

Pierre avait réagi en peintre, il tenait un sujet. S'il brossait la scène, le tableau serait sombre, à l'exception du halo de lumière doré où elle se tiendrait : à droite, décalée, comme si cette princesse était étrangère à la vie de tristesse qui suintait dans la pièce. À l'inverse, Jean resterait dans l'ombre, noyé avec le reste, las, résigné. Aucune onde de bonheur n'entrait dans ce monde, et il comprit qu'il s'y jouait un drame.

— Que fais-tu à Versailles ? avait demandé Jean d'une voix éteinte.

Il ne montrait aucune joie, aucune émotion. Il ne semblait pas même surpris de revoir son ami et parler lui demandait visiblement un effort. Il tanguait sur place comme s'il venait de s'être battu. Mais Pierre fit mine de rien voir.

— Heureux de t'annoncer que je suis désormais l'indispensable second de Charles Le Brun. C'est si vrai que Versailles me réclame !

Il s'était incliné exagérément dans l'espoir de dissiper le malaise. Que l'on bouge, vienne vers lui, qu'on l'accueille ! Des mois s'étaient écoulés depuis leur dernière rencontre. Il s'attendait à de sacrées retrouvailles. Ils mangeraient, boiraient, se souviendraient de Barroubas, d'Apkarian, parleraient à mi-mot de Betsabea… Rien n'y faisait. Rien ne se déroulait comme il l'avait prévu.

— Eh bien, avait-il dit en se montrant toujours de bonne humeur. Peux-tu au moins nous présenter ?

Il s'était tourné vers la jeune femme et lui avait souri.

— Amandine, entendit-il, comme si la voix de Jean sortait d'une tombe. C'est Pierre. Pierre Lobiot.

— Amandine, Amandine… répétait ce dernier en chantonnant. Dites-moi que vous n'êtes pas un mirage…

Il était allé vers elle, lui ôtant des mains le tableau qu'elle tenait encore. Il avait cependant pris le temps de s'intéresser au portrait, faisant mine de ne pas voir le coin du cadre légèrement brûlé.

— Êtes-vous sa maîtresse ? s'était permis le libertin.

— Son épouse, avait-elle murmuré en lui reprenant la toile.

— Le bougre a beaucoup de chance, répondit-il sur le même ton.

Il ne la lâchait pas du regard.

— Tant de beauté mériterait de connaître le bonheur. Mais l'avez-vous trouvé ?

Il avait tenté de l'embrasser, mais elle s'était raidie, reculant le visage.

— Allons ! avait-il rugi, sans détacher ses mains des épaules de la jeune femme, trinquons aux infortunés qui n'ont pas le droit de vous séduire. Jean ne mentait pas. Vous êtes si… Non, je renonce aux mots…

Il fermait un œil, faisait mine d'étudier le modèle. Il n'avait pas changé depuis le temps de Barroubas…

— Que viens-tu faire ici ? avait froidement répété Jean.

Pierre avait cessé sur-le-champ son petit jeu. Il redevenait sérieux.

— Te recruter. Le Brun m'a chargé de trouver d'excellents peintres car la galerie des Glaces n'avance pas au bon train. J'ai pensé à toi, assurant même à notre cher maître que tu étais le meilleur…

La nouvelle était inattendue et, ce qui ne gâchait rien, excellente. Mais Jean n'avait pas bronché. Pierre avait-il oublié la blessure à la main ?

— Tu tâcheras de ne pas trop briller, poursuivit ce dernier imperturbablement. Vois-tu, je tiens à ma place. Pas question que tu me remplaces.

Et puisqu'il n'obtenait aucune réaction, il s'adressa à Amandine :

— Êtes-vous consciente que votre époux est un grand peintre ?

Il se tourna à nouveau vers le portrait très réussi de la jeune femme.

— J'ai renoncé à l'en convaincre, déclara-t-elle fraîchement.

Cette fois, Pierre ne pouvait plus faire semblant de ne pas comprendre que tout allait de travers dans cette maison qui puait la tristesse.

— Va-t-on enfin m'expliquer ce qui se passe ici ? tonna-t-il. Jean, Dieu du ciel, peux-tu enfin répondre ?

— Il a eu… un accident voilà peu, se décida Amandine. Il se remet très lentement…

Elle hésitait, cherchait ses mots, trébuchait dès le troisième.

— Il a failli… mourir.

— Je suis déjà mort, trancha son époux.

Il montra sa main droite :

— C'est fini, Pierre, tu le sais. Je ne suis plus bon à rien…

*

Le plus dur avait été fait. Depuis que Jean avait confessé sa misère, un autre climat s'était installé. Pierre posait ses questions en prenant soin de le faire avec douceur. Que s'était-il passé, pourquoi réagissait-il ainsi ? Amandine s'était livrée la première, et se servait du visiteur pour se libérer. L'infirmité du père Le Faillon, la prostration de Marguerite, le délitement de l'entreprise et, pour finir, l'accident au bord de la Seine, elle jetait tout sur la table, y mêlait sa hantise du lendemain. Seule sa fausse-couche demeura dans l'ombre. Mais Pierre eut la délicatesse de ne pas jouer les curieux. Il n'y avait pas d'enfant ici. Aucun signe ne le montrait. Et il comprit par lui-même. Tête rentrée, Jean se taisait, découvrant qu'Amandine était désemparée, mais ne l'aimait pas moins car sa grande souffrance était le désespoir dans lequel il se consumait. Elle ne se plaignait pas, même si elle s'attendait au pire, redoutant chaque seconde. Sa vie était donc un enfer, exprimé simplement, sans accabler le responsable.

C'était venu naturellement au cours de cette nuit, après avoir été enfoui longtemps. Quelqu'un l'écoutait, se montrait attentif, et son jugement changeait. Le personnage enjôleur dans lequel Pierre était apparu s'effaçait. Il était bien celui dont avait parlé Jean. Protecteur, solide, compréhensif. Humain, en somme.

— Il te reste la peinture et le dessin, avait tenté Lobiot en se tournant vers les toiles posées à même le sol. Crois-moi, c'est très bon…

Amandine avait haussé les épaules.

— Lui seul ne le croit pas. Pourtant, on est prêt à lui offrir des fortunes.

Conwoion et le mystérieux Espagnol étaient apparus ainsi.

*

Pierre n'avait pas demandé d'où ils connaissaient Conwoion. Il lui suffisait de savoir qu'un riche mécène entendait faire travailler Le Faillon. Sur quoi, exactement ?

Amandine se leva, ouvrit la porte d'un méchant placard aux portes graisseuses. Les plans du manoir de Saint-Val apparurent. On poussa les restes de victuailles au bout de la table. Lobiot se servit du vin, en offrit à Jean qui ne le refusa pas. Et c'était nouveau. Amandine observait les deux hommes. Quelque chose changeait. À force, l'optimisme et la fougue de Pierre agissaient sur le caractère de son époux et réchauffaient cette pièce lugubre. Elle ajouta une bûche pour attiser le feu et prit le prétexte d'aller voir Marguerite pour laisser les hommes seuls. Quand elle redescendit, ils l'avaient oubliée, et elle en fut soulagée. Les deux avaient le nez dans les plans et dessinaient, raturaient, se disputaient aussi, mais comme des amis. Jean semblait avoir oublié ses idées noires. Du moins, il les avait mises de côté pour répondre aux provocations de Pierre qui le poussait dans ses retranchements, l'accusant de manquer d'audace, de tirer sans raison des lignes droites quand les courbes et les arabesques manquaient.

— La profondeur, répétait-il. Les perspectives…

Jean bougonnait, puis corrigeait. Et ainsi passa la nuit.

Au matin, on finit le jambon. Pierre annonça qu'il partait au château. Il ne semblait pas fatigué. Sur le pas de la porte, Amandine l'embrassa. « Merci », souffla-t-elle en le serrant très fort. Pierre se détacha lentement, à regret. « Nous étions toujours ainsi, à Paris, dit-il d'une voix triste. Maintenant, c'est fini. Paris, et Rome aussi… Mais avec vous, il ne perd pas au change. »

*

Jean travailla toute la journée sur les plans de Saint-Val. Pierre repassa le soir et jugea qu'il y avait du mieux, mais qu'on pouvait encore progresser. Il ne resta pas, prétextant qu'il devait se reposer. Jean retourna au travail, Amandine le laissa faire, venant toutefois de temps à autre au-dessus de son épaule, mesurant à chaque fois combien la scène avançait. Peu à peu le manoir devenait château. Deux pavillons d'angle avaient été ajoutés. De même, la façade s'ornementait de statues et de corniches en pierre. Les fenêtres étaient agrandies. Une terrasse pavée, entourée de balustres, marquait la frontière avec le jardin, rehaussé de quatre bosquets et d'autant de fontaines d'où jaillissaient de puissants jets d'eau dont les volutes captaient les rais du soleil. À l'ouest, à mi-distance du château – il fallait désormais l'appeler ainsi –, l'esquisse d'un bâtiment neuf se montrait : une orangerie, un bel effet prometteur s'ajoutant à la grâce du nouvel ensemble. Amandine se pencha sur le plan, son corsage bâilla, découvrant la naissance des seins. Elle posa l'autre main sur l'épaule de Jean, s'approcha encore de lui.

— Ne songe jamais à mourir, dit-elle en l'embrassant dans le cou. Je te l'interdis.

Et cette nuit, ils firent à nouveau l'amour.

*

À la fin septembre, Conwoion revint comme promis. Le projet était prêt. Pierre avait exigé qu'un soin extrême soit apporté à la présentation. Le tout – trente esquisses colorées dont les détails figuraient en marge, calligraphies à l'encre de Chine –

se tenait dans un carton rigide impeccablement ficelé. Aucun commis de la surintendance des Bâtiments – Colbert lui-même ! – n'aurait pu obtenir mieux de Monsieur Hardouin-Mansart et il y avait de quoi être envieux. Mais la qualité devait aussi beaucoup à l'atelier de Le Brun chez qui pinceaux, feuilles et couleurs avaient été *empruntés* sans que l'œuvre du roi en souffre...

Conwoion n'avait fait aucun commentaire. Il avait pris l'ensemble et, en échange, versé cent autres livres que Jean n'avait pas hésité à prendre. Puis le temps avait passé ; Conwoion, à nouveau disparu. Le pécule amassé suffisait pour tenir jusqu'au printemps. Plus question, au moins pour un temps, de vider la Seine de sa boue. Jean, pressé par Pierre, s'était remis à la peinture. Chaque jour, il progressait, retrouvait un peu plus de son art, mais il n'y avait nul besoin d'être expert pour mesurer que le trait spontané, naturellement génial des débuts manquait. Même Barroubas l'aurait vu. Jean Le Faillon avait perdu en aisance, en facilité. La main, cette main qui avait creusé pour trouver le trésor de Ravort, était responsable. Pour dessiner, esquisser les contours du château de Don de La Fragua, pour inventer, imaginer l'écrin nouveau de Saint-Val, Le Faillon était parmi les meilleurs. Mais copier à la perfection les antiques de Rome, peindre pour le roi, marquer de son empreinte la galerie des Glaces, et siéger pour cela aux côtés des artistes de Charles Le Brun ? Pierre reculait le moment où il lui annoncerait qu'il avait peu d'espoir de se joindre à la lignée des élus de la Manufacture royale de peinture. Mais c'était l'hiver, Versailles s'assoupissait. On verrait au printemps. Pierre disparaissait pour retrouver à Paris la vie dont il ne parvenait à se défaire. Le vertige des nuits enivrées, Betsabea et celles de la *Commedia dell'arte*, Barroubas et sa folie herculéenne... L'amitié n'empêchait pas qu'un fossé se creusât entre lui et Jean. Ce qu'il espérait en le retrouvant à Versailles ne s'était pas produit. Ils n'iraient jamais à Rome et Jean était peut-être vraiment perdu pour l'art. Il serait dessinateur, méritait de devenir architecte. S'il était accepté, le travail pour l'énigmatique La Fragua servirait de référence et Jean, lui-même, sans en parler ouvertement, se glissait volontiers dans ses habits prometteurs. Architecte ! Un rêve. À défaut, dessinateur chez un illustre bâtisseur. Pouvait-il rejoindre l'atelier de Jules Hardouin-Mansart ? Son talent lui permettait de l'espérer. Ce n'était pas comme peindre, apprendre à Rome, au palais Caffarelli, mais, au moins, il échapperait à la Machine de Marly. Alors, il gagnerait honorablement sa vie, viendrait au secours de ses proches, protégerait Amandine et, ce futur (exemplaire, apaisé) lui convenait. Aussi craignait-il peu de se voir refuser une place auprès de Le Brun. Il n'avait pas l'audace, la ruse et l'entregent de Pierre. Et sans autre talent… La route des deux amis s'éloignait donc fatalement. Celle de Jean s'annonçait formidablement droite, plate. Pierre, qui aimait les chemins escarpés, devinait que l'idée d'une vie rangée progressait dans l'esprit de Jean, provoquant des ravages incompatibles avec sa vision de l'art et de l'artiste. Aussi, se montra-t-il moins au cours de l'hiver, prétextant le travail, le mauvais temps, inventant le rôle d'irremplaçable auprès de Le Brun. « On m'attend à Paris… » glissait-il en forçant son regard de velours. La vie ! La nuit ! Mais peut-être aussi qu'il s'éloignait du couple pour ne pas être tenté de séduire Amandine car la jeune femme lui plaisait – et ce mot n'était pas assez fort. Pierre Lobiot succombait au charme de l'innocente qui le recevait chaque fois avec gentillesse, affection, ne cessant de le remercier pour tout ce qu'il avait fait et faisait pour eux. Elle promettait une reconnaissance éternelle, suppliait qu'il lui dise quoi lui offrir en retour. Pierre fuyait, se défaussait en se servant de l'humour. Ce qu'il voulait, c'était elle. Et, pour elle, il aurait sans doute, lui aussi, renoncé aux honneurs, à la gloire, accepté de devenir le serviteur soumis du petit royaume d'ombres où elle brillait de mille feux.

Un signe, un geste, une simple promesse, l'amitié aurait volé en éclats. Mais Amandine se montrait d'une fidélité irréfragable, parlant de Jean avec affection, lui pardonnant tout, répétant qu'il était un génie. C'était bien son chevalier. Et Pierre s'effaça. Un jour de décembre, il demanda si le mécène espagnol avait donné une réponse. C'était non. En soupirant, il avoua qu'il rentrait à Paris pour longtemps, promit de les revoir au printemps, fit jurer à Jean de l'informer dès qu'il y aurait du nouveau, et ne prononça pas un mot sur la galerie des Glaces et l'atelier de Charles Le Brun.

Pour la première fois, les deux hommes se mentaient. Du moins, se cachaient-ils la vérité. Leurs bras s'ouvrirent pour se serrer longuement. Il y avait une sorte d'adieu dans leur façon de s'accrocher l'un à l'autre comme le noyé à la branche de bois mort ; quelque chose de pathétique et d'indéfinissable qui les rendait encore plus malheureux. Pierre, yeux embués, se tourna vers Amandine, l'embrassa comme s'il s'agissait d'une rupture dont il n'était pas responsable. Le corps de la jeune femme était collé au sien. Le ventre bougeait, la poitrine se soulevait, mais il n'y avait rien de volontaire, seuls les sanglots expliquaient le flux et le reflux qui troublaient Pierre et le forcèrent à se détacher de peur qu'elle ne découvre sa gêne. Et, pour toutes ces raisons qui le rendaient si malheureux, il s'échappa.

*

Le couple d'inséparables connut de longues soirées mortes, le sinistre reprenant le dessus. Marguerite, le père… Ce fut ainsi, jusqu'au 1er mars 1681, soit, trois jours avant que La Reynie ne se rendît à Versailles. La neige tombait fort, pas un homme n'osait sortir. Pourtant, on frappa à leur porte. Amandine mit les mains à son cou. Jean ouvrit. Conwoion, couvert de givre, se montrait.

Il avait d'excellentes nouvelles. L'Espagnol Don de La Fragua voulait le voir sur-le-champ ; un carrosse attendait. « Couvre-toi », lui conseilla-t-il.

En arrivant au manoir de Saint-Val, il dit encore : « Attends-toi à une surprise. » Elle était de taille. L'homme qui se faisait appeler Don de La Fragua était mort. Jean l'avait vu se vider de son sang. Pourtant, il s'avançait, balançant son bras mort, celui du manchot. Et Jean regarda le ventre du *Roi noir*, là où était entré dix ans plus tôt le fer de Ravort, près de l'*étang puant*.

Chapitre 46

N'EÛT ÉTÉ le sentiment de tomber assurément malade, d'avoir les pieds gelés, les mains itou et les poumons gravement altérés par le froid, La Reynie cherche le bénéfice de sa venue à Versailles. Une journée, non, deux ! perdues à jamais quand le travail l'attend à Paris. À son habitude, le roi fait mine d'écouter distraitement, passant l'autre moitié de son temps à observer en détail le plafond inachevé de la galerie des Glaces. Par chance, il ne lui vient pas l'idée d'aller voir là-haut. La Reynie, en dépit de l'abnégation dont il fait preuve lorsqu'il s'agit de servir le royaume, refuserait de le suivre. L'imagine-t-on, campé sur ses hauts souliers, la perruque mal fixée au crâne, engoncé dans ses vêtements alourdis par la neige fondue, lui, attaquant l'escalier branlant menant au sommet, où Mars et Jupiter encadrent Apollon ? Pourtant, le policier craint que la passion du roi pour l'œuvre de Le Brun ne le pousse à entreprendre l'escalade. N'est-ce pas le Quatorzième qu'on aperçoit sur son char triomphant, guerrier sans peur, levant l'épée de la gloire pour le plus grand malheur de ses ennemis ? Qu'est-ce donc, pour un héros, que d'affronter dix marches à la verticale !

La Reynie conçoit la vie différemment. Tout exploit se construit avec méthode et sagesse. Une enquête est une accumulation de faits tangibles, de témoignages anodins recueillis patiemment, le dos calé au dossier de son siège. Des jours de constance avant que n'émerge, au détour d'une phrase, l'indice qui éclairera enfin la scène. *C'est toujours l'impatience de gagner qui fait perdre*... Ce précepte, il se le répète, et croyait que le roi ne le ferait jamais sien. Pourtant, Sa Majesté prend son temps, reculant le moment où il lui faudra entendre son lieutenant de police sur l'Affaire...

Pour l'heure – plutôt une matinée entière ! –, ils s'en tiennent aux généralités. Le roi réclame une vue d'ensemble du le climat policier à Paris. Glacial, songe à répondre son meilleur représentant. Mais l'humour n'est pas son fort et Sa Majesté ne semble guère d'humeur à s'y prêter. Et puis, ils ne sont pas seuls. Il y a Alexandre Bontemps, premier valet de chambre et intendant de Versailles. De lui, La Reynie n'a rien à craindre. Proche du roi, véritable confident, muet comme une carpe, il est le témoin de la vie intime de Louis XIV. Il sait tout et ne commente rien. Devant lui, La Reynie pourrait peut-être parler[1]. Mais Le Brun ne les lâche pas et c'est un autre cas. Son talent d'artiste se marie mal avec les affaires d'État. Sa loyauté n'est pas en cause, mais il ne faut jamais demander à un proche d'être ce qu'il n'est pas. Par étourderie, Le Brun peut laisser échapper un mot de trop. Alors, silence sur l'essentiel... Entre deux phrases banales que n'importe qui pourra répéter sans produire de tempête, La Reynie claque des dents, attend le moment propice. Dieu, que cette galerie est grande ! Et voilà qu'ils n'en ont parcouru que le tiers.

— Est-ce tout ce que vous nous montrerez, Monsieur Le Brun ?

Comment le peintre doit-il prendre la question : un reproche ou une manière de conclure ?

---

1. Saint-Simon présente Bontemps comme un homme qui « sait tout du roi, de ses habitudes, de sa vie privée », mais « ne médit ni ne colporte aucun ragot ».

— Sire, il reste à voir ce qui est marouflé. Les tableaux sont à l'abri, dans une pièce voisine. Le froid, voyez-vous, je le crains tant ! Il craquelle la peinture. Tout sera à reprendre au printemps, soupire-t-il, expliquant ainsi qu'un nouveau retard est à craindre.

C'est toujours l'impatience qui fait perdre. La Reynie comprend que ce n'est pas fini. Les marouffles... Il n'y avait pas songé.

Comment fait ce roi pour supporter le froid ? Il n'est pas plus couvert qu'en automne, vêtu d'un manteau léger qu'il ne prend même pas soin de fermer et ne porte pas de bottes. Des bas... de simples bas alors que la glace recouvre les vitres d'une couche épaisse. Pas même un peu de braise pour donner l'illusion de la chaleur. Et le voilà arrêté devant un tableau dont les dimensions modestes ne valent pas le coup de se geler le sang : *La Prééminence de la France reconnue par l'Espagne*. De quoi discute-t-il ? De la mesure du coq figurant sur le casque de l'allégorie de la France. Le verra-t-on assez ? La Reynie plisse les yeux, ce qui aggrave la taille de son nez long et fin et lui donne un peu plus cet air de pic-vert dont l'affublent ses ennemis (dans son dos). Ce coq ? Un détail... Mais le policier, ne réussit-il pas grâce à ces détails qui font surgir la vérité ? *La vérité*... Qu'il lui presse de la confier ! Il scrute l'horizon bouché, les jardins ensevelis sous la neige. Paris est irrémédiablement trop loin. Une nuit à Versailles ! Sûrement pas dans ce château glacial...

— Monsieur le premier lieutenant de police...

— Votre Majesté ?

— Venez à notre hauteur. Paris, disiez-vous... Racontez-nous.

— Rien que de très habituel. À l'exception de...

— Nous y viendrons.

Louis XIV tourne déjà la tête vers Le Brun :

— Montrez-nous ces marouffles qui souffrent tant du froid.

— Par là, Sire.

Les voici partis dans un dédale des pièces inachevées où il faut garder les yeux grands ouverts pour ne pas tomber dans les chausse-trappes du chantier. Sans conteste, fulmine La Reynie, les ruelles borgnes de Paris sont plus sûres.

*

La Reynie dresse le bilan de sa journée. Il en sait beaucoup plus sur l'art délicat des maroufles et racontera que Neptune figurant sur la gauche dans le tableau *Le Roi arme sur terre et sur mer* est inspiré par Rubens. Son trident ressemble à celui dont ce maître-ci a affublé le dieu des Océans dans *Le Voyage du prince de Barcelone à Gênes.* La belle leçon ! Pour résumer, c'est à peine s'il a pu converser en tête à tête avec le roi (Bontemps se tenant à dix pas), abordant le cas de la marquise de Montespan à pas feutrés…

— La Chambre ardente a procédé à plus de trois cents arrestations, a-t-il commencé par rappeler.

Le chiffre était affolant, et les pièces du dossier si nombreuses que le salon de la Paix n'aurait pas suffi à les entasser.

— Nous avons raclé jusqu'au fond. La lie est éradiquée, insista-t-il.

— Rien ni personne n'a échappé au jugement de la Chambre ?

La question était formidablement délicate et le roi le regardait dans les yeux. *Personne*… Songeait-il à la favorite ? Voulait-il entendre que, lui-même, après avoir installé cette cour utiliserait son pouvoir pour protéger *quelqu'un* ?

— L'essentiel est fait, suggéra prudemment La Reynie. Bien sûr, il est toujours possible d'ajouter une pierre à la corde du noyé, mais ce n'est pas pour cela qu'il en réchappera. Je crois que l'affaire n'existe plus… Et que… le reste…

— Quel… reste ? répliqua sèchement Sa Majesté.

— Des rumeurs, avança le policier. Le « on-dit ». Ce mal insidieux qui consiste à accuser sans preuves.

— Ces rumeurs… En existe-t-il qu'il serait délicat de rendre publiques ?

— Des témoignages douteux émanant de gens sans morale.

— Nous fera-t-on quand même le reproche de les avoir dissimulés ?

— Si, d'aventure, un… ou une coupable échappait à la justice terrestre, nous répondrons que Dieu leur demandera des comptes. Qu'ainsi, aucun crime ne reste impuni malgré le caractère faillible des hommes.

— Donc, quelle serait votre conclusion ?

— Je n'en propose pas, Sire. Je ne suis pas juge et ne fais qu'enquêter, se défaussa le policier. J'affirme simplement que, si je devais choisir, j'agirais en mon âme et conscience et, si cela était impossible, je déciderais en fonction de ce qu'il y a à perdre ou à gagner. Autrement exposé, que toute vérité n'est pas bonne à révéler.

— Est-ce ce que vous appelleriez la raison d'État ?

— En effet, Sire.

— Cette raison qui nous enseigne que l'impatience est une mauvaise conseillère. Et puisque tout est dit, attendons avant de commettre l'irréparable.

Et voilà comment rien n'avance. Aujourd'hui, l'Affaire des Poisons ne sera pas bouclée. Louis XIV est dehors, suivi de près par Bontemps. La Reynie les voit s'éloigner vers les jardins. Trop peu pour lui. Ses souliers ne résisteraient à cette nouvelle épreuve.

*

En dix ans, Versailles a changé. La Reynie n'y vient pas souvent et, si on l'y force, il filera *fissa* après avoir croisé les gardes de la place d'Armes qui bombent le torse sur son passage. Une conversation avec Colbert, plus rarement avec le roi, et retour sur Paris. Mais les remords l'accablent. Il devrait prendre le temps de s'arrêter chez Marguerite Pontgallet, ainsi qu'il l'envisageait en arrivant au chantier.

Comment oublier qu'elle lui servit d'appât pour éliminer le clan des *Sans Aveux* ? Ravort et le *Roi noir* se sont jetés sur elle et les siens, facilitant le travail du policier qui tissait sa toile. Une fois en place, ses hommes n'ont eu qu'à mener un siège. Le combat fut sanglant, les pertes considérables, mais Ravort est mort, et Versailles y a gagné le rang de ville royale[1]. La Reynie regrette cependant que le *Roi noir* ait disparu, englouti dans l'*étang puant*, puisqu'il n'en doute pas. Mais cet homme rationnel aurait préféré retrouver le corps. Même si la vase s'est chargée de le dissoudre, il lui reste un peu du goût amer de l'échec. Est-ce pour cette raison que la famille Pontgallet n'est jamais sortie de son esprit ? Et puisqu'il est coincé à Versailles pour la nuit, voilà une raison suffisante de lui rendre visite.

— Arrêtez-vous, crie-t-il en tapant sur le toit du carrosse.

La maison n'a pas changé. Ici, il est venu autrefois apprendre à Marguerite que sa petite-fille et le fils Le Faillon étaient introuvables. Dieu, quelle battue ! Et quelle peur jusqu'à ce qu'il les retrouve justement du côté de l'*étang puant*, sauvés de la mort que leur promettait Ravort par le *Roi noir* qu'il venait arrêter.

— Monsieur de La Reynie ? Oui, vous êtes Monsieur de La Reynie…

— Amandine ? Dieu du ciel, où est passée la petite fille à qui j'ai offert une brioche près du clos Saint-Laurent[2] ?

— C'est la même en un peu plus grande… Venez vite ! Le froid entre.

---

1. Voir *Le Roi noir de Versailles*, *op. cit.*
2. Également dans *Le Roi noir de Versailles*.

Il faut peu de temps au policier pour prendre la mesure des difficultés qu'affrontent les Pontgallet. Tout y passe, même le mal de Marguerite, évoqué à voix basse car elle est en haut.

— Je ne savais pas, murmure son visiteur. Je regrette d'être resté loin de vous si longtemps. Si je peux faire quelque chose…

— Je ne manque de rien, sourit-elle. E puis, j'ai mon mari… Jean…

— Le fils Le Faillon ? Croyez-moi, je l'aurais juré, foi de policier. Petit, il vous dévorait des yeux. Et je le comprends… Mais où se trouve-t-il à présent ?

Alors, Amandine, emplie de fierté, raconte que son mari est un peintre prometteur, qu'il a appris à Paris et travaille à présent pour un homme fortuné. Ce rêve merveilleux, il faut qu'elle le partage, qu'un monsieur important sache que tout est vrai. Elle sort les premières esquisses, montre les prouesses de son mari. Un projet monumental, digne de ce château de Vaux-le-Vicomte qui mena Fouquet à sa perte [1].

— J'aurais eu grand plaisir à revoir Jean…

Hélas, il est à Saint-Val, sûrement bloqué par cette fichue neige.

— Moi-même, me voici prisonnier de Versailles…

— Voulez-vous rester chez nous ce soir ?

— Du tout ! Je dors à *L'Auberge de l'Ours*. Vous savez, glisse-t-il à voix basse, j'aime me mêler aux gens et jouer à mon tour à la *mouche*…

Il se lève, va partir.

— Comment s'appelle le riche client de Jean ?

---

1. Louis XIV fut saisi par le faste de Vaux-le-Vicomte qu'il vécut comme un affront. Ce château compta peut-être lorsque la disgrâce du surintendant Fouquet fut décidée.

— Un Espagnol… Don de… (Elle cherche) de La Fragua, répond-elle innocemment.

La Reynie entre ce nom dans son cerveau. Un Espagnol, et si près de Versailles ? L'instinct du limier fait le reste. Qui peut s'offrir un château à plus d'un million de livres ? Rien de mieux que d'enquêter.

Chapitre 47

TOUSSAINT DELAFORGE, le *Roi noir* qui donnait la mort dans les arènes de Paris, le lutteur aux cent vies, prises et vécues, le manchot devenu l'apprenti du bâtisseur Nicolas Pontgallet… Delaforge, l'ancien élève des jésuites du collège de Montcler, né dans la cave de la vieille Paillard, une sorcière et devineresse qui avait étranglé Marie, sa mère[1]… Delaforge, le cœur dur qui ne pardonnait rien mais s'était converti à la tendresse pour arracher Amandine des griffes de Ravort… Delaforge, l'affairiste enrichi par la corruption, le recel, le chantage, était mort dix ans plus tôt ! Pourtant, il avançait vers Jean dans le vestibule du château de Saint-Val.

Tant d'histoires avaient couru sur lui… Enfant, le fils Le Faillon les écoutait, recroquevillé sous l'escalier de la maison, volant ainsi les secrets de ses parents chuchotés à voix basse. Il savait que Delaforge, en séduisant Anne, était devenu le père d'Amandine et, si Petit-Jean ne comprenait pas comment un sourire, une œillade, un baiser pouvaient donner un bébé, il s'était promis de ne jamais en parler. Léon était là. Amandine avait un papa. Pourquoi en inventer un autre ? Elle en aurait été malheureuse et, pour tout l'or du monde, il ne voulait la faire souffrir. Puis, Léon avait étrangement

1. Voir *Un jour, je serai roi*, *op. cit.*

disparu et Petit-Jean s'était douté que le *Roi noir* y était pour quelque chose. Alors, plus question de rompre son serment. Deux pères, c'était compliqué. Surtout si le premier avait d'abord tué le second, puis sauvé sa fille en lui offrant sa vie.

Dans la tête de l'enfant, les idées se mélangeaient. Pouvait-on être bon et cruel à la fois ? Tous ces mystères d'adulte le dépassaient. Et il s'était rangé du côté de la sagesse, ravalant mille fois les mots qui auraient blessé Amandine.

Petit-Jean avait grandi. Et peut-être que lui seul comprenait le désordre qui rongeait Marguerite et Anne. Combien de fois avait-il cru que la grand-mère d'Amandine allait révéler la vérité ? Son regard devenait fou, l'orage y grondait, sa colère venait de là, du secret qui l'étouffait ; et combien comprenait-il le désespoir d'Anne, détruite par la disparition de Léon et accusant Marguerite d'en être responsable car tout partait et revenait au *Roi noir*, cet homme dont Amandine se souvenait comme de son sauveur…

Le temps seul pouvait effacer les désordres, au moins, les enfouirait-il à jamais. À quoi bon déterrer celui de Toussaint Delaforge puisqu'il n'était plus ? Petit-Jean en possédait la preuve. Il avait vu le fer de l'arbalète de Ravort entrer dans son corps et le mourant s'enfoncer dans l'étang.

Mais, dix ans plus tard, ce fantôme marchait vers lui :

— Conwoion m'avait dit que vous étiez grand. Plus question de vous appeler Petit-Jean, Monsieur Le Faillon.

S'il le fixait impassiblement, ses yeux gris clair souriaient. Le *Roi noir* s'amusait.

*

Toussaint Delaforge s'était bien glissé dans l'*étang puant*, et pas un des mauvais esprits qui y pataugeaient depuis l'origine du monde n'aurait parié sur lui. Il rejoindrait les enfers, serait condamné à hanter ces lieux comme eux tous. Mais personne n'avait eu sa vie, ne s'y était autant accroché. Dix fois mort, autant sauvé par l'énergie qui l'avait poussé plus jeune à survivre pour se venger et détruire. Sans doute aussi refusait-il de céder pour ne pas affronter le sort terrible qui l'attendait dans l'au-delà. Mais, surtout, il venait de découvrir une vraie raison, plus forte que la haine, plus saisissante que la rage, de se battre. Il était sa *bonne étoile.*

L'enfant, sa fille, l'avait appelé ainsi alors qu'il s'échappait et, pour y croire vraiment, il voulait l'entendre encore une fois. Une seule, avait-il répété à ses jambes qui obéissaient de moins en moins et pénétraient dans la vase tandis que le sang coulait entre les doigts de sa main gauche, serrée sur sa plaie. La droite, taillée comme l'avant-bras dans l'ébène, ne lui servait à rien et pesait lourd. Aussi, même si les chiens de La Reynie aboyaient derrière lui, avait-il pris le temps de se défaire de l'appendice relié à son épaule par des liens de cuir et de le jeter au fond de l'étang. Le bois avait coulé. Un morceau déjà mort. La seule part de lui qu'il abandonnerait, avait-il juré sur le coup entre ses dents. Puis, il avait tiré sur les jambes, les arrachant peu à peu à la tumeur fangeuse en retenant un cri. Depuis, il progressait.

Il voyait l'autre rive à présent.

Le fait de s'être allégé lui avait offert un répit, mais ses forces déclinaient. S'il ne rejoignait pas la route des Chantiers où attendaient son carrosse et la fortune qu'il y avait embarquée – un coffre contenant six cent mille livres –, il mourrait. Et s'il y arrivait, en vendant son âme au diable, que ferait-il de mieux après avoir rejoint le cocher, un homme de confiance qui aurait tout donné pour le *Roi noir*, mais s'y prenait mieux pour tuer que pour guérir ? Il lui fallait des soins, qu'on arrache le fer qui cisaillait sa vie ! *Gorgone*, surnom que portait le cocher à cause de son regard de tueur, ne possédait pas ce talent. Alors, il mit un genou en terre.

Un simple répit, s'était-il promis – en sachant qu'il ne pourrait se relever. Le visage d'Amandine s'était montré. Ma *bonne étoile*, chuchotait-elle. Et le *Roi noir* s'était dit qu'il n'y avait pas plus belle image pour se décider à fermer les yeux.

*

Un homme usé par le temps, vieux avant l'âge. Il en avait l'allure. De cela, il était certain. De temps à autre, Toussaint ouvrait les paupières et regardait celui qui tentait de le sauver. Cheveux gris, visage tanné prématurément par le soleil et couvert de cette poussière des tailleurs de pierre ou des paveurs qui colle à la peau. Il soufflait dur à cause du poids de celui qu'il portait, mais ne renonçait pas. Il était sûrement plus jeune qu'il en avait l'air.

— Tiens bon, on arrive…

Il parlait pour que le mourant s'accroche.

— Foutue chance que je sois passé par là. Oh ! Tiens bon, répétait-il, on arrive…

Où qu'ils aillent, le *Roi noir* n'aurait pu s'y opposer.

*

Son sauveur était penché sur lui. À ses côtés, il reconnut une des sœurs de Monsieur Vincent-de-Paul qui soignaient les indigents du chantier. Delaforge les connaissait. Il avait même fait appel à elles pour sauver Petit-Jean qui s'était précipité par la fenêtre du château pour permettre à Amandine de s'échapper.

La sœur lui sourit.

— Ne bougez pas, sinon votre sang recommencera à couler. Cette nuit, on a cru vous perdre…

La réputation du blessé ne lui était nullement inconnue, mais secourir faisait partie de son sacerdoce. En somme, c'était, pour les gens de bien comme elle, jamais désespérés par les âmes sombres, une simple bonne action. Mais le vieux qui s'était porté au secours du *Roi noir* comptait pour quelque chose. Lui et Begge d'Andenne – elle s'appelait ainsi – se connaissaient. Ça sautait aux yeux ; c'était si vrai qu'elle obéit lorsqu'il lui demanda de les laisser seuls.

— Qui es-tu ? demanda faiblement Toussaint dès que la religieuse fut sortie.

— On m'appelle Vautron. Je suis paveur. Je loge à *L'Auberge de l'Ours*.

— Pourquoi es-tu venu à mon aide ?

— Begge d'Andenne ou l'autre, sœur Eulalie de Mérida, que tu verras bientôt, appelle cela la charité chrétienne, sourit-il sans rien ajouter.

— La charité… grimaça Toussaint en tentant de bouger et y renonçant aussitôt. Je crois entendre un des jésuites qui me torturaient quand j'étais enfant.

Sa manche droite pendait dans le vide. Le *Roi noir* s'éteignait.

— Penses-tu à Calmés ? lâcha Vautron.

Et c'était peut-être pour l'obliger à rester les yeux ouverts.

La surprise l'emporta sur la douleur. Calmés avait sauvé Toussaint au temps où celui-ci était lutteur aux arènes. C'était aussi le préfet de discipline du collège de Montcler. *Passe-Muraille*, un surnom que les élèves lui donnaient, l'avait protégé, guidé, présenté au maçon Pontgallet dans l'espoir de redresser son âme et de le remettre sur le droit chemin. Mais Calmés était mort sans avoir réussi, profondément meurtri par son échec qui remettait en cause la plus forte de ses croyances : quels que soient le pécheur ou ses fautes, la rédemption existait ; ainsi, tout homme méritait d'être sauvé. Sauf, peut-être, Delaforge…

— Tu le connaissais ? bredouilla ce dernier, le regard vide.

— Dans une autre vie, nous étions proches.

Il se pencha sur le *Roi noir*, effleura son visage de la main :

— Il me disait que je te reconnaîtrais à cause de la cicatrice qui barre ton visage.

Il parlait du sillon profond que portait Toussaint depuis sa naissance. Un héritage de la sorcière Paillard qui l'avait défiguré en se servant de forceps pour le mettre au monde.

— Il t'a beaucoup aimé et a cru longtemps en toi. Il aurait été heureux de voir qu'en sauvant Amandine Pontgallet tu pouvais racheter tes fautes.

Qui était vraiment ce paveur ?

*

Des milliers d'aiguillons trempés dans du plomb ardent dévoraient les entrailles du *Roi noir*. Ses forces l'abandonnaient. Les questions viendraient, s'il en réchappait, et, pour cela, il devait se concentrer sur l'essentiel.

— Le fer est profondément planté dans la plaie, annonça Vautron qui ne parlait plus de Calmés, estimant que l'urgent était de tenter de sauver Delaforge. Il faut l'extraire, mais Begge d'Andenne ne s'en croit pas capable.

Delaforge fit signe qu'on lui donne un peu d'eau.

— Qu'elle me retire cette saloperie, gémit-il après avoir bu une gorgée.

— Tu es trop faible.

— Maintenant…

Il essaya de s'accrocher à la chemise du paveur :

— Je saurai… te remercier…

— Je sais que ce que tu as fait pour la petite Pontgallet. Pour le moment, ton geste généreux me suffit.

— Tu parles comme Calmés que tu dis avoir connu, grimaça Toussaint. Mais n'oublie pas que je suis le *Roi noir*, lança-t-il comme un ultime défi.

Pour toute réponse, Vautron posa la main sur son front et le bénit.

— Reçois ce sacrement et recommande ton âme à Dieu.

— Il ne fera rien pour moi…

Vautron ne l'écoutait plus. Il récitait la prière de l'extrême-onction.

*

Delaforge souffrait le martyre, même si la sœur lui avait donné à boire une sorte d'élixir qui lui avait donné un coup de fouet et atténuait sa peine. Mais la suite serait dure, insupportable lorsqu'il faudrait arracher le fer. Et incertaine. Begge d'Andenne n'y croyait pas. Du moins, pas sans le concours de Dieu. Eulalie de Mérida se sacrifia. C'est elle qui opérerait. Delaforge tenait le linge qu'il serrerait entre ses dents de toutes ses forces lorsqu'on écarterait ses chairs. La sœur avait une triste mine. Elle posa délicatement une main sur le ventre brûlant du blessé qui gémit aussitôt et se tordit comme un ver à moitié coupé.

— C'est impossible, dit-elle en secouant tristement la tête.

— Allez-y !

Lui ne renoncerait pas.

Alors, elle prit un stylet à la pointe aiguisée afin d'entrer franchement dans la plaie.

— Un instant… murmura-t-il en se tournant vers Vautron.

Toussaint ne fuyait pas à cause de la peur. Il respirait fort, vite et, d'un coup presque plus. Quand la douleur refluait, il prononçait une phrase, s'arrêtait, reprenait au premier calme. Il parlait au paveur et racontait ceci : il fallait qu'il se rende sans attendre route des Chantiers. Il verrait un carrosse et un cocher qu'il appellerait *Gorgone* comme le ferait un ami. Il expliquerait ce qu'il s'était passé et lui transmettrait les ordres du *Roi noir* : se mettre à l'abri et revenir à Versailles, au même endroit, chaque lundi pendant quatre semaines. Si, au bout d'un mois, il ne le voyait pas, il devait abandonner. Et faire bon emploi de ce dont il hériterait.

— Donne-lui ce gant noir pour te faire reconnaître, dit aussi Toussaint. *Gorgone* est méfiant...

Puis, il enfonça le linge dans sa gorge afin d'étouffer ses hurlements.

*

Le dernier lundi du mois, Vautron s'était fait porter pâle sur le chantier. Il n'était pas malade puisqu'on le vit à bord d'une charrette tirée par un âne qui pliait l'échine sous la charge. Pourtant ça ressemblait bougrement à du foin.

— À qui tu livres, Vautron ? demandait-on sur son passage.

— Foutez-moi la paix, aboyait-il – et ce n'était pas dans ses habitudes.

Il quitta la place d'Armes, s'engagea sur la route des Chantiers, continua l'expédition jusqu'aux limites extrêmes de Versailles – ce qui était rare chez lui. D'ailleurs personne ne l'avait jamais aperçu aussi loin et, à une lieue du centre, personne ne le connaissait.

— On y est presque, dit-il à voix basse en se tournant vers l'arrière.

Une main, la gauche, sortit un instant du foin et y replongea aussitôt.

Au détour d'une courbe tortueuse, Vautron trouva à la fois le carrosse et le solide *Gorgone* qui dégagea le foin puis aida Delaforge à grimper dans l'habitacle tandis que le paveur faisait le guet à l'autre bout. Le *Roi noir* avait une sale mine, mais il était assez lucide pour voir le coffre solidement sanglé à l'arrière du carrosse. Dedans, six cent mille livres attendaient. *Gorgone* était un homme de confiance.

— Faut pas rester, bougonna-t-il.

Pourtant, Toussaint fit un geste pour que Vautron le rejoigne.

— Je te dois la vie... Et bien plus encore...

— Perds pas de temps avec la politesse. *Gorgone* a raison, les *mouches* de La Reynie sont encore là et le nom du *Roi noir* circule beaucoup à Versailles. Allez, file !

— Pour ce qu'on s'est dit... Je peux vraiment compter sur toi ?

— Ne me demande pas de jurer, sourit-il. Je t'ai déjà promis. Et n'oublie pas, toi aussi...

— Alors, bénis-moi, répondit simplement Toussaint.

Puisque Vautron avait vraiment été prêtre.

*

Son histoire était simple. Il avait respecté scrupuleusement les vœux de pauvreté et d'obéissance ; moins celui de la chasteté. Eh quoi, la casuistique des jésuites permettait nombre d'arrangements. Mais Dieu, en revanche... Dieu le jugea et foudroya le pécheur. Vautron était follement amoureux d'une femme infidèle qui le mit au supplice, car il ne pouvait lui adresser nul reproche, lui-même faisant fi des engagements sacrés pris devant le Tout-Puissant.

Vautron aurait pu devenir fou. Le fut peut-être et s'en sortit en rompant avec ses deux vies. Il s'éloigna de la belle Capucine, mi-catin, mi- ange, et ôta sa soutane. Il partit pour Versailles et se noya dans la masse en devenant paveur.

Oui, cela paraissait simple. Un peu trop. En vérité, Vautron avait-il tué la femme qui l'avait enragé ? Toussaint n'avait rien demandé de plus au paveur lorsqu'il lui rendait visite chez les sœurs de Vincent-de-Paul. Le *Roi noir* venait d'un monde où l'on posait très peu de questions et il avait assez à faire avec sa blessure. Il se concentrait sur le mal qui cisaillait son ventre. La plaie suintait, la fièvre ne cédait rien ; soudain, il délirait. Le croyant perdu, Eulalie de Mérida redoublait ses prières. S'il remontait la pente, l'heure d'après, il faiblissait. Cela dura deux semaines. La troisième, la plaie se referma enfin. Et Toussaint se leva, marcha dix pas. Chacun lui arrachait une grimace, mais lui promettait de vivre à nouveau. Le lundi suivant, il demanda à Vautron d'aller trouver *Gorgone* qui devait attendre sur la route des Chantiers comme toutes les semaines. Ce fidèle était au rendez-vous. Il écouta Vautron lui assurer que le *Roi noir* serait prêt à partir dans huit jours. *Gorgone* sourit et fit claquer son fouet. Vautron regarda le carrosse filer au galop. Le coffre était accroché à l'arrière.

*

Les adieux avaient donc été brefs. Ils s'étaient tout dit la veille. Vautron, de lui-même, avait, le dernier soir, expliqué comment il avait connu Calmés.

— Je n'ai jamais lâché des yeux le *Roi noir* pendant toutes ces années. Je savais qui tu étais…

Le paveur ménageait ses effets.

— Le 3 juin 1646, finit-il par lâcher, ça te dit quelque chose ?

Toussaint ne pouvait oublier le jour où il était entré au collège de Montcler pour y rester près de dix ans. Plus de trois mille jours de souffrance et de torture.

— Tu tenais la main du révérend Joseph de Marolles. Bon sang, tu avais un air de bête sauvage… Et ta cicatrice n'arrangeait rien…

Toussaint laissait dire. Moins il s'impatienterait, plus l'autre parlerait.

— J'aurais pu t'avoir comme élève, se décida Vautron. Jusqu'à ce jour, j'enseignais le latin à Montcler. Mais je suis parti quand tu arrivais. Je venais dire adieu à Calmés qui m'avait aidé à prendre ma décision. C'était mon confesseur. Il connaissait toute ma vie, même ce qui concernait Capucine… Je n'avais pas trente ans et mes rêves s'écroulaient. Ce 3 juin 1646, nous étions dans la cour. En te voyant passer la grille, il s'est désintéressé de moi pour surveiller ton entrée. Il a lâché entre ses lèvres : « Celui-là n'est pas comme les autres… » Le révérend Joseph de Marolles s'est approché et il t'a présenté comme son filleul. Je crois que Calmés avait déjà deviné que c'était ton père… Et moi, je me suis effacé sans même que tu me voies.

Toussaint cherchait à se convaincre que sa blessure était responsable du tremblement de sa main alors que surgissait ce passé qu'il détestait. Mais les images défilaient, le premier jour de Montcler apparaissait aussi clairement que s'il s'agissait de la veille. Joseph de Marolles… Ce père qu'il haïssait…

— Je n'ai jamais perdu de vue Calmés qui, au long de mon exil, a été d'un immense soutien, poursuivit Vautron en le surveillant d'un œil. Nous nous écrivions et, dans ses lettres, il parlait de toi puisque je lui avais appris que tu te montrais à Versailles. Dieu sait combien tu lui avais fait du mal, mais il croyait à ton salut. Je lui répondais que je te voyais à l'œuvre, que tu étais associé avec le boiteux Ravort, un ancien élève de Montcler, et il semblait désespéré… Ce saint homme a souffert jusqu'à son dernier souffle parce que je ne pouvais pas lui mentir : tu ne changeais pas. Tu étais le *Roi noir* et le resterais à jamais.

Toussaint se souvint de la dernière lettre que lui avait envoyée Calmés alors qu'il mourait. Il soutenait qu'il ne l'avait jamais perdu de vue et qu'il savait ce qu'il faisait à Versailles : *tes intentions ne sont probablement pas louables.*

— Mais lui y croyait encore, expliquait Vautron. Il soutenait que l'espoir existait en chaque homme et me prenait en exemple. Mais parce que je doutais, imaginant moi-même que je pouvais renoncer à la rédemption à laquelle je me soumettais depuis des années, il me parla d'une dernière épreuve. Qu'ainsi, lui et moi saurions si toutes les âmes pouvaient être sauvées…

Il sortit de sa poche une feuille jaunie et déchirée. L'encre avait passé, mais Toussaint reconnut l'écriture de son ancien maître de Montcler.

— Voici la dernière lettre qu'il m'a adressée. Lis-la.

*

Cher Vautron,

Le temps passe et je n'ai guère pris le temps de vous écrire depuis de longs mois. L'âge et la fatigue sont autant responsables. Je me sens vieux, prêt à me rendre à Dieu, le cœur léger, l'âme lourde. Ai-je échoué par orgueil, pour m'être cru capable de changer un homme dont Dieu avait fixé le sort selon Son propre choix ? Je parle bien sûr de Toussaint Delaforge parce que vous le voyez à Versailles, mesurant les effets désastreux de son détestable penchant à faire le mal.

Hélas, l'orgueil n'est pas le seul péché dont je devrais rendre compte à Notre-Seigneur. Je suis si entêté, si convaincu qu'un miracle peut se produire que j'ai décidé d'offrir à Toussaint Delaforge une ultime chance de se racheter. Je lui apprendrai que son père, Joseph de Marolles, est le diable en personne. Ne me demandez pas pourquoi. J'ai entendu cet homme en confession et ne peux en dire plus. Mais ce que je m'apprête à révéler à son fils le mettra hors de lui. Il sera furieux et voudra le tuer.

Tout était vrai… Calmés lui avait révélé dans une lettre que son père avait violé une jeune servante du marquis de La Place, Marie, et c'était sa mère. Et qu'il l'avait laissée mourir dans une cave le jour où elle accouchait. Toussaint n'avait alors eu plus qu'une seule idée : trancher la gorge de Marolles dès qu'il le retrouverait puisque ce lâche s'était caché, profitant de la miséricorde des jésuites. Or, juste avant d'être blessé, il avait découvert qu'il se terrait à Paris.

Voilà que je suis sur le point de déclencher la colère... continuait Calmés. Eh bien, je m'en expliquerai plus tard, espérant démontrer au Juge suprême que mon ultime intervention fut bonne. Le Roi noir *absoudra-t-il la faute de son père, comme je l'ai tant de fois fait pour lui, ou se vengera-t-il, se condamnant à jamais à l'Enfer ? Je vous ai choisi comme témoin de ce qui se passera car vous vivez près de lui et, surtout, parce que je devine dans vos derniers mots que l'épreuve que vous vous imposez depuis tant d'années pèse lourdement sur vos épaules. Peut-être même, songez-vous à renoncer à ce purgatoire terrestre qui pourtant allège vos fautes et, plus encore, soulage votre conscience ? Résistez ! Prouvez-vous que votre âme est pure – bien plus que celles de nombre des collègues qui m'entourent ! Espérez comme moi qu'aucune fatalité ne nous condamne au Mal ! Mais, pour me croire, il vous faut autre chose que des phrases, de belles intentions. Vous réclamez une preuve. La voici. Toussaint Delaforge renoncera à tuer son père. Je le crois et suis prêt à y sacrifier ma foi. Chacun dans notre monde, nous saurons ce qu'il en est de Toussaint Delaforge et si j'ai bien agi. Comme je l'espère, aura-t-il compris qu'il peut encore choisir son destin ? La réponse est formidablement lourde de conséquences. Le salut de trois âmes en dépend. La sienne, la vôtre et la mienne.*

Je vous bénis, mon cher Vautron, et vous promets d'intercéder auprès de tous les saints du Paradis pour qu'il vous accueille avant que j'aie moi-même purgé mes péchés.

Votre fidèle, le RP Calmés.

*

Pourquoi Toussaint n'avait-il pas tué Marolles ? À croire que Calmés, depuis les cieux, était intervenu en sa faveur pour qu'il ne commette pas l'irréparable... Il y avait surtout cette enfant qui l'appelait sa *bonne étoile*. Découvrant en même temps où logeait Marolles et qu'Amandine, sa fille, se trouvait en danger à Versailles, menacée de mort par Ravort, il n'avait pas hésité, prenant le risque d'affronter le boiteux, d'un côté, et La Reynie et ses hommes, de l'autre, se jetant dans la gueule du loup et recevant le fer de son ancien associé dans les entrailles.

— Voilà, dit Vautron, pourquoi je t'ai sauvé : je veux savoir ce que tu décideras pour ton père. Selon ton choix, Calmés ira ou non en enfer. Il paiera sa faute puisque c'est lui qui aura déchaîné ta rage. Et moi, j'apprendrai que toutes les âmes ne se valent pas.

Vautron regarda ses mains calleuses de paveur, assez épaisses pour étrangler une femme. L'avait-il fait ? se demanda Toussaint. Plutôt, le ferait-il ? Se vengerait-il de cette Capucine qui avait ruiné sa vie, si lui-même s'en prenait à Joseph de Marolles, démontrant ainsi que Calmés avait eu tort ?

Le paveur attendait qu'on le libère de sa promesse d'expier ses fautes. Mais Toussaint n'avoua pas qu'une heure avant de se rendre à Versailles pour sauver Amandine, il était décidé à foncer chez Marolles pour l'égorger.

— Tu savais donc tout de moi, conclut-il simplement.

— Non, le coupa Vautron. J'ignore encore qui tu es. Maintenant, tu vas me l'apprendre.

— Tu veux que je te dise si je tuerai mon père ?

— Dans un mois, tes forces reviendront. Alors, tu le pourras.

Vautron avait raison. Delaforge serait à nouveau le *Roi noir*.

— Calmés s'est-il trompé ? soupira le paveur.

Il fixa Delaforge :

— Je t'ai sauvé. À ton tour, fais quelque chose pour moi. Épargne ton père.

— Je vais y réfléchir, répondit Delaforge. Demain, tu auras ma réponse.

Vautron se persuada que Delaforge n'avait pas changé, qu'il gagnait du temps jusqu'au retour de *Gorgone*. Une fois qu'il se sentirait en sécurité, il lui dirait sa vraie façon de penser : il n'y avait nul pardon pour le manchot, le lutteur des arènes, le maître des *Sans Aveux*. Que Calmés aille rôtir chez le diable ! Il le retrouverait un jour, mais le plus tard possible.

*

Peu avant le départ, Delaforge avait proposé à Vautron de partager son trésor. C'était sa récompense. Ensuite, il serait libre de quitter Versailles ! Adieu, le sale métier de paveur. Et qu'il en fasse le meilleur usage. Mais Vautron avait refusé. La seule chose qui comptait, c'était d'entendre Delaforge sur Marolles. Alors, le *Roi noir* s'était expliqué en rangeant un maigre paquetage. À vrai dire, l'essentiel se trouvait à bord du carrosse de *Gorgone*, assez pour changer de vie, disparaître à jamais. Il songeait à l'Espagne où personne ne viendrait le chercher. Il écrirait à Vautron. Il lui dirait où il se trouvait et si ce dernier changeait d'avis, il devait savoir qu'il serait toujours le bienvenu.

— Avant, t'arrêteras-tu à Paris ?

Toussaint Delaforge avait longuement hésité avant de répondre.

— Il est temps d'y aller, lâcha-t-il brusquement.

— N'espère pas te défiler…

Vautron devenait presque menaçant. Cet homme avait peut-être tué, lui aussi. Et s'il n'avait pas encore accompli un tel acte, il le pourrait aisément compte tenu de la faiblesse de Toussaint. Mais surtout, celui-ci comprit que l'avenir du paveur dépendait de sa décision. Si sauver une âme n'était pas dans les plans d'un solitaire, il savait que le destin de Vautron basculerait sur un mot.

— Un donnant, donnant, annonça-t-il brusquement.

— Que veux-tu dire ? se tendit Vautron. Y a rien à négocier.

— Écoute-moi d'abord, sourit Toussaint. Tu ne risques pas grand-chose. Moins que pour ce que tu as déjà fait…

Vautron plissa les yeux.

— Alors, parle.

Chapitre 48

GORGONE DEMANDAIT s'il se rendrait à Paris. Toussaint répondit qu'ils passeraient au large. Lui, il fuyait sans escale, direction l'Espagne, avec six cent mille livres, et c'était comme s'il changeait de peau.

L'expression s'entendait au sens le plus large. Il n'était plus le *Roi noir*, le chef des *Sans Aveux*, le lutteur aux cent vies, prises et vécues Delaforge, l'affairiste enrichi par la corruption, le recel, le chantage… Adieu ! Il se le jurait. Avant Saint-Cloud, il s'inventait déjà une autre existence dans laquelle rien du passé n'apparaissait, et rien ne lui manquait, ni son bras d'ébène ni ce couteau dont il ne se défaisait jamais et qu'il avait abandonné dans le cœur de Ravort, sa dernière victime – car il n'y en aurait pas d'autre.

Paris ! Plus rien, là-bas, ne l'intéressait. Ni le souvenir d'Aurore, la fille du marquis de La Place qu'il aurait pu épouser, atteignant les sommets qu'il espérait, ni les caresses de son ancienne maîtresse, Angélique de Saint-Bastien dont il se fichait. Pas même l'envie de tuer Joseph de Marolles, son père.

Calmés, le voyant passer Orléans, galoper déjà en pays d'Oc, pouvait plaider sa cause auprès de Dieu. La grâce touchait tous les hommes puisque Toussaint, avant de partir, avait promis à Vautron qu'il ne verserait plus le sang. Calmés avait donc eu raison. Aucun n'était perdu s'il corrigeait ses fautes. Et, en renonçant à se venger de Joseph de Marolles, le fils de ce dernier redonnait du courage au paveur qui doutait de son propre sacrifice. Il sauverait son âme s'il abandonnait le souvenir de Capucine, sa tentatrice, et acceptait de ne jamais quitter Versailles – d'y finir sa vie. À Montcler, il avait trente ans. Vingt de plus quand il passa ce pacte avec Delaforge. Et malgré les périls du chantier, il se répétait qu'il verrait Louis XIV s'installer dans son château neuf et jouir de ses bassins [1].

— Tu deviendras la mémoire des lieux ! lui avait lancé de loin Delaforge alors que *Gorgone* faisait claquer son fouet

Que la fin était belle ! Un peu trop, sans doute. Car l'autre, le *Roi noir*, était-il vraiment guéri ?

*

Les paroles apaisantes, les promesses… Vautron se rassurait grâce à sa croyance, mais Toussaint abordait une rive inconnue, celle de la tempérance qui ignore la haine, la colère et le mensonge. Avait-il promis de se ranger à la raison pour se débarrasser du paveur ? *A minima*, il s'était servi des méthodes du *Roi noir* : le donnant, donnant proposé à Vautron le dernier jour car, dans son monde ancien, on n'offrait rien sans échange.

— Ce que je laisse ici est ma seule raison de vivre, avait-il prétendu.

De quoi parlait-il ?

La surprise était de taille : elle s'appelait Amandine.

— Je veux que tu veilles sur elle.

Vautron avait senti le piège.

1. On vit le paveur Vautron en juin 1693 à Versailles (voir le prologue du *Palais de toutes les promesses* – Tome 1 : *Un jour, je serai roi*, *op. cit.*). Il avait donc soixante-dix-sept ans lors de sa dernière *apparition*.

Delaforge partait et il fallait lui faire confiance. Il jurait (mais sur quoi ?) de changer. En contrepartie, prisonnier de sa parole et de Versailles, Vautron deviendrait le cerbère de la petite-fille Pontgallet. Qu'est-ce qui lui assurait que le *Roi noir* ne mentait pas ? Lui marchait dans le désert, craignant d'être l'objet de la moquerie du mécréant qui le fixait sans que rien ne paraisse, ni la vérité ni la duperie. *La mémoire des lieux.* Voilà ce qu'il serait ! Vautron serra les poings.

— Pourquoi ? s'était-il tendu. Tu l'as déjà sauvée. C'est bien assez d'une bonne action pour le *Roi noir.* Ce qu'elle sera, qu'est-ce que ça peut te faire ? Mais à moi, tu mets un fil à la patte… Tu cherches à me bâillonner…

— Tais-toi, Vautron !

— Trouve vite une bonne raison…

— C'est ma fille, avait aussitôt avoué Toussaint d'une voix aussi forte.

— Ta fille ? Ta fille… répétait le paveur en écarquillant les yeux.

— Je l'ai appris le jour où je me suis battu pour elle.

— C'est pour cela que tu es revenu à Versailles ?

— Si je te réponds oui, me croiras-tu ?

Vautron ne bronchait pas.

— En allant retrouver *Gorgone* sur la route des Chantiers, tu as vu le coffre qui est fixé à l'arrière du carrosse. Tout était prêt. Je filais en Espagne… Mais j'ai su que Ravort allait la tuer.

Et le *Roi noir* s'était jeté dans les mailles du filet de La Reynie.

Sur le coup, Vautron pensa à Calmés. La rédemption existait, si l'on trouvait le bon chemin. Pour Delaforge, c'était une petite fille haute comme trois pommes.

— J'ai commis le pire, tué celui qu'elle croyait son père, se libérait-il car le plus dur était fait. Je dois me racheter…

Ce mot-ci – *racheter* – sonnait presque faux dans la bouche de feu le *Roi noir* qui, au moindre sursaut, redeviendrait lui-même, mais il n'en existait pas d'autre, il devait s'y faire, comme à ce sentiment – *l'amour* – qu'il méprisait jusqu'à découvrir ce que représentait Amandine pour lui[1].

— C'est d'accord… avait cédé Vautron. Je ne la quitterai pas des yeux.

Et puisqu'il était appelé à devenir *la mémoire des lieux*…

— Je te ferai savoir où je suis. Si rien de grave ne se produit.

— Pas de nouvelles, bonnes nouvelles, l'avait coupé Vautron qui prenait peu à peu la mesure de sa nouvelle mission.

— Mais au premier signal…

— Le *Roi noir* revient ?

Toussaint souriait et Vautron l'avait serré dans ses bras.

*

Ensuite, il avait galopé sans se retourner, passé les Pyrénées, un jour de beau soleil, avant d'entrer en Espagne. Là-bas, comme partout, l'argent pouvait beaucoup. Les six cent mille livres lui ouvrirent les portes de l'Andalousie où il ne cacha pas son nom et fit le nécessaire pour qu'on le sache riche. À Cadix, il trouva une importante colonie de marchands français qui lui vantèrent le génie du trafic maritime entre le Nouveau Monde et l'Europe. François de Saint-Val lui sembla le plus fiable et il avait gagné en une année vingt mille pesos, soit cent mille livres. Mais il ne pratiquait que le négoce. C'était un autre résultat si l'on possédait ses propres navires. De quoi devenir vraiment fortuné…

1. Voir les dernières pages du *Roi noir de Versailles, op. cit.*

— Combien pour entrer dans l'accord ? avait demandé Delaforge.

Saint-Val annonça qu'avec cent mille livres, on s'offrait une gabare de quatre cents tonneaux gréée en trois-mâts, équipée de vingt canons.

— Il faudra cela, avait-il déclaré en prenant un air chafouin.

— La cargaison serait-elle donc si recherchée ?

— Des cales remplies d'argent des mines du Mexique[1]...

*

Delaforge fit le premier voyage. Il connut ainsi Real de Taxco et ses mines inépuisables[2]. Il n'était pas obligé, l'argent arrivait jusqu'au bateau, mais il voulait voir, se rendre compte de l'ampleur de la veine. Un mois plus tard, on larguait les amarres, cales pleines.

Le retour fut agité. *La Furieuse*, nom de baptême de la gabare, essuya trois tempêtes, mais ne croisa aucun pirate. En rentrant, il s'inquiéta d'abord de savoir ce que Vautron lui avait écrit et, après avoir lu les dix lettres du paveur, il se rassura : nul drame n'était annoncé. Alors, il rejoignit Saint-Val qui fêtait le retour de *La Furieuse*. Une fois les frais payés, le cours de l'argent leur laisserait cent mille livres net. La gabare était déjà payée...

— J'ai mieux, dit Toussaint à son associé.

Il parlait de Zacatecas, un centre minier bien plus éloigné que Taxco. Il fallait parcourir cent cinquante lieues depuis

1. À l'origine appelée La Nouvelle Espagne, cette partie de l'Empire espagnol était gouvernée depuis Mexico et se divisait en quatre audiencias, dont celle de Mexico.

2. Taxco (ou Tasco) se trouve à 160 kilomètres de Mexico. Ses mines, connues depuis la colonisation espagnole, étaient creusées à flanc de montagne (à 1 600 mètres d'altitude).

Mexico, le trajet s'accomplissant à dos de mulet. Sur place, il y avait encore beaucoup à prospecter et les Espagnols étaient prêts à vendre des concessions.

— Combien ? avait demandé à son tour Saint-Val.

— Cent mille... Soit ce que nous venons de gagner...

Et qui aurait résisté à un investissement qui ne coûtait rien de plus que le profit déjà réalisé ?

Malgré la baisse relative du cours de l'argent, le filon était prodigieux. En 1675, cinq ans après avoir quitté la France, Delaforge disposait d'un million de pesos s'ajoutant aux cinq cent mille livres qu'il conservait. Pour comprendre ce que cette somme représentait, il suffisait de savoir que deux acres[1] de pâturage dans les nouvelles terres espagnoles coûtaient six pesos.

En 1679, Toussaint possédait – outre la moitié de la mine de Zacatecas – un territoire immense au Mexique dont le tour à cheval se faisait en huit jours. Il y demeurait du printemps à l'automne, rentrant à Cadix pour l'hiver où il se consacrait à un élevage de mille têtes de taureaux pour la corrida de *rejón*[2] et, sinon, à la culture de ses dix mille pieds d'oliviers. Au début d'avril 1679, il se préparait à un nouveau périple sur l'océan quand il reçut une lettre de Vautron. Le ton n'était plus celui des années précédentes. Tout allait mal : l'entreprise et la veuve Pontgallet. Et Amandine ne pouvait compter que sur Petit-Jean, le fils Le Faillon, car sa mère se moquait de tout et s'acoquinait avec une engeance qui lorgnait le pactole hérité d'une histoire plus glorieuse.

Toussaint ne repartit pas au Mexique, cette année-là. Mais craignant d'être reconnu et arrêté dès son retour à Versailles, il délégua un lieutenant fidèle, Conwoion, un Breton au nom guerrier et au passé d'aventurier. Un homme à qui il pouvait

1. Selon les pays, deux acres représentent plus ou moins un hectare.
2. Corrida à cheval.

expliquer pourquoi il ne pouvait se rendre lui-même dans la ville royale.

Conwoion avait été un temps marin dans la Royale de Louis XIV. Il avait fait la guerre, tué de l'Espagnol et se gardait d'en parler à Cadix. Toussaint l'avait enrôlé pour une saison et ne le regrettait pas. *Le Triomphant*, un navire sortant du chantier de Cadix, avait été attaqué par les pillards des Caraïbes alors que Delaforge ne se trouvait pas à bord. Conwoion avait fait feu de tout bois, et même tranché des têtes. La cargaison était sauve. Conwoion avait simplement expliqué que *tout ça*, ce n'était rien, qu'il avait connu pire lorsqu'il ferraillait sur le *Soleil-Royal* à la guerre de Hollande. *Hasta la vista*, avait-il conclu d'une voix morne et il s'était arrêté de parler l'espagnol puisqu'il n'en savait que trois autres mots : *rabia*, *fuego*, *sangre*[1].

— Tu agiras avec discrétion, avait ordonné Toussaint.

Conwoion avait souri et s'il n'avait pas connu les faits et gestes du *Roi noir*, il aurait pu croire qu'il parlait à un riche commerçant, s'inquiétant de la sécurité de ses marchandises. Il regardait cet homme de quarante ans que l'âge n'atteignait pas[2]. N'eût été la balafre profonde qui barrait sa joue, rien ne trahissait sa vie d'avant. Le bras d'ébène englouti dans l'étang avait été utilement remplacé par un mécanisme complexe inventé par un médecin arabe exerçant à Cadix. C'était le travail d'un génie. Il était impossible de faire la différence avec le bras gauche, d'autant que la main à nouveau gantée complétait l'effet.

— Voilà mille livres…

Delaforge tendait cette main morte à l'horizontal, la paume se creusait pour mieux tenir la bourse qu'il donnait à Conwoion.

1. Rage, feu, sang.
2. Toussaint Delaforge est né le 5 septembre 1638, même jour que Louis XIV. Voir *Un jour, je serai roi, op. cit.*

— À Versailles, tu te rendras à *L'Auberge de l'Ours* et demanderas Vautron. Il a ma confiance. Il t'expliquera la situation. Fais-le discrètement. Il ne faut pas que l'on découvre ce qui vous rapproche. Jamais, entends-tu.

Conwoion acquiesça.

— Si tu es blessé, tu iras chez les sœurs de Vincent-de-Paul. Vautron t'y conduira.

— Ne vous faites pas de souci, grimaça le guerrier.

— Maintenant, viens par ici. Je t'ai préparé une note qui t'expliquera qui est qui. Je commence par Amandine…

— C'est votre fille. Vous me l'avez dit cent fois…

— Tu apprécieras la situation, coupa net Toussaint en tendant une feuille de papier où les noms de ceux qu'il connaissait étaient écrits, classés par clan et par famille. Puis, tu reviendras à Cadix.

— Dans un mois, deux tout au plus, je serai de retour…

*

Conwoion avait tenu parole, sauf sur un point : la mort du valet. Le sang avait coulé. Mais Delaforge comprenait. Lui-même, qu'aurait-il fait ? Un instant, le *Roi noir* ressurgit du néant. Sa mère, Marie, violée par… Comme si une malédiction planait sur eux. Il repensa à son père, au serment partagé avec Vautron. Tout était de sa faute. Il avait fui, abandonné sa fille, n'était pas là pour la secourir, et le rapport de Conwoion se révélait accablant. Les Pontgallet étaient aux abois, Marguerite perdait la tête. Petit-Jean, follement amoureux d'Amandine, demeurait son seul soutien, mais Conwoion le jugeait faible, incapable de la protéger.

N'y avait-il pas de la jalousie ? En décrivant Amandine, le Breton avait employé des mots forts. Belle n'était pas assez et, pour les ressemblances avec son père, s'amusait

Conwoion, rebelle, sauvage et volontaire. Un peu princesse aussi, puisqu'elle rêvait de vivre au château de Versailles…

Toussaint ne détenait pas même un portrait d'elle.

Il accordait toute sa confiance à son espion, mais ne partageait pas son avis à propos du fils Le Faillon. Petit-Jean avait fait preuve d'un sacré courage en sautant sans regret d'une fenêtre du château pour épargner Amandine, et, s'il était maladroit, fragile, il fallait chercher la cause du côté d'Amandine. Comme Conwoion, il était tombé sous son charme.

Toussaint se souvenait des deux fois où il s'était approché d'elle. La première, c'était une nuit sans lune. La gamine refusait de rentrer dans sa famille et ils avaient fait un long chemin ensemble. Elle ne craignait pas cet inconnu, avait même glissé sa main dans celle gantée du *Roi noir*. Ils avaient parlé des étoiles, de la manière de compter, du loup dont elle se moquait. Elle avait froid, il lui avait donné un vêtement. Ils avaient même mangé. En ce temps, Toussaint ignorait qu'il était son père. Il *s'amusait* avec son ennemi, la veuve Pontgallet, à qui il n'avait rendu l'enfant qu'à l'aube. Mais ce qui, au départ, avait été une façon de faire du mal, s'était transformé en plaisir. Pour une raison qu'il ne comprenait pas, il se sentait bien avec Amandine. Et sa manière, comme lui, de ne pas montrer sa peur lui plaisait. Ils étaient semblables. La seconde fois, c'était à l'*étang puant*. Ravort la menaçait de son arbalète, mais elle ne faiblissait pas. Delaforge avait jailli, faisant preuve du même courage, et elle, alors que le mort gisait à ses pieds, n'avait eu qu'un regard pour lui, sa *bonne étoile*. Et de Cadix à Zacatecas, ces images défilaient depuis des années dans sa tête. Il s'y accrochait, espérant la revoir un jour, même si, pour cela, elle devait souffrir – et lui, venir la protéger.

*

Le paveur lui avait fidèlement expédié plusieurs lettres de plus en plus alarmantes. Delaforge apprit pour l'accident de Le Faillon et la grossesse malheureuse d'Amandine. On racontait que Jean était le père, mais Delaforge doutait. Il y avait eu le viol. Il n'en éprouva que plus d'affection pour ce garçon qui, expliquait le paveur, voulait être peintre.

Ainsi, ligne après ligne, Delaforge se glissait-il dans cette famille, hésitant toujours à reprendre la route. Jean semblait solide, contrairement à ce que pensait Conwoion. Oui, le temps arrangerait les choses et le riche possesseur de la mine de Zacatecas s'apprêtait à reprendre la mer au printemps 1680 lorsqu'il reçut des nouvelles de Versailles. Anne Pontgallet et un soûlard de la pire espèce qui se prétendait menuisier s'étaient enfuis avec ce qu'il restait ou presque à cette famille. Un temps, les Pontgallet, unis aux Le Faillon, s'en étaient sortis par miracle (Vautron ignorait tout du trésor déterré du bailli), mais rien n'allait droit et Jean, le dernier appui, s'était blessé. La dernière lettre se terminait ainsi : *Si je ne craignais pas pour ta vie, je te conseillerais de rentrer.*

Mais qui viendrait ? Toussaint ou le *Roi noir* ? Quel que fût celui qui s'était décidé, il avait vendu ses parts dans la mine de Zacatecas et pris la route de France.

L'affaire avait été rondement menée. Saint-Val, l'associé de Delaforge, avait sauté sur l'occasion. Mais il fallait cinq cent mille livres. Il ne les avait pas.

— Je viens d'investir comme toi dans les terres mexicaines et j'imagine que tu n'as nul besoin d'une autre hacienda en Espagne…

— Je te ferai crédit, avait répondu Toussaint.

— Et si je coule par le fond, au large de Santo Domingo ?

Saint-Val en faisait une question d'honneur. Il voulait acheter et payer.

— Il me reste bien un domaine près de Versailles. Délabré et en ruine…

— Que dis-tu ?

— Le manoir de Saint-Val. Des prés, des vaches, et la pluie la moitié de l'année…

— Combien ?

— Le tout ne vaut pas plus de cent mille livres.

— L'affaire est entendue.

— Toussaint… Tu perds beaucoup.

— Tu ignores ce que je gagne en retour.

*

Voici pourquoi, le lundi 3 mars 1681, Toussaint Delaforge se retrouve ici, au manoir de Saint-Val, face à Jean Le Faillon qui, lui, détaille un fantôme.

— Conwoion m'a dit que vous avez peint un portrait d'Amandine, votre épouse. Je serais très heureux de le voir, un jour prochain…

Cinquième partie

Quand on peut tout ce que l'on veut,
il n'est pas aisé de ne vouloir que ce que l'on doit.

Louis XIV *(Mémoires)*

Chapitre 49

Ce 3 mars 1681, Jean ne rentrera pas chez lui. La neige et le froid ne sont pas seuls responsables. Il y a tant à dire, à entendre, même si Jean parle peu. Celui qu'il a connu comme le *Roi noir* connaît tout sur lui, son père, Amandine, Marguerite, l'état de l'entreprise... et, s'il le peut, c'est qu'il dispose de relais à Versailles. Bien sûr, Conwoion en fait partie. Désormais, Jean comprend mieux le comportement étrange du Breton, mais comment a-t-il pu approcher si vite, au bal du 1er mai, s'immisçant dans leur intimité tel le fauve sur la piste d'une proie, tuant le valet, disparaissant sans bruit ? Qui l'a renseigné ? Peu de chance que Jean découvre Vautron. Conwoion et le paveur se sont comportés comme deux étrangers, ne se voyant qu'en public, se parlant à mots couverts. Alors, Jean se demande si les vestiges du clan des *Sans Aveux* ne survivraient pas à Versailles. Des hommes tapis dans l'ombre, prêts à frapper au premier signal du *Roi noir*. Conwoion en est l'exemple : exécuteur de sang-froid, implacable. D'ailleurs, où se trouve-t-il à présent ? Il a disparu, s'effaçant docilement quand son maître s'est montré. Le *Roi noir*... Ce surnom donné au plus implacable des tueurs, Jean ne parvient pas à le retirer de sa tête. Il s'accorde si bien avec le diable.

*

Comment est-il possible qu'il ait pu réchapper à sa blessure et à l'*étang puant* ? Il affiche une forme éclatante, souveraine, impavide et semble se moquer des risques pris en se montrant à découvert… Mais, un mot en rentrant à Versailles, et son compte est bon.

À moins qu'il n'en empêche son visiteur…

— La mort, dit-il, je l'ai caressée tant de fois. Imaginiez-vous seulement que je *reviendrais* ?

— Que me voulez-vous ? parvient enfin à murmurer Jean.

— Suivez-moi. Nous en discuterons à table…

Des serviteurs s'activent, deux cheminées crachent un feu d'enfer. Le vin est bon, il étourdit. Depuis qu'ils sont assis, il parle du domaine de Saint-Val et de rien d'autre pour le moment. Il veut « du neuf », se dit séduit par les premières esquisses de Jean. Les vieilles tentures, les meubles cirés, les fenêtres trop étroites, tout cela est sinistre. Que l'air, le soleil entrent ici car il vient d'Espagne, connaît le Nouveau Monde. Il se dévoile sans vergogne, raconte maintenant ses traversées, revient aux travaux, rabâche qu'il est décidé à dépenser sans compter. Il le peut, il serait riche, très riche…

— Comprenez-vous ?

Jean pose son verre, pousse son assiette, croise les bras.

— Que me voulez-vous *vraiment* ? répète-t-il.

Toussaint le regarde longuement, puis chasse les serviteurs. Lui aussi écarte son assiette sur le côté. Fini de jouer.

— Je suis le père d'Amandine.

*

Il scrute son vis-à-vis, calculant l'effet de son annonce. Pour Jean, c'est le moment de marquer des points :

— Je le sais.

Le *Roi noir* plisse les yeux. Ce jeune homme est solide. Conwoion se trompe. Est-ce Amandine qui lui donne cette force ?

— Depuis quand ?

— J'étais petit… vraiment petit, glisse-t-il avec humour comme si le moment qu'il vivait était banal (il a des nerfs, jauge Toussaint). Je me faufilais partout. C'est ainsi qu'on découvre les secrets des autres…

— Amandine…

— Elle l'ignore.

Delaforge se lève, marche avec légèreté, les bras relâchés, légèrement décollés du buste. Rien n'indique qu'il porte une prothèse. Sa main se pose sur la ceinture, à l'exact endroit où il fut *mortellement* blessé. Au fond, seuls Jean et Amandine l'ont vu recevoir le fer de l'arbalète de Ravort. Bien sûr, ils n'ont pas menti à La Reynie. Le coup porté *semblait* fatal. Et puis, il perdait son sang… et se traînait. Oui, ils en étaient convaincus. Certains comme le sont les enfants.

— Elle ne se doute de rien à propos des liens qui nous unissent ? insiste Delaforge parce qu'il ne croit pas qu'un gamin ait pu cacher une telle nouvelle.

Voici une nouvelle occasion pour Jean de montrer qui il est :

— Fallait-il augmenter son chagrin alors qu'elle venait de perdre Léon, celui qu'elle croyait être son père ?

Delaforge se fige. De cela aussi, il serait au courant ?

— Léon, c'est vous ? insiste Jean à qui le vin donne des ailes.

— Il s'est produit… Et puis non, corrige-t-il aussitôt. J'ai commis des actes impardonnables. C'était une autre vie, et si les fautes ne s'absolvent pas, je regrette sincèrement, si c'est cela que vous voulez entendre.

— Vous avez fait souffrir votre fille.

— Je le sais…

— Et vous, quelle douleur éprouveriez-vous si elle vous détestait pour le mal que le *Roi noir* lui a fait ?

— Sait-elle qu'il est responsable pour Léon ? murmure-t-il.

À quoi bon poursuivre la torture ?

— Je ne crois pas.

— Iriez-vous jusqu'à le lui apprendre ?

— C'est donc que vous pensez que je ne l'aime pas…

— Pourquoi ?

— Me voyez-vous la désespérer encore en lui montrant qui est vraiment l'homme qui l'a sauvée ? La convaincre qu'il n'existe que la douleur et la cruauté dans ce monde ?

— Pardonnez-moi. À votre âge, je n'avais pas autant de générosité…

— Et aujourd'hui, que venez-vous faire ? Provoquer la terreur dans une famille décimée ? Brûler la maison Pontgallet comme vous le fîtes avec votre associé Ravort ? Mettre Versailles en coupe réglée ?

Il fut un temps où le *Roi noir* n'aurait pas laissé passer une telle attaque. Mais ce jeune homme lui plaît.

*

— Me croirez-vous, répond-il simplement, si je vous dis que je ne suis ici que pour vous venir en aide ?

— Le pourriez-vous ? Mesurez-vous les risques ? Le *Roi noir* ! Installé, à quoi, quatre ou cinq lieues de Versailles. Une folie… Et vous m'y associez.

— Je suis Don de La Fragua, ami du chevalier de Saint-Val à qui j'ai acheté ce domaine. J'ai toutes les pièces qui l'attestent et sais qu'en me montrant à Versailles, je me condamnerais. Je ne sortirai pas de Saint-Val le temps de mon séjour en France.

— Je ne doute pas qu'un carrosse soit attelé. Vous bondirez à la première alerte pendant que Conwoion et d'autres donneront leur vie pour vous protéger. D'ailleurs, votre cas m'indiffère, seule Amandine compte. Êtes-vous vraiment sa *bonne étoile* puisqu'elle se souvient ainsi de vous ?

— Je n'ai pas oublié ses mots, murmure son père. J'allais m'enfoncer dans l'étang et… ma fille m'a donné la force de survivre, puis de réapparaître parce qu'elle ne se trompait pas : je suis sa *bonne étoile.*

— Vous assurez être ainsi… Mais comment savoir si vous êtes sincère ?

— Laissez-moi vous en convaincre. Et j'ajoute ceci. Au premier écart, je vous encourage à me dénoncer, sourit Toussaint.

Il jette un œil par la fenêtre. Les allées sont recouvertes de neige.

— Regardez, nous voilà prisonniers.

Jean se raidit.

— N'ayez crainte. Allons, approchez. Il y a tant de choses à discuter. Et vous avez raison, je ne peux rester longtemps à Saint-Val sans risque pour ma vie.

De la main gauche, il le saisit au bras, et sa poigne est solide :

— Nul besoin de tenter le diable, dit-il en plongeant ses yeux gris dans ceux de Jean Le Faillon.

Chapitre 50

JEAN SE SENT comme dans un rêve, un monde sans rapport avec le réel. Cela fait quatre jours qu'il se trouve à Saint-Val avec Toussaint Delaforge, découvrant l'homme, son passé, ses regrets, mais aussi son espoir : réparer ce qui peut l'être encore. Ses idées sont si claires qu'à force, on finit par y croire. Le malheur des Pontgallet et des Le Faillon est une chance, dit-il – et se reprenant aussitôt :

— C'est sans doute égoïste, mais ce qui vous est arrivé est l'ultime espoir pour moi de faire enfin le bien.

Sa théorie se tient. Aurait-il pu débarquer au beau milieu du bonheur, s'imposer de force, expliquer qu'après tous les drames qu'il a produits, il vient faire la paix en n'ayant rien d'autre à offrir qu'une piètre repentance ? Mais voilà qu'il prend tous les risques, remet sa vie en danger, déterre le passé et ses plaies parce que sa fille a besoin de sa *bonne étoile*. Il peut tout perdre, n'a qu'un faible espoir de gagner son amour et sa confiance, pourtant, il plonge dans le marigot dont il s'était échappé, il revient aux ombres de jadis. Jean comprend pourquoi son hôte s'est raconté. Il est riche, puissant, respecté, navigue sur les mers. Ce n'est plus suffisant. Il veut que sèchent les larmes qu'il fit couler.

Mais le *Roi noir* a laissé tant de souvenirs détestables à Versailles ! Les lieux ne finiront-ils pas par se venger ? Le conquistador de Zacatecas n'a pas ce genre d'inquiétudes ; du moins, fait-il mine de les ranger de côté. Il va de l'avant car, répète-t-il encore, ses idées sont claires :

— Nous allons donner un sacré coup de balai à Saint-Val…

Ce *nous* englobe Jean Le Faillon. Il a dessiné le nouveau manoir. Il en sera l'architecte et conduira les travaux avec l'aide d'un bâtisseur espagnol qui arrivera bientôt. La décision est sans appel.

— Je veux que vous alliez vite. Nous commencerons au printemps.

En trois semaines, il faudrait débaucher des maçons, des charpentiers, des peintres… Une armée, il s'en fiche. Dans un an, mai 1682 au plus tard, ce sera la renaissance de Saint-Val.

— Impossible, annonce Jean.

— Vous êtes déjà dans la peau de l'architecte gémissant sur les délais, s'amuse Toussaint. Rien n'est insurmontable, tout n'est qu'une question d'argent.

*

Jean a redessiné les plans au fur et à mesure que la discussion avançait. Ce n'est pas à la structure générale que Delaforge entend s'attaquer. La hauteur, les volumes, il les garde. Ce qu'il veut, c'est ouvrir, que l'on respire ! La priorité sera donnée au corps central. Les ailes, on verra plus tard. Au fond, il s'agit de reprendre deux niveaux, de changer les ouvertures… Et de tout chambouler à l'intérieur. Les chambres passeront à l'étage, le nombre de salons sera divisé par deux, donc la taille de chacun sera agrandie d'autant, les communs rebâtis et les cheminées taillées dans le marbre. Il y tient beaucoup. Et Jean reconnaît que, dans cet art, l'entreprise Pontgallet excellait… Presque malgré lui, il se prend au jeu.

Quand ils se reverront, il aura dessiné les plans en détail : la décoration des pièces, la taille des cheminées, les plafonds peints, les niches où l'on fixera des statues antiques… Le calendrier et l'enveloppe des dépenses seront établis par l'entrepreneur espagnol. Il serait en route. La neige expliquerait son retard. Jean est pris dans un tournis et s'y sent attiré. Il ne dit plus non, mais peut-être, et accepte de revoir Toussaint le 21 mars pour une ultime réunion à Saint-Val.

— Fernando Aixéres sait mener les hommes. À Cadix et au Mexique, je l'ai vu à l'œuvre. Avec lui, rien n'est impossible. Il parle français. Confiez-vous à lui en toute franchise. Moi, je retournerai en Espagne. C'est trop dangereux de rester en France. Après, ce sera à vous de veiller à l'exécution des travaux et d'y apporter en cours de route les nécessaires aménagements. Bâtir est une œuvre vivante…

Mais au pied du mur, Jean est pris d'un doute.

— Je suis incapable de… Non, je n'ai pas les compétences…

— J'ai moi-même débuté comme apprenti et il me manquait un bras… Je crois pourtant avoir réussi dans ce métier. J'y ai même fait fortune.

Il se garde bien de dire qu'il volait le maître bâtisseur Pontgallet et qu'il tua son fils parce qu'il avait découvert ses trafics. À quoi bon puisque les méthodes du *Roi noir* appartiendraient désormais au passé…

— Ne sous-estimez pas votre talent. Ses plans ne sont-ils pas de vous ? Et il y a Fernando. Écoutez ses conseils, entourez-vous de gens compétents. Un bon peintre et ses apprentis pour la décoration. Même chose pour le maçon et le menuisier. Que faut-il d'autre ?

— Un tailleur de pierres. Non, au moins trois… Et un marbrier…

— Vous prétendiez que l'entreprise Pontgallet maîtrisait ce savoir ?

Jean songe à son père. Il ne peut se déplacer, mais on lui montrera les plans. Il aidera à établir les devis, connaît les meilleurs compagnons et Limousins du chantier de Versailles. La décoration ? Pierre Lobiot vient d'apparaître. Pas d'emballement… Mais plus il creuse la question, plus les noms de ceux qu'il fréquente depuis des années surgissent. Sur le papier, *cela paraît si simple*.

— Suivez-moi, lui ordonne Toussaint.

Ils vont dans un bureau. La pièce est sombre. Jean calcule qu'il suffirait d'élargir les deux fenêtres et d'en créer une à l'ouest pour gagner énormément en clarté. *Cela paraît si simple…*

— Fernando Aixéres déposera l'argent dans ce coffre. Vous toucherez vous-même dix mille livres.

Dix fois ce qu'il lui faudrait pour vivre convenablement une année en couvrant les besoins de son clan.

— C'est trop, beaucoup trop…

— Selon vous, combien gagne Le Brun ?

— Je ne sais pas…

— Douze mille livres [1], plus les à-côtés…

— Mais je ne suis pas le premier peintre du roi !

— C'est pourquoi, vous gagnerez moins.

C'est fait. Delaforge continue.

— Nous communiquerons de la façon suivante : chacune de vos lettres sera accompagnée de mon sceau.

Celui qu'il a utilisé la première fois lorsque Conwoion est venu parler à Jean d'un propriétaire espagnol voulant restaurer Saint-Val [2] : un compas, une équerre et un soleil – rouge celui-ci, comme s'il rivalisait avec le symbole du maître de Versailles.

1. Gages de Le Brun, en 1682, pour sa participation à Versailles (*Versailles, le chantier de Louis XIV, op. cit.*).

2. Il s'agit du sceau figurant sur la couverture de ce livre et sur celle des tomes précédants.

— Nous utiliserons un code. Si le sceau ne figure pas sur vos missives, c'est qu'il y a danger. Je comprendrai que l'on sait qui est vraiment le propriétaire de Saint-Val.

— Comment pouvez-vous me faire confiance ? se décide Jean.

— Ma vie m'a forcé à juger vite.

Quatre jours, c'est un peu court, estime Jean.

— Une autre raison me pousse à vous confier Saint-Val... Vous ne me trahirez pas car ce serait rendre un très mauvais service à Amandine. Or, vous l'aimez, n'est-ce pas ? Qu'auriez-vous à gagner en me dénonçant ? Absolument rien. Je serai arrêté, alors, le chantier tombera à l'eau, ruinant l'espoir de cette vie meilleure que vous espérez offrir à ma fille. Elle-même perdrait gros...

Il s'arrête pour ménager l'effet suivant :

— Ce domaine... Saint-Val sera à vous après mon départ. Maintenant, décidez : pouvez-vous la priver d'une si belle histoire ?

Jean se revoit avec Amandine... Ils sont enfants. Elle lui parle de ses rêves. Vivre dans un château, un vrai conte de fées... Doit-il croire que tout cela est peut-être vrai ?

*

Le 5 mars, la neige cesse de tomber. Le 6, le vent tourne au sud. Ce n'est pas le printemps, pas encore la débâcle ; un répit suffisant pour se lancer sur la route. Jean est seul à bord du carrosse qui le ramène à Versailles. Les quatre jours carillonnent dans sa tête alors que le cocher *Gorgone* attaque les derniers nids-de-poule de la route des Chantiers. Dans un instant, Jean sera de retour. Qu'annoncera-t-il à Amandine ? Delaforge, *persona non grata* à Versailles, a décidé de rester dans l'ombre. Bouche cousue tant que les travaux ne sont pas finis. Un jour de mai de l'an prochain,

Amandine accompagnera Jean à Saint-Val. Son père y sera et se démasquera. Comment, en disant quoi ? Il repousse la réponse, mais sait que le moment sera difficile. La *bonne étoile* se montrera. Après ? Delaforge donnera les clefs de Saint-Val et partira. Il prétend (espère ?) que le bonheur l'emportera. Avec lui, tout semble possible, toutes les chausse-trappes s'effacent.

Qu'ensuite, on parle de lui, raconte le pire n'aurait nulle incidence si Amandine n'apprend jamais qu'il a tué Léon. Il sera loin des ragots. Et inatteignable. Et si Jean et elle décidaient par la suite de le rejoindre à Cadix ou sur ses terres mexicaines…

Pour l'heure, on en restera donc à la version d'un riche Espagnol ayant acquis Saint-Val sur un coup de tête. Jean Le Faillon confirmera ne l'avoir vu que quatre jours, le temps de mettre au point le projet qui l'a séduit. La fougue et le talent furent sa force. Le bâtisseur Fernando Aixéres sera sa caution. Le mécène espagnol est-il imprudent ? Fantasque, imprévu, extravagant, répondra Jean. Et surtout riche. Qui s'en plaindrait ? Nombre auront du travail pour un an sans avoir à creuser le canal qui reliera la Seine à Versailles.

Chez Delaforge, chaque problème n'est qu'une question. Qui appelle forcément une réponse…

*

Jean se masse le poignet. Il a beaucoup dessiné. La raideur est venue. La douleur aussi. Delaforge avait fait mine de ne rien voir jusqu'au moment où il avait posé sa main gantée sur celle du peintre.

— Votre blessure ?

— Il y a plus grave… avait-il bredouillé en lorgnant sur le bras mort.

Toussaint avait souri :

— Voici un point qui nous rapproche. Conwoion n'a su me dire comment cela vous est arrivé.

Jean réalisait que sa meurtrissure avait un lien avec le bailli et Ravort. C'était en revenant chez Marguerite, après avoir déterré leur magot, qu'il s'était coupé la main.

— Près de l'*étang puant*, s'était-il entendu annoncer, maudissant aussitôt son imprudence.

Il aurait dû répondre simplement : « En ouvrant une fenêtre. »

— Là où je vous ai trouvés, Amandine et vous ? insistait Toussaint.

— Dans ce coin, en effet, avait murmuré Jean.

Toussaint ne le lâchait pas des yeux :

— Je n'ai jamais su pourquoi Ravort s'était rendu à cet endroit. Il aurait dû filer, fuir Versailles. Pourquoi a-t-il fait un détour ?

Il se donnait l'air de réfléchir :

— Un *Sans Aveux* m'avait raconté que le bailli cachait son trésor près de l'étang…

Son regard s'était durci :

— J'aurais dû le questionner avant de le tuer.

— Que… que dites-vous ?

— Le bailli est venu me voir à Paris. Il voulait me faire chanter. Et j'avais peu de temps pour le raisonner. Une autre urgence m'attendait. Je devais sauver Amandine. Et vous aussi.

Il ne montrait aucun regret à propos du bailli. S'il le fallait, l'homme serait-il toujours aussi dur et froid que la lame de son couteau ? Qui l'emportait chez lui : Toussaint ou le *Roi noir* ? À nouveau, le portrait se brouillait. Delaforge l'avait séduit. Peut-être envoûté. Pourtant, à Saint-Val, penché sur les plans et veillant jusqu'à l'aube, Jean avait le sentiment de livrer un combat dont tous deux reviendraient vainqueurs après avoir accompli mille prouesses. Et ses craintes s'effaçaient.

— En arrivant en Espagne, racontait-il, ma blessure n'était pas refermée et les chairs pourrissaient. En un mois, un médecin arabe m'a guéri.

Sa main morte était toujours collée à celle de Jean.

— Sa science pourrait-elle vous aider à recouvrer la souplesse ? Je lui en parlerai dès mon retour.

Jean avait beau expliquer que les tendons avaient été coupés à jamais, Delaforge n'en démordait pas. Non, rien n'était impossible...

*

Mais dans le carrosse glacial, sa tête refroidit. Même avec Fernando Aixéres, il n'aura pas les épaules assez larges pour prendre en charge les travaux du domaine. Et Delaforge en est conscient. Se sert-il seulement de lui pour approcher de sa fille ? À moins qu'ils soient tous deux prisonniers d'une aventure (ou d'une infortune) dont la fautive est Amandine. Ils aiment la même héroïne, voilà leur faiblesse et leur point commun, et c'est assez pour les rapprocher.

Jean reconnaît qu'en quatre jours, la défiance s'est effacée. Peu à peu, il a rejoint le camp de Delaforge parce qu'il s'agissait de celui d'Amandine. Il a mis de côté ce qui rendait détestable le personnage du manchot, oubliant ses exactions pour voir un père attendri se jetant un dernier défi : solder le passé en réalisant un rêve au doux nom de Saint-Val car rien ne conviendrait mieux à leur princesse. Pour quelle autre raison se livrerait-il sans défense à Jean Le Faillon, reparti libre sans qu'on lui rappelle que la plus grande prudence était de mise ? S'il parle – il le pourrait – Delaforge est mort. Les risques sont insensés et il faut du courage, être le *Roi noir* pour quitter le nid douillet de l'Andalousie. Aussi, croit-il à sa sincérité. Et n'a peut-être pas tort. Son hôte a affirmé qu'il avait été impressionné par le courage de Petit-Jean sautant par une fenêtre du château et l'a remercié d'avoir caché à Amandine le vrai nom de son père pour ne pas aggraver un chagrin dont le *Roi noir* était seul responsable.

L'alliance est donc possible. Risquée, mais possible...

Pourtant, un point mine Jean. Il doit mentir à Amandine. Au moins, cacher la vérité. C'est la méthode de l'ombre, de celui qui a trompé, corrompu, volé, tué. En l'acceptant, il devient son complice et accueille le *Roi noir* chez lui.

*

Quatre jours ! Amandine était folle d'inquiétude. Elle a tourné en rond dans la maison, se rongeant les sangs, imaginant le pire – le carrosse s'était renversé dans la tempête, le froid s'y était mis avant qu'une meute de loups...

— Pourquoi pas le Jugement dernier ? la taquine Jean en la serrant dans ses bras.

Non, ce n'est pas drôle, l'état de Marguerite s'est brutalement aggravé. La nuit dernière, elle s'est réveillée brutalement, hurlant des mots horribles...

— Elle a parlé ?

— De Satan, de morts qui surgissaient de l'*étang puant*...

Jean pense aussitôt au *Roi noir*.

— Elle a parlé... s'entête-t-il.

— Quelques mots avant de se taire à nouveau. Mais ce n'est pas tout...

— Quoi encore ?

— Elle ne voit plus. Elle est aveugle... Ce matin, je lui ai tendu du pain. Elle n'a rien fait pour le prendre, mais cherchait d'où venait ma voix... Alors, j'ai passé mes mains devant ses yeux...

Depuis, Marguerite est prostrée. Est-ce parce que le diable est de retour ? Et qu'elle ne veut pas le voir... Jean s'efforce de chasser ses idées sombres. Seul le hasard est responsable.

— Je monte.

— Non, elle dort... Raconte-moi plutôt ce que tu as fait tout ce temps.

— Veux-tu entendre une bonne nouvelle ? dit-il en se forçant à être joyeux car, dans un instant, le mensonge entrera dans cette maison.

— Tu es seul, Conwoion n'est pas là ?

— Il est resté à Saint-Val.

C'est faux. Premier mensonge. Conwoion est reparti en Espagne.

— Dans quinze jours, je retourne là-bas. Et...

— Dis-moi vite !

— Mon projet est accepté ! Attends la suite, c'est moi qui m'occuperai du chantier avec un bâtisseur espagnol...

Amandine fronce les sourcils.

— Est-il sérieux, ce Don de... (elle cherche). Ah, c'est comme avec Monsieur de La Reynie, je ne m'en souvenais plus... Don de La Fragua, c'est ça ?

— La Reynie... Mais pourquoi parles-tu de lui ?

— Le lieutenant de police était à Versailles, bloqué comme toi et nous tous avec cette neige. Alors, il est gentiment passé nous rendre visite, regrettant de ne pas l'avoir fait avant.

— Il vient comme ça, après tant d'années, lâche-t-il d'une voix blanche.

— Il aurait été heureux de te rencontrer. Mais je lui ai expliqué que tu étais parti chercher la fortune... Tu penses bien que ça l'a amusé.

— La fortune, oui... déglutit Jean. Et tu lui as dit où ?

— Bien sûr, à Saint-Val. Mais raconte-moi, au lieu de rester bouche bée. C'est vrai, Conwoion ne mentait pas ?

Le *Roi noir* est de retour, songe Jean. Peut-il encore le chasser ? Peut-il encore reculer, renoncer, abandonner ? Il craint tant d'avoir ajouté une ombre à celles qui hantent le clan Pontgallet.

Chapitre 51

L'ARGENT PEUT-IL tout ? Jean a fini par le croire. Delaforge veut, et tout se produit. Ainsi, le recrutement des hommes pour le chantier s'est fait aisément. Il est vrai que Jean disposait d'un argument de poids : le montant exceptionnel des gages. Quand un manœuvre gagne deux cents livres par an à Versailles et qu'on lui en propose cent de plus à Saint-Val, la fidélité se délite. Ce sont d'anciens laboureurs, des paysans que la faim a chassés de leurs terres, des soldats sans guerre, parfois même des *Sans Aveux* venus gagner le plus vite possible de quoi repartir. Leur credo est la poignée de livres qu'ils reçoivent à la fin de la semaine, sans retard ni soupir. Et depuis six mois, c'est ainsi.

Fernando Aixéres a les allures d'un général. Chaque matin, il réunit les hommes en demi-cercle. De sa voix rocailleuse où pointe l'accent de Séville, il demande s'il y a des malades, si l'un d'eux s'est blessé, si la soupe de la veille fut bonne. Versailles n'a pas ce genre d'attentions. À Saint-Val, les repas sont gratuits et il existe une infirmerie.

— Alors, tout va bien ! hurle Aixéres.

Et devant lui, la vague solide grogne que oui.

Il est six heures. Le ciel est bleu. Il fait beau. Les quatre chefs d'équipe désignés par l'Espagnol savent ce qu'ils doivent entreprendre. Chaque soir, Aixéres les réunit après le travail. Ils discutent de ce qui ne va pas, décident ensemble du programme du lendemain. Le samedi midi, c'est le même programme : un bilan de la semaine et la programmation de la suivante. Puis ils toucheront la paye qu'ils distribueront eux-mêmes à ceux de leur équipe. C'est encore une idée nouvelle. Ainsi, les chefs auraient plus d'autorité sur la troupe. Fernando a mis à disposition un coffre où l'argent de tous est gardé. Chacun agit comme il veut, mais depuis le premier jour, il n'y a pas eu un seul vol. Le dimanche, certains prennent la route pour retourner à Versailles où il y a des tavernes et des filles. Ils causent, racontent Saint-Val. Le lundi, des dizaines d'émules viennent pour se faire embaucher. Fernando Aixéres répond qu'il n'a besoin de personne pour le moment car il n'y a aucune désertion et peu de malades ou de blessés. Mais si, d'aventure, il manquait de bras, c'est sûr qu'il irait les chercher sur le chantier royal.

*

Mi-septembre 1681, Saint-Val est au milieu du gué. C'est le moment délicat où tout est détruit et rien n'est reconstruit. Il est impossible de revenir en arrière. Il faut oublier le champ de ruines, avancer, ne penser qu'au résultat final. Il se voit sur les plans de Jean Le Faillon que Fernando a fait agrandir et qu'il expose tels des tableaux dans le vestibule afin que tous sachent où ils vont et pourquoi ils travaillent. Le lundi 15, on attaque la maçonnerie : fenêtres et murs intérieurs. Jean est là. Il arpente les anciens salons, surveille la toise, décide de déplacer une cloison d'un pied afin d'élargir la galerie centrale qui sera créée. Fernando est du même avis. *Excelente !* Il cligne de l'œil, tape sur l'épaule du créateur de Saint-Val. C'est ainsi depuis leur rencontre. Les deux s'entendent à merveille. Pas une fois, Fernando n'a abaissé le Français parce qu'il hésitait ou manquait d'expérience. S'il n'est pas d'accord, il le dira en tête à tête, s'excusant presque d'avoir raison *à cause* de son âge. Jean a pris confiance, procède avec assurance et, peu à peu, a fini par croire que ce rêve était possible.

Ce matin encore, un nouvel obstacle vient de s'effacer. Pierre Lobiot et quatre peintres apprentis les rejoignent afin de renforcer les équipes.

Le prometteur second de Le Brun a lâché Versailles.

*

Jean l'avait revu après son retour de Saint-Val. Son ami naviguait entre Paris et Versailles, tantôt sur le chantier, tantôt à l'atelier mais depuis avril dernier, il demeurait le plus souvent dans la ville royale. Les liens s'étaient reformés. Ils se voyaient souvent. Et l'enthousiasme semblait avoir changé de camp. Jean se plaignait. La galerie des Glaces l'épuisait et il n'était pas le seul. Chaque matin, tous levaient la tête, espérant un miracle… Au cours de la nuit, une main invisible et divine avait recouvert de tableaux le chemin céleste qui menait du salon de la Paix à celui de la Guerre… Et le roi appréciait. Hélas, la vérité était cruelle. Ils en avaient pour des mois, des années. L'œuvre d'une vie qui ne s'harmonisait pas avec la fougue de Pierre : printemps, été, automne à suivre… Et combien de fois encore ? Il ne s'y voyait pas, coincé dans le même lieu, noyé dans un groupe dont chaque décision était pesée, discutée, critiquée, de peur de subir la sentence royale.

— Toi, pardi ! Tu as réussi… Te voilà enfin heureux…

Jean souffrait du mal inverse. Lui aurait aimé travailler en équipe, se désolait d'être seul. Se faisant plus précis, il annonça bientôt à Pierre, en le regardant en coin que, sans lui, il n'aboutirait pas. D'ailleurs, s'il en était là, c'était de sa faute. Qui l'avait poussé à se mesurer à ce projet ? Qui lui avait soutenu qu'il y arriverait ?

Il regardait sa main.

— Des plans, des esquisses, je peux encore… Mais, dans quelque temps, il faudra dessiner les plafonds du rez-de-chaussée. Puis les peindre. J'ai besoin de quelqu'un qui dirige et corrige.

— As-tu un thème ? s'intéressait Pierre.

— Le… L'Espagnol, Don de La Fragua, désire quelque chose autour de l'océan. Ses navires se rendent au Mexique où il possède des mines d'argent. J'ai bien un projet qui d'ailleurs reprend en partie ce que nous avions travaillé ensemble…

— Montre-moi, avait cédé Pierre Lobiot.

— Voilà : un grand salon… Dix toises de long et cinq de large[1].

— En effet, des allures de galerie… Je me souviens maintenant.

— Plus deux autres salons sur les côtés. Sans compter le vestibule.

— As-tu conservé les caissons ?

— Plutôt une succession de tableaux…

— Le gaillard copie la galerie des Glaces… s'amusait Pierre. Fouquet a voulu égaler le roi et tu connais la suite. Il fut arrêté[2], jugé, emprisonné et son château de Vaux-le-Vicomte fut pillé jusqu'au dernier carreau de marbre… Ton mécène serait-il aussi riche que ce célèbre paria ?

— Je sais qu'il paye bien, répondit prudemment Jean.

— Invisible, fortuné… Espagnol de surcroît. Voilà qui sent le mystère.

— J'ai compris, tu renonces…

— Bien au contraire, mon ami ! Enfin, un peu d'aventure. La pompe de Versailles m'ennuie et je n'ai pas vraiment de quoi m'exprimer. Tout est cadré, scrupuleusement dédié à

1. Environ 20 mètres de long sur 10 de large.
2. Cf. note 3 p. 244.

la gloire de Louis XIV. Un pas de travers – non, un geste de César qui ne plaît pas à son *alter ego* – et te voilà brimé. À Saint-Val, aurait-on un peu plus de liberté ?

— Rien n'est interdit.

— Tu es certain ?

— Comme si je travaillais pour moi…

— Bien. As-tu creusé le thème des océans ?

Jean déplia un dernier dessin :

— Neptune pour la mer et Vulcain pour la mine. L'eau et le feu.

Ce n'était qu'un brouillon, mais l'ensemble faisait forte impression. Le feu jaillissait des abysses, accompagné des Titans de l'Antiquité. Plus loin, au cours d'un formidable combat, des navires abordaient un monstre marin tentaculaire. Sur terre, les mines de Zacatecas flamboyaient car Vulcain fendait la montagne en deux d'un furieux coup de glaive, libérant une manne incandescente et argentée qui descendait jusqu'à la mer et faisait la fortune de Don de La Fragua.

— Intéressant, sourit Pierre. À Rome, tu ne rougirais pas de honte. Et c'est mieux que de creuser un canal au bord de la Seine…

— Tu m'aideras ?

— Il faudra au moins quatre peintres. On les trouvera chez Le Brun. Il sera furieux. Le chantier de la galerie des Glaces est déjà très en retard.

— Donc, tu acceptes ?

— Me vois-tu peindre Mars toute ma vie ? La folie de Barroubas, vêtu en Hercule, me manquait. J'achète la tienne…

— Et Paris ? Et Rome ?

— La vie est longue. Il faut vivre chaque aventure l'une après l'autre…

— Tu seras très bien payé… Combien veux-tu ? Dis-moi ! Vas-y !

— Tu feras au mieux... J'en suis certain.

Pierre s'était vu offrir quinze mille livres. Dix fois ce qu'il gagnait chez Le Brun. Mais l'argent ne comptait pas. Il retrouvait Jean – et peut-être aussi Amandine.

Ce matin, donc, Pierre présentera les premiers tableaux marouflés du futur grand salon. Le thème de Neptune a été particulièrement travaillé. Jean est certain du résultat. Il sera bon. Il a vu les premières recherches, a même travaillé sur la version finale de l'un d'eux car, depuis un mois, sa main a recouvré une partie de son agilité.

*

Un homme à cheval, arrivant de Cadix, s'était présenté à Saint-Val en juin 1681 muni d'une lettre cachetée par le sceau de Toussaint Delaforge. Le signe que tout allait bien. En français, Don de La Fragua remerciait Jean des bonnes nouvelles reçues précédemment et se disait impatient de voir le résultat final. Il partait pour le Mexique et ne reviendrait qu'à la fin de l'automne. Peut-être se déciderait-il ensuite à se rendre en France – *si aucun obstacle ne se présentait.* Il donnait son accord pour les thèmes choisis pour la décoration des plafonds – *libre cours au créateur œuvrant comme s'il s'agissait de sa propre demeure.* Il lui tardait de revenir, espérant enfin faire la connaissance de cette épouse que Jean décrivait avec passion – *Saint-Val a besoin de grâce et de beauté pour vivre.* Et voyait avec plaisir que les délais seraient tenus – *comme l'a confirmé Fernando Aixéres.* Puis, il en venait à ce curieux personnage qui avait servi de messager.

*

Il s'appelait Youssouf al-Mansûr ben Ibrâhim dans sa forme réduite car le nom complet mentionnait également le surnom et l'origine. Al-Mansûr était son nom honorifique : le Vainqueur. Il lui venait de son génie : ce très grand médecin sauvait des vies. Il opérait et guérissait. *Si votre main peut retrouver son agilité, il y parviendra. Je sais combien je lui dois*, prétendait Delaforge qui avait donc tenu parole. Il envoyait Al-Mansûr, celui qui vainquait la mort.

Vêtu d'un burnous blanc immaculé, un manteau sans manches orné d'une capuche, Youssouf ne lâchait pas une épaisse sacoche qui contenait tout son savoir. Le reste de ses bagages se résumait à un modeste sac de cuir.

Il sourit à Jean et s'inclina :

— Avec l'aide de Dieu, je peux vous aider, dit-il en français.

— Avez-vous faim, soif ?

— De l'eau me suffira… Où pourrions-nous nous isoler ? demanda-t-il sans attendre.

— Dans ma chambre. C'est un peu austère à cause des travaux. Nous logeons dans les communs. Mais la pièce est propre.

Tout semblait lui aller, même la paillasse. Il saisit la cruche posée sur une table, grimaça en découvrant la qualité de l'eau, chercha un linge propre…

— Approchez-vous, dit-il après s'être lavé et essuyé les mains.

Il s'empara de celle de Jean et l'examina longuement. L'annulaire et l'index étaient raides, les articulations bloquées dès la première phalange.

— Il faut ouvrir profondément, puis recoudre les tendons.

Jean recula brusquement d'un pas.

*

— Don de La Fragua m'avait prévenu, sourit Youssouf al-Mansûr ben Ibrâhim. Le plus dur serait de vous convaincre.

— M'ouvrir la main ? bredouilla Jean.

— Vous ne souffrirez pas.

— C'est impossible…

— De ce côté-ci de la Méditerranée, oui… Chez moi, nous endormons le cerveau car la douleur passe par lui.

Toutes ces choses échappaient à Jean.

— Au premier cri, je vous promets d'arrêter.

— Quelle est votre magie ? marmotta son patient.

Le médecin sortit une fiole emplie de carrés de pâtes de couleur sombre :

— Un excellent gâteau… Nous l'appelons loukoum. Mais ceux-ci sont un peu particuliers. Ils sont parfumés au cannabis…

De quoi parlait cet homme et quel était le sens de ces mots étranges ?

— C'est une plante appelée aussi chanvre avec laquelle on obtient le haschisch.

Qu'était-ce encore ?

— Ne vous souciez de rien, sourit le médecin. Nous maîtrisons ses mérites depuis des millénaires, même si c'est aussi un poison. Mais, dans votre pays, vous avez l'antimoine, je crois. Bien employé, le remède sauve. Et dans le cas contraire, il vous met en péril. Tout est question de dosage.

Il prit un morceau de cette étrange composition et le tendit à son patient :

— Vous devrez l'avaler.

C'était en effet une sorte de pâte molle à l'odeur entêtante.

— Ensuite, vous ne sentirez rien.

— Et si je vous dis : stop ! Vous renoncerez ?

Il ne voyait pas comment faire autrement pour renvoyer l'envoyé de Delaforge qui avait fait un long voyage. Un cri, il était déjà prêt à le pousser…

— Je vous le promets.

— À cette condition, soupira-t-il, je suis d'accord.

— Alors, ne tardons pas…

— Que… que voulez-vous dire ?

Youssouf al-Mansûr ben Ibrâhim déballait son attirail d'objets coupants.

— Ne dit-on pas chez vous qu'il faut battre le fer quand il est chaud ?

Celui qu'il tenait en main était aiguisé, pointu et, malgré la pénombre, la lame brillait dans la lueur de la bougie.

*

Sous la paume, se dessinaient les tendons fléchisseurs… Jean avait les yeux grands ouverts. Le stylet entrait dans la peau, fendait le cuir sans faillir. On procédait ainsi pour désosser la volaille. Mais celle-ci était morte… Le sang coulait, Youssouf épongeait avec un linge trempé dans l'eau bouillante. Jean ne sentait aucune douleur. Il flottait entre deux rives. Youssouf parlait calmement. En se rompant, expliquait-il, les deux morceaux du tendon se recroquevillaient sur eux-mêmes comme une corde trop tendue. Il allait donc les déplier et les recoudre. Oui, Jean ne ressentait aucune souffrance. Mais en voyant la lame entrer profondément et tailler dans la chair jusqu'au poignet, il se sentit perdre connaissance.

— L'effet du haschisch entendit-il expliquer Youssouf avant de s'envoler au paradis.

Le lendemain matin, il émergea et fut bien obligé d'admettre qu'il ne ressentait rien. Sa main et son avant-bras étaient bandés. Du sang colorait le linge. Youssouf était à ses côtés. Il avait dormi sur le sol. La pièce était propre et lavée. Jean voulut lever le poignet.

— Pas encore. Il faut que la cicatrice tienne. Pensez à une bouture. Si fragile qu'au premier coup de vent…

— Suis-je guéri ?

Il s'exprimait lentement, comme si sa langue avait grossi et collait au palais.

— Il faut attendre, répondit Youssouf en lui tendant un autre morceau de cette pâte miraculeuse [1]. Mâchez et avalez.

Et Jean rejoignit Morphée, dieu des songes prophétiques.

*

Chaque matin, chaque soir, Youssouf changeait le pansement. Il lavait le linge, le séchait, le pliait. Puis, il examinait la plaie avant de la couvrir d'une pommade grasse aux senteurs inconnues et entêtantes. Pour trouver les tendons, il avait dû ouvrir bien au-dessus du poignet, à mi-chemin du coude. La cicatrice était impressionnante. Jean se répétait que, pour bien moins que ça, on mourait dans des fièvres terribles. Mais il n'y avait ni pus ni sale odeur, prémices de la gangrène, aucune infection. Son bras n'était pas chaud. Au quatrième jour, Jean devint impatient. Il voulait se lever, aller sur le chantier. C'était bon signe, mais imprudent. Fernando Aixéres se montra et le rassura. Tout avançait au bon rythme. Il se tourna vers le médecin et lui parla en espagnol. L'autre lui répondit pareillement. Ils semblaient proches et amis.

— Ne t'inquiète de rien, Jean, Youssouf m'assure que tu récupères très vite.

— Peux-tu lui faire confiance ? chuchota-t-il alors que le médecin sortait pour laver les linges souillés.

Aixéres s'approcha, se défit de sa veste et de sa chemise. Une cicatrice terrible barrait son torse.

---

1. Il existait aussi l'opium. La médecine arabe, particulièrement développée depuis le Moyen Âge en pharmacologie, avait un temps d'avance. En 1688, on signale en Europe l'existence du magistère d'opium, déjà consommé chez les Égyptiens, les Grecs, les Romains.

— J'étais sur un échafaudage. J'ai glissé. En bas, il y avait une fourche. Elle est entrée ici, sortie là, dit-il en tournant le dos. Youssouf al-Mansûr ben Ibrâhim m'a sauvé.

Ce dernier venait d'apparaître et observait la scène d'un air amusé.

— *Bonito chirio*[1]...

L'Espagnol salua à la manière des grands d'Espagne. On lui répondit par un signe étrange, torsadé de la main, allant du front au poitrail en passant par la bouche (ou inversement tant ce fut rapide) dont Jean ignorait le sens.

— Depuis, reprit Aixéres en s'adressant à Jean, tu ne verras jamais traîner un outil sur un de mes chantiers... Allez, repose-toi. Dans trois jours, tu seras d'attaque.

En sortant, il se retourna sur le pas de la porte :

— J'étais au courant. La Fragua m'avait annoncé par écrit la venue de Youssouf. Je ne t'en ai pas parlé parce que tu aurais refusé.

Il éclata de rire :

— *Adiós !*

Il s'exclamait de bon cœur, la bouche grande ouverte, montrant sa mâchoire de géant qui coupait en deux la forêt de poils bruns lui servant de barbe.

*

Al-Mansûr repartit en Espagne fin juillet. Jean pouvait plier ses doigts. Au moment du départ, son sauveur avait prodigué ses derniers conseils. Il fallait procéder avec calme et sagesse. Ne pas forcer le destin.

Et ne pas le remercier lui, mais Allah.

— Utilisez cet onguent pendant un mois. Écrivez à Don de La Fragua si vos doigts se figent à nouveau.

---

1. Jolie estafilade.

— Puis-je au moins peindre ?

— Votre art reviendra. *As-salâm 'aleïkoum*, le salua-t-il en lui serrant la main droite.

Il monta sur son cheval, lâcha la bride. Le pur-sang, frustré de longues galopades, s'échappa par la grande allée de Saint-Val.

*

Depuis, Jean s'est remis au travail. Il dessine et peint pour son plaisir le dimanche lorsqu'il rentre à Versailles retrouver Amandine, émerveillée de voir que la main de Jean est revenu *comme avant*. Et combien cette renaissance ressemble en effet pour elle à un conte *merveilleux*. Don de La Fragua, cet homme bon, a envoyé son propre médecin et, sans le connaître, elle s'y attache, pour le bienfait qu'il prodigue à Jean et donc à elle. Parce que les heures à Versailles sont désormais trop courtes, c'est elle qui se rend à Saint-Val, s'échappant une journée, si Marguerite lui en laisse le temps. Une voisine veille. Mais partir, c'est comme l'abandonner. Le souvenir d'Anne et de son maquereau la violentant pour lui arracher sa fortune est gravé à jamais. Pourtant, Amandine aime venir dans ce domaine. Elle raconte à Jean qu'elle s'y sent merveilleusement bien… Et Jean se tait. Ils dorment dans les communs, s'aiment, se chamaillent, s'aiment encore et, quand l'aube vient, Jean attrape ses pinceaux, ses couleurs, une toile blanche. Il attaque un nouveau tableau de sa bien-aimée. Et sa main lui obéit.

Le diable est bien loin. Il n'est pas ici. En six mois, la raison a parlé, le bonheur se montre. Ce 15 septembre, les marbriers taillent les cheminées dans la cour. Le père Le Faillon y a même mis du sien. Jean lui a demandé son avis. Quels marbres choisir, à qui confier le travail, comment négocier les prix ? Jean a essuyé un refus. Pas question !

Le Faillon, c'était fini. Son fils est revenu à la charge. Peu à peu, le vieux s'est laissé convaincre. Un œil sur les dessins, un mot pour dire que ce n'était pas mal.

— Mais tu peux faire mieux… Donne-moi ta mine.

La coupe s'affinait. Du fond de son fauteuil, Le Faillon revivait.

*

— Jean !

Pierre Lobiot vient d'arriver, entouré de ses quatre apprentis, intimidés et empotés.

— Sortez les tableaux et posez-les délicatement dans le grand salon. Et si je vois, ne serait-ce qu'une griffure, je donne cent coups de fouet à l'un de vous en le choisissant au hasard !

Il se tourne chez Jean et cligne des yeux.

— Ces idiots m'en croient capable, chuchote-t-il en embrassant son ami.

Tout va vraiment bien. Alors pourquoi Pierre Lobiot semble-t-il inquiet ?

— Ton chantier fait de l'ombre à Versailles…

Chapitre 52

EST-IL DIEU possible qu'on se loge un jour dans ce château inachevé et glacial ? Au mois de février 1682, il gèle à l'intérieur.

Les désordres de la nature comptent pour beaucoup. Chaque année, il fait de plus en plus froid – et de plus en plus longtemps. Depuis fin novembre, le chantier tourne au ralenti. Inutile de vouloir peindre ou de gâcher le plâtre et le mortier de chaux grasse. Tout liquide reste glace. Colbert, Le Brun et Hardouin-Mansart constatent les dégâts.

Voici réuni le triumvirat sur lequel s'appuie Louis XIV. Trois pointes d'un même triangle. Le surintendant, le peintre et l'architecte, encore que pour le second les fonctions aillent au-delà. Sculptures, décorations, mobilier, mais aussi les tapisseries, puisqu'il dirige la manufacture royale des Gobelins, sont entre ses mains. Il dispose de centaines des meilleurs artisans et de moyens quasi illimités – même si Colbert veille. Plus important, il a la confiance du roi.

Eux trois pourraient renverser des montagnes, rebâtir Babylone, humilier Pharaon. Et les voilà stoppés par les éléments.

*

— Il n'y a pas que ça, s'agace Hardouin-Mansart.

— Quoi d'autre ? l'interroge Colbert qui trie dès à présent ce qu'il dira au roi et la façon de le présenter afin que bonne mesure soit faite entre ce qui est de sa responsabilité et ce qui dépend des autres…

L'architecte hésite.

— Le Brun, allez-y…

Charles se dévoue. Il sait *Le Nord* redoutable lorsqu'il s'agit de négocier les deniers de la Couronne, mais une longue habitude les unit. Depuis combien de temps se connaissent-ils ? Le peintre renonce. Ce serait lui rappeler qu'il a dépassé les soixante ans…

— Nous manquons d'hommes.

— Pardon ?

Colbert a tout en tête. Les gages annuels de l'employé (360 livres), du commis aux marbres (3 600 livres – trop cher !), du dessinateur (720 livres), du toiseur (1 080 livres), ainsi de suite jusqu'au premier peintre et lui-même (40 000 livres – chacun selon ce qui lui est dû…). Une troupe, somme toute pléthorique, chargée de contrôler les milliers de manœuvres, de bardeurs, de piqueurs, de Limousins, de charpentiers, de tailleurs de pierre, de plombiers, de menuisiers… recrutés par des dizaines de maîtres bâtisseurs. Avant ce fichu hiver, tout ce monde était là, à un jet de pierre du salon de la Paix (en chantier) où les trois sont aujourd'hui réunis. L'été dernier, et jusqu'à la Saint-Martin, du levant au couchant, Colbert a vu, à chaque visite, la cohorte des godillots marchant en rangs d'oignons, l'outil à l'épaule, et creusant, clouant, sciant, badigeonnant, scellant les moellons pour bâtir. Il a calculé combien de convois sillonnaient nuit et jour, sans relâche ni fin, la route des Chantiers : plus de mille… En repartant, son carrosse a traversé les villages de tentes où s'entassent les goujats comme l'armée prête à engager le combat, et se serrant les coudes, et se donnant du courage, braillant autour des braseros embrasant le ciel. Il se souvient du tintamarre des gueulards entassés dans des baraquements sordides, appelés pudiquement hôtels de Limoges. Et il pourrait parler de l'armée venue au secours des forçats, des blessés et des morts par centaines, et du coût phénoménal de tout cela...

— Et vous en réclamez encore ?

Colbert sait que l'on a ratissé les environs, réquisitionné les laboureurs arrachés à leurs terres. Il n'y a plus de chair, plus de sang à prendre par ici, seules les larmes des suppliciés, pour que vive enfin Versailles.

*

Hardouin-Mansart se veut objectif. Il liste les travaux qui sont engagés, de quoi avoir le tournis : construction des ailes des ministres (livraison en 1682), édification de l'aile du Midi (même année), réalisation des décors de la galerie des Glaces (date très incertaine). Sans compter les annexes, les communs, tout l'empilement de détails généré par l'installation à Versailles car c'est fait, Louis XIV a décidé. Ce sera en mai, dans trois mois, un peu moins puisque février est largement entamé.

— La galerie, insiste Colbert, donnez-moi quelque chose de plus précis !

— Finie ou montrable ? tente de négocier le pauvre Charles Le Brun.

— Ne jouez pas les tatillons. Quand la Cour pourra-t-elle admirer vos... chefs-d'œuvre ?

Le ton n'est-il pas un peu narquois ? Cette fois, c'en est trop.

— Si le roi ne change pas d'avis, trois ans pour la galerie et cinq ou six pour les salons de la Guerre et de la Paix...

— Enfin quoi, s'époumone *Le Nord*, voyez-vous ces dames de la cour soulever leurs robes et pester parce que leurs pieds se tordent dans les gravats !

Il songe à l'étiquette, compare avec le Louvre où l'apparat de la monarchie règne depuis des siècles. Versailles ? Poussière et désordre. Une folie. Les cyniques ne manqueront pas de railler les oripeaux du Roi-Soleil.

— Que faut-il pour… sauver la face ? se désespère Colbert.

— Premièrement, mater plus durement les cabales.

Jules Hardouin-Mansart parle des soubresauts de révolte agitant les maçons parce qu'ils veulent être mieux payés. À l'automne dernier, ils ont cessé le travail pendant plusieurs jours. Un temps irrécupérable…

— La sédition est interdite depuis 1667, rétorque le surintendant.

— Il ne sert à rien de mettre un soldat derrière chaque goujat, intervient Le Brun.

— Eux-mêmes désertent, raille Jules Hardouin-Mansart. Le fait de leur retailler le nez et les oreilles ou de les marquer de la fleur de lis ne retire rien à leur envie de s'évader. Envoyez-les aux galères ? Ce sera autant de bras perdus. La seule façon de museler la contestation est d'augmenter les gages. Voici donc le deuxièmement.

— De combien ? déglutit Colbert.

— Un bon quart, lance Le Brun en se jetant dans la brèche.

— Que dites-vous là ?

— Et une prime pour le travail du dimanche, ajoute Hardouin-Mansart.

— Est-ce tout ? fulmine Colbert.

— Il faudrait aussi doubler les équipes et, pour qu'elles ne se gênent pas, les répartir entre le jour et la nuit. C'est le troisièmement.

Le surintendant calcule. Embauches, augmentations des gages, primes pour le travail du dimanche et de nuit. Versailles lui a coûté près de six millions de livres l'an passé.

Sans compter les suppléments, il y ajoutera trois millions pour couvrir les frais de la nouvelle campagne.

— À ces conditions, conclut froidement Hardouin-Mansart, il se peut que nous produisions assez d'efforts pour – comment disiez-vous ? – sauver la face.

Le Nord rumine. Quelle est la priorité ? Le roi. Dans trois mois, coûte que coûte, Versailles sera présentable. Plaie d'argent n'est pas mortelle, surtout si le Trésor royal n'en souffre pas. Le conseiller décide que les maîtres bâtisseurs feront les frais des nouvelles dispositions. Ils augmenteront leurs hommes et en engageront d'autres, mais la surintendance ne paiera ces suppléments que l'an prochain. Et ce n'est pas la dernière fois que l'État, solide débiteur, se financera avec l'argent des autres...

*

— Permettez-moi, Messieurs, d'être sceptique, grommelle Colbert car il n'est pas aisé de le faire renoncer au sacro-saint principe de l'économie et de la rigueur. Nous augmentons, certes. Mais s'il n'y pas de bras. Ne disiez-vous pas, qu'à vingt lieues à la ronde, tous étaient pris ? Travailler la nuit, le dimanche, doubler pour cela les équipes... À quoi bon si vous brassez du vent !

— C'est une question de concurrence, s'agace Hardouin-Mansart. Il y a bien des hommes, mais ceux-ci sont engagés sur des chantiers privés.

— Ne gagne-t-on pas la gloire à œuvrer pour le roi ? lance un Colbert grandiloquent, mais ratant d'un pied l'alexandrin.

— On gagne surtout moins, objecte Le Brun. Voilà pourquoi tous filent ailleurs. L'été dernier, je me suis fait... chaparder mes meilleurs éléments. Un peintre de grande valeur – Pierre Lobiot, le fils de ce conseiller du parlement de Paris que vous appréciez, je crois – et quatre excellents apprentis.

— Qui donc a séduit mieux que l'honneur de servir le roi ?

— En l'espèce, un Espagnol. Il vient d'acquérir le domaine de Saint-Val. Et l'on dit qu'il y dépense sans compter. Mais ce n'est pas un cas isolé…

Le peintre se tourne vers Hardouin-Mansart :

— Pour qui d'autre que le roi vendez-vous en ce moment votre art ? lance-t-il perfidement. Le maréchal de Bellefonds, je crois (il le sait parfaitement), le duc de Créquy, le comte de Soissons. Qui encore ? Le duc de Bouillon, me semble-t-il…

Colbert soupire. L'architecte est insatiable. Lui-même agit contre les intérêts du roi en mobilisant ces talents qui manquent au château.

— Je n'y peux rien, plaide Hardouin-Mansart. Paris bruisse à propos de l'installation de la Cour à Versailles. Les courtisans veulent à tout prix leurs hôtels car tout le monde ne nichera pas au château. Ai-je besoin de vous rappeler que les… logements sont exigus, incommodes (et encore, il n'ose parler des rats) ? Une pièce et un comble pour les serviteurs… Si Versailles veut être un succès, il faut aussi que les sujets s'y plaisent. Alors, oui, je construis. Pour le service du roi…

Il fronce les sourcils, penche la tête en avant :

— Mais je ne suis pas seul responsable et ne croque pas tout Versailles. Même les maçons s'y mettent…

Le Brun lui a donné l'occasion de détourner l'attention sur d'autres que lui.

— Charles parlait à l'instant de l'Espagnol de Saint-Val.

— Saint-Val, répète Colbert pour s'en souvenir.

— Plus de trente maçons et Limousins besognent là-bas. Même ceux que l'on croyait finis se réveillent. L'entreprise Pontgallet a miraculeusement récupéré ce contrat et, tenez-vous bien, c'est le fils d'un compagnon, Le Faillon, qui y tient le poste d'architecte. Un gamin qui, hier, n'était qu'apprenti...

— Regrettez-vous de ne pas vous être saisi également de cette affaire ? raille Le Brun.

— Allons ! s'emporte l'architecte. J'en parle afin que l'on comprenne à quelle pression nous sommes soumis. Il n'y a plus un homme de disponible, du goujat au compagnon, tous sont à l'œuvre, et voilà que n'importe qui se prétend architecte...

— Donc, pour les faire revenir au roi, il faudrait les augmenter, conclut le surintendant qui veut mettre fin à la querelle entre le peintre et l'architecte.

Il secoue la tête. Un problème de plus... Et La Reynie qui l'attend... Il faut conclure l'Affaire des Poisons et Colbert lui-même n'est pas à la fête. Le bruit court : il aurait fricoté avec les devineresses. Rumeur, odieuse accusation... Assez ! Mais parviendra-t-il à convaincre le roi de tourner la page en mettant fin à la Chambre ardente ?

— Messieurs, clame-t-il, je creuserais moi-même avec mes mains si cela suffisait pour sauver Versailles...

— À vrai dire, puiser dans le Trésor royal me semble une meilleure idée.

Le Brun et Colbert se regardent. L'œil s'allume. La complicité existe. Nous y arriverons ? interroge en silence le surintendant. Et le peintre répond par un sourire. Car c'est ainsi depuis vingt ans pour ces faiseurs de miracle.

Chapitre 53

LE MENSONGE mine le fils Le Faillon. Ce n'est pas simple de garder secret pour qui et pourquoi il travaille à Saint-Val. Il l'écrit dans les lettres adressées à Toussaint qui, en retour, le presse de rester confiant. La fin (heureuse) viendra en mai puisque les travaux seront achevés comme prévu. Trois mois, puis deux à attendre car avril se profile. Bientôt, il sera donc libéré de sa charge ; *elle* et lui posséderont le domaine.

Par prudence, Delaforge ne cite jamais Amandine et, si la plume le démange, il trace un joli A suivi de trois points et termine ces lettres comme cela : *donnez-moi des nouvelles d'A…*

Lui aussi est impatient.

Des liens intimes, étranges, sont nés entre ces deux hommes. L'amitié, c'est un peu trop, mais le respect, l'attention, il n'y pas de doute. Jean n'hésite plus à parler de sa lassitude, du poids qu'il porte, de la peur de se trahir. Don de La Fragua l'encourage, lui renouvelle sans cesse sa confiance. *Vous offrirez bientôt le plus beau des cadeaux à A… Répétez-vous que tout ce que vous faites est pour elle, je ne me suis pas trompé. Vous seul pouviez réussir.*

Il le sait pour avoir *surmonté des épreuves formidables.* Il ne le prétend pas pour se vanter, mais dans l'espoir de ramener Jean à la raison qui, selon lui, ne craint rien, ne court nul danger. *Vous a-t-on déjà demandé si le propriétaire de Saint-Val était un autre que La Fragua ?* Non. *Donc, vous ne trompez personne.* Ainsi, omettre ne serait pas mentir… Nuance subtile que ne nierait pas le jésuite Calmés ! Puis il s'enthousiasme lorsque Jean lui annonce que la guérison progresse. *La main que l'on perd, j'en mesure la douleur chaque jour. Elle me rappelle d'où je viens.* Et il se raconte. Quelqu'un devrait être dépositaire de sa vie. *Voilà que je cède à la mélancolie. Annoncez-moi plutôt que je pourrai vous rejoindre en mai sans nous mettre en danger. Votre dévoué, La Fragua.*

Ces lettres s'entassent au fil des mois dans une vieille boîte de peinture que Jean cache à Saint-Val. Il les garde pour A… Pour plus tard ; quand elle prendra possession du domaine et, chose faite, que le *Roi noir* s'en retournera à Cadix. Cette histoire qui s'écrit peu à peu et qu'il cache, c'est une façon d'accepter de vivre avec ses mensonges. De les justifier plus tard.

*

— Que feras-tu après ? lui demande Pierre.

Ils sont à Saint-Val. Avril débute. La décoration est terminée, le soleil entre par les grandes portes-fenêtres remplaçant les ouvertures maigrelettes d'autrefois. Au plafond, Vulcain, armé d'un glaive monumental, semble jaillir du tableau. Sa présence est si forte qu'il pourrait se jeter sur l'intrus venant de passer la porte. Neptune n'est pas en reste. Accompagné des Titans, il protège *La Furieuse*, une gabare rapportant l'or et l'argent de Don de La Fragua.

— Et si tu décidais de te rendre à Rome ? Architecte et peintre… Vois-tu vers quel destin tu te dirigerais ?

Dehors, l'infatigable Fernando Aixéres dirige les travaux de pavage de la cour d'honneur. Plus loin, les jardiniers retournent la terre, plantent les derniers arbres encadrant les six bosquets de buis tenant la garde jusqu'à un bassin circulaire dont le centre sera habillé plus tard d'une sculpture rappelant le thème de Neptune et de Vulcain. Tout est prêt, oui. Il est temps d'annoncer à Delaforge qu'il peut venir. Aucune menace, aucun danger… Pas une fois, un indiscret n'a franchi les grilles forgées de Saint-Val qui gardent l'entrée.

— Alors, que décideras-tu ?

Pierre tire son ami de ses rêveries.

— Je vais peindre, annonce-t-il en pliant prudemment les doigts de sa main droite.

— Tu resteras à Versailles ?

Répondre oui serait mentir.

— Et toi ? se défile-t-il.

— Si j'oublie Rome, Le Brun me reprendra aussitôt. Il n'a pas le choix. Il manque de talents, et le mien est si…

— Tais-toi ! L'orgueil t'étouffera un jour…

— Et ça ! dit-il en pointant un doigt vers les plafonds du grand salon. Je me demande si je ne vais pas le faire venir ici pour lui montrer à qui il a affaire.

Jean se tend. Pierre est capable de tout.

— Mais réponds-moi à la fin, s'entête Lobiot. Quel est ton projet ?

— D'abord écrire à Don de La Fragua pour l'inviter à visiter Saint-Val…

— Ce n'est pas trop tôt. Quel étrange type. Si Fernando Aixéres n'était pas là, je finirais par croire que son maître n'existe pas. Toi, tu l'as vu. Comment est-il ? Tu en parles si peu…

— En quatre jours, hausse-t-il les épaules, il est difficile de se faire une opinion. Et puis quoi, peu importe qui il est. L'argent n'a pas manqué, j'ai obtenu son accord sans rechigner et nous avons été royalement payés.

— Royalement… Tu veux dire beaucoup mieux. Je peux t'assurer que ça grince à Versailles.

Pierre éclate de rire :

— Hardouin-Mansart est furieux ! Il ne sait comment s'en sortir. Le roi ne variera pas d'un iota. Qu'il pleuve ou qu'il vente, il s'installera à Versailles le mois prochain.

Jean n'ignore pas que l'on parle de Saint-Val. La jalousie s'y mêle. Le Faillon fait des envieux. Et c'est aussi cela qui le tend. Il faut que tout cesse…

— Pardonne-moi, rompt-il brusquement. Je dois écrire à La Fragua.

— J'ai hâte de le rencontrer… Je ne bougerai pas de Versailles avant.

— Tu dormiras chez nous ? s'inquiète un Jean de plus en plus mal à l'aise.

— Je préfère l'agréable refuge de Violaine, une charmante servante qui balance les hanches au *Dauphin*, l'auberge du Parc-aux-Cerfs.

Le souvenir de Violaine le fait soupirer.

— Rentres-tu avec moi ?

— Non, s'agace Le Faillon. Je te l'ai dit. Je dois écrire et voir Aixéres.

— Que t'arrive-t-il ? s'étonne Lobiot.

— Rien, rien. La fatigue, les mois qui se suivent… Et j'ai hâte de revoir Amandine.

— Tout va bien, mon ami. Sois rassuré. Saint-Val est une réussite et…

— On se voit à Versailles, coupe Jean.

— Si tu le veux ainsi… N'en parlons plus.

— Pierre, pardonne-moi… Je suis… Et puis, merci pour tout ce que tu as fait. Sans toi…

— Parfois, murmure Pierre, je me demande si tu mérites que je t'aime tant.

*

Jean a écrit une longue lettre à Toussaint Delaforge. Sans le mettre vraiment en garde, il évoque l'arrivée du roi à Versailles. La ville grouillera de soldats et les *mouches* de La Reynie espionneront. Mais, d'un autre côté, tout ce monde-ci sera loin de Saint-Val. Tantôt, il souffle le chaud, tantôt le froid. Il ne sait ce qu'il doit conseiller… Aixéres sera sur place pour accueillir Don de La Fragua. Lui pense qu'il restera à Versailles. Peut-être fera-t-il un saut ou deux à Saint-Val entre-temps ? Début mai, il ne bougera plus pour ne pas éveiller les soupçons. *J'attendrai que Fernando vienne à Versailles m'avertir de votre arrivée,* écrit-il. Reste la question d'Amandine. Cacher plus longtemps la vérité sur Saint-Val serait une trahison. Mais Jean retient sa plume. À quoi bon poser la question puisque Toussaint n'y répondra pas par écrit ? Dès qu'il recevra la lettre, il se mettra en route. Et les dés seront jetés.

Jean se donne quelques jours pour décider seul, mais ses idées se précisent. Il ne laissera pas Amandine totalement dans le noir. Impossible de la soumettre à un face-à-face brutal, découvrant en un éclair qui est vraiment le *Roi noir* et que, depuis toujours, on lui a menti. Même lui. Mais il ne sait comment s'y prendre, ni ce qu'il révélera. Il existe trop d'incertitudes. Et un bon mois avant de découvrir si le rêve tournera au cauchemar.

*

Avant de rentrer à Versailles, il lui reste trois choses à faire. La lettre, il vient de la cacheter avec le sceau du *Roi noir.* Le signe qu'aucun danger réel, palpable, ne pointe. Ensuite, il saluera Aixéres avec qui il s'est entendu à merveille. Encore un mois et l'Espagnol rentrera chez lui. Il lui tarde de parfumer son pain à l'huile d'olive. Et, ici, le ciel est trop bas.

— Tu verras, rit-il de bon cœur, quand tu viendras me voir…

— C'est promis, Fernando, on ne se dira jamais adieu. Et je reviens dans quelques jours.

— Reste le temps qu'il faut auprès de ton épouse. Une femme comme elle, on ne s'en éloigne pas trop loin, ni trop souvent…

À chaque fois qu'Amandine est venue à Saint-Val, Fernando n'a pas eu de mots assez forts pour parler de sa grâce et de sa gentillesse. Il lui a d'ailleurs fait visiter le château de fond en comble.

— Qu'en pensez-vous, Señorita ?

Bien sûr, Amandine était séduite…

— Savez-vous, Monsieur Aixéres, que j'ai toujours rêvé…

Et Jean baissait les yeux…

Mais Amandine y sera, à Saint-Val, et dès aujourd'hui.

Maintenant que Pierre est parti, il peut agir librement. Il monte dans sa chambre, d'une main, attrape le sac dans lequel tiennent ses affaires, y glisse les lettres de Toussaint – pardi ! il allait les oublier – et, de l'autre, il décroche le tableau d'Amandine peint à Saint-Val. Un autre secret. Puis, il dévale l'escalier et, au-dessus de la grande cheminée, fixe le portait. Le trait est sûr, et le camaïeu d'ocre et de rouge marie la beauté au mystère. La main de l'artiste est plus solide que jamais. C'est son cadeau à Don de La Fragua, a-t-il expliqué à Fernando. Et celui-ci semblait ravi. *El señor* appréciera.

Chapitre 54

— DANS L'INTÉRÊT du royaume, il faut que ça cesse.

Colbert a rarement été aussi cassant.

— Monsieur de La Reynie, savez-vous, en réalité, ce que représente l'Affaire des Poisons ?

Le policier tend le nez pour marquer son intérêt, mais, prudemment, il ne répond pas.

— Du bruit, de l'esbroufe, la pagaille à tous les étages. Et qu'en retient-on ?

— Personnellement…

— Je ne parle pas de vous. Ce qui compte, c'est l'opinion, la rue. Et que dit-elle ? C'est Sodome à la Cour ! La crise est morale, bientôt, elle sera politique. La révolte ? Pourquoi pas. Faites-moi encore un hiver comme celui que nous venons de vivre, videz les greniers, faites pourrir le seigle, et ce sera la famine. Il suffit d'un jour sans repas, je dis bien un seul jour sans rien manger, pour jeter le peuple sur le pavé. Ah bien, mais il faut une étincelle pour allumer la mèche. La voici : l'Affaire des Poisons ! Pendant que les miséreux meurent de faim, la Cour se pavane à Versailles, gâche la nourriture, danse, fricote, fréquente le diable…

— Donc ? glisse La Reynie, profitant que *Le Nord* respire pour interrompre sa litanie.

— L'Affaire des Poisons n'est plus celle des devineresses, mais une arme qui salit, déshonore afin de servir des intérêts privés qui agissent contre ceux de la Couronne.

Colbert est en effet lui aussi dans la nasse à cause de cette rumeur racontant que lui-même aurait pris goût au poison. C'est assez pour que ses ennemis, au premier chef François Michel Le Tellier de Louvois, intriguent afin de le voir disparaître. Louvois est le pire. Il lorgne la surintendance des Bâtiments. Il veut la place pour entrer dans l'histoire. L'Affaire des Poisons blesse Colbert, l'affaiblit. La Reynie le sait.

— Je partage votre opinion, débute-t-il prudemment. Certains profitent de cette… encombrante procédure pour tirer les marrons du feu.

— Ils agitent le chiffon rouge, tempête Colbert qui ne baisse pas d'un cran. Alors, bouclez ce dossier, enterrez-le ! Fini ! Qu'on n'en parle plus…

— Je ne suis pas certain. Plus ils accusent, plus ils nuisent au roi, poursuit tranquillement le policier. De sorte qu'un ou deux pourraient recevoir la monnaie de leur pièce. Retour à l'envoyeur… Voyez-vous ?

— Que voulez-vous dire ? peine à s'assagir le surintendant.

— En traitant les… protagonistes de suppôt de Satan, on vise le sommet de l'État. Louis XIV en personne. Ses conseillers et la favorite. Prétendre que Sa Majesté s'entoure sans précaution, n'est-ce pas maladroit ?

— C'est juste, convient Colbert. Il reste que le mieux serait d'étouffer le feu déclenché par la Chambre ardente.

— Seul le roi peut en décider.

— Mais il s'appuiera sur votre recommandation et…

Le visage du lieutenant de police se ferme. Colbert n'en dit pas plus. Il sait que son visiteur déteste les arrangements, premier pas vers la compromission.

— Autre chose… change-t-il de sujet – et peut-être le fait-il pour que La Reynie ne croie pas qu'il a été convoqué dans le seul dessein de négocier son soutien dans l'Affaire des Poisons. C'est un sujet moins grave… Je ne sais s'il mérite que vous y portiez attention.

C'est bien cela. Colbert n'a rien d'autre à lui dire, songe son vis-à-vis.

— Mais enfin, puisque vous êtes là… Dans un mois, la Cour s'installe officiellement à Versailles.

Quelle nouvelle… La Reynie fulmine. Il perd son temps.

— J'en mesure le prix, dit-il sèchement. Je dois me diviser en deux et les journées d'un policier sont fort remplies. Versailles ! Des tracas s'ajoutant à ceux de Paris. Croyez-le, je n'en manque pas. Aussi, vous prié-je de résumer promptement votre sujet.

— Le temps, je connais, bougonne *Le Nord*. J'irai vite. Hardouin-Mansart et surtout Le Brun subissent la concurrence des chantiers privés qui se multiplient du fait de la nouvelle mode versaillaise. Ils veulent tous loger près du roi ! Hardouin-Mansart se plaint, mais le bougre en tire un beau profit. Ses carnets de commandes sont remplis. En revanche, Le Brun est vraiment à la peine. Non seulement il manque d'hommes, mais on les lui vole…

— Qu'entendez-vous par *voler* ? s'intéresse aussitôt La Reynie.

— Débaucher par des particuliers qui payent grassement. Si bien que le chantier souffre d'un grand retard… Voyez-vous, s'il s'agit du duc de Créquy ou du comte de Soissons, Le Brun n'y peut rien… Mais de simples notaires prenant le dessus sur le roi, voilà qui dépasse l'entendement. Mieux encore, des étrangers ! Tenez, Hardouin-Mansart en parlait : un Espagnol s'est installé à quatre lieues de Versailles et construit un palais qui, d'après les gens de l'art, mériterait d'être comparé à celui de Sa Majesté. Il y a sans doute un peu d'exagération. Mais j'ai cru bon de vous en parler. Un Espagnol. Hier, ennemi de la Couronne[1]. En se montrant tatillon avec la loi, ne peut-on freiner l'ardeur de certains et récupérer ainsi des bras ? Un exemple pour calmer les autres. Un étranger… Que risque-t-on ?

Ce sujet fort mince ne mérite pas le déplacement du premier lieutenant de police du roi, mais, chassez le naturel, il reviendra au galop. Un Espagnol… Pourquoi lui semble-t-il en avoir entendu parler ?

— Avez-vous un nom ?

Colbert fouille dans les papiers qui encombrent son bureau.

— Je l'ai noté pour le cas où… Ah ! le voici : Don de La Fragua. Domaine de Saint-Val… Et l'entreprise qui bâtit est… Pontgallet. Hardouin-Mansart ajoute méchamment qu'il s'agit d'incapables. Tout cela n'est-il pas quand même étrange ?

Colbert ne croit pas un instant qu'il va intéresser La Reynie. La vraie question, c'est l'Affaire des Poisons.

— Oui, très étrange, répète-t-il. Merci pour l'information.

*

Comment le surintendant pouvait-il imaginer que tout ce qui touchait les Pontgallet intéressait La Reynie ? Le *Roi noir* n'est pas passé. Il est mort, bien sûr, se répète-t-il, mais un policier a besoin de voir pour croire. Pas de corps… Le dossier reste ouvert. Don de La Fragua, Amandine en a parlé lorsqu'il était chez elle. Un Espagnol, voilà qui l'a étonné sur le moment. Mais Jean n'était pas suspect. Maintenant,

1. La guerre de Hollande vient de s'achever (1672-1678). Mais la querelle franco-espagnole est loin d'être terminée. Suivra bientôt (1683-1684) la guerre des Réunions ou, de 1701 à 1714, la guerre de Succession d'Espagne.

il se retrouverait aux commandes d'une entreprise considérable : la reconstruction de Saint-Val. Le lieutenant ne connaît pas les lieux, ignore ce que le domaine représente. En revanche, la colère de Jules Hardouin-Mansart n'est pas feinte alors qu'il le croise au Louvre deux ou trois jours après l'entrevue avec Colbert. Le voici monté sur ses grands chevaux. « La Fragua, La Fragua ! » répète-t-il quand La Reynie lui donne le nom du propriétaire.

— Sait-on au moins qui est cet homme ?

Rentré dans son bureau austère du Louvre, qu'il regrettera s'il doit le quitter pour Versailles, La Reynie convoque François Desgrez, son meilleur exempt de police[1].

— Dites-moi, mon petit François, avez-vous une idée de la façon de s'intéresser aux Espagnols demeurant en France ?

— Quel genre de renseignements ?

— Je vous fournis un nom et vous me dites qui il est.

— Un grand ?

— Je n'en sais rien. Mais riche, sans aucun doute.

— Du côté de la reine, ça doit être possible.

— Vous disposez d'un contact ?

— Entre les femmes de chambre espagnoles, les nains et les moines qui l'entourent, il n'est pas impossible de trouver de quoi bavarder.

— Allez, François. Je vous attends ce soir.

Vers minuit – heure habituelle où La Reynie aime retrouver ses hommes pour faire le point de la journée –, Desgrez se glisse dans le bureau.

Ils sont quatre, entourant le premier lieutenant de police, penchés sur un plan dessinant les contours de la cour des Miracles de la rue de la Mortellerie. Ça sent l'assaut.

1. Cité précédemment à propos de l'Affaire des Poisons. Il se déguisa en prêtre pour arrêter la marquise de Brinvilliers. Exempt de police ou officier de police.

— Oui, François. Avancez…

— C'est pour quand ?

— La nuit prochaine… Vous en serez. Alors, La Fragua ?

— Personne ne connaît ce nom-là.

— Donc c'est un marchand… Peut-être un armateur… Il faut creuser.

— C'est fait, sourit Desgrez.

— Eh bien ?

— La Fragua… Savez-vous ce que ça veut dire en français, d'après le nain de la reine que j'ai interrogé ?

— Vite, François, nous sommes tous fatigués et…

— La forge. Et de La Fragua ?

La Reynie devient gris et le phénomène est assez rare…

— Delaforge, murmure-t-il.

— Une vieille connaissance, ricane Desgrez.

*

L'assaut de la cour des Miracles de la rue de la Mortellerie est un franc succès, mais La Reynie n'en tire aucune gloire. Cent mendiants arrêtés, ce sont cent autres qui apparaîtront demain, deux rues plus loin. La moitié de ceux qu'il a fait embarquer ira aux galères. À l'autre, il promettra un sursis en échange d'un vrai repentir. Ils deviendront des *mouches*, espions à sa solde… Pas tous. D'aucuns récidiveront. Et ils iront aux galères. La vie de La Reynie est parfois monotone. Pourtant, à l'aube, il est impatient. Il renonce à dormir quelques heures, monte d'un pas sûr dans son carrosse en compagnie de François Desgrez et de deux autres hommes. Fouette cocher, direction Saint-Val. Et pour la première fois, il est presque heureux de rejoindre les environs de Versailles.

La visite de Saint-Val est assez rapide. Il n'y a que quelques paveurs et deux jardiniers. Un Espagnol, prétendant s'appeler Fernando Aixéres, garde la propriété. Il raconte qu'il ne comprend pas le français, écarquille les yeux lorsque La Reynie tente d'en apprendre plus sur La Fragua. Desgrez et ses acolytes fouillent l'intérieur. Personne. Vide. Pas même Jean Le Faillon. À ce nom, Aixéres lève un œil et, faisant preuve d'un bel esprit de collaboration, tend le bras en direction du nord : « Versailles ! » Pas mieux pour faire croire au lieutenant de police, qu'ici, il ne trouvera rien. Mais ce dernier est têtu. Il veut apprécier par lui-même. Alors, il entre, pousse la porte du grand salon, admire les plafonds. Et voit le tableau fixé au mur : le portrait d'Amandine. Pour quelle raison déjà le *Roi noir* avait-il pris tous les risques afin de sauver cette petite fille ? D'un coup, la mémoire lui revient. Amandine en parlait comme de sa *bonne étoile*… Et comment l'entend-elle aujourd'hui ?

Aucun doute, la piste se poursuit donc à Versailles.

Le policier y viendra, mais, ici, n'y a-t-il rien d'autre à chiner ?

— Avez-vous fouillé les combles ? demande-t-il à Desgrez.

— Partout. Rien trouvé à part une vieille boîte de peinture.

— Dedans ?

— De la cire rouge… Peut-être celle d'un sceau.

La Reynie grimace. Il en voudrait plus.

— Embarquez l'Espagnol.

Le vendredi 1er mai 1682, il file sur Versailles.

Chapitre 55

Le 1er mai 1682, il n'y aura pas de Bal du Muguet. Ni jour de repos. Versailles est en ébullition. Le roi, la Cour, les commis du royaume arriveront de Saint-Cloud, Saint-Germain ou du Louvre dans quelques jours, et rien, dit-on, n'est fini. Pourtant, au premier coup d'œil, les jardins sont magnifiques. Le Nôtre a réalisé un miracle, aidé par le soleil qui ne fait pas défaut depuis le début avril. Les fontaines, elles aussi, donneront ce qu'elles peuvent afin que l'illusion soit parfaite. Ce n'est pas encore le spectacle que promet la Machine de Marly – de l'eau à profusion, des jets se perdant dans l'azur pour le plaisir du roi –, mais l'annonce d'un premier essai de la gigantesque pompe en juin fait taire les moqueurs. D'ores et déjà, la Seine s'est laissé capturer et même s'élève assez haut, au sommet d'un coteau, pour redescendre bruyamment, domestiquée par un réseau de canalisations qui file vers Versailles jusqu'aux bassins royaux.

Le château n'a pas la même allure. Vu de l'extérieur, il n'y a rien à lui reprocher. Les grands éléments sont en place et ce qu'il reste à finir n'empêche pas de comprendre le dessein général. L'intérieur est une autre affaire, même si l'aile du Midi est quasi achevée. On y logera la famille royale, les princes du sang et, si possible, des courtisans, tandis que les autres s'entasseront dans les communs ou les bâtiments annexes. Mais combien seront-ils exactement ? On parle de plusieurs milliers débarquant avec armes et bagages. Et serviteurs…

Le ton est donné. Habiter Versailles ne ressemblera pas à une sinécure, l'inconfort sera la règle. S'y ajoutera le bruit, permanent et assommant [1]. La Cour ne sait pas encore que, pendant des années, elle partagera le château avec les bâtisseurs croisés dès potron-minet ; qu'il faudra s'enhardir dans des couloirs où le plâtre n'est pas sec, emprunter des passerelles, seul moyen acrobatique de traverser la galerie des Glaces ou de passer d'un salon à l'autre. Mais personne n'y songe (ou n'y croit) le 1er mai. L'excitation l'emporte. Il se murmure que, dès le premier soir, le roi conviera ses invités à une soirée fabuleuse dans les Grands Appartements décorés par Le Brun. Et aucun ne voudrait manquer cet événement.

*

Dès le 1er mai, la ville est envahie, occupée, annexée par une nouvelle population qui rompt avec le style des bâtisseurs. Les novices sont bien habillés, jettent des ordres à leurs valets, regardent où ils marchent de peur de salir leurs souliers, demandent leur chemin aux autochtones avec commisération comme si ceux-là ne les comprenaient pas. Ils respirent à plein nez en répétant : « Ah, le bon air de la campagne ! » Ils ont les mains sur les hanches, le regard perdu, ne sachant trop où va la course du soleil, marmonnant : « Le château est à l'ouest. » Ils ne dominent pas la géographie, mais se réjouissent d'être là, prévoyants et rusés, en avance de quelques jours sur le roi et la Cour.

---

1. On raconte que Madame la Dauphine (épouse du Dauphin, Louis de France) fut obligée de changer de chambre dès le deuxième jour, trop indisposée par le bruit…

Sur la place d'Armes, les carrosses se suivent, chargés de meubles et de tapis. Les mieux logés emménagent dans leurs résidences privées, bâties par ces maçons qui font Versailles. Les dames se regardent de travers, étudient les tenues de leurs rivales, aucune d'elles ne sachant quelle sera la règle à Versailles. Doivent-elles craindre l'humidité des marais, le vent froid du nord dont parlent les courtisans ayant eu le privilège d'être de Versailles avant les autres ? Les plus anciens énumèrent des fêtes qui firent la gloire des lieux. *Les Plaisirs de l'Île enchantée*, *le Grand Divertissement*, quels souvenirs… Et l'on spécule sur le futur, cherche sa place, espère retrouver celle que l'on occupait au Louvre. Versailles, sous le soleil de mai, a des airs d'aventure et d'inconnu…

À peine arrivés, tous s'imposent de rendre visite au château où bientôt, on sera reçu. Le roi n'y est pas, mais la curiosité l'emporte. Et quelle excitation d'entrer à pas de loup, timidement, dans la cour royale. « Passez au large, mon prince, c'est dangereux ! » Une poutre de mille livres choit d'un échafaudage, aux pieds d'un conseiller de Paris, fraîchement anobli. Est-il seulement possible que le roi s'installe dans ce chamboulement ? Au premier soir, des bruits circulent. La venue de la Cour serait peut-être retardée d'un mois, peut-être de deux. Ne faut-il pas se rendre à Saint-Cloud (où le roi serait) ou à Saint-Germain (où il arriverait) immédiatement pour en apprendre davantage ? Les maçons passent, écoutent mi-goguenards, mi-agacés. Jusque-là, Versailles était au roi et à eux. Un éden à l'écart de la mode et de Paris. Mais cela devait arriver un jour ou l'autre. Les lieux sont en train de leur échapper.

Ce 1er mai 1682, en effet, tout s'apprête à changer. Louis XIV ouvre en grand ce domaine autrefois intime. Y entrera la Cour, mais aussi le cynisme, la critique, le calcul, l'hypocrisie. Lui qui craint l'esprit frondeur se retrouvera seul, face aux intrigues, au mensonge et à la trahison. Et pour tenir, il devra être grand, absolu, intangible et inaltérable, partout et à toute heure. Il renoncera à l'intimité et se montrera prodigieusement sans faiblesse car chaque geste sera commenté. Il régnait au-dessus, désormais, il sera au centre, au cœur, observé, étudié, attaché à son trône quand les rois anciens, les rois itinérants, parcouraient leur royaume et, partout, se sentaient chez eux. Louis sera maître de Versailles, mais ailleurs ? Il a construit une cage dorée pour museler la Cour et c'est lui qui s'emprisonne.

Oui, tout change à Versailles qui, en gagnant son statut de ville royale, abandonne sa candeur provinciale et cette liberté des premiers temps lorsque les lieux étaient l'écrin de l'art, de la fête, de l'amour. La mutation, encore invisible, se prépare le 1er mai. Les têtes nouvelles parlent fort et sont déjà chez elles. Et les bâtisseurs se demandent si ce ne sont pas eux qui deviendront bientôt les étrangers de Versailles.

Pierre Lobiot a déjà choisi. Finalement, il rentrera à Paris après le 6 mai puisque Le Brun lui a confirmé que le roi s'installait à cette date. Le premier peintre lui a fait une proposition – un pont d'or ! –, mais il a réfléchi. Rome le tente davantage… Il ne comprend pas l'entêtement de Jean à rester dans une ville qui, bientôt, lui sera inconnue. Marguerite et le père Le Faillon servent de prétexte pour justifier sa décision. La vraie raison, le retour du *Roi noir*, personne ne la connaît.

*

Le 1er mai, Jean et Amandine ont fui le centre de Versailles. Ils ont besoin de calme et de solitude. Pour la dernière fois peut-être, ils sont retournés dans la carrière de leur enfance. L'herbe est haute, encore sauvage, mais l'arbre fruitier est mort. Le vent porte les voix. La ville est si près qu'à présent on entend ses désordres. Nul coin n'étant bientôt à eux, ils composent la dernière fugue du temps où ils étaient innocents.

Un autre événement explique qu'ils aient déserté la maison. Anne, la mère d'Amandine, est de retour. Misérable, honteuse, pleurnichant, suppliant qu'on la pardonne, elle a débarqué quand Jean était à Saint-Val. Le menuisier l'avait, dit-elle, comme ensorcelée. Mais ce soiffard en voulait à son argent – celui de sa famille, corrige-t-elle. Il l'a battue, injuriée, traînée dans la boue. D'ailleurs, elle-même n'a pas frappé sa mère, jure-t-elle, depuis qu'elle sait que Marguerite ne parle plus. C'est l'autre, l'ignoble qui a tout combiné. Ah, il lui a fallu du temps pour échapper à son emprise ! Elle a vécu l'enfer, dans un taudis, non loin de la cour des Miracles de la rue du Bac, dormant d'un œil, au milieu des rats, des mendiants, des piètres, des malingreux, des catins et de leurs marfaux[1]. Elle était revenue au bercail, avait demandé asile après avoir hésité à frapper à cette porte et se maudissait pour le mal fait. Mais où aller autrement ? Elle n'avait que les siens, son dernier recours, qu'elle appelait ainsi lorsqu'elle souffrait si loin d'eux. Et Amandine n'avait pu se résoudre à la jeter dehors. *Ce n'est pas de sa faute. Je lui ai fait tant de mal.* Marguerite, autrefois, avait fait promettre à Amandine de toujours pardonner à sa mère et, s'il s'agissait de sa volonté, il fallait la respecter, sans chercher le pourquoi.

Depuis, Anne se montre docile, range, nettoie, met la main à la pâte et veille sur sa mère, la suppliant à genoux, les yeux rougis par les larmes, de la pardonner. Marguerite ne réagit pas. Alors, sa fille s'enferme dans sa chambre et

1. Piètres : faux estropiés ; malingreux : faux malades ; marfaux : maquereaux. Court extrait de la typologie des cours des Miracles établie au XVIIe siècle par Ollivier Chereau dans *Le Jargon ou Langage de l'Argot reformé*.

prie à haute voix pour qu'on entende bien, réclamant le châtiment qu'elle mérite car tout est de sa faute. Si bien que la vie est redevenue aussi pénible qu'avant, lourde et insupportable. Anne a rapporté son malheur, il suinte dans la maison et empoisonne les autres.

Jean a découvert la situation en revenant de Saint-Val, un mois plus tôt. En attendant Toussaint, il ronge son frein, prenant n'importe quel prétexte pour s'échapper, regrettant qu'Amandine refuse de se joindre à lui, par crainte que sa mère n'agisse contre Marguerite.

— Elle voit que nous ne manquons de rien, dit-elle.

Bien sûr, puisqu'il a travaillé. Quoi de plus honnête ?

— Elle croira que Marguerite est encore riche et voudra la dépouiller.

— Dans ce cas, dis-lui de partir…

Mais c'est sa mère. Et peut-être se trompe-t-elle… D'ailleurs, Anne ne parle jamais d'argent, ne réclame rien, ne s'étonne pas de l'aisance dans laquelle ils vivent. Il lui suffit de savoir que Jean a été embauché sur un chantier hors de Versailles, qu'il a imaginé les plans (elle voit bien qu'il dessine et peint), dirigé les travaux et attend le retour de l'Espagnol pour décider de la suite.

Même si Anne n'en réclame pas davantage, la situation se complique depuis son apparition. Delaforge étant bientôt là, Jean ne peut laisser Amandine dans l'ignorance. Mais parler de lui, de son père, c'est prendre un gros risque. Amandine peut céder à l'envie de se tourner vers Anne – qui maudit le *Roi noir* – pour demander des explications. Mai arrive… Évoquer Saint-Val… Au moins cela. Comment ? Quoi dire ?

— Je… Je voudrais que nous soyons seuls, se décide-t-il le 1er mai.

Amandine tourne les yeux vers l'escalier, entend les gémissements de sa mère. Elle se bouche les oreilles. Jean s'approche et lui prend les mains.

— Allons dans notre clairière...

La maison est irrespirable et le 1er mai est un sale souvenir. Le valet est toujours là, quelque part dans sa vie, dans son corps. Amandine étouffe, mais il y a sa mère...

— Ou tu lui fais confiance ou elle part, insiste-t-il. Ce n'est pas possible que nous restions ainsi.

— Comment savoir qui elle est ? chuchote-t-elle.

— En la mettant à l'épreuve. Laisse-la avec Marguerite. Une heure, il n'y a rien à craindre. Allez viens, sourit-il.

Elle prend la main de Jean, la pose sur son cœur, de l'autre ouvre la porte. Il a raison. L'argent est caché dans l'appentis qui lui sert d'atelier. Que risquent-ils ? Bien sûr, Amandine ne sait pas que les lettres de son père s'y trouvent aussi. Dehors, le soleil brille. Jean la prend par la taille. Elle s'échappe, le nargue de loin, ils courent jusqu'à la clairière, s'allongent dans l'herbe.

— Mon roi, c'est toi, Jean, dit-elle à voix basse. Je t'aime infiniment.

— Que fais-tu de ton rêve ? Entrer à Versailles...

Elle plisse le nez, et Dieu, qu'elle est ravissante.

— Si je le pouvais, j'y retournerais une fois, une seule, pour ne rien regretter.

Elle n'avouera pas que les lieux sont marqués par le souvenir du valet et que, pour cette seule raison, son histoire est finie.

— Et de vivre dans un château ? avance Jean.

— Seulement si c'est avec toi, répond-elle sans y croire.

Jean se dit que le *Roi noir* l'a amené au bord d'un précipice, mais qu'il peut s'en sortir. Il la serre dans ses bras, ferme les yeux.

— Amandine, c'est possible...

Elle se redresse, le regarde. Est-il devenu fou ?

— Don de La Fragua voudrait... que je m'occupe de Saint-Val.

— N'est-ce pas ce que tu fais ?

— Il ne restera pas en France. Quelqu'un doit surveiller le domaine. On serait comme chez nous. C'est bien ce que tu as toujours désiré ?

Elle se lève, ôte les brins d'herbe accrochés à sa robe.

— Tu oublies ma mère et Marguerite. Rentrons…

Le courage lui manque. Aujourd'hui, il n'avouera rien de plus. À moins que, sur le pas de la porte… Mais celle-ci est ouverte. Lui, entre le premier et cavale à l'étage. Marguerite est assoupie, comme morte. Anne a disparu. Il pense à l'appentis, à l'argent, aux lettres. Il fonce tête baissée. La boîte de peinture est ouverte. Il n'y a plus rien.

Chapitre 56

La Reynie a choisi le moment exact où Jean et Amandine partaient dans la clairière pour se présenter chez Marguerite Pontgallet. Sans doute parce que le policier ne peut pas toujours échouer et que, lui aussi, a droit à un peu de chance.

La visite a été rapide, le ton sec. Il ne venait plus en ami, voulait savoir ce qui se tramait ici. Anne n'en savait rien et le policier était porté à la croire. Du souvenir qu'il en gardait, il ne restait pas grand-chose. Autrefois, c'était une jolie femme, un peu effacée, pas trop maligne selon lui, mais plutôt souriante, malgré les épreuves endurées à l'époque du *Roi noir*. Elle avait failli brûler vivante lorsque Ravort avait mis le feu à sa maison. Petit-Jean, ce gamin haut comme trois pommes, l'avait sauvée en affrontant courageusement les flammes [1]. En ce temps-là, il éprouvait de l'admiration pour ce clan au caractère solide, ayant résisté à la vague, faisant front coûte que coûte. Mais, en entrant, il mesura combien le temps avait sapé l'édifice. Anne était une épave, amaigrie, traits tirés, cheveux sales, traînant les pieds et s'accrochant aux meubles, ultimes garde-fous pour contrer la tempête qui battait dans son crâne et menaçait de la faire chavirer.

— Jean Le Faillon est-il là ?

1. Voir *Le Roi noir de Versailles, op. cit.*

Elle l'ignorait. Elle était en haut, veillant sur sa mère, ne voyait jamais personne, prétendait-elle.

— Desgrez, fouillez un peu partout.

Le second de La Reynie attendait cet ordre. Anne le regarda faire, ne réagit pas.

— Connaissez-vous Don de La Fragua ?

Son regard restait éteint.

— Toussaint Delaforge ?

Un éclair jaillit. La peur la submergeait.

— Il est mort, bredouilla-t-elle… Dans l'*étang puant*.

— Il se cache peut-être sous les traits de l'Espagnol qui possède Saint-Val et dont Jean Le Faillon s'est occupé : Don de La Fragua.

Elle bougea la tête, dodelina sur place, chercha en tremblant le dossier d'une chaise.

— Le diable… Le diable est ici. Cette maison est maudite. Partez ! Allez oust ! Laissez-nous tranquille. Vous avez failli nous tuer. Et ça revient encore…

— Asseyez-vous, Madame.

— Foutez-moi la paix !

Desgrez avait bien fait de se montrer à ce moment et la prise semblait bonne. Il avait les mains pleines :

— Des lettres et je dirais…

Il soupesa un gros sac en toile de jute fort rempli avant de tendre le tout à La Reynie :

— Environ dix mille livres…

La cire rouge séchée s'accrochait aux feuillets. La Reynie se souvenait de cette même matière trouvée dans une boîte de peinture à Saint-Val.

— Les lettres, vous les avez déjà vues ? demanda-t-il à Anne.

Seul l'argent l'intéressait. Elle le zieutait comme l'apparition de saint Joseph et marmonnait : « Bénis sois-tu, mon Dieu. Donne-moi l'argent… »

Soudain, elle redressa la tête et se mit à hurler :

— Rendez-moi ça, voleur ! C'est à ma mère…

Elle se jeta sur La Reynie pour lui arracher le sac. Desgrez fit de même pour mater la diablesse. La bave aux lèvres, elle gigotait sur la chaise.

— Puis-je voir votre mère ? demanda calmement le policier.

— Elle crève à petit feu là-haut, à cause de vous et du *Roi noir* ! Lâchez-moi, charogne !

— Restez près d'elle, ordonna-t-il à Desgrez. Je monte.

Marguerite reposait calmement, mais, dans la pénombre, La Reynie fit un effort pour la reconnaître. Usée ne suffisait pas. C'était un cadavre. Le cou et le visage se montraient, décharnés, les lèvres avaient disparu, les yeux restaient clos, seule une main fripée émergeait du drap.

— Madame Pontgallet…

L'entendait-elle seulement ? Peut-être bougea-t-elle…

— Madame Pontgallet ?

Aucun son ne sortit. N'eût été le sifflement qui s'échappait par le nez, on pouvait croire qu'elle était morte. Il n'y avait rien à en tirer.

— Relâchez-la, ordonna-t-il à Desgrez qui tenait toujours Anne.

Il s'empara des lettres et se dirigea vers la sortie.

— L'argent ?

— C'est à eux, décida La Reynie. Et ce n'est pas ce qu'on cherche.

Il sortit, Desgrez le suivait de près.

— Elle va alerter les autres…

— C'est ce que je cherche. Il faut pousser Delaforge à sortir de son trou.

*

— Tu entends, maman…

Anne la secouait. Marguerite gémissait. Ses yeux restaient fermés.

— Delaforge… Toussaint Delaforge… Le *Roi noir*… Il est revenu…

Les mots entraient comme des coups de poignard.

— Il est pas mort. Jean Le Faillon travaille pour lui. Le policier me l'a dit. Il se fait passer pour un Espagnol, mais c'est lui… Et il vient pour nous tuer, c'est sûr. Alors moi, je reste pas. Ne m'en veux pas, mais je vais prendre un peu de sous. C'est à moi aussi, hein ?

Anne dévalait déjà l'escalier, attrapait la fortune, la glissait dans un sac plus grand où gisait sa misère. Une robe fripée, un corsage pas mieux et le quignon de pain de la veille. En moins de deux, elle se retrouva dehors, au milieu de la foule du 1er mai.

Chapitre 57

Anne marche sur la route des Chantiers. Malgré la foule, on la repère de suite. Elle avance le corps en avant, la tête penchée, les yeux fixés au sol, le sac scellé à l'épaule. Elle tire sur les guibolles à chaque foulée pour se donner du courage. Elle fuit comme une écumeuse.

Jean n'a pas hésité. Pour quitter Versailles, c'est par là que l'on passe. Il a harnaché la jument, sauté dans la carriole. Hue dia ! À une lieue du centre, il voit la mère d'Amandine. La colère est si forte qu'il tire sur les rênes, saute comme un dément, se moque de ceux qui l'entourent. Il est sur Anne, l'attrape au collet.

— Sale voleuse !

Il la tire par la veste, la traîne presque jusqu'au fossé, s'empare du sac, l'ouvre, trouve le butin.

— Les lettres ! Bon Dieu, où sont-elles ?

— C'est pas moi, gueule-t-elle. Tout ça, c'est ta faute. T'avais pas à faire revenir le *Roi noir*. Foutu sorcier, comment tu l'as sauvé ? T'es allé le chercher en enfer, c'est ça ?

— Qu'est-ce que vous dites ? grogne-t-il.

— Je sais tout et j'suis pas la seule. La Reynie est venu. Il en a après toi ! T'es foutu, le fils Le Faillon… Lâche-moi, maintenant…

Les jambes se défilent, la colère retombe.

— C'est lui qui a pris les lettres ?

— Oui, et l'argent, c'est à ma mère. Donne-le-moi.

Jean ouvre le sac, pioche dedans, jette une poignée par terre.

— Foutez le camp, ne revenez jamais !

Il remonte dans la charrette.

— T'inquiète, je ne fréquente pas les morts, hurle-t-elle en ramassant les pièces. Tu ne me verras plus. Et les autres, qu'ils soient maudits ! Vous ne savez pas à qui vous avez affaire. Le *Roi noir* vous tuera...

Jean fait claquer les rênes. Demi-tour. Il doit aller à Saint-Val prévenir Fernando qui lui-même alertera Toussaint Delaforge quand celui-ci arrivera. Les lettres... De quoi le démasquer. Mais d'abord, il s'arrête chez lui, y dépose sa fortune.

— Ta mère nous avait volés, annonce-t-il à Amandine. Je l'ai trouvée sur la route des Chantiers.

Les lettres, bien sûr, il n'en parle pas.

— Elle ne se montrera plus, promet-il. Jamais...

— En es-tu certain ?

— Je vais la conduire hors de Versailles. C'est plus prudent. Ne m'attends pas. J'irai peut-être jusqu'à Paris.

— Jean, Jean... Reste avec moi.

Il panique, ne sait plus comment faire.

— Je reviens...

— Jean !

Il tourne le dos. Mentir... Une nouvelle fois. Il part pour Saint-Val, la tête trop remplie pour repérer un carrosse qui le suit de loin. Desgrez est à bord.

*

Le 1er mai est aussi le jour où Toussaint Delaforge arrive à Saint-Val. La prudence est de mise. Bien avant l'entrée, il demande au cocher – *Gorgone* – de s'engager sur la droite dans un chemin étroit. La terre est dure, les roues du carrosse ne s'enfoncent pas et laissent peu de traces. À deux cents pas, il donne l'ordre d'arrêter.

— Tu vas en éclaireur. Si tu ne vois pas le signe, demi-tour.

Conwoion ouvre la portière.

— *Hasta la vista !* lance-t-il pour conjurer le sort.

Le signal, c'est un drapeau. Il doit flotter à l'entrée, sur les grilles. S'il ne s'y trouve pas : danger. Fernando Aixéres connaît la consigne. Mais le hic, le voici : l'Espagnol a été arrêté par La Reynie. Le policier a droit à la chance, mais il lui arrive aussi d'échouer…

Conwoion ne tarde pas à revenir.

— Ça pue.

Plus court et plus précis, impossible.

— Explique-toi, demande Delaforge sans montrer la moindre peur.

— Il n'y a pas de drapeau et, sur le chemin du retour, j'ai entendu le galop d'un cheval. Le temps de me jeter dans le fossé et de redresser un poil la tête, j'ai vu passer Jean Le Faillon à bord d'une carriole.

— Pressé ?

— La peste lui courait après.

— Qui ?

— Un carrosse noir, rustique, pas celui d'un seigneur, deux chevaux mal brossés. Je parie pour un policier. J'ai bien peur que Fernando…

— Monte. Nous allons à Versailles…

— Seriez-vous devenu fou ?

— Qui te dit que je me montrerai ?

Conwoion soupire.

— Vous mesurez les risques ?

Toussaint sourit.

— Je ne partirai pas sans avoir vu ma fille…

*

Jean a fait le tour de Saint-Val. Vide. Rien. Personne. Un jardinier, oui, qui prétend ne rien savoir. Depuis trois jours, il travaille au bout des jardins. Non, il n'a pas vu Aixéres depuis qu'il est parti, encadré par deux hommes. Jean tourne les talons.

— Faudra demander à qui pour les gages ?

Pour toute réponse, la carriole grince, le fouet claque.

Chapitre 58

Il fait nuit lorsque Jean rentre dans Versailles. Au cours du trajet, il a eu le temps de se ronger les sangs. La disparition de Fernando Aixéres a forcément un rapport avec La Reynie. Et il voit les choses ainsi : Toussaint Delaforge a été démasqué.

Cela remonte-t-il à la visite, l'hiver dernier, du policier ? Amandine lui a dit qu'elle avait parlé de La Fragua. La Reynie s'en est étonné et a mené une enquête – qui n'a rien donné... Sinon, il se serait manifesté avant, conclut Jean. Donc, un événement récent lui a mis la puce à l'oreille. Qu'est-ce qui aurait cloché ? Une erreur, un mot de trop... Non, ce n'est pas ça. L'arrivée du roi à Versailles a renforcé le dispositif policier. Les *mouches* ont rôdé. Saint-Val est réapparu. La Reynie s'est souvenu de sa conversation avec Amandine. Il a rouvert le dossier, peut-être par sécurité... Qu'importe la raison, il sait que l'Espagnol et Delaforge forment une seule et même personne. Le domaine a été visité, fouillé. Fernando arrêté. Il doit être interrogé. Mais il n'est qu'un bâtisseur, ignorant le passé français du *Roi noir*. Il peut s'en sortir. Et puisque La Reynie n'en a sans doute rien tiré, il lui fallait se rendre chez Pontgallet pour entendre la version du fils Le Faillon. Que sait-il ? Est-il complice ? Au fond, tente-t-il de se rassurer, que lui reprocherait-on ? Il n'a fait que travailler pour le propriétaire de Saint-Val. La commande est légale. Il n'a pas caché Delaforge, ne l'a vu qu'une fois. Pouvait-il établir un lien entre La Fragua et le *Roi noir* ? Plus de dix ans ont passé depuis sa disparition dans l'*étang puant*. Jean était petit, c'était la nuit, il se racontait que l'autre était mort, et le souvenir qu'il en garde est celui d'un homme sacrifiant sa vie pour sauver celles de deux enfants. Que savait-il du *Roi noir* ? Pas plus que les racontars circulant à Versailles. Oui, il ignorait le passé du maître des *Sans Aveux*. Il n'est pas policier, répète-t-il pour se convaincre qu'il ne risque rien.

Mais il y a les lettres.

*

Delaforge l'avait mis en garde. Il fallait les brûler. Que contiennent-elles ? Des indices, confessions et bribes de vie accusant Delaforge et faisant de Jean un complice. Mais jamais, il n'est dit qu'Amandine est la fille de Toussaint. Au moins, personne ne peut lui reprocher d'avoir caché la vérité, à commencer par la première intéressée car c'est elle qui compte avant tout : qu'elle n'imagine pas qu'il ait pu la trahir. Le reste, il en fait son affaire. Il a travaillé honnêtement et honorablement. Un peintre n'a pas à enquêter sur les vices et les vertus du client.

À l'entrée de Versailles, les idées lui semblent claires. Il se défendra, sauvera son honneur. Et Amandine ne lui fera pas le reproche d'avoir servi le *Roi noir*. N'est-il pas sa *bonne étoile* ? Qui lui apprendrait qu'il a tué Léon ? Pas Marguerite. Anne ne compte plus. Pour un peu, il serait presque facile de parler de Saint-Val. Une troisième fois, le *Roi noir* est venu la sauver et lui offrir la vie dont, petite fille, elle rêvait : habiter un château. Pour quelle raison ? Jean n'aurait qu'un pas à franchir : « Parce qu'il est ton vrai père, mais ne l'a su que le jour où toi et moi l'avons cru mort. Ensuite, il a fui parce qu'il n'avait pas le choix, mais il ne t'a jamais perdue de vue. Conwoion était son envoyé. Un ange venu veiller sur toi. C'est un vrai père. Il est riche, il fait cela pour toi… »

C'est aussi simple que ça et si difficile à dire.

*

— Qu'est-ce que tu as fait ?

Amandine est debout, habillée, folle d'inquiétude.

— Je n'ai pas retrouvé ta mère. Alors, je suis parti à Saint-Val.

Enfin, ne plus mentir…

— Mais pourquoi ?

— J'avais besoin de… respirer.

Non, il faut avancer. Il se l'est promis.

— Je voulais savoir si… La Fragua était arrivé. Je devais le voir…

— En pleine nuit ?

— C'est très urgent…

Amandine s'approche :

— Jean, qu'est-ce que tu as ? Tu me caches quelque chose…

Voilà. Il est au pied du mur.

— Plus tard, je t'expliquerai…

— Non, maintenant !

De quoi a-t-il le plus peur ?

— Viens à côté de moi, soupire-t-il en s'asseyant.

Il lui prend la main :

— Cet homme…

— L'Espagnol ?

C'est le moment ou jamais…

— Oui, l'Espagnol, recule-t-il.

Il redresse la tête, la fixe dans les yeux :

— Il compte beaucoup pour nous. Et pour toi…

— Bien sûr, tu lui as construit un château.

— C'est plus important encore. Il s'est pris d'affection. Je crois qu'il nous aime énormément. Il l'écrit dans ses lettres.

— Ses lettres ? Tu ne m'en as jamais parlé…

— Elles sont à Saint-Val…

— Et qu'écrit-il ?

— Il nous considère comme ses enfants…

— Il n'en a pas ?

— C'est nous ses enfants…

Amandine le regarde en silence puis, soudain, sourit. Elle croit avoir compris :

— Qu'est-ce que tu t'es imaginé ? Que tu étais son héritier ?

— C'est un solitaire. Il est riche, très riche.

— C'est toi, le doux rêveur. Pas moi…

— Je lui ai beaucoup parlé de toi. Il te connaît très bien. Je crois même…

Il s'arrête, refuse d'aller plus loin.

— C'est un moment essentiel pour lui, poursuit-il en changeant de cap. La vie… Sa vie est compliquée… Il se peut qu'il ne puisse rester en France.

— Comment sais-tu tout cela ?

— Les lettres… Je viens de t'en parler. Et s'il ne revient pas, que fera-t-il de Saint-Val ?

Amandine sonde son regard.

— Tu t'es mis ça en tête, et je sais pourquoi : tu le fais pour moi. Tu crois que je veux toujours vivre dans un château. Réveille-toi, Jean !

Elle l'embrasse amoureusement :

— Mon beau mari… Cette nuit, as-tu vu ton roi Midas ?

— Il… Il n'était pas là…

— Tu aurais mieux fait de retrouver ma mère et de la chasser pour de bon.

— Elle ne reviendra pas, j'en suis certain.

— Comme tu es persuadé d'hériter de Saint-Val. Allons, soupire-t-elle, il faut que tes idées se remettent en place.

— Il est recherché par La Reynie, lâche-t-il brusquement.

— La Fragua ? Qu'est-ce que tu racontes encore…

— C'est pour cela qu'il ne restera pas en France. Il me l'a écrit…

Cette fois, Amandine ne rit plus :

— As-tu autre chose à m'apprendre ?

— Non. Rien…

— Alors, voilà ce que nous allons faire : oublier La Fragua et tes rêves de grandeur.

— Écoute-moi encore…

— Tu m'as promis que tu n'avais plus aucun secret. Alors, tais-toi… Et tire le verrou. Le jour va se lever et je suis fatiguée…

Elle bâille comme une enfant :

— Les lettres… Tu me les montreras… Je suis certaine que je ne les lirai pas comme toi…

Tout ne fait que commencer, pense-t-il. La Reynie va apparaître. Il posera ses questions. Lui sera forcé d'avouer. Amandine comprendra qu'il a menti sur l'essentiel : il savait qui était La Fragua.

*

Pendant trois jours, rien ne se passe. Le 4 mai, la ville est en ébullition. Il y a des émissaires, de nombreux carrosses, des cris, des ordres sans qu'on soit sûr de savoir à qui ils s'adressent. Au premier galop, on scrute l'horizon, retient sa respiration. Silence. Fausse alerte. Sitôt, la pagaille reprend. Cent hommes ont été réquisitionnés sur le contingent des goujats, le grand nettoyage a commencé. Place d'Armes, on pousse les pierres, les poutres, les gravats, démonte les grues, la cour royale est balayée de près. Et voici que la Maison du Roi s'annonce, renforcée et organisée. C'est un ballet de mirlitons, de valets qui vont et sortent des communs, poulardes, cuissots, légumes, barriques de vin, plateaux de fruits confits portés à deux, à quatre ou sur la tête. Leduc, le tortionnaire d'Amandine au temps où elle frottait le marbre de l'Escalier des Ambassadeurs, est par là. Mais qui verrait qui dans la cohue et le charivari assourdissant ?

Jean n'est pas comme les autres badauds. Il ronge son frein, crève de peur, s'attend à chaque instant à ce que la main d'un policier saisisse son épaule.

— Le Faillon.

La voix est dans son dos. C'est fait. Son cœur s'arrête.

— Ne te retourne pas. Non ! Ne te retourne jamais. Ça veut dire que tu te méfies. Avance. La prochaine, prends à droite. Il y a une auberge. Tu y entres.

Cette voix. Ce n'est pas possible…

— Tu ne restes pas. Juste le temps pour moi de vérifier si tu es suivi. Puis tu ressors. Après, laisse-moi faire…

Dans la rue suivante, il y a *La Dent verte*, un vestige du temps du *Roi noir*. On y joue au piquet, un jeu de cartes interdit, et les filles y sont souriantes. Jean ne s'assoit pas, prétend attendre quelqu'un lorsque le patron lui demande d'un air mauvais s'il boit ou vient faire le curieux. Il compte jusqu'à cent, ajoute encore cinquante. Se décide. À droite ou à gauche ?

Là, devant lui, Conwoion le regarde.

Le Breton lance un coup d'œil et tourne le dos, s'engageant sans se presser dans les ruelles du quartier nord, l'ancien repaire du *Roi noir*. Jean le suit. Est-ce bien ce qu'il doit faire ? Quand l'éclaireur tourne à gauche, lui s'engage de même. Au coude suivant, une impasse. Déserte… Personne. Le Breton a disparu.

— Entre…

L'ordre est murmuré. C'est une porte borgne, enfoncée, invisible tant qu'on n'a pas l'œil dessus. Une main saisit Jean, le tire à l'intérieur, referme aussitôt.

— Attends…

Dehors, dans l'impasse, des pas se font entendre. Ça tourne, avance, recule, revient sur la trace. On tente d'ouvrir la porte, mais Conwoion a mis le verrou. Soudain, la *mouche* de La Reynie s'envole, car c'en était une.

— L'idiot n'est pas près de nous trouver…

Le guerrier sourit, affichant sans vergogne ses dents de carnassier.

Chapitre 59

C'EST UN LACIS tordu, humide, où l'on passe de l'ombre à la pénombre. Un boyau qui tourne et retourne sur lui et finit par une cour carrée où les rats s'en donnent à cœur joie, gras et vautrés sur un tas d'immondices qui pue la mort. Ici, personne ne vient. Pas même le soleil.

— Je m'y sens en sécurité.

Le dernier vestige du royaume du *Roi noir*… Dans un mois, dans un an, il aura disparu, happé par la voracité des nouveaux prédateurs, les gens de cour qui se pressent à Versailles. Les droits à bâtir sont donnés, la démolition annoncée. Se dressera, un jour, l'hôtel d'un prospère, conseiller ou avocat, fraîchement verni par la grâce d'une particule, d'une charge, d'un titre ronflant qui lui ouvrira les honneurs de la noblesse de robe. Il ira à Versailles, sera reçu dans les Appartements du Roi. Il jouera mille louis d'or à une table de jeu, entendra Lully et dansera une ronde. Mais, pour l'heure, c'est encore chez le *Roi noir*.

Ses troupes ont faibli. Il y a Conwoion, *Gorgone*. Peu avant que Jean ne se montre, le paveur Vautron était là. Un tête-à-tête secret. Une façon, peut-être, de se dire vraiment adieu. Toussaint ne reviendra jamais. Mais avant, il se doit d'accomplir ce pour quoi il est là.

— Vous avez bien fait. Vous avez eu raison.

Toussaint vient d'apprendre ce que Jean a confessé à Amandine. Et il semble apprécier.

— L'histoire d'un homme riche qui la porte dans son cœur et songe à lui offrir Saint-Val, elle n'y a pas cru. Pourtant, je vous assure qu'elle est rêveuse, s'attendrit son époux.

— Le ver est dans le fruit, sourit Delaforge. Au moins, vous avez ouvert la voie. À moi de me montrer convaincant…

— Ne tentez pas de la voir. La Reynie est à vos trousses… Il a les lettres que vous m'avez écrites…

— Il fallait les brûler.

C'est dit sans l'ombre d'un reproche, plutôt comme une fatalité.

— Je pensais les faire lire à Amandine pour lui apprendre à vous connaître quand vous seriez reparti.

— Cessez de vous inquiéter, Jean. Cela ne change pas ma décision. Je ne serais pas resté et je n'ai rien écrit qui puisse vous mettre en danger. J'y ai réfléchi chaque fois que j'approchais ma plume de l'encrier.

La pièce est sinistre. Une table, quatre chaises, une méchante bougie. Et un coffre. Au fond, deux paillasses. *Gorgone* ne dort pas ici.

— Je n'éprouve aucune nostalgie, affirme Toussaint. Je ne regrette pas le *Roi noir*. Le sang a assez coulé. Dans deux jours, je serai parti et vous aurez Saint-Val. Mais avant…

Il se lève et va vers le coffre.

— Tenez, ceci est le titre de propriété du domaine. J'y ajoute cent mille livres. Voici la lettre de créance que vous remettrez au notaire Placet. Son étude est à Paris, rue Saint-Antoine. Vous lui céderez dix mille livres. C'est le prix de son silence.

— Que faites-vous ? bredouille Jean.

— Je me libère. Mais le poids est si lourd que ce n'est pas fini.

Il plonge sa main valide dans le coffre.

— Ceci est une invitation pour la soirée d'Appartements que donnera le roi le 6 mai, jour de son installation. Tout s'achète à Versailles. Et ce n'est qu'un début… Un régal pour celui qui prendra la place du *Roi noir*…

Il fait mine de réfléchir :

— Mais j'y pense. Pour le 6 mai, Amandine a besoin de beaux habits.

Il retourne au coffre.

— On me dit que la couturière de Mariana[1] a elle-même cousu la soie et les perles de cette robe. Quant à la taille, je me suis fié à votre description.

— Nous irons Amandine et moi, le 6 mai, au château ?

Toussaint pose le tout sur la table.

— Vous m'avez tant de fois écrit qu'elle rêvait à *la vie de château*… Cela fait aussi partie de mon plan et, pour qu'il réussisse, j'ai besoin de vous. Demain, vous annoncerez à Amandine que vous êtes invités par le roi.

— Elle n'y croira pas !

— N'y a-t-il pas quelqu'un dans l'entourage de la Cour qui pourrait vous avoir obtenu ce droit ? Cherchez. Parmi les favoris, les artistes, les bâtisseurs… Vous êtes peintre et l'un d'eux n'aurait pu…

— Pierre Lobiot ! rugit Jean. Il est très lié à Le Brun.

— Va pour cet homme. Mais je réclame un dernier service. Peu avant de vous rendre au château – et le 6 mai, pas avant –, vous annoncerez à Amandine que La Fragua est sa *bonne étoile*…

1. Marie-Anne d'Autriche, la seconde épouse de Philippe IV, le roi d'Espagne. Mariana en espagnol.

— Depuis que vous l'avez sauvée, elle répète que le *Roi noir* est sa *bonne étoile*. Il ne peut y en avoir qu'une… Mais elle est morte cette nuit-là.

— Avez-vous déjà vu, dans le ciel, disparaître une étoile ?

— Si je lui réponds cela, elle comprendra qu'il s'agit du *Roi noir*. D'abord, elle ne me croira pas…

— Peut-être, mais elle y réfléchira.

— Ensuite, vous vous mettrez en danger. Elle peut en parler à quelqu'un d'autre…

— N'évoquez pas le sujet avant de vous rendre au château. Ensuite, ce sera à moi. Je me lancerai à l'eau…

— Vous vous montrerez ?

— Oui. Je serai sur votre chemin. Et je lui dirai qui est le *Roi noir*. Quelle que soit sa réaction, vous lui parlerez ensuite de Saint-Val. Mais seulement après mon départ… Nous verrons alors si un père parvient à réparer le mal qu'il a produit.

— Vous oubliez La Reynie. Il sera sur notre dos.

— Tant qu'il n'aura pas mis la main sur moi, il vous laissera vaquer. Je connais l'homme. Il a l'âme d'un chasseur. Il campera jusqu'à ce que sa proie se montre.

— Et dès qu'il vous apercevra, il vous arrêtera…

— C'est pourquoi, le coupe Toussaint, je choisirai le terrain et le lieu de notre rencontre.

Il n'y a aucune émotion, aucune crainte. Le *Roi noir* est de retour.

— Un traquenard ? Vous allez lui tendre un piège ? s'excite Jean.

— Qui tombera dedans ? *Hasta la vista*, répond Toussaint en se tournant vers Conwoion.

Chapitre 60

La Reynie est de très mauvaise humeur. Les raisons ne manquent pas. L'Affaire des Poisons tourne au vinaigre. Même son goût entre dans sa bouche. Le roi a décidé. Il va mettre fin à la Chambre ardente, le procès s'arrête, on n'ira pas plus loin. C'est évidemment pour protéger Montespan, la favorite, et pour qu'un torrent d'horreurs et de diableries ne submerge pas ce règne magnifique. Le poison ! Pour un peu, l'histoire ne retiendrait que ça. Bien sûr, Louis XIV ne le veut pas. Il entrera à Versailles, son apothéose, couvert de lauriers et d'absolutisme. Fichtre, quel moment ! Et c'est aussi ce qui tord l'esprit de La Reynie, le rend si désagréable. La foule – il déteste ! – envahit la place d'Armes. Stupide, imprévisible… Collectivement, elle peut produire autant de ravages qu'un troupeau prisonnier du feu. Individuellement, elle permet au serpent d'y nicher. Invisible, noyé, il bondit, mord, *empoisonne*. On y revient : 6 mai 1682, ses hommes sont partout. Ils cherchent n'importe quoi. Un excité, un illuminé.

Et surtout un manchot.

*

Jean ne sait pas quand Toussaint surgira. Au moment de le quitter, il lui a demandé de se rendre à l'entrée de la place d'Armes à six heures du soir. Impossible de trouver un lieu plus fréquenté… Outre la populace, il y aura une quantité phénoménale de carrosses. Eh bien, a prétendu le *Roi noir*, c'est précisément ce qu'il cherche. Il profitera de la cohue, perdu au milieu du nombre, là où l'on est le mieux caché. Personne ne le prendra. Et il doit s'y connaître.

À six heures, Jean franchit le seuil de la porte. Amandine est à son bras. Ils sont en retard, mais impossible de presser davantage la jeune femme sans se trahir… Pourquoi tant d'affolement ? s'amuse-t-elle. Le roi ne reçoit qu'à sept heures… Peu avant, Amandine est montée chez sa grand-mère. Elle aurait tant aimé que celle-ci la voie dans sa belle robe. Une surprise de Jean. Achetée où ? Elle l'apprendra plus tard… Quel grand mystère faisait son mari ! Mais combien elle était heureuse. La soie rose, les perles colorées, le décolleté qui agaçait Jean parce que, justement, il était trop décolleté. Alors, pourquoi l'avait-il choisie ? Elle racontait tout cela à Marguerite, et c'était un long, long monologue. Mais elle était si heureuse.

Elle montait souvent dans la chambre de sa grand-mère et parlait, parlait, en sachant qu'elle n'obtiendrait nulle réponse. Pourtant elle savait qu'on l'écoutait.

— Grand-mère, lui disait-elle ce soir, crois-tu que les rêves se réalisent ? Que chacun a une bonne étoile ?

Jean avait à nouveau évoqué La Fragua, le bienfaiteur, puisque Saint-Val revenait sans cesse dans la conversation. Ce soir, il serait peut-être là…

— Jean m'accuse de croire aux contes de fées, mais c'est lui qui s'abuse. Je n'ai jamais eu qu'une *bonne étoile*…

Marguerite avait ouvert les yeux. Son regard d'aveugle cherchait à dire quelque chose, les paupières battaient, elle desserra les lèvres, aucun son ne sortit. Amandine ne prêtait pas attention aux signes désespérés de sa grand-mère, si habituée à parler à ce corps sans vie qu'elle ne la regardait plus.

Jean, pensait-elle, était fou. Pourquoi La Fragua, un inconnu, ferait-il quelque chose pour eux ?

— La mienne s'appelle le *Roi noir.*

Et pour s'en convaincre, elle le répétait, le visage tourné vers la fenêtre.

— Grand-mère, continuait-elle sans la regarder, crois-tu qu'en répétant mille et mille fois le même vœu, il puisse se réaliser ?

Marguerite bougea imperceptiblement la main. Ce geste si inhabituel fit sortir Amandine de ses songes. Elle saisit le parchemin de peau et le caressa gentiment.

— J'aimerais tant que tu me parles de lui, du *Roi noir.* Qui était-il pour toi ? Pour notre famille ? Pourquoi n'as-tu jamais voulu prononcer son nom ?

Elle s'adressait à une tombe.

— Amandine !

Jean l'appelait d'en bas. L'heure tournait.

— Tu sais, murmura-t-elle à l'oreille de sa grand-mère en l'embrassant, si Jean parle de ma *bonne étoile*, c'est qu'elle va revenir. Il ne le sait pas lui-même, mais elle va revenir. J'en suis certaine…

— Amandine !

Elle sauta du lit, défroissa la soie de sa robe.

— Je te raconterai… Ne t'inquiète pas. Solange, la voisine, est en bas. Elle montera te voir plus tard…

*

Toussaint va en carrosse, perdu au milieu des autres. La foule est son armure, mais il faut suivre ses mouvements, se fondre dedans, ne pas s'arrêter. Six heures. Jean et Amandine ne se présentent toujours pas à l'entrée de la place d'Armes.

— On refait un tour, ordonne-t-il au cocher.

Six heures, a-t-il décidé. Pas avant, mais pas après. Et le temps passe. Conwoion partage la banquette, côté droit. *Gorgone*, à la manœuvre, prend garde de ne pas être prisonnier de la vague humaine. S'il faut forcer, il brisera la digue. *Gorgone* est un féroce.

— Si je ne m'en sors pas, tu files, annonce-t-il à Conwoion.

— Vous abandonner ? Pas question...

— Voici mon testament, continue Toussaint. Le navire *La Furieuse* t'attend à Cadix. Il est à toi. Tu veilleras sur l'hacienda. Jean Le Faillon est au courant. Et s'il leur vient l'envie de s'y installer...

— Vous me rappellerez tout cela dans un siècle, rigole le Breton.

— Pourquoi ?

— Parce qu'on va s'en sortir...

— Bien sûr, soutient Toussaint. Mais au moindre problème, je t'ordonne de disparaître en t'enfonçant dans la foule...

— Moi, fuir ?

— Non. Tu me rendras service. Il faut quelqu'un pour s'occuper de *La Furieuse*.

— On verra ça demain, grogne le marin.

*

La Reynie s'est posté non loin de la maison de Marguerite. Il suit son idée. Jean le mènera au *Roi noir*. Et il vient de voir Jean et Amandine, marchant d'un pas rapide vers la place d'Armes. Il en est certain : le manchot est là, dans ce foutu méli-mélo, parce qu'il se croit invisible. Il faut chercher, surtout devant.

— Desgrez ! Prenez cinq hommes et courez à l'avant. Vous passerez en revue les carrosses qui tournent autour de la place d'Armes.

Ceux arrivant de la route des Chantiers ont déjà été contrôlés. Si fait, les hommes du lieutenant de police ont dessiné sur leurs portières droites une croix à la craie. Ça permet de se concentrer sur les autres attelages. Mais il y en a des dizaines à Versailles qui n'ont pas eu besoin de passer le barrage et ne sont pas marqués d'une croix…

— Cherchez un détail, a conseillé La Reynie.

Desgrez est comme un chien à la chasse. Soudain, il se met à l'arrêt. À cinq cents pas, là où se rendent Jean et Amandine, il repère un carrosse qui n'a pas de croix et les rideaux tirés quand partout les passagers se montrent, sortent la tête pour voir le spectacle.

— Toi, cavale chercher La Reynie. Vous quatre, avec moi. On encercle.

*

Conwoion est le premier à repérer les rôdeurs. Des *mouches*, ça fait pas un pli. Des hommes de La Reynie, des exempts de police.

Son couteau est dehors.

— Je m'en charge.

— Non ! Tu files.

Toussaint ouvre la portière, attrape Conwoion par la manche, sa force est redoutable.

— Obéis ! J'ai besoin de toi à Cadix…

Il le pousse dehors. Un instant, Conwoion hésite. Pieds vissés au pavé, il fait non de la tête, ne veut pas partir…

— Attention !

Un homme arrive dans son dos pour le pincer. Conwoion tend le bras. L'autre hérite d'une entaille dans le ventre. Il s'effondre.

— Rendez-vous en enfer, jette Conwoion.

Il est déjà loin, perdu dans la masse. Invisible. Prêt à mordre.

Toussaint s'en désintéresse. Le carrosse est cerné. La Reynie arrive.

*

Jean lève la tête pour tenter de voir à quoi est dû l'attroupement. Est-ce le roi ? Aussitôt, il reconnaît le carrosse de Toussaint barré par les policiers. Alors, il prend Amandine par la main et tourne sur la droite.

— Viens... Nous irons plus vite en passant par là...

Ils laissent le carrosse à cent pas. Amandine n'a rien remarqué. Pas un instant, elle ne tourne la tête vers son père. Elle a les yeux dans le ciel.

— La nuit, ma *bonne étoile* se trouve là, dit-elle en pointant le doigt vers l'azur. Nous l'avons choisie, le *Roi noir* et moi, la première fois où nous nous sommes rencontrés. C'était la nuit où je m'étais perdue. Nous avons longtemps marché et discuté avant qu'il ne me ramène à la maison. Tu t'en souviens ?

— Oui, répond Jean très ému.

Les battements de son cœur ralentissent. Le danger s'éloigne.

— Peu avant, nous étions tous les deux, parvient-il à murmurer, et tu n'avais pas voulu rentrer. J'étais parti devant...

— Tu faisais la tête... Petit-Jean boudait !

— Au bout d'un moment, reprend-il toujours aussi troublé, j'ai fait demi-tour, mais tu avais disparu. Alors, j'ai prévenu mon père et nous sommes partis avec... Léon à ta recherche.

— J'étais avec le *Roi noir.* Depuis, il ne me quitte pas. Il était là pour me sauver quand Ravort a voulu nous tuer à l'*étang puant.* Et, ce soir, il sera encore là-haut...

Un nuage passe et assombrit le ciel.

— Mais peut-être qu'on ne le verra pas cette nuit...

Jean baisse la tête.

— Il n'y a pas d'autre étoile, murmure-t-elle tristement. Et sûrement pas celle de La Fragua. Alors, n'y crois plus, Jean…

*

Toussaint pourrait se mesurer. Avec *Gorgone*, ils comptent pour dix. En face, combien ? Une douzaine. Broutilles pour le lutteur des arènes. Mais il ne veut plus verser le sang. Il a promis à Vautron. Il se l'est promis.

— Fonce !

Gorgone n'attendait que ça. Il fouette les chevaux qui se cabrent, forçant les policiers à reculer. Il existe une brèche, mais trop étroite pour passer entre les deux carrosses qui bouchent la sortie. Alors, *Gorgone* lâche les rênes, hurle ses ordres aux deux entiers qui lancent les sabots en avant. Encore ! Ils avancent et reculent pour prendre de l'élan et finissent par briser l'attelage du carrosse qui barrait la voie. C'est la débandade, la panique, les alezans d'en face ruent, bottent pour se débarrasser des guides et du collier qui les emprisonnent. *Gorgone* va réussir, même si un policier s'accroche à la portière et tente de le maîtriser, car il fait claquer le cuir, pleine face sur l'assaillant qui s'effondre, le visage en sang, l'oreille arrachée. Oui, il va y arriver, il va passer. Mais La Reynie arrive, pointe son Miquelet [1] et tire. *Gorgone* s'effondre.

*

En bas, chez Marguerite, la voisine Solange file la laine. Elle entend le brouhaha de la place d'Armes. Tout cela ne

1. L'arme tire son nom des Miquelets, soldats, hors-la-loi catalans organisés en bandes. Connus pour tirer à coup sûr, ces hommes intrépides, donnèrent leur nom au pistolet qu'ils utilisaient.

l'attire pas. Elle préfère le calme, regrette son Versailles d'avant, et c'est volontiers qu'elle a libéré Amandine. Qui ne sait pas qu'elle rêve depuis l'enfance de se rendre au château de Versailles, habillée en princesse ?

En haut, Marguerite s'éteint. Elle rejoint ses fantômes. Le *Roi noir* est chez elle, dans sa tête, dans son corps ; en fait, il ne l'a jamais quittée. Amandine lui a dit : c'est sa *bonne étoile* et elle ne peut plus rien y faire. Pourtant, elle sait qu'il lui apportera le chagrin et la douleur, comme aux autres, à tous ceux de sa famille. Une voix l'appelle, puis une autre. Maintenant ils sont des milliers. Elle reconnaît celle de Nicolas, son mari, de Léon, de son fils Jean… Elle ouvre la bouche, respire une dernière fois et c'est bon. « J'ai fait ce que j'ai pu », songe-t-elle en expirant.

*

Delaforge n'a opposé aucune résistance. Le rapport l'indiquera. Ce n'est pas pour ça que le juge se montrera indulgent. La liste des accusations sera plus longue que l'Apocalypse de Jean.

La Reynie est presque surpris que le *Roi noir* se soit laissé prendre. Si bien que la curiosité l'emporte sur la rigueur habituelle. Il le détaille, voudrait le toucher. Le manchot arrêté… Tant de fois essayé, et autant de fois échoué… Le lieutenant se force à garder les mains dans le dos et se voudrait plus raide que la justice même s'il n'oublie pas que son prisonnier a autrefois risqué sa vie pour sauver Amandine. Quel idiot ! Revenir à Versailles quand il se cachait sous les traits de La Fragua… Saura-t-il un jour ce qui l'a vraiment décidé ? Puis, il faudra éclaircir le rôle de Jean Le Faillon qu'il garde au chaud. On verra plus tard.

D'abord, Delaforge…

— Dégagez la voie. Allez !

Ses hommes s'activent. La foule rentre dans le rang. La cour royale se remplit. La soirée d'Appartements débute. Dans un instant, l'incident disparaîtra dans la confusion générale. Le premier d'une longue série, prédit La Reynie, car Versailles ne fait qu'ouvrir ses portes…

— Faites-le monter dans le carrosse.

Il faut deux hommes. Le manchot, ligoté, ne peut rien.

Le policier serait presque embarrassé ou gêné. Est-il possible que cet homme diminué, ex-maître des *Sans Aveux*, ait fait trembler le monde ?

Prudemment, il s'assoit à côté du *Roi noir* qui, lui, ne montre aucune émotion. Pas même prend-il l'air du chien battu que se donnent les lascars sitôt coincés. Celui-ci est solide. La Reynie se méfie.

— Je vous arrête, dit-il sobrement en vérifiant une fois encore que les liens sont solidement noués.

— Je m'en doutais…

Delaforge amorce un sourire qui étire la cicatrice lui barrant la joue. Ses yeux gris brillent. Quel âge a-t-il ? Quarante ans, croit se souvenir le policier, en paraît dix de moins malgré ses blessures et sa vie.

— Il aurait pu y avoir plus de sang, continue Toussaint.

— Votre acolyte – on le retrouvera – a sérieusement blessé un de mes hommes.

— Et votre Miquelet a tué un ami.

— Il mettait en danger ceux de mon camp.

— Votre camp, soupire Toussaint, les voleurs contre les gens d'armes… Tout cela est fini. Voyez-vous, je pourrais sans doute vous faire beaucoup de tort et même décider de m'échapper. Vous n'imaginez pas comme cela m'est facile…

Parle-t-il sérieusement ?

— L'acolyte dont vous me parliez est un tueur redoutable. À votre avis, pourquoi s'est-il enfui ? N'est-il pas en train de rameuter les derniers fidèles du *Roi noir* ? Un carnage sur la place d'Armes ! Allons, La Reynie, souhaitez-vous gâcher la soirée du roi ?

Il m'escroque, se rassure le lieutenant de police. Il ment…

— Pourquoi ce chantage ? Que voulez-vous ? ne peut-il s'empêcher de demander en sachant qu'il ne faudrait pas négocier.

— Laissez-moi voir Jean Le Faillon et ma fille.

Amandine ? comprend La Reynie.

Tudieu, la nouvelle…

Et vous… seriez revenu pour elle ?

Par quel miracle le lieutenant de police, un homme aux idées carrées et simples, aurait-il deviné qu'un être sanguinaire soit touché par la grâce d'une enfant ?

— Ils n'ont rien à voir avec vous et moi, plaide Toussaint. Ce sont deux innocents embarbouillés par le *Roi noir*. D'ailleurs, vous n'avez rien contre eux. Jean ignorait que vous me recherchiez, d'autant que vous me pensiez mort, et, à l'époque des faits qui me sont reprochés, il était gamin.

— Qui vous dit que j'en ai après eux ?

— Je connais vos méthodes. Vous creuserez sans fin pour trouver le vice. Mais il n'existe pas et je peux le prouver…

— Comment ?

— Conduisez-moi près d'eux. Vous serez témoin de ce que j'ai à leur dire. En échange, je jure de ne rien tenter pour m'échapper. Ensuite, je reconnaîtrai tout ce dont vous m'accusez. Le reste, je l'avouerai. L'échange vous convient ?

— C'est non. Vous m'avez déjà échappé deux fois [1]. Je ne prendrai aucun risque. Et même si je ne crois pas à une attaque des vôtres, nous allons bouger *fissa*.

---

1. Une première fois alors qu'une souricière était mise en place au domicile de Toussaint Delaforge à Paris. Une deuxième à l'*étang puant*. Voir *Le Roi noir de Versailles*, *op. cit.*

— Je vous offre la victoire. En échange, accordez-moi de voir ma fille.

— J'ai déjà répondu.

Il sort.

— Fouillez-le.

C'est fait très vite. On ne trouve qu'une lettre. Que l'excellent policier s'empresse de lire.

Ma très chère Amandine,

Je m'appelle Don de La Fragua et ce nom n'a guère d'importance. Apprends seulement que je suis riche, très riche même, et que je le dois à celui que tu as connu comme le Roi noir. *J'écrirais même que, sans lui, je n'existerais pas. J'en parle mieux que quiconque pour l'avoir connu voilà fort longtemps et t'assure que tout ce que l'on te racontera sur lui sera faux ou en dessous de la vérité – surtout si c'est pour en dire du mal…*

Le Roi noir *a commis des fautes impardonnables. Il est responsable et coupable d'exactions qui ont blessé, meurtri les hommes. La liste est si longue que je renonce à la produire. Crois-moi : ce fut un être pour qui le pardon est impossible. Mais il est une chose qui le rachète à mes yeux : l'amour qu'il te porte.*

J'ai eu moi-même bien du mal à le comprendre. Comment un être si violent et si froid a-t-il pu capituler devant une petite fille ? Tu n'avais pas dix ans lorsqu'il t'a connue. C'était au cours d'une nuit étrange, me raconta-t-il. Vous étiez seuls, au milieu des étoiles… Il en parlait avec émotion et, pardi, ceux qu'il faisait trembler de peur ne l'auraient pas reconnu…

Ce fut pour lui un moment exceptionnel. Peut-être le seul où il renonça à la violence – son pain quotidien. Depuis sa naissance, il ne connaissait que la haine, la colère des autres, y répliquant par la haine et la colère. Il n'avait fait que détruire et, soudain, la main, le regard d'une enfant lui donnaient à voir autre chose : l'innocence de l'amour. Il m'a dit que, cette nuit, il n'y avait que deux étoiles dans le ciel, la tienne et la sienne et qu'elles s'étaient unies à jamais… Il n'avait jamais été plus sincère. Crois-moi, Amandine, si je te jure que le Roi noir *t'a aimée comme sa fille.*

J'aurais voulu te l'expliquer de vive voix, mais les circonstances me forcent à me tenir éloigné. Je suis La Fragua et cela n'a aucune importance. Ce qui compte, c'est lui et toi – vous deux, les deux étoiles – et ce que je me dois encore de te confier.

*Sa croix serait plus facile à porter s'il savait que tu l'as aussi un peu aimé. Je n'entendrai pas ta réponse, mais lui, d'où il se trouve, il le peut. Deux étoiles se comprennent forcément, d'autant qu'il ne t'a jamais perdue de vue et te protège aussi. C'est pour cela qu'il se trouvait à l'*étang puant, *car tu ne sauras jamais quand il surgit… Et ne crois pas qu'il soit mort ! N'écoute aucun des racontars qui circulent sur lui. Moi seul sais. Il t'a aimée. Il t'aime encore parce que tu es aussi précieuse que son sang, ce sang qui a trop coulé.*

La dernière fois que je l'ai vu, il se portait à merveille. Son étoile brillait dans le ciel et, si tu lèves les yeux, tu la verras encore. Avant de partir pour un lointain voyage, devine de qui il a parlé ? Il te trouve si jeune, si fragile, et si précieuse ! Mais il s'est toujours comporté comme ces pères inquiets pour un rien.

Ne lui en veux pas d'endosser le rôle du protecteur. Il prétend ne pas avoir connu de bonheur plus parfait que les quelques heures passées auprès de toi. C'est peu, mais les autres, brutales, sordides, bestiales, ne comptent pas à ses yeux. Aussi, il faut comprendre son inquiétude. Et ses excès… Le Roi noir *est ainsi. Emporté et radical ! Et puisque je lui dois tant, me voici obligé de respecter sa volonté : il fait de toi son héritière. Moi, La Fragua, simple envoyé du vrai maître de Saint-Val, je ne mentais pas lorsque j'ai promis à Jean Le Faillon que ce domaine serait à toi. Garde bien ce trésor… Ta bonne étoile te surveille… Et peut-être te rendra-t-elle visite dans ce monde-ci ou un autre.*

Permets-moi, ma très chère Amandine, de t'embrasser au nom du Roi noir. *Je le ferai moins bien que lui, mais il te reste l'amour que te porte Jean. J'ai pu l'apprécier. Il est le meilleur des hommes. Alors, sois heureuse puisque tu le mérites enfin.*

Don de La Fragua pour le Roi noir

— Cette lettre… Vous aviez imaginé être arrêté ? demande La Reynie moins fermement.

— Avec vous, il faut s'attendre à tout… Et maintenant que vous savez le plus important, puis-je vous demander une faveur ?

— Parlez toujours, répond l'officier d'un ton qu'il voudrait bourru parce qu'il déteste cette chose qui lui noue la gorge et fait trembloter sa voix.

*

Jean et Amandine vont entrer à Versailles. Soudain, elle s'arrête.

— N'allons pas plus loin…

Ce château tant désiré lui rappelle le valet qui l'a violée.

— Mes rêves ne sont pas là.

Plus jeune, avant tous ses malheurs, Amandine se penchait à sa fenêtre et laissait aller ses pensées. Elle volait jusqu'au château, la cour royale s'éclairait de mille feux, le *Roi noir* se montrait, Léon suivait et chacun était à sa place. Alors, les statues s'animaient. Or ce soir, rien ne l'éblouit, rien ne l'émeut, rien ne se passe. La foule bruyante a pris possession de son royaume. Et l'étoile ne revient pas.

Amandine sonde le ciel qui s'éteint.

— À quoi bon ? Les rêves ne se réalisent jamais.

Épilogue

Quand on s'est mépris, il faut réparer la faute
et que nulle considération en empêche, pas même la bonté.

Louis XIV *(Mémoires)*

LA SOIRÉE d'Appartements fut un immense succès. Si les plus anciens n'y retrouvèrent pas l'esprit de fête des divertissements précédents, les novices y virent l'exemple de ce qu'il convenait de faire à présent : l'allure, le mot juste, le respect de l'étiquette. Le roi apparut dans une magnifique tenue dorée, associée à des souliers brillants ornés de rubans rouges doublés aux bas. On prit note de la mode et convint de s'y plier la prochaine fois. Versailles avait ses règles et son élégance, on les découvrait, comme, désormais, l'apparence d'un roi à la fois proche et lointain. Et qu'il était difficile d'expliquer aux absents cette espèce de contradiction. Louis XIV était près, on aurait pu le toucher – de grâce, personne ne s'y essaya – et, dans le même temps, par une magie dont elle avait calculé les effets, Sa Majesté se tenait à distance, visage fermé, regardant tout et rien en même temps. Aussitôt, la Cour s'aligna sur ces nouvelles manières, jugeant qu'il était seyant de rester réservé. De sorte que, oui, ce roi absolu et solennel, donna parfois l'impression d'être là et absent. Et sans doute de s'ennuyer.

À moins qu'il ait eu à connaître quelques contrariétés ?

*

Un homme pourrait peut-être en parler. Gabriel Nicolas de La Reynie. Mais s'épancher n'est pas dans ses habitudes. Le jeudi 7 mai 1682, le roi le reçoit à Versailles dès potron-minet. Pour se rendre à l'étage royal, le policier interrompt la réunion de maçons et de menuisiers s'injuriant copieusement, puis emprunte l'Escalier des Ambassadeurs parce que les autres sont en travaux, puis fend la foule des courtisans mal réveillés (à cause du bruit) et se plaignant (à voix basse) de l'inconfort. Ils découvrent les revers de l'oisiveté ; et ce n'est que le début.

La Reynie pose clairement la question : que faire du dossier, celui des Poisons, puisque l'Affaire sera bientôt close ? Le roi lui répond : « Brûlez-le. » Au moins, ne veut-il pas le consulter ? D'un geste de la main, Louis XIV fait savoir que non. La page est tournée et on pourrait croire qu'il s'en moque, s'en dépossède, laisse à La Reynie le rôle du commis aux basses œuvres. Et celui-ci le quitte, sans savoir quel sort accorder à ses notes personnelles, car le lieutenant de police a écrit des dizaines de pages.

Il y a donc ce qui concerne la Chambre ardente, bientôt dissoute. C'est l'officiel : témoignages, enquêtes, procès-verbaux, interrogatoires… Et le reste ? Le sombre, l'insupportable ? Tous ces miasmes qui assombrissent le bonheur du roi d'être à Versailles. Une mine extirpant l'enfer si on voulait briser la réputation d'hommes et de femmes dont le nom ne peut même s'épeler tant ils sont liés au roi. Ce dernier décide donc de se tenir loin des Poisons, même si l'affaire le touche de près. Et c'est un peu comme sa façon d'être à Versailles : là et absent. Mais le ramassis d'horreurs que possède La Reynie, le récit de ses enquêtes, consigné dans des carnets d'une plume appliquée, faut-il s'en défaire ou le garder ? Il y pensera plus tard. Il doit s'occuper du sort de Toussaint Delaforge et de Jean Le Faillon. Et, lorsqu'il redescend l'Escalier des Ambassadeurs, il trouve les mêmes en bas, maçons et menuisiers poussant des cris d'orfraie.

*

La Reynie, ce fin limier, a tort de croire que le roi veut se débarrasser de l'Affaire des Poisons. La gêne est secrète, plus profonde. Elle a trait à Versailles. La soirée d'Appartements a donné à Louis XIV la mesure de ce que serait désormais sa vie. Il en découvre le prix. Ces courtisans, il les avait sous les yeux, pouvait lire la félonie, l'intérêt, la soumission, la flagornerie, la fausseté... C'est bien ce qu'il voulait : les avoir à sa botte, sous son contrôle, afin de prévenir l'humeur versatile et frondeuse de ces anciens seigneurs féodaux. Eux, qu'ont-ils vu chez lui, puisqu'il était *absolument* nu, n'ayant, le grand roi du grand Versailles, aucun moyen de se dérober ? Rien. Malgré leurs efforts et une attention constamment soutenue, ils n'ont pu percer son âme et ses secrets.

Se tenir à distance, quand le moindre soupir s'entend, est un art délicat. Le roi y excellera. Le galop d'essai de la veille l'a rassuré. Personne n'a deviné à quoi, à qui il pensait. Le pouvoir, sa façon de le concevoir, s'exerce en solitaire et malgré l'incroyable promiscuité de Versailles, la soirée d'Appartements lui a enseigné qu'il réussirait son entreprise.

Ainsi, le croyait-on distrait ou ennuyé, quand lui pensait au temps béni où Louis s'escamotait sans avoir de compte à rendre, allait où il voulait et, s'il lui prenait l'envie de galoper à l'aurore dans ses forêts ou d'aimer qui bon lui semblait, ne s'en privait pas. C'était encore le Versailles de son père, un petit relais de chasse où il recevait amis et amantes. Maintenant, c'est fini. La résidence royale agglutinera ceux qui font le royaume. Ce sera un théâtre, une scène unique dont il sera l'acteur principal. C'est lui que l'on épiera, dont on guettera les gestes, les manières, agiotant sur son état, sa santé, jugeant selon qu'il regarde celle-ci plus qu'une autre. Les soirées seront longues. Il s'y pliera encore dans la semaine, et ainsi, chaque semaine de chaque mois de chaque année… Et l'oisif n'aura que ce sujet à la bouche : le roi. Puisque celui-ci l'a voulu ainsi.

Cette nuit, et encore ce matin, ses espions ont tendu l'oreille. De quoi la Cour a-t-elle parlé ? Quelques commentaires sur les désagréments des travaux, un hommage rendu aux mets qui furent servis, une excellente critique à propos de la musique de Lully, un banco de mille livres perdu par Soissons à la table de jeu. Billevesées, ce sera le commun. Le vrai sujet, celui qui fut partagé par tous et devint l'objet de moult commentaires assassins et cyniques, de rumeurs, d'ouï-dire, de certitudes assises sur des sources supposées sûres, le voici : Athénaïs de Montespan, feu *la Sultane de Versailles*. On ne la vit pas ou si peu. Le roi ne la réclama pas pour qu'elle se tienne près de lui. Et elle se trouvait trop loin pour entendre les bons mots d'esprit du maréchal de Bellefonds. Athénaïs était là et absente. Si proche, si lointaine. Et il n'y pas plus cruelle désillusion que de se montrer sous les feux de Versailles, disgraciée en public. Car ce château terrible ne pardonne déjà rien.

À l'inverse, on n'eut pas assez d'un feuillet pour rapporter au roi tous les commentaires concernant Madame de Maintenon, autrement surnommée Madame de *Maintenant*, invention attribuée à Sévigné, moraliste redoutable dont la plume est aussi dure que celle de La Bruyère. Fichtre, ce caractère-ci a été passé au tamis. La tenue aussi. Et les gestes, la façon de parler, les mots, étudiés et répétés afin de prendre le pouls des manières nouvelles du roi puisque c'est entendu : elle sera bientôt la nouvelle favorite. Voilà qui mettra fin au règne des empoisonneuses, raille-t-on. *Exit* la Montespan. Ainsi se conclut la première soirée d'Appartements de Versailles : la chair et l'esprit se réconcilient, se rallient aux dévots. Désormais, le roi se montrera fidèle à Dieu, rompra avec le passé. Il condamnera l'Appartement des Bains et gardera pour lui seul le souvenir des premières heures libertines de Versailles. C'est l'effet le plus important de cette affaire qui l'empoisonne ; et La Reynie l'ignore : le roi a changé.

La chair et l'esprit ! Louis décide qu'ils ne feront plus qu'un. Au cours de cette soirée, l'apparence ressemblait au fond. Versailles sera un monument de rigueur et d'angles droits. Tel son roi, et les deux se ressembleront. Inflexibles et absolus sans qu'on sache à la fin qui a influencé l'autre, qui est né en premier.

La Reynie est parti et Louis décide que la meilleure façon de mettre fin à l'Affaire des Poisons – de la condamner ! – est d'exposer à ces courtisans qui le guettent du matin au soir les nouvelles manières de Versailles. *Quand on s'est mépris, il faut réparer la faute et que nulle considération en empêche, pas même la bonté*... Alors, plus rien ne sera comme avant. Louis deviendra Soleil. L'étiquette sera formidablement réglée, on le verra chaque jour à la messe, il recevra La Chaise, son confesseur, il ira d'un pas lent avec *Maintenant*, reine mère des bigotes. Et Athénaïs disparaîtra sans bonté.

Une dernière fois, Louis revit seul *Les Plaisirs de l'Île enchantée*[1]. Précédant le char d'Apollon, lui, le chevalier Roger, habillé d'or et d'argent, se rend au palais d'Alcine. Il avance, cette nuit, dans ses jardins éclairés de brasiers. Molière l'accompagne. Ils vont comme deux amis, tandis qu'une armée de faunes danse la ronde. Mais le rêve prend fin. La Cour l'attend, s'inquiète déjà de son absence. Et le

1. Premières grandes fêtes données à Versailles (mai 1664).

doux bruit des souliers de Louise[1] effleurant le gravier des jardins de Le Nôtre a beau résonner dans sa tête, il n'en parlera jamais. Il l'enfouit comme ses larmes qui viennent et qu'il verse le 7 mai 1682 pour faire le deuil de sa vie passée.

*

La Reynie est devant Jean. Il a patienté jusqu'à ce que le fils Le Faillon sorte de la maison. Il ne voulait pas entrer. Il sait que Marguerite est morte.

Va-t-il l'arrêter, lui et peut-être Amandine ? D'abord, il faudrait décider de ce qu'il fera de Toussaint Delaforge.

La journée est étrange. Ce matin, le roi n'a pas clairement indiqué à son lieutenant de police la façon de tirer un trait définitif sur l'Affaire des Poisons. Que l'on brûle ou pas un dossier, il en restera quelque chose. À commencer par la rumeur… Mais surtout, La Reynie déteste ses circonvolutions à propos de l'ordre et de la loi. Un coupable, on l'arrête, on le juge, on applique la peine. Pourquoi y aurait-il deux poids et deux mesures ? Si Montespan mérite d'être jugée – ce n'est pas à lui d'en décider –, l'honnêteté oblige qu'on la conduise devant ses juges. Sinon, qu'en sera-t-il du *Roi noir* ? Allons bon, devrait-il faire une autre exception ?

La Reynie n'aime pas non plus les états d'âme, les circonstances atténuantes, les arrangements avec la bonté. Mais il a lu la lettre destinée à Amandine. Il sait pourquoi Delaforge *s'est rendu* à Versailles. Cet idiot – qui l'aurait cru ? – pouvait demeurer en Espagne, y finir sa vie, évitant au lieutenant de police d'affronter un nouveau dilemme. Le *Roi noir* était mort, enterré, du moins englouti dans l'*étang*

1. Louise de La Vallière, autre maîtresse de Louis XIV.

puant ! Comment pourrait-il désormais échapper à un procès dont la fin est connue – la condamnation à mort ?

*

Ces questions, ces doutes sont un signe. Les convictions de La Reynie faiblissent. La faute aux Poisons ! Il ne supporte pas que les uns s'en sortent et qu'un autre…

— Je vous présente mes condoléances, dit-il à Jean Le Faillon.

Il n'emploie pas ce ton lorsqu'il s'apprête à priver de liberté un quidam.

— C'est sans doute mieux ainsi, continue-t-il. Marguerite Pontgallet était très souffrante, m'a-t-on dit.

Le moment d'émotion est passé. Il se raidit :

— Maintenant, occupons-nous des vivants.

Jean s'interroge. Sera-t-il arrêté ? La Reynie est seul. À moins que ces hommes se cachent. À quoi bon résister ? Le policier plonge la main dans la poche de son grand manteau. Il en sortira une arme ou une lettre de cachet[1]…

— Tenez, bougonne-t-il.

Il s'agit de la lettre écrite par Toussaint.

— Lisez-la avant de la donner à Amandine. D'ailleurs, faut-il qu'elle en prenne connaissance ?

Encore une question… Le doute ! Pire ennemi de la police…

— Cela n'est pas de mon ressort, tranche-t-il froidement.

Jean prend la lettre, voit tout de suite qui l'a écrite.

— Vous l'avez…

— Oui, je l'ai alpagué. C'est fait. Sans résistance, précise-t-il comme s'il le regrettait.

Il soupire, replace sa perruque, claque les talons de ses souliers.

1. Ordre du roi ordonnant (très souvent) l'emprisonnement sans procès.

— La procédure me l'interdit habituellement, mais je dois ajouter ceci : Toussaint Delaforge m'a demandé de ne jamais apprendre à Amandine qui il était vraiment pour elle. Il pense qu'elle souffrirait davantage. Et je partage cet avis. Elle perdrait ses deux pères à la fois. Léon, celui qui fut longtemps le sien et… le vrai, en quelque sorte, puisqu'elle ne pourra le voir. Ensuite, continue-t-il méthodiquement, Delaforge souhaiterait que vous n'évoquiez jamais son… arrestation. Elle pourrait se demander pourquoi, faire des rapprochements avec sa famille. Je vous répète les mots de Toussaint Delaforge : « Une étoile reste dans le ciel… » Voilà, c'est dit.

Il tousse pour s'éclaircir la voix :

— Lisez, je vous prie.

*

Plus tard, en redressant la tête, Jean ne fait rien pour cacher ses larmes.

— Je… Je la lui donnerai… Amandine doit savoir…

— Il me semble que c'est la bonne décision.

Maintenant, ils se regardent. Que vont-ils se dire ?

— Allez-vous… nous inquiéter ? demande Jean.

— Eh bien, pour y avoir réfléchi, je ne pense pas… Au fond, qu'avez-vous fait, mis à part dessiner et bâtir ?

— Mais c'était pour le *Roi noir*…

— Vous ne connaissiez que La Fragua. Nous sommes d'accord ?

— Oui, enfin, j'ai…

— Ne pinaillez pas ! Vous avez vu Delaforge ? Alors, très peu. C'est lui-même qui l'affirme. Et comment croire que le personnage aperçu – de nuit – voilà plus de dix ans, alors que vous étiez un enfant, était recherché ? D'ailleurs quel crime avait-il commis ? Vous n'en saviez rien ?

— Bien, très bien…

— Votre famille a assez versé de larmes. Séchez les vôtres et rejoignez vite Amandine. C'est un jour triste et heureux à la fois. Vous héritez de Saint-Val, une propriété achetée légalement que personne, je m'en porte garant, ne vous contestera. Tâchez de vous rappeler du meilleur…

Il chasse une poussière imaginaire de son manteau.

— Un mot cependant. À tout hasard, savez-vous si le *Roi noir* avait des relais à Versailles ?

— Qu'entendez-vous par là ?

— Des complices. L'un d'eux s'est échappé. On le cherche activement.

— Je ne sais comment vous aider… Non, vraiment…

Conwoion s'en est donc sorti, en déduit Jean.

— Dans ce cas, je vous laisse. Je dois rentrer à Paris. Transmettez mon meilleur souvenir à votre épouse et dites-lui que j'appréciais sa grand-mère.

Il salue, va partir.

— Monsieur de La Reynie ?

— Je vous prie…

— Quel sort attend le *Roi*… Toussaint Delaforge ?

— Question compliquée, grince-t-il. Donc, réponse incertaine.

L'Affaire des Poisons ressurgit. Certains paient et d'autres non. *Quand on s'est mépris, il faut réparer la faute et que nulle considération en empêche, pas même la bonté.* N'est-ce pas lui, La Reynie, qui se trompe sur Delaforge ? Où se trouve la vérité et chez qui niche la bonté ? Peut-être dans le même camp.

*

Vautron, le vieux paveur, est assis à sa table et c'est le moment qu'il préfère. Le 7 mai, les nouveaux apprentis arrivent à Versailles et il faut les mettre au courant. Il ne manquera pas de parler des risques et des dangers de Versailles. Prends garde à toi, à la planche qui glisse, au jeu, aux filles, cache ton argent. Et n'écoute pas ce qu'on te racontera sur le *Roi noir*. Lui seul, prétend-il, connaît la vérité. Il ne ment pas, mais, aujourd'hui, il n'a ni le cœur ni le temps de se confier. D'abord, il lui faut organiser l'évasion de Conwoion, caché chez les sœurs de Monsieur Vincent-de-Paul. Ces braves femmes l'ont cru sur parole. L'homme méritait d'être sauvé. Dans huit jours, il sera parti. Dans un mois, à Cadix, Conwoion hissera les voiles de *La Furieuse*. Il sera accompagné de Fernando Aixéres, lui-même relâché. Qu'avait-on à lui reprocher ? Il n'était qu'un modeste maçon, nullement conspirateur, ayant hâte de rentrer chez lui, le travail accompli. Aucune plainte, aucun reproche… Aucun mot plus haut que l'autre, d'autant que les siens n'étaient qu'en espagnol puisqu'il ne comprenait rien au français. Du moins La Reynie fit mine de le croire… Mais tout cela, Vautron le gardera pour lui. Il y a tant d'autres choses à relater sur le *palais de toutes les promesses*.

L'année prochaine, aux têtes nouvelles, il expliquera avec force détails comment le *Roi noir* a échappé à La Reynie. Étrange affaire quand on sait que le policier n'est pas du genre à se faire rouler. Évadé avant même que le procès n'ait lieu. Quelques mois à La Bastille, le temps de boucler l'enquête, puis le lieutenant a décidé de son transfert. Au sud, non loin des Pyrénées. Surprenante décision… Il n'en a pas fallu plus à Toussaint (le paveur l'appelle parfois ainsi), pour devenir ami de la fille de l'air. Cadix l'attendait. À quoi bon aller le chercher là-bas, puisque Versailles ne le tentait plus ? Ainsi, la ville royale a perdu son filou, ce qui ne lui convenait plus. De rage, prétendra encore Vautron, La Reynie aurait brûlé le dossier d'accusation de Delaforge. Plus une ligne sur les crimes du lutteur, du *Roi noir*, sur les extorsions et les brigandages au temps où Versailles n'était qu'un rêve et une espérance. Mais le vieux paveur, *la mémoire des lieux*, est là pour se souvenir…

Plus tard, si on lui demande ce que sont devenus Jean et Amandine, il expliquera que les deux s'aiment, qu'ils ont un fils et vivent heureux à Saint-Val. Le soir, Amandine va parfois à la fenêtre et cherche dans le ciel sa *bonne étoile*. Elle ne sait pas encore que celle-ci vit à Cadix et l'attend. Jean s'est tu. Du moins, tant que le *Roi noir* se trouvait de ce côté-ci des Pyrénées. Bientôt, il annoncera à Amandine qu'ils partent en voyage… Parce qu'elle ne se trompait pas ; il n'existe qu'une *bonne étoile*.

Et le paveur Vautron continuera à raconter les larmes de joie et de sang versées par les *Glorieux de Versailles* puisque leur histoire est immortelle.

Remerciements

À mon très cher ami et éditeur, Thierry Billard,

sans qui l'idée même de cette aventure ne me serait jamais venue.

À l'équipe Flammarion au grand complet,

qui entoure la sortie de mes romans.

À ce château et son domaine,

qui réclameraient plus d'une vie pour se laisser connaître.

À mes proches,

que j'ai laissés tant de fois de côté pour céder à Versailles, cette maîtresse exigeante.

À vous tous, chers lecteurs,

qui me donnez chaque fois l'envie de raconter.

Où s'arrête l'Histoire ? Où commence l'histoire ?

Les conditions de vie à Versailles[1]

Je reprends ici quasi *in extenso* une note parue dans *Le Roi noir de Versailles.*

De Pâques à la Saint-Martin (11 octobre), on travaille de cinq heures du matin à dix-neuf heures. Le reste de l'année, de six heures du matin à dix-huit heures. Il y a trois pauses dont l'une servant de dîner, à quatorze heures. Seule consolation, et en tenant compte des jours fériés, le nombre de jours travaillés s'élève à 220, soit à peu près autant qu'aujourd'hui. Si dimanche est jour de repos, des exceptions sont accordées lorsque le chantier prend du retard. Qu'en est-il du travail de nuit ? On y recourt en 1669, et souvent par la suite, toujours à cause du retard. Ce que *le roi veut…*

Ouvriers ou soldats (on fit appel à ces derniers), tous sont soumis à des règles dures. Un abandon de poste, même pour aller

1. Les informations qui suivent sont largement tirées du livre de Frédéric Tiberghien, *Versailles, le chantier de Louis XIV* (Tempus, 2002) qui enchantera les passionnés recherchant mille détails sur la construction de Versailles (pages 145 à 179 : « Le travail et la vie quotidienne sur les chantiers »).

vendanger ou moissonner ses terres, est sanctionné. Frédéric Tiberghien cite cette « anecdote » : le roi fut (déjà !) empêché de voir ses jets d'eau fonctionner car le fontainier Jolly manquait de main-d'œuvre. Dès lors, Colbert, dans une note de 1672, l'obligea à signaler les déplacements de chacun de ses collaborateurs, soumis à un accord préalable...

Les règles portant sur la vente d'alcool sont contraignantes. On ne peut entrer dans un hôtel ou une taverne pendant les heures de travail. Dès 1672, le bailli de Versailles interdit la vente d'alcool et de nourriture en dehors des repas et après vingt heures... La prohibition s'étend même au dimanche, à l'heure de la messe, en 1684.

Aucun plaisir, aucune distraction, seul le travail compte. On comprend que les désertions se multiplient. Celles-ci sont punies sévèrement : les soldats ont le nez et les oreilles coupés, ils sont marqués de la fleur de lis, expédiés aux galères ; pis, condamnés à mort. Ils ne sont pas les seuls à vivre sous la menace. Les ouvriers ne se présentant pas au travail subissent le fouet et, parfois, sont jetés en prison. Se rebeller est interdit. Les cabales (grèves) sont matées.

À conditions de travail très dures, accidents fréquents. La Machine de Marly en est l'exemple. Cet incroyable mécanisme visait à pomper les eaux de la Seine pour alimenter les fontaines de Versailles et de Marly car, étrange paradoxe, Versailles, site marécageux, manquait d'eau pour les Plaisirs du roi. On signale des centaines de blessés sur le chantier de la Machine de Marly qui débute en 1681. Les risques d'accident ne sont pas moindres pour ceux qui montent sur les échafaudages. Charpentiers et maçons font partie des victimes car aucune protection n'est mise en œuvre.

Que vaut une vie ? 20 livres pour celle d'un manœuvre ; 30 pour celle d'un compagnon. Mourir est une chose, être blessé, une autre. Il y a tant d'accidents qu'on fait appel à la charité. Il est fait mention des sœurs de Saint-Vincent-de-Paul. F. Tiberghien signale la présence de trois d'entre elles, en 1672, sur la place du Marché de Versailles.

Aux accidents s'ajoutent les épidémies. Le scorbut frappe, notamment lors du creusement du canal de l'Eure, voulu pour alimenter Versailles en eau car la Machine de Marly n'y suffisait pas. Cet autre chantier titanesque décime les hommes. Ils sont accueillis à Chartres ou à l'abbaye de Coulombs. On dénombre des milliers de morts. Selon Frédéric Tiberghien, citant lui-même Doyen, dix mille hommes seraient morts sur le chantier de l'Eure, soit 3,5 % de l'armée de terre. Le paludisme et la typhoïde se développent lors des travaux d'assainissement des étangs et des plans d'eau. L'*étang puant* porte bien son nom…

Faute de place, on loge dans des abris de fortune connus sous le nom d'hôtels de Limoges. Ce nom s'explique par l'origine des bâtisseurs. Ils viennent souvent de cette région et sont appelés communément des Limousins. Se loger à Versailles n'est donc pas une mince affaire, même si les auberges et les hôtels se développent. En 1601, Versailles ne comptait qu'une auberge. Après l'installation du roi (1682), trente-neuf auberges se créent en quelques années. Il y en a cent vingt en 1695. Et trente-neuf hôtels à peu près à la même époque. Le logement est réglementé. On fixe le prix d'une chambre à un lit (15 sols), à deux lits (30 sols) et même le prix de l'attache d'un cheval (5 sols). Afin d'identifier les personnes logeant et vivant à Versailles, les hôteliers sont obligés de tenir un registre où figure le nom des occupants.

L'étang puant

Cette note figure également dans *Le Roi noir de Versailles.*

L'*étang puant* est localisé à l'emplacement du Potager du roi, non loin de l'Orangerie du château, à côté de la pièce d'eau des Suisses. Ce nom n'annonce rien de bon et, pourtant, c'est ici que Jean-Baptiste de la Quintinie a aménagé le Potager du roi. Il fallut assécher le fameux *étang puant* et le remblayer avec de la terre des collines de Satory. Le résultat final réclama six années de travail (1678 à 1683) et se révéla un chef-d'œuvre : neuf hectares consacrés à la culture de légumes et de fruits d'une qualité exceptionnelle et se moquant des saisons. Dernier détail : Louis XIV accédait au Potager par la Grille du Roi, du côté de la pièce d'eau des Suisses.

La cour de Marbre

Avant d'entrer dans le château proprement dit, la « visite » de la cour de Marbre s'impose. Dans le roman, Amandine « s'évade » par l'esprit de sa chambre et rejoint ainsi l'entrée du palais qui l'attire tant. Cette cour mérite en effet qu'on s'y arrête, en premier lieu, pour se souvenir de ce que fut le château avant l'immense entreprise de Louis XIV. Séparée de la cour royale par cinq marches, la cour de Marbre évoque et rappelle la présence de Louis XIII. Il faut s'y attarder avant de se mesurer à l'autre façade donnant sur les jardins. Le choc de deux mondes et de deux époques...

On se souviendra que les carreaux blancs et noirs de la cour de Marbre proviennent de Vaux-le-Vicomte. Ils font partie de la razzia organisée par Louis XIV après la déchéance de Fouquet, malheureux surintendant des Finances qui commit l'imprudence de bâtir un château rivalisant avec (supplantant même) les plus belles demeures royales. Ce n'est pas Fouquet et Vaux-le-Vicomte qui donnèrent au Roi-Soleil l'idée de Versailles, mais ce grâce à quoi il réunit le trio génial (Le Vau, Le Brun, Le Nôtre) qui se lança dans cette bataille sans fin.

Voici la cour de Marbre racontée par André Félibien (1619-1695), architecte et historiographe, secrétaire de l'Académie royale d'architecture dans son livre *Description sommaire du château de Versailles* (pages 15 et suivante) :

De cette grande cour l'on entre dans la petite cour où l'on monte d'abord par trois marches ; et après avoir passé un large palier, on monte encore cinq autres marches. Cette cour est pavée de marbre blanc et noir avec des bandes d'autre marbre blanc et rouge. Au milieu est un bassin de fontaine de marbre blanc avec un groupe de figures de bronze doré. La face et les ailes du petit château sont bâties toutes de briques et de pierre de taille ; et dans les trumeaux entre les fenêtres, il y a une infinité de bustes de marbre sur des consoles aussi de marbre pour la décoration du palais. Au-devant de la face est un balcon soutenu par huit colonnes de marbre jaspé de blanc et rouge. Elles sont d'ordre dorique, ayant leurs bases et leurs chapiteaux de marbre blanc. Dans les deux angles des ailes de la face, il y a deux trompes de pierre de taille qui portent deux cabinets environnés de volières de fer doré, et au-dessous deux bassins de marbre blanc en forme de grandes coquilles où sont de jeunes Tritons qui jettent de l'eau.

Le domaine de Saint-Val et le château de Neuville

Il fallait bien situer le domaine (imaginaire) de Saint-Val… J'ai choisi Gambais, dans les Yvelines. Les lieux s'honorent d'une demeure charmante et plus réelle : le château de Neuville de style Henri III. On y tourna, je crois, le merveilleux film *La Vie de château* réalisé par Jean-Paul Rappeneau avec Catherine Deneuve et Philippe Noiret et *Ridicule* de Patrice Leconte. Le château de Neuville fut aussi, me semble-t-il, la demeure de François-Louis de Nyert, premier valet de chambre de Louis XIV (ils étaient quatre à la Maison du Roi, changeant tous les trois mois).

Gabriel Nicolas de La Reynie

Sous réserve de quelques ajouts, cette note figure dans *Le Roi noir de Versailles.*

Rien ne présage que le fils cadet de Jean Nicolas de Traslage, né à Limoges en 1625, deviendra l'un des personnages les plus puissants du règne de Louis XIV. Sa remarquable gestion du patrimoine du duc d'Épernon et son opposition à la Fronde le font remarquer par Colbert qui le fait nommer par le roi premier lieutenant de police. L'objectif est de rétablir la sécurité dans une ville soumise à de nombreux pouvoirs civils et religieux et autant de juridictions qui se « tirent dans les pattes ». C'est une vision moderne puisque l'autorité de police est centralisée et autonome. Nommé en 1667, doté de puissants moyens, et ne rendant compte qu'au roi, le premier lieutenant de police rétablit l'ordre, s'occupe des mœurs, contrôle les activités économiques, aidé dans ses missions par des commissaires de quartier et les fameuses *mouches* auxquelles s'ajoutent les *moutons*, collaborateurs *repentis* des prisons.

La Reynie est surtout célèbre pour son rôle dans l'Affaire des Poisons qui éclaboussera les proches du roi, dont Athénaïs de Montespan. Mais c'est oublier qu'il fit de Paris la ville la plus propre de son temps grâce à la taxe des Boues et Lanternes et qu'il brisa la cour des Miracles (qui d'ailleurs n'était pas unique à Paris) où les pires trafics, dont ceux des enfants mendiants et des faux infirmes, se développaient. Il fit aussi éclairer la ville, paver les rues et fixa des règles de circulation, prémices aux fameux PV…

Il mourut en 1709, sans avoir révélé tous les secrets de l'Affaire des Poisons. Condamnée à disparaître par la décision du roi qui ordonne de brûler les pièces du dossier, l'Affaire échappa à l'oubli notamment grâce aux notes personnelles de La Reynie qui, elles, n'avaient pas disparu…

Bibliographie sommaire

Il ne s'agit nullement d'être exhaustif ; de même, les livres et publications cités ci-dessous (romans ou œuvres savantes) ne le sont nullement dans un ordre d'intérêt ou alphabétique. Ce sont ceux qui se trouvent en permanence sur mon bureau et que je consulte continuellement.

TIBERGHIEN Frédéric, *Versailles, le chantier de Louis XIV*, Tempus, 2002.

VERLET Pierre, *Le Château de Versailles*, Fayard, 1986.

LOUIS XIV, *Manière de montrer les jardins de Versailles*, Mercure de France, 1999.

FÉLIBIEN André, *Relation de la fête à Versailles*, Mercure de France, 1999.

DE SCUDÉRY Madeleine, *La Promenade de Versailles*, Mercure de France, 1999.

DA VINHA Mathieu (dir.), *Louis XIV et Versailles*, Artlys, 2009.

BERTIÈRE Simone, *Les Femmes du Roi-Soleil. Les reines au temps des Bourbons*, Le livre de Poche, 1998.

SOLNON Jean-François, *Histoire de Versailles*, Tempus, 2003.

BEURTHERET Vincent, *Versailles : des jardins vers ailleurs. Le testament secret de Louis XIV*, AMDG édition, 1996.

BLUCHE François, *Louis XIV*, Fayard, 1986.

CHALINE Olivier, *Le Règne de Louis XIV*, Flammarion, coll. « Histoire », 2005.

DUFREIGNE Jean-Pierre, *Louis XIV, le lever du Soleil*, Pocket, 2006.

DE DECKER Michel, *Louis XIV, le bon plaisir du roi*, Belfond, 2000.

De Grèce Michel, *Louis XIV, l'envers du Soleil*, Pocket, 1993.

Bordonove Georges, *Les Rois qui ont fait la France : Louis XIV*, J'ai Lu, 2003.

Milovanovic Nicolas et Maral Alexandre (dir.), *Louis XIV, l'homme et le roi*, Flammarion, 2009.

Craveri Benedetta, *Reines et Favorites, le pouvoir des femmes*, Gallimard, 2007.

Elias Norbert, *La Société de Cour*, Flammarion, coll. « Champs Essais », 2008.

Babelon Jean-Pierre, Bajou Thierry, Constans Claire, Pougetoux Alain, Salmon Xavier, *L'ABCdaire du château de Versailles*, Flammarion, 1999.

Moins liés à la période visitée, mais tout aussi passionnants :

Levron Jacques, *Les Inconnus de Versailles* : *les coulisses de la Cour*, Tempus, 2009.

Newton William R., *La Petite Cour : services et serviteurs à la cour de Versailles au XVIII*e *siècle*, Fayard, 2006.

Newton William R., *Derrière la façade : vivre au château de Versailles au XVIII*e *siècle*, Perrin, 2008.

Table

Première partie

Il est sans comparaison plus facile de faire ce qu'on est, que d'imiter ce qu'on n'est pas.

Louis XIV *(Mémoires)*

Deuxième partie

On ne fait jamais rien d'extraordinaire, de grand et de beau, qu'en y pensant plus souvent et mieux que les autres.

Louis XIV *(Mémoires)*

Troisième partie

À qui peut se vaincre soi-même, il est peu de choses qui puisse résister.

Louis XIV *(Mémoires)*

Quatrième partie

C'est toujours l'impatience de gagner qui fait perdre.

Louis XIV *(Mémoires)*

Cinquième partie

Quand on peut tout ce que l'on veut,
il n'est pas aisé de ne vouloir que ce que l'on doit.

Louis XIV *(Mémoires)*

Epilogue

Quand on s'est mépris, il faut réparer la faute
et que nulle considération en empêche, pas même la bonté.

Louis XIV *(Mémoires)*

Composition et mise en page

NORD COMPO
multimédia

CET OUVRAGE
A ÉTÉ ACHEVÉ D'IMPRIMER
SUR ROTO-PAGE
PAR L'IMPRIMERIE FLOCH
À MAYENNE EN AOÛT 2013

N° d'édition : L.01ELIN000318.N001. N° d'impression : 85187
Dépôt légal : septembre 2013

Imprimé en France